AIDE-MÉMOIRE Larousse

Tout le programme du collège

ALLEMAND

Françoise Mirabel-Sérodes
Professeur de collège

LAROUSSE

Mémento

6e

Année scolaire :

Nom : Prénom :

Collège :

Tél. : Fax : Web :

Professeur principal : Professeur d'allemand :

Dates des vacances :

Toussaint : Noël : Février : Pâques : Été :

5e

Année scolaire :

Nom : Prénom :

Collège :

Tél. : Fax : Web :

Professeur principal : Professeur d'allemand :

Dates des vacances :

Toussaint : Noël : Février : Pâques : Été :

4e

Année scolaire :

Nom : Prénom :

Collège :

Tél. : Fax : Web :

Professeur principal : Professeur d'allemand :

Dates des vacances :

Toussaint : Noël : Février : Pâques : Été :

3e

Année scolaire :

Nom : Prénom :

Collège :

Tél. : Fax : Web :

Professeur principal : Professeur d'allemand :

Dates des vacances :

Toussaint : Noël : Février : Pâques : Été :

ISBN : 2-03-533110-2

Aide-mémoire d'allemand

Cet *Aide-mémoire* accompagnera les élèves et leurs parents pendant les quatre années du collège*. Il permet à tout moment de faire le point sur ses connaissances en allemand et d'entrer dans le programme en fonction de plusieurs parcours, selon ses besoins.

1 Tout le cours

Le cours reprend le programme officiel du collège classe par classe et couvre tous les niveaux de difficulté.

2 Les connaissances essentielles

Ce parcours, balisé en jaune, permet de circonscrire les connaissances indispensables en allemand de la 6e à la 3e.

3 Ce qu'il faut connaître par cœur

Certaines notions ou définitions devront être connues sur le bout des doigts. Un curseur permet de les repérer et de passer de l'une à l'autre rapidement.

4 Un approfondissement

Pour les plus avancés, certaines parties du cours, balisées en violet, permettent d'aller plus loin en s'arrêtant sur une difficulté ou en anticipant sur la classe supérieure.

En parallèle à chacun de ces parcours, **un système de questions** permet de tester en permanence la bonne compréhension des notions.

Pour être complet, cet *Aide-mémoire* propose aussi…

5 Des exercices

- Des **QCM** *(Questions à Choix Multiples)* permettent aussi bien de se tester que de revoir très vite quelques points essentiels.
- De très nombreux **exercices corrigés** pour s'entraîner et s'évaluer.

6 Des références

- Des listes de verbes sont regroupées dans une partie **Mémo**.
- Un **Bloc-notes collège** regroupe des informations pratiques relatives à l'orientation de l'élève, à la vie au collège ainsi qu'à des références culturelles.

Enfin, un extrait du **Petit Larousse** offrant une sélection d'articles de culture générale en rapport avec le programme d'allemand au collège, complète ce véritable outil familial qui constituera pour vous la référence des années collège.

* ***Attention,*** *les élèves qui ont choisi l'allemand en langue vivante 2 devront suivre le programme 6e et 5e pendant l'année de 4e et celui de 4e et 3e (p. 114 à 116) pendant l'année de 3e.*

SOMMAIRE

Allemand 6e

Grammaire

Vocabulaire

Allemand 5e

Grammaire

Vocabulaire

Allemand 4e

Grammaire

Vocabulaire

Allemand 3e

Grammaire

Vocabulaire

PARCOURS 6e

Parcours d'apprentissage

Les connaissances essentielles requises en classe de 6e conformément aux instructions officielles.

Grammaire

Syntaxe

Phrases interrogative, affirmative, impérative, négative.

Système verbal

Présent, prétérit (imparfait et passé simple), parfait (passé composé) de l'indicatif.

Groupe nominal et pronom

Déclinaison du déterminant et du nom, déclinaison du pronom.
Les fonctions et les cas.

Les verbes à connaître

Vocabulaire

Situations de communication

Comment se présenter ?
Conversation.
Formules de politesse.

Vocabulaire thématique

Die Zeit : le temps.
Die Feste : les fêtes.
Reisen und Verkehr : voyages et transports.
Die Familie : la famille.
Freizeit und Alltagsleben : temps libres et vie quotidienne.
Das Schulleben : la vie scolaire.
Adjectifs, adverbes et mots de liaison.

Parcours d'approfondissement

Les connaissances complémentaires pour couvrir l'ensemble du programme, voire anticiper sur la classe de 5e.

POUR ALLER PLUS LOIN

Grammaire

Syntaxe

Phrases interrogative (*seit wann, wie viel, wie lange, was für ein*), négative (place de la négation *nicht*, emploi de la négation *kein*).

Système verbal

Le présent de l'indicatif : verbes à préverbe constitué de *hin* + préposition ou *her* + préposition, verbes de modalité (*dürfen, sollen, mögen*), verbes de position et de mouvement, les prépositions spatiales.
Le parfait de l'indicatif : auxiliaires de temps (*in Deutschland sein, Glück haben, krank werden*).

Groupe nominal et pronom

L'article défini : déclinaison des démonstratifs et des interrogatifs.
L'adjectif possessif.
Emploi du génitif saxon.
Les masculins faibles.
Le pronom réfléchi.
Les fonctions et les cas.

Les verbes à connaître

De *abfahren* à *zeigen*.

Parcours par cœur

Les notions clés à mémoriser absolument.

Par ❤

Grammaire

Système verbal

Le présent de l'indicatif : auxiliaires de temps (*sein, haben*), verbes faibles (*hören, arbeiten*), verbes forts (*fahren, sprechen, sehen, nehmen*), verbes à préverbe séparable (*fernsehen, um 8 Uhr aufstehen*), verbes de modalité (*können, müssen, wollen + wissen*).
Prépositions suivies de l'accusatif, du datif.
Le prétérit de l'indicatif : auxiliaires de temps (*sein, haben*), verbes faibles (*Tennis spielen*).

Groupe nominal et pronom

Déclinaison de l'article défini, de l'article indéfini.
Déclinaison du pronom personnel.
Les fonctions et les cas (génitif, accusatif).

Vocabulaire

Vocabulaire thématique

Die Zeit : le temps.
Reisen und Verkehr : voyages et transports.
Die Familie : la famille.
Freizeit und Alltagsleben : temps libre et vie quotidienne.
Das Schulleben : la vie scolaire.

Adjectifs numéraux cardinaux.
Couleurs.

PARCOURS 5e

Parcours d'apprentissage

Les connaissances essentielles requises en classe de 5e conformément aux instructions officielles.

Grammaire

Syntaxe

Subordonnées interrogative et infinitive.

Système verbal

Prétérit (imparfait et passé simple),
parfait (passé composé),
futur de l'indicatif.
Le subjonctif II.

Groupe nominal et pronoms

Pluriel des noms.
Les pronoms.
Déclinaison de l'adjectif épithète.
Degrés de comparaison de l'adjectif et de l'adverbe.
Exprimer une comparaison, une quantité.

Verbes forts

Verbes mixtes.

Les verbes à connaître

Vocabulaire

Situations de communication

Demander.
Exprimer des sentiments positifs.
Exprimer des sentiments négatifs.
Situations de communication diverses.

Vocabulaire thématique

Wohnen, Hausarbeit: habiter, travail à la maison.
Essen, die Nahrung: les repas, la nourriture.
Das Schulleben: la vie scolaire.
Adjectifs et adverbes.

Parcours d'approfondissement

Les connaissances complémentaires pour couvrir l'ensemble du programme, voire anticiper sur la classe de 4e.

POUR ALLER PLUS LOIN

Grammaire

Système verbal

Prétérit et parfait de l'indicatif: verbes faibles irréguliers (*denken, kennen*).

Groupe nominal et pronoms

Le pronom réfléchi au datif.
Le pronom réciproque.

Vocabulaire

Vocabulaire thématique

Wohnen, Hausarbeit: habiter, travail à la maison.

Parcours par cœur

Les notions clés à mémoriser absolument.

Par ♥

Grammaire

Syntaxe

L'expression du lieu.

Système verbal

Le prétérit de l'indicatif: verbes faibles (*hören, arbeiten*), verbes forts (*sehen, fahren*), *wissen*, verbes à préverbe séparable (*nach Hause zurückkommen*), verbes de modalité.

Le parfait de l'indicatif: verbes forts (*den Regenschirm nehmen*), verbes à préverbe séparable (*sich anziehen*), verbes à préverbe inséparable (*das Haus verlassen*).

Le futur de l'indicatif: conjugaison (*den Computer kaufen*), place du verbe au futur dans une subordonnée.

Le subjonctif II: présent du subjonctif II (*sein, haben*, verbes de modalité).

Groupe nominal et pronom

Déclinaison de l'adjectif épithète: précédé de l'article défini, de l'article indéfini, d'aucun déterminant.

Degrés de comparaison de l'adjectif et de l'adverbe: adjectifs prenant une inflexion au comparatif de supériorité et au superlatif.

Exprimer une quantité.

Les verbes à connaître

De *anmachen* à *zurückkommen*.

Vocabulaire

Vocabulaire thématique

Wohnen, Hausarbeit: habiter, travail à la maison.
Essen, die Nahrung: les repas, la nourriture.
Das Schulleben: la vie scolaire.
Adjectifs.

PARCOURS 4e

Parcours d'apprentissage

Les connaissances essentielles requises en classe de 4e conformément aux instructions officielles.

Grammaire

Syntaxe

Les subordonnées avec *wenn* et *als*, les subordonnées relatives, la subordonnée infinitive commençant par *um... zu* (pour + infinitif), les propositions infinitives avec *ohne... zu, anstatt... zu.*

Système verbal

Le plus-que-parfait et le parfait de l'indicatif.
Autour des verbes de modalité.

Groupe nominal et pronom

Le superlatif.
Adjectifs et adverbes irréguliers.

Le principe de détermination

La composition, la dérivation, le principe de détermination.

Verbes forts à connaître

Les verbes à connaître

Vocabulaire

Vocabulaire thématique

Reisen und Verkehr: voyages et transports.
Das Stadtleben: la vie en ville.
Einkaufen, Kleidung und Mode: achats, vêtements et mode.
Der Körper und die Gesundheit: le corps et la santé.
Das Wetter und die Jahreszeiten: le temps et les saisons.
Das Landleben: la vie à la campagne.
Die Feste: les fêtes.
Erwachsene und Jugendliche: adultes et adolescents.
Adjectifs et adverbes.

Parcours d'approfondissement

Les connaissances complémentaires pour couvrir l'ensemble du programme, voire anticiper sur la classe de 3e.

Grammaire

Syntaxe

Les subordonnées relatives:
le pronom relatif au génitif,
le pronom relatif précédé d'une préposition.

Système verbal

eben.

POUR ALLER PLUS LOIN

Parcours par cœur

Les notions clés à mémoriser absolument.

Par ❤

Grammaire

Syntaxe

Les subordonnées relatives: la déclinaison du pronom relatif.
La subordonnée infinitive commençant par *um... zu*: différence entre *für* et *um... zu.*

Système verbal

Le plus-que-parfait de l'indicatif: conjugaison (*seinen Füller vergessen, zu Hause bleiben*).
Le parfait de l'indicatif: les deux formes de participe des verbes de modalité, les verbes conjugués avec *sein.*
Autour des verbes de modalité: exprimer la capacité, l'autorisation, la demande, l'intention, l'obligation.

Groupe nominal et pronom

Adjectifs et adverbes irréguliers.

Les verbes à connaître

De *Acht geben* à *zurückkehren.*

Vocabulaire

Vocabulaire thématique

Reisen und Verkehr: voyages et transports.
Das Stadtleben: la vie en ville.
Einkaufen, Kleidung und Mode: achats, vêtements et mode.
Der Körper und die Gesundheit: le corps et la santé.
Das Wetter und die Jahreszeiten: le temps et les saisons.
Das Landleben: la vie à la campagne.
Erwachsene und Jugendliche: adultes et adolescents.

PARCOURS 3e

Parcours d'apprentissage

Les connaissances essentielles requises en classe de 3e conformément aux instructions officielles.

Grammaire

Syntaxe

Les subordonnées, le double infinitif dans la subordonnée. Les coordinations.
Les pronoms interrogatifs *welcher, welche, welches* et *was für ein*. Les interrogatifs, les relatifs et les démonstratifs adverbiaux.

Système verbal

Le subjonctif II, ses emplois.
Le subjonctif I, ses emplois.
Le passif : le présent, le prétérit, le futur, le parfait et le plus-que-parfait.
Les prépositions, les compléments de temps introduits par des prépositions.
Les préverbes.

Groupe nominal et pronom

L'adjectif substantivé, l'adjectif épithète.
Le pronom indéfini, la place du pronom personnel, les pronoms possessifs et démonstratifs.

Verbes forts à connaître

Les verbes à connaître

Vocabulaire

Situations de communication

Situer dans l'espace. Se situer dans le temps.
Expression du jugement, de l'opinion.

Vocabulaire thématique

Arbeitswelt: le monde du travail.
Staat und Gesellschaft: État et société.
Familienleben, Beziehungen: vie familiale et relationnelle.
Natur und Umweltschutz: nature et protection de l'environnement.
Medien und Kommunikation: médias et communication.
Schulleben: vie scolaire.
Freizeit: temps libre.
Reisen und Verkehr: voyages et transports.
Traum und Phantasie: rêves et imagination.
Adjectifs et adverbes.

Parcours d'approfondissement

Les connaissances complémentaires pour couvrir l'ensemble du programme, voire anticiper sur la classe de 2nde.

POUR ALLER PLUS LOIN

Grammaire

Syntaxe

Les subordonnées introduites par *während, indem; damit; obgleich, obschon, obwohl; als ob; als, wie, je... desto.*
Le double infinitif dans la subordonnée.
Les relatifs et les démonstratifs adverbiaux.

Système verbal

Emploi du subjonctif II dans une subordonnée avec un double infinitif.
Le subjonctif I.
Le futur, le parfait et le plus-que-parfait du passif.
Les prépositions: les postpositions, les prépositions spatiales (*über* + accusatif, *auf* + accusatif, *vor* + datif, *an* + accusatif), les prépositions suivies de l'accusatif, du datif, du génitif.
Les préverbes.

Groupe nominal et pronom

L'adjectif épithète: expression du nombre d'années.
Participe présent et participe passé.
Le pronom indéfini, la place du pronom personnel, les pronoms possessifs et démonstratifs.

Verbes à connaître

De *abhängen von* à *zwingen*.

Parcours par cœur

Les notions clés à mémoriser absolument.

Par ♥

Grammaire

Syntaxe

L'expression du but avec *um... zu*. La subordonnée introduite par *wenn*. Les différents emplois de *als*. Les négations. Les interrogatifs adverbiaux.

Système verbal

Subjonctif II : le présent, le passé, le futur.
Emploi du subjonctif II : la subordonnée commençant par *wenn*. Subjonctif I : le présent des auxiliaires. Le passif : le présent.
Les prépositions spatiales. Les prépositions pour l'expression du temps. Les préverbes.

Groupe nominal et pronom

L'adjectif substantivé. L'adjectif épithète : formé par un nom de ville, par un nom de pays.
Le pronom indéfini. Le pronom démonstratif.

Verbes à connaître

De *annehmen* à *zögern*.

Vocabulaire

Vocabulaire thématique

Arbeitswelt: le monde du travail.
Staat und Gesellschaft: État et société.
Familienleben, Beziehungen: vie familiale et relationnelle.
Natur und Umweltschutz: nature et protection de l'environnement.
Medien und Kommunikation: médias et communication.
Schulleben: vie scolaire.
Freizeit: temps libre.
Reisen und Verkehr: voyages et transports.
Traum und Phantasie: rêves et imagination.

Adjectifs (de *ähnlich* à *verletzt*), adverbes de manière, de temps, de lieu.

6^{e}

Grammaire
Vocabulaire

SOMMAIRE 6e

GRAMMAIRE

VOCABULAIRE

SYNTAXE

La syntaxe étudie les rapports entre les groupes de constituants de la phrase, entre les mots, entre les phrases elles-mêmes.
En allemand, la place du verbe conjugué a une importance particulière. Elle varie selon le type de phrase (interrogative, affirmative ou impérative).

Où se place le verbe conjugué dans la phrase interrogative ?

Phrase interrogative

Elle commence par un mot interrogatif ou par le verbe conjugué.
Rappelons les principaux interrogatifs :

was (qu'est-ce que ?)
wer (qui ?)
wie (comment ?)
wann (quand ?)
seit wann (depuis quand ?)
wie viel (combien ?)
wo (où ?)
wohin (où [avec déplacement] ?)
woher (d'où [provenance] ?)
warum (pourquoi ?)
wie lange (combien de temps ?)
was für ein (quelle sorte de ?)

Was machst du?	*Que fais-tu ?*
Wer kommt?	*Qui vient ?*
Wie heißt du?	*Comment t'appelles-tu ?*
Wie alt bist du?	*Quel âge as-tu ?*
Wie viel Uhr ist es?	*Quelle heure est-il ?*
Warum weint er?	*Pourquoi pleure-t-il ?*
Wie lange dauern die Weihnachtsferien?	*Combien de temps durent les vacances de Noël ?*
Hast du einen Bruder?	*As-tu un frère ?*
Spielst du gern Fußball?	*Aimes-tu jouer au football ?*
Kommst du mit?	*Est-ce que tu nous accompagnes ?*
Willst du ins Kino gehen?	*Veux-tu aller au cinéma ?*

Remarque
Dans la phrase interrogative, *est-ce que* n'est pas traduit.

Phrase affirmative

Il faut distinguer la place du verbe conjugué dans la proposition indépendante ou principale et dans la subordonnée.

Où se place le verbe conjugué dans la phrase simple ?

Place du verbe conjugué dans la proposition indépendante ou principale

Il vient toujours en 2e position. En 1re position, on trouve le sujet ou n'importe quel constituant :

Ich komme dann.	*Je viens ensuite.*
Dann komme ich.	*Ensuite je viens.*

Er will im Sommer nach Frankreich fahren.	*Il veut aller cet été en France.*
Im Sommer will er nach Frankreich fahren.	*Cet été, il veut aller en France.*
Er kommt morgen zurück.	*Il revient demain.*
Morgen kommt er zurück.	*Demain, il revient.*

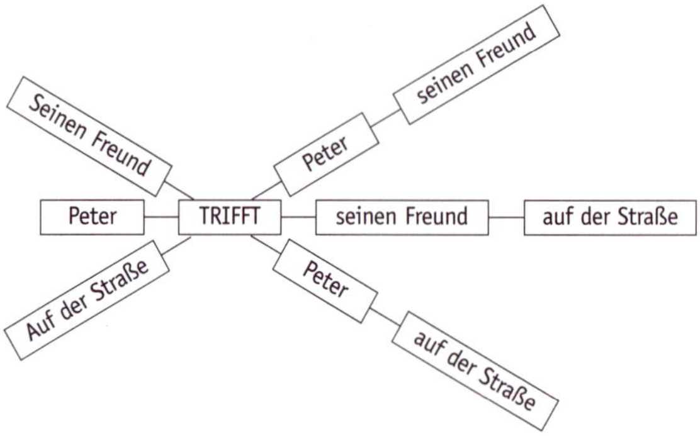

Les coordinations changent-elles la structure de phrase ?

Les conjonctions de coordination **und** (et), **aber** (mais), **oder** (ou), **denn** (car), placées en tête de phrase, ne changent rien à la construction.
Il en est de même des interjections **ja** (oui), **nein** (non), **doch** (si) :

Hast du einen Bruder?	*As-tu un frère ?*
Nein, ich habe keinen Bruder.	*Non, je n'ai pas de frère.*
Hast du keine Schwester?	*N'as-tu pas de sœur ?*
Doch, ich habe eine Schwester.	*Si, j'ai une sœur.*
Er bleibt zu Hause, denn er ist krank.	*Il reste à la maison car il est malade.*
Er spielt Tennis oder er geht ins Kino.	*Il joue au tennis ou il va au cinéma.*
Er geht weg und ich bleibe allein.	*Il s'en va et je reste seul.*

Remarque
La virgule sert à séparer les différentes propositions. On ne mettra donc pas de virgule après un complément placé en tête de phrase.

Place du verbe conjugué dans la subordonnée

Où se place le verbe dans la subordonnée ?

Dans toutes les subordonnées introduites par une conjonction de subordination telle que **dass** (que), **ob** (si, dans l'interrogation indirecte) et **weil** (parce que), le groupe verbal se place en fin de proposition et le verbe conjugué occupe la dernière place.

Ich weiss nicht, ob er morgen kommen kann.	*Je ne sais pas s'il peut venir demain.*
Ich glaube, dass sie krank ist.	*Je crois qu'elle est malade.*
Wir wissen, dass sie im Sommer nach Frankreich fahren wollen.	*Nous savons qu'elles veulent aller en France cet été.*
Er weiss nicht, ob er morgen zurückkommt.	*Il ne sait pas s'il revient demain.*
Er kauft keine Bonbons, weil sie zu teuer sind.	*Il n'achète pas de bonbons parce qu'ils sont trop chers.*

Qu'appelle-t-on une structure régressive ?

Nous constatons que la place des constituants dans la subordonnée correspond à ce qu'on appelle la structure régressive, qui est une structure fondamentale en allemand. Le déterminant précède le déterminé, ou bien chaque constituant est déterminé à gauche par celui qui le précède.

On progresse de l'inconnu vers le connu :

morgen kommen können	*pouvoir venir demain*
krank sein	*être malade*
im Sommer nach Frankreich fahren wollen	*vouloir aller en France cet été*
morgen zurückkommen	*revenir demain*
zu teuer sein	*être trop cher*

Quels sont les constituants qui peuvent accompagner le verbe ?

Remarques concernant le groupe verbal

1. Le noyau verbal peut être accompagné de constituants obligatoires.

– un préverbe :	*zurückkommen*	*revenir*
	ankommen	*arriver*
– un attribut :	*krank sein*	*être malade*
	nett sein	*être gentil*
– un adverbe :	*langsam fahren*	*rouler lentement*
	gut schlafen	*bien dormir*

– un complément circonstanciel introduit par une préposition :

	nach Hause gehen	*aller à la maison*
	ins Kino gehen wollen	*vouloir aller au cinéma*
	in Köln wohnen	*habiter à Cologne*
	nach Berlin reisen	*aller à Berlin*
	aus Hamburg kommen	*venir à Hambourg*
	über München fahren	*passer par Münich*
– une locution :	*Auto fahren*	*aller en voiture*
	Abschied nehmen	*prendre congé*
	Lust haben	*avoir envie*
– un infinitif :	*schwimmen können*	*savoir nager*

2. Le groupe verbal peut être accompagné d'un constituant non obligatoire, qui vient modifier le sens du groupe verbal.

gern joue souvent le rôle de constituant non obligatoire du groupe verbal :

schnell fahren	*rouler vite*	*in Berlin wohnen*	*habiter Berlin*
gern schnell fahren	*aimer rouler vite*	*gern in Berlin wohnen*	*aimer habiter Berlin*

Les compléments introduits par **mit** modifient souvent le sens du groupe verbal :

nach Deutschland fahren	*aller en Allemagne*
mit dem Wagen nach Deutschland fahren	*aller en Allemagne en voiture*
mit dem Zug nach Deutschland fahren	*aller en Allemagne en train*

Le groupe verbal peut être modifié par un complément introduit par mit et par gern :

gern mit dem Moped zur Schule fahren *aimer aller à l'école en mobylette*

Où se place le verbe dans la phrase impérative ?

Phrase impérative

Le verbe conjugué vient en tête de l'énoncé :

Schreib den Brief!	*Écris la lettre !*	*Hilf deiner Mutter!*	*Aide ta mère !*
Nimm dein Buch!	*Prends ton livre !*	*Sei nett!*	*Sois gentil !*

On distingue 4 personnes à l'impératif :

Geh!	*Va !*	*Geht!*	*Allez !*
Gehen wir!	*Allons !*	*Gehen Sie!*	

La dernière personne correspond à la formule de politesse. Elle ne doit pas être confondue avec la 2e personne du pluriel (que l'on traduit en français également par *vous*), qui correspond à un vous collectif utilisé quand on tutoie individuellement les personnes du groupe.
Par exemple, le professeur s'adressant à ses élèves pourra dire :

Nehmt eure Bücher! — *Prenez vos livres !*

ou bien la mère s'adressant à ses enfants :

Holt euren Freund ab! — *Allez chercher votre ami !*

Remarques

1. Les verbes forts en **-e-**, qui changent le **-e-** en **-i-** à la 2e et 3e personnes du singulier de l'indicatif présent, modifient la voyelle du radical à la 2e personne de l'impératif :

__Gib__ mir den Füller! — *Donne-moi le stylo !*

2. Les verbes dont le radical est terminé par un **-d**, un **-t** ou un groupe de consonnes difficiles à prononcer, conservent un **-e-** à la 2e personne de l'impératif :

Arbeite! — *Travaille !* — *Rechne!* — *Calcule !*

3. Notons l'emploi de **lassen** à la première personne du pluriel :

Lasst uns singen! — *Chantons !*

4. Rappelons l'impératif de l'auxiliaire sein :

Sei vorsichtig!	*Sois prudent !*	*Seid vorsichtig!*	*Soyez prudents !*
Seien wir vorsichtig!	*Soyons prudents !*	*Seien Sie vorsichtig!*	*Soyez prudents !*

*Conjugue l'auxiliaire **être** à l'impératif.*

Phrase négative

Place de la négation *nicht*

POUR ALLER PLUS LOIN

Quand on veut nier, on utilise en général la négation **nicht**.

nicht se place après le complément à l'accusatif, le complément au datif, le pronom personnel.

Ich sehe ihn nicht. — *Je ne le vois pas.*
Du bringst den Kindern das Geschenk nicht. — *Tu n'apportes pas le cadeau aux enfants.*
Er ruft seinen Freund nicht an. — *Il ne téléphone pas à son ami.*

nicht se place avant le groupe prépositionnel, l'adjectif attribut.

Er fährt nicht nach Frankreich. — *Il ne va pas en France.*
Sie sind nicht groß. — *Ils ne sont pas grands.*
Die Stadt ist nicht schön. — *La ville n'est pas belle.*

Emploi de la négation *kein*

*Quand emploie-t-on **kein** ?*

Quand la négation porte sur le partitif (du, de) ou l'article indéfini, on emploie **kein**.

Ich trinke keinen Wein.	*Je ne bois pas de vin.*
Sie haben keine Kinder.	*Ils n'ont pas d'enfant.*
Ich esse kein Brot.	*Je ne mange pas de pain.*
Wir haben kein Glück.	*Nous n'avons pas de chance.*
Keine Angst!	*N'ayez pas peur !*
Ich habe keinen Hunger.	*Je n'ai pas faim.*
Ich habe keinen Durst.	*Je n'ai pas soif.*

Traduit-on le partitif en allemand ?

Remarque

L'article partitif n'est pas traduit en allemand :

Ich kaufe Brot	*J'achète du pain*
Trinkst du Milch?	*Est-ce que tu bois du lait ?*
Du hast Glück	*Tu as de la chance.*

SYSTÈME VERBAL

Le présent de l'indicatif

On distingue plusieurs types de conjugaison selon la nature des verbes.

Les auxiliaires de temps

Par ❤

*Conjugue **avoir** aux 2e et 3e personnes du singulier.*

sein (être)	haben (avoir)
ich bin	*ich habe*
du bist	*du hast*
er / sie / es ist	*er / sie / es hat*
wir sind	*wir haben*
ihr seid	*ihr habt*
sie sind	*sie haben*

*Que signifie **werden** ?*

werden (devenir)	*er / sie / es wird*	*wir werden*
ich werde		*ihr werdet*
du wirst		*sie werden*

Remarque

Notons l'importance de **werden**, beaucoup plus employé en allemand que le français *devenir* et qui sert à former le futur, le passif et le futur du subjonctif II.
Ces trois auxiliaires de temps ont des formes irrégulières.

Verbe faible

La marque de l'infinitif de tous les verbes étant **-n** ou **-en**, si l'on veut obtenir le radical du verbe, il suffit de supprimer cette marque.
Un verbe faible ne présente aucune variation du radical. Au présent de l'indicatif on ajoutera au radical les terminaisons : **-e**, **-st**, **-t**, **-en**, **-t**, **-en**.

Quelles sont les terminaisons des verbes faibles au présent ?

Par ❤

hören (entendre)	*er*	*wir hör**en***
*ich hör**e***	*sie* } *hör**t***	*ihr hör**t***
*du hör**st***	*es*	*sie hör**en***

Remarques

– Pour exprimer le vouvoiement, on utilise la dernière personne du pluriel. Le pronom s'écrit alors avec une majuscule : **Sie hören**.

– Si le radical verbal est terminé par un groupe de consonnes difficiles à prononcer ou par un **-d** ou un **-t**, on ajoutera un **-e-** intercalaire aux 2e et 3e personnes du singulier et à la 2e personne du pluriel.

*Conjugue **arbeiten** au présent de l'indicatif ?*

Par ❤

arbeiten (travailler)	*er*	*wir arbeit**en***
*ich arbeit**e***	*sie* } *arbeit**et***	*ihr arbeit**et***
*du arbeit**est***	*es*	*sie arbeit**en***

– Les verbes dont le radical est terminé par *-s ou -ß, z, tz* prennent seulement un **-t** à la 2e personne du singulier, si bien qu'il y a identité de forme avec la 3e personne du singulier :

sitzen (être assis) → *du sitz**t**, er sitz**t***
heißen (s'appeler) → *du heiß**t**, er heiß**t***
lesen (lire) → *du lies**t**, er lies**t***

– Les verbes terminés par **-eln** perdent le **-e-** du radical à la 1re personne du singulier :
sammeln (collectionner) → *ich samml**e***.

Verbe fort

Certains verbes forts modifient leur radical aux 2e et 3e personnes du singulier de l'indicatif présent.
On peut distinguer trois types de variation du radical.

*Pourquoi **fahren** est-il un verbe fort ?*

- **sur le modèle de *fahren*** (aller autrement qu'à pied, conduire)
  Le **-a-** du radical prend une inflexion (Umlaut) aux 2e et 3e personnes du singulier :

Par ❤

ich fahre	*er*	*wir fahren*
*du f**ä**hrst*	*sie* } *f**ä**hrt*	*ihr fahrt*
	es	*sie fahren*

laufen (courir) fait partie de ce groupe : du l**ä**ufst, er l**ä**uft.

*Pourquoi **sprechen** est-il un verbe fort ?*

- **sur le modèle de *sprechen*** (parler)
  Le **-e-** du radical se transforme en **-i-** aux 2e et 3e personnes du singulier (**-i-** bref dans la prononciation).

Par ❤

ich spreche	*er*	*wir sprechen*
*du spr**i**chst*	*sie* } *spr**i**cht*	*ihr sprecht*
	es	*sie sprechen*

- **sur le modèle de *sehen*** (voir)
  Le **-e-** du radical est transformé en **-ie-** aux 2e et 3e personnes du singulier (**[i:]** long dans la prononciation).

Par ❤

ich sehe	*er*	*wir sehen*
*du s**ie**hst*	*sie* } *s**ie**ht*	*ihr seht*
	es	*sie sehen*

nehmen (prendre) perd le **-h-** du radical et double le **-m-** aux 2e et 3e personnes du singulier :

Conjugue **nehmen** aux 2e et 3e personnes du singulier.

Par ❤

ich nehme	*er*	*wir nehmen*
*du ni**mm**st*	*sie* } *ni**mm**t*	*ihr nehmt*
	es	*sie nehmen*

On peut noter qu'il n'y a pas de **-e-** *intercalaire quand la voyelle du radical change :*
du trittst ein. *tu entres.* *du rätst.* *tu conseilles.*

Verbe à préverbe séparable

Quand la particule se détache-t-elle du verbe ?

La particule verbale modifie souvent le sens du verbe de base :
machen (faire) → **<u>auf</u>machen** (ouvrir) ; **<u>zu</u>machen** (fermer).
Elle est accentuée dans la prononciation et se détache du verbe conjugué au présent de l'indicatif dans une proposition non subordonnée :

Par ❤

<u>fernsehen</u> (regarder la télévision)	*<u>um 8 Uhr aufstehen</u>* (se lever à 8 heures)
ich sehe fern	*ich stehe um 8 Uhr auf*
du siehst fern	*du stehst um 8 Uhr auf*
er / sie / es } *sieht fern*	*er / sie / es* } *steht um 8 Uhr auf*
wir sehen fern	*wir stehen um 8 Uhr auf*
ihr seht fern	*ihr steht um 8 Uhr auf*
sie sehen fern	*sie stehen um 8 Uhr auf*

Remarques

Le préverbe vient se placer en fin de proposition principale ou indépendante. Dans la surbordonnée, il est rattachée au verbe conjugué :
Ich weiß, dass er um 8 Uhr aufsteht. *Je sais qu'il se lève à 8 heures.*

Le préverbe est parfois constitué de plusieurs éléments :
hin, qui marque l'éloignement, ou **her**, qui marque le rapprochement, auxquels on ajoute une préposition :
Er geht die Treppe hinunter *Il descend l'escalier*
Herein! *Entrez !* *Hinaus!* *Sortez !*

Verbes de modalité

Quels sont les six verbes de modalité ?

Ils sont au nombre de six et s'opposent deux à deux pour leur sens.

können,	*pouvoir, être capable de (par extension : savoir faire)*
dürfen,	*pouvoir, avoir la permission de*
müssen,	*devoir, être obligé de, il faut que*
sollen,	*devoir (obligation morale), devoir par la volonté d'autrui*
wollen,	*vouloir*
mögen,	*désirer (par extension : aimer)*

Quelles sont leurs particularités au présent ?

Au présent de l'indicatif, ces six verbes ne prennent aucune terminaison aux 1re et 3e personnes du singulier. À l'exception de **sollen**, ils modifient la voyelle du radical aux 3 personnes du singulier.

Par ❤

TABLEAU RÉCAPITULATIF DE LA CONJUGAISON DES VERBES DE MODALITÉ

können	müssen	wollen
ich kann ❐ du kannst er kann ❐ wir können ihr könnt sie können	ich muss ❐ du musst er muss ❐ wir müssen ihr müsst sie müssen	ich will ❐ du willst er will ❐ wir wollen ihr wollt sie wollen
dürfen	sollen	mögen
ich darf ❐ du darfst er darf ❐ wir dürfen ihr dürft sie dürfen	ich soll ❐ du sollst er soll ❐ wir sollen ihr sollt sie sollen	ich mag ❐ du magst er mag ❐ wir mögen ihr mögt sie mögen

POUR ALLER PLUS LOIN

❐ signifie : aucune terminaison.

*Que signifie **ich möchte** ?*

Mögen est surtout employé sous la forme **ich möchte** (subjonctif de mögen), qui signifie *je voudrais* :

Ich möchte ein Stück Kuchen. — *Je voudrais une part de gâteau.*

Les verbes de modalité sont souvent associés à un groupe verbal à l'infinitif. Dans la proposition indépendante ou principale, il faut séparer le verbe de modalité de l'infinitif par les compléments quand il y en a.

Ich kann morgen kommen	*Je peux venir demain*
Kannst du gut schwimmen?	*Sais-tu bien nager ?*
Wir wollen aufs Land fahren	*Nous voulons aller à la campagne*
Magst du den Kuchen?	*Aimes-tu le gâteau ?*
Ich muss zur Schule gehen, es ist spät	*Je dois aller à l'école, il est tard*
Er ist krank, er muss zu Hause bleiben	*Il est malade, il doit rester à la maison*
Du sollst deiner Tante schreiben	*Tu dois écrire à ta tante*
Soll ich diesen Mantel anziehen?	*Est-ce que je dois mettre ce manteau ?*
Darf ich das Fenster aufmachen?	*Est-ce que je peux ouvrir la fenêtre ?*

Le verbe **wissen**, (savoir, être informé), ne prend pas de terminaison aux 1re et 3e personnes du singulier ; il modifie la voyelle du radical aux trois personnes du singulier. Sa conjugaison se rattache à celle des verbes de modalité.

Par ❤

ich weiß ❐	*er* } *weiß* ❐	*wir wissen*
du weißt	*sie* } *weiß* ❐	*ihr wisst*
	es } *weiß* ❐	*sie wissen*

*Comment traduis-tu **je sais nager** ?*

Il faut distinguer :

Ich kann Deutsch.	*Je sais l'allemand, je suis capable de le parler.*
Ich kann schwimmen.	*Je sais nager, je suis capable de nager.*
Ich weiß nicht, ob er morgen kommt.	*Je ne sais pas s'il vient demain.*

Verbes de position et de mouvement

POUR ALLER PLUS LOIN

On en compte 8 : **stehen, sitzen, liegen, hängen, stellen, legen, hängen, setzen.**

setzen	*asseoir*	sitzen	*être assis*
legen	*poser (à plat)*	liegen	*se trouver (être allongé, à plat)*
stellen	*poser (verticalement)*	stehen	*être debout*
hängen	*accrocher*	hängen	*être accroché, suspendu*

Ces huit verbes sont d'un emploi très fréquent. Quand le français utilise les verbes *poser, mettre, se trouver,* l'allemand précise la position des objets :

Die Kirche steht neben dem Rathaus.	*L'église se trouve à côté de la mairie.*
Der Teppich liegt auf dem Boden.	*Le tapis se trouve sur le sol.*
Er legt die Bücher auf den Tisch.	*Il pose les livres sur la table.*
Er stellt den Stuhl vor das Fenster.	*Il met la chaise devant la fenêtre.*
Köln liegt am Rhein.	*Cologne se trouve au bord du Rhin.*

les prépositions spatiales

POUR ALLER PLUS LOIN

Les verbes de position et de mouvement sont suivis de compléments circonstanciels introduits par des prépositions spatiales que l'on peut placer par rapport à un cube.

über	*au-dessus de*
in	*dans*
auf	*sur*
unter	*en dessous de*
an	*contre*
vor	*devant*
hinter	*derrière*
neben	*à côté de*
zwischen	*entre*

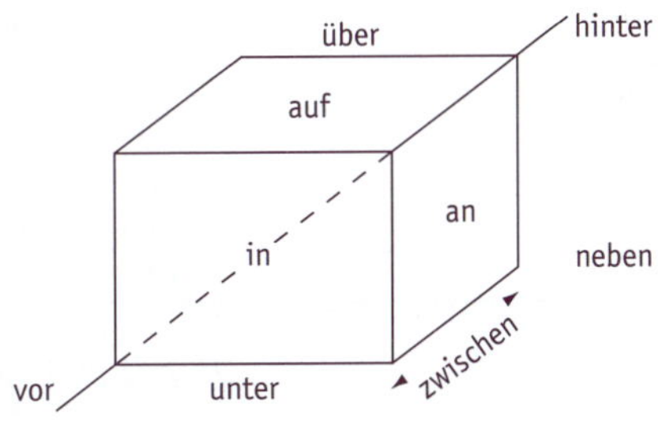

*Que signifie **in** ? **auf** ?*

Ces prépositions sont suivies tantôt d'un complément à l'accusatif, tantôt d'un complément au datif. Le complément est au datif lorsque le verbe exprime **une action réalisée à l'intérieur d'un même lieu**. On dit aussi qu'il y a **localisation** (par exemple après les verbes **stehen, liegen, hängen, sitzen**).
Le complément est à l'accusatif lorsque le verbe exprime **une direction, un changement de lieu** (par exemple après les verbes **stellen, legen, hängen, setzen**) :

*Ich gehe **in die** Küche.*	*Je vais à la cuisine.*
*Er isst **in der** Küche.*	*Il mange à la cuisine.*
*Er fährt **aufs** Land.*	*Il va à la campagne.*
*Wir wohnen **auf dem** Land.*	*Nous habitons à la campagne.*
*Ich setze mich **auf den** Stuhl.*	*Je m'assois sur la chaise.*
*Sie sitzen **auf dem** Boden.*	*Ils sont assis sur le sol.*

Mais l'opposition accusatif/datif ne joue plus après les prépositions qui sont toujours suivies de l'accusatif ou du datif.

Prépositions suivies du datif

bei	*chez, quand on est chez quelqu'un, auprès de*
zu	*chez, quand on va chez quelqu'un*

mit	*avec*
von	*de, à partir de*
aus	*hors de*
nach	*vers, après*
seit	*depuis*

Par ♥

Er geht zu seinem Freund. — *Il va chez son ami.*
Er hört Musik bei seinem Freund. — *Il écoute de la musique chez son ami.*

Comment dis-tu ***il va chez son ami** ?*

Prépositions suivies de l'accusatif

durch	*à travers*
für	*pour*
bis	*jusqu'à*
gegen	*contre*
ohne	*sans*
um	*autour de*

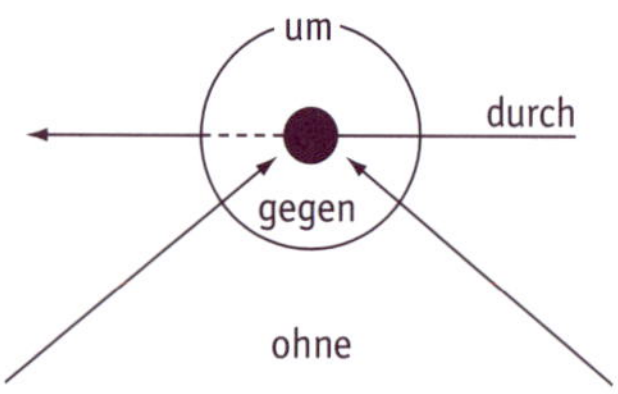

Er fährt durch die Stadt.
il traverse la ville.

Dans l'expression du complément de lieu, le choix de la préposition est à apprendre par l'usage :

Par ♥

Ich bleibe zu Hause.	*Je reste à la maison.*
Ich gehe nach Hause.	*Je vais à la maison.*
Ich gehe in die Stadt.	*Je vais en ville.*
Ich gehe ins Kino.	*Je vais au cinéma.*
Ich gehe zum Bahnhof.	*Je vais à la gare.*
Ich gehe zur Schule.	*Je vais à l'école.*
Ich gehe auf den Markt.	*Je vais au marché.*
Ich fahre aufs Land.	*Je vais à la campagne.*
Ich fahre ans Meer.	*Je vais à la mer.*
Ich fahre in die Berge.	*Je vais à la montagne.*

Comment dis-tu ***je vais au cinéma** ?*

On notera l'opposition :

Par ♥

Ich fahre nach Hamburg.	*Je vais à Hambourg.*
Ich komme aus Berlin.	*Je viens de Berlin.*
Ich wohne in Köln.	*J'habite à Cologne.*

Comment dis-tu ***il habite à Cologne** ?*

auf das, **in das**, **an das** se contractent en **aufs**, **ins**, **ans**.
in dem, **an dem**, **zu dem** se contractent en **im**, **am**, **zum**.
zu der se contracte en **zur**.
bei dem se contracte en **beim**.

Dans l'expression du complément de temps, le choix de la préposition répond à une règle :

- devant les saisons, les mois, l'année, on emploie **im** :

Im Januar ist es kalt.	*En janvier il fait froid.*
Im Herbst werden die Bäume rot.	*En automne les arbres rougissent.*

Comment dis-tu ***en janvier** ?*

- devant les jours de la semaine, les parties de la journée, on emploie **am** :

Am Nachmittag arbeitet sie.	*L'après-midi, elle travaille.*
Am Sonntag geht sie spazieren.	*Le dimanche, elle va se promener.*

Exception : *in der Nacht, la nuit.*

- devant l'heure on emploie **um** :

Der Zug fährt um 7 Uhr ab.	*Le train part à 7 heures.*

- devant les fêtes on emploie **zu** :

zu Weihnachten	*à Noël*
zu Ostern	*à Pâques*
zu Pfingsten	*à la Pentecôte*

A quel temps correspond le prétérit en français ?

Prétérit de l'indicatif (imparfait et passé simple)

Auxiliaires de temps

Par ❤

sein		haben	
ich	*war*	*ich*	*hatte*
du	*warst*	*du*	*hattest*
er / sie / es	*war*	*er / sie / es*	*hatte*
wir	*waren*	*wir*	*hatten*
ihr	*wart*	*ihr*	*hattet*
sie	*waren*	*sie*	*hatten*

A quel temps correspond le parfait en français ?

Parfait de l'indicatif (passé composé)

En général, le parfait est formé à l'aide de l'auxiliaire **haben** conjugué au présent et d'un participe passé.
Quelques verbes se conjuguent avec **sein** : les verbes d'état **(sein, werden, bleiben)** et les verbes qui indiquent un mouvement et n'ont pas de complément d'objet direct (verbes intransitifs) tels que ***gehen, laufen, fliegen...***

Auxiliaires de temps

POUR ALLER PLUS LOIN

in Deutschland sein (être en allemagne)

ich	*bin in Deutschland gewesen*	*wir*	*sind in Deutschland gewesen*
du	*bist in Deutschland gewesen*	*ihr*	*seid in Deutschland gewesen*
er / sie / es	*ist in Deutschland gewesen*	*sie*	*sind in Deutschland gewesen*

*Quelle est la forme du participe passé de **haben** ?*

Glück haben (avoir de la chance)

ich	*habe Glück gehabt*	*wir*	*haben Glück gehabt*
du	*hast Glück gehabt*	*ihr*	*habt Glück gehabt*
er / sie / es	*hat Glück gehabt*	*sie*	*haben Glück gehabt*

krank werden (tomber malade)

ich	*bin krank geworden*	*wir*	*sind krank geworden*
du	*bist krank geworden*	*ihr*	*seid krank geworden*
er / sie / es	*ist krank geworden*	*sie*	*sind krank geworden*

Verbe faible

*Quelle est la forme du participe passé de **kaufen** ?*

Pour former le participe passé des verbes faibles, on ajoute au radical l'augment **ge-** et la terminaison **-t** :

gehör**t** (entendu) **ge**kauf**t** (acheté)

Si le radical est terminé par un **-d**, un **-t** ou un groupe de consonnes difficiles à prononcer, on ajoute un **-e-** intercalaire :

gearbeit**et** (travaillé) **ge**rechn**et** (calculé)

Par ❤

Tennis spielen (jouer au tennis)

ich	*habe Tennis **ge**spiel**t***	*wir*	*haben Tennis **ge**spiel**t***
du	*hast Tennis **ge**spiel**t***	*ihr*	*habt Tennis **ge**spiel**t***
er / sie / es	*hat Tennis **ge**spiel**t***	*sie*	*haben Tennis **ge**spiel**t***

Groupe nominal et pronom

Le groupe nominal comprend un substantif (nom), précédé ou non d'un déterminant ou d'un adjectif. Le déterminant peut être un article défini, indéfini, un démonstratif ou un possessif.

Déclinaison du déterminant et du nom

L'article défini

Quels sont les trois genres en allemand ?

On distingue trois genres pour les noms allemands :
- les noms masculins, précédés de l'article défini **der** ;
- les noms féminins, précédés de l'article défini **die** ;
- les noms neutres, précédés de l'article défini **das**.

Quelles sont les quatre fonctions ?

Le groupe nominal peut avoir différentes fonctions. Quatre fonctions sont importantes en allemand :
- la fonction sujet/attribut → cas du nominatif ;
- la fonction complément d'objet direct → cas de l'accusatif ;

– la fonction complément d'objet indirect ou complément d'attribution → cas du datif ;
– la fonction complément du nom → cas du génitif.
Dans ces quatre cas, l'article défini varie : il se décline.

On aura ainsi,

- **avec un nom masculin :**

nominatif	***Der** Vater kommt.*	*Le père arrive.*
accusatif	*Ich höre **den** Vater.*	*J'entends le père.*
datif	*Der Wagen gehört **dem** Vater.*	*La voiture appartient au père.*
génitif	*Der Wagen **des** Vater**s** ist rot.*	*La voiture du père est rouge.*

(Dans cette dernière phrase, nous remarquons que le nom masculin prend un **-s** au génitif.)

Quelle est la marque de l'accusatif masculin ?

- **avec un nom féminin :**

nominatif	***Die** Mutter kommt.*	*La mère arrive.*
accusatif	*Ich höre **die** Mutter.*	*J'entends la mère.*
datif	*Der Mantel gehört **der** Mutter.*	*Le manteau appartient à la mère.*
génitif	*Der Mantel **der** Mutter ist weiß.*	*Le manteau de la mère est blanc.*

- **avec un nom neutre :**

nominatif	***Das** Kind kommt.*	*L'enfant arrive.*
accusatif	*Ich höre **das** Kind.*	*J'entends l'enfant.*
datif	*Das Buch gehört **dem** Kind.*	*Le livre appartient à l'enfant.*
génitif	*Das Buch **des** Kind**es** ist schön.*	*Le livre de l'enfant est beau.*

Remarques

– les articles définis féminin et neutre ont une même forme au nominatif et à l'accusatif ;
– les noms neutres, comme les noms masculins, prennent un **-s** au génitif, mais, s'ils se terminent par une consonne, on ajoute **-es** (**Kindes, Mannes**).

- **avec un nom pluriel :**

Il n'existe qu'un seul article défini pluriel commun aux trois genres.
Au datif pluriel, le nom prend un **-n** sauf si ce nom pluriel est déjà terminé par un **-n** (ex. die Elter**n**)

Quelle est la particularité du datif pluriel ?

nominatif	***Die** Kinder kommen.*	*Les enfants arrivent.*
accusatif	*Ich höre **die** Kinder.*	*J'entends les enfants.*
datif	*Die Bücher gehören **den** Kinder**n**.*	*Les livres appartiennent aux enfants.*
génitif	*Die Bücher **der** Kinder sind schön.*	*Les livres des enfants sont beaux.*

Remarques

– En ce qui concerne le genre des noms, il n'existe aucune correspondance avec le français (là où le français dit **la** lune, l'allemand dit **der** Mond).
– Tous les noms s'écrivent avec une majuscule.
– Les noms composés prennent le genre du dernier mot :

Comment retrouve-t-on le genre des mots composés ?

der** Brief**freund	*le correspondant*
die** Brief**freundin	*la correspondante*
das** Brief**papier	*le papier à lettre*

Tableau récapitulatif de la déclinaison de l'article défini et du nom

Par ❤

	singulier			pluriel
	masculin	neutre	féminin	aux 3 genres
nominatif	der	das	die	die
accusatif	den	das	die	die
datif	dem	dem	der	den (+ **n** au nom)
génitif	des (+ **s** au nom)	des (+ **s** au nom)	der	der

POUR ALLER PLUS LOIN

- **suivent la même déclinaison :**
- les démonstratifs **dieser**, **diese**, **dieses**
- les interrogatifs **welcher**, **welche** ou **welches** (*quel, quelle, quelles, laquelle, etc.*) et **wer** (qui) :

nominatif	*Wer kommt?*	*Qui arrive ?*
accusatif	*Wen siehst du auf dem Bild?*	*Qui vois-tu sur l'image ?*
datif	*Wem gehört das Buch?*	*À qui appartient ce livre ?*
génitif	*Wessen Buch ist das?*	*C'est le livre de qui ?*

L'article indéfini

Quelle est la particularité de la déclinaison de l'article indéfini ?

Aux trois articles définis singuliers **der**, **die**, **das** correspondent trois articles indéfinis **ein**, **eine**, **ein**. Il n'y a pas d'article indéfini pluriel.
L'article indéfini suit la déclinaison de l'article défini sauf au nominatif masculin et neutre et à l'accusatif neutre, où il ne porte pas de marque :
ein *Vater kommt,* ***ein*** *Kind kommt, ich höre* ***ein*** *Kind.*

Tableau récapitulatif de la déclinaison de l'article indéfini et du nom

Par ❤

	singulier			pluriel
	masculin	neutre	féminin	
nominatif	ein	ein	eine	
accusatif	einen	ein	eine	
datif	einem	einem	einer	
génitif	eines (+ **s** au nom)	eines (+ **s** au nom)	einer	

L'adjectif possessif

Comment se décline les adjectifs possessifs ?

Les adjectifs possessifs **mein**, **dein**, **sein**/**ihr**, **unser**, **euer**, **ihr** (mon, ton, son, notre, votre, leur) suivent au singulier la déclinaison de l'article indéfini, au pluriel celle de l'article défini.

POUR ALLER PLUS LOIN

Tableau récapitulatif de la déclinaison de l'adjectif possessif et du nom

	singulier			pluriel
	masculin	neutre	féminin	aux 3 genres
nominatif	mein	mein	meine	meine
accusatif	meinen	mein	meine	meine
datif	meinem	meinem	meiner	meinen (+ **n** au nom)
génitif	meines (+ **s** au nom)	meines (+ **s** au nom)	meiner	meiner

Remarques

– Attention aux formes **unser** (notre) et **euer** (votre), qui peuvent induire en erreur du fait de leur consonne finale.
Il ne faut pas être tenté de leur ajouter **-er** au nominatif masculin :

unser Vater	*notre père*
euer Vater	*votre père*

Quand on ajoute une marque à **euer**, on supprime le **-e-** qui précède le **-r**.

nominatif	*euer Vater*	*eure Mutter*
accusatif	*euren Vater*	*eure Mutter*
datif	*eurem Vater*	*eurer Mutter*
génitif	*eures Vaters*	*eurer Mutter*

Quand emploie-t-on ihr à la 3e personne du singulier ?

– À la troisième personne du singulier, il y a deux possessifs : **sein** et **ihr.** Si le possesseur est masculin ou neutre, on emploie **sein** ; si le possesseur est féminin, on emploie **ihr** :

*Brigitte nimmt **ihr** Buch*	*Brigitte prend son livre*
*Udo nimmt **sein** Buch*	*Udo prend son livre*
*Das Kind nimmt **sein** Buch*	*L'enfant prend son livre*

– Les négations **kein** ou **keine** suivent la déclinaison du possessif.

Emploi du génitif saxon

Devant le nom, on peut trouver un article défini, un article indéfini, un démonstratif, un possessif ou un nom propre auquel on a ajouté un **-s** (génitif saxon). Le génitif saxon indique l'appartenance :

*Udo**s** Buch*	*le livre de Udo*
*Karin**s** Tasche*	*le sac de Karin*

Quand le nom propre est terminé par un **-s**, on emploie **von** :

*das Zimmer **von** Klaus*	*la chambre de Klaus*

Remarque

Le nom propre n'est précédé d'aucun article, sauf dans un emploi familier.

Les masculins faibles

Que sont les masculins faibles ?

Certains noms masculins prennent **-n** ou **-en** à tous les cas de la déclinaison, sauf au nominatif singulier :

nominatif	*der Junge, le garçon*	*die Jung**en***
accusatif	*den Jung**en***	*die Jung**en***
datif	*dem Jung**en***	*den Jung**en***
génitif	*des Jung**en***	*der Jung**en***

Der Herr (le monsieur) prend un **-n** au singulier et **-en** au pluriel :

nominatif	*der Herr*	*die Herr**en***
accusatif	*den Herr**n***	*die Herr**en***
datif	*dem Herr**n***	*den Herr**en***
génitif	*des Herr**n***	*der Herr**en***

Quelques masculins faibles : **der Hase** (le lièvre), **der Bär** (l'ours), **der Affe** (le singe), **der Löwe** (le lion), **der Elefant** (l'éléphant).

Déclinaison du pronom

Le pronom personnel

Le nom peut être remplacé par un pronom.
Remarquons que les analogies de forme entre l'article défini et le pronom personnel à la 3e personne du singulier et du pluriel.

Comment dis-tu ***il chante*** *?*

*D**er** Junge singt.*	*Le garçon chante.*
*E**r** singt.*	*Il chante.*
*Di**e** Mutter singt.*	*La mère chante.*
*Si**e** singt.*	*Elle chante.*
*Da**s** Mädchen singt.*	*La fille chante.*
*E**s** singt.*	*Elle chante.*
*Di**e** Kinder singen.*	*Les enfants chantent.*
*Si**e** singen.*	*Ils chantent.*

Les pronoms personnels **ich**, **du**, **er**, **sie**, **es**, **wir**, **ihr**, **sie** se déclinent.
Les marques de l'article défini se retrouvent sur le pronom personnel de la 3e personne.

On aura ainsi :

- **à l'accusatif :**

- n	*Ich sehe de**n** Jungen.*	*Je vois le garçon.*
	*Ich sehe ih**n**.*	*Je le vois.*
- e	*Ich sehe di**e** Mutter.*	*Je vois la mère.*
	*Ich sehe si**e**.*	*Je la vois.*
- s	*Ich sehe da**s** Kind.*	*Je vois l'enfant.*
	*Ich sehe e**s**.*	*Je le vois.*
- e	*Ich sehe di**e** Kinder.*	*Je vois les enfants.*
	*Ich sehe si**e**.*	*Je les vois.*

- **au datif :**

- m	*Das Buch gehört de**m** Jungen.*	*Le livre appartient au garçon.*
	*Das Buch gehört ih**m**.*	*Le livre lui appartient.*
- r	*Das Buch gehört de**r** Mutter.*	*Le livre appartient à la mère.*
	*Das Buch gehört ih**r**.*	*Le livre lui appartient.*
- m	*Das Buch gehört de**m** Kind.*	*Le livre appartient à l'enfant.*
	*Das Buch gehört ih**m**.*	*Le livre lui appartient.*
- n	*Das Buch gehört de**n** Kindern.*	*Le livre appartient aux enfants.*
	*Das Buch gehört ihne**n**.*	*Le livre leur appartient.*

Par ❤

TABLEAU RÉCAPITULATIF DE LA DÉCLINAISON DU PRONOM PERSONNEL

nominatif	accusatif	datif
ich	mich	mir
du	dich	dir
er	ihn	ihm
sie	sie	ihr
es	es	ihm
wir	uns	uns
ihr	euch	euch
sie	sie	ihnen
Sie	Sie	Ihnen

Quel est le datif des pronoms personnels à la 3e personne du singulier ?

Remarque

Le pronom personnel complément vient après le verbe.

Le pronom réfléchi

Le pronom réfléchi s'emploie quand le sujet et l'objet représentent la même personne :

Ich wasche mich. *Je me lave.* *Ich freue mich.* *Je me réjouis.*

Les formes du pronom réfléchi sont celles du pronom personnel sauf à la 3e personne du singulier et du pluriel où se trouve **sich** :

sich freuen (se réjouir)	*er*	*wir freuen uns*
ich freue mich	*sie* } *freut* ***sich***	*ihr freut euch*
du freust dich	*es*	*sie freuen* ***sich***

Traduis ***il se réjouit.***

Remarque

Certains verbes réfléchis en français ne le sont pas en allemand, par exemple **heißen** (s'appeler, se nommer), **aufstehen** (se lever).

Les fonctions et les cas

Nous avons déjà remarqué qu'il n'y avait pas de correspondance entre le genre des noms en allemand et en français.

En ce qui concerne les fonctions, il faut éviter certains pièges :

– Des verbes suivis d'un complément d'objet direct (verbes transitifs) en français peuvent être intransitifs en allemand, par exemple, **helfen** (aider), **danken** (remercier), **begegnen** (rencontrer), **gratulieren** (féliciter) et **folgen** (suivre) sont toujours suivis du datif :

Ich danke dir für deinen Brief.	*Je te remercie de ta lettre.*
Er will der Mutter helfen.	*Il veut aider sa mère.*
Er begegnet seinem Freund.	*Il rencontre son ami.*

Comment dis-tu ***je te remercie ?***

– Le nominatif correspond aussi à la fonction attribut du sujet :

Er ist mein Freund. *Il est mon ami.*

– Les compléments circonstanciels de temps non introduits par une préposition sont soit à l'accusatif, soit au génitif :

Par ❤

génitif	*eines Tages*	*un jour*
accusatif	*jeden Tag*	*chaque jour*
	nächste Woche	*la semaine prochaine*
	nächsten Monat	*le mois prochain*
	nächstes Jahr	*l'année prochaine*
	letzte Woche	*la semaine dernière*
	vorige Woche	*la semaine dernière*
	den ganzen Tag	*toute la journée*
	letztes Jahr	*l'année dernière*
	letzten Monat	*le mois dernier*

Les verbes à connaître

besuchen (+ acc.)	*rendre visite (à quelqu'un) ; visiter*	haben	*avoir*
		heißen	*s'appeler*
bleiben	*rester*	helfen (+ dat.)	*aider*
danken (+ dat.)	*remercier*	kommen	*venir*
denken (an + acc.)	*penser (à)*	können	*pouvoir*
dürfen	*pouvoir, avoir la permission de*	lernen	*apprendre*
		lesen	*lire*
essen	*manger*	machen	*faire*
fahren	*aller (autrement qu'à pied), conduire*	nehmen	*prendre*
		sagen	*dire*
		sehen	*voir*
finden	*trouver*	setzen	*asseoir*
frühstücken	*prendre son petit déjeuner*	sich freuen	*se réjouir*
		trinken	*boire*
geben	*donner*	verstehen	*comprendre*
gehen	*aller (autrement qu'en véhicule)*	wiederholen	*répéter*
		wohnen	*habiter*
grüßen	*saluer, dire bonjour*	wollen	*vouloir*

Quelle est la différence entre ***fahren*** *et* ***gehen*** *?*

Dialogues et expressions

zu Hause bleiben — *rester à la maison*
zu Fuß gehen — *aller à pied*

Comment s'écrit le verbe ***remercier*** *?*

Ne pas confondre

d**a**nken (remercier) et d**e**nken (penser).

anrufen	*appeler*	mögen	*désirer, aimer*
sich **an**ziehen	*s'habiller*	müssen	*devoir, être obligé de*
aufmachen	*ouvrir*		
aufstehen	*se lever*	regnen	*pleuvoir*
beginnen	*commencer*	schenken	*offrir*
bekommen	*recevoir*	schlafen	*dormir*
brauchen (+ acc.)	*avoir besoin de*	schreiben	*écrire*
		schwimmen	*nager*
bringen	*apporter*	singen	*chanter*
gehören	*appartenir*	spielen	*jouer*
holen	*aller chercher*	sprechen	*parler*
hören	*entendre*	suchen	*chercher*
kaufen	*acheter*	tragen	*porter*
kochen	*faire la cuisine*	waschen	*laver*
kosten	*coûter*	wissen	*savoir*
sich langweilen	*s'ennuyer*	zeichnen	*dessiner*
laufen	*courir*	zumachen	*fermer*

Dialogues et expressions

Fußball spielen	*jouer au football*
Er ruft einen Freund an.	*Il téléphone à un ami.*

laufen (courir) s'emploie dans certaines expressions :

Der Motor läuft.	*Le moteur marche.*	*Er läuft Schlittschuh.*	*Il fait du patin à glace.*
Der Film läuft.	*Le film passe.*	*Er läuft Ski.*	*Il fait du ski.*

bekommen a un sens plus large que le français (recevoir) :

Wir bekommen Besuch.	*Nous attendons de la visite.*

*De quel cas est suivi **brauchen** ?*

brauchen (avoir besoin de) et **sprechen** (parler) sont suivis de l'accusatif :

Ich brauche dich	*J'ai besoin de toi*	*Ich will ihn sprechen*	*Je veux lui parler*

POUR ALLER PLUS LOIN

abfahren	*partir (véhicule)*	**her**kommen	*venir, approcher*
abholen	*aller chercher (quelqu'un)*	**hin**gehen	*aller*
		klingeln	*sonner*
abschreiben	*copier*	lachen	*rire*
abwischen	*effacer (le tableau)*	lassen	*laisser, faire (+ l'infinitif)*
anfangen	*commencer*	legen	*poser (à plat)*
ankommen	*arriver*	liegen	*se trouver*
antworten (auf + acc.)	*répondre (à)*	**mit**bringen	*apporter*
		mitgehen	*accompagner*
arbeiten	*travailler*	**mit**nehmen	*emporter*
aufpassen	*faire attention*	rauchen	*fumer*
aufschlagen	*ouvrir (livre)*	rechnen	*calculer*
aussteigen	*descendre (d'un véhicule)*	rufen	*appeler*
		schauen	*regarder*
sich **aus**ziehen	*se déshabiller*	scheinen	*briller, sembler*
bedeuten	*signifier*	schicken	*envoyer*
bezahlen	*payer*	sitzen	*être assis*
buchstabieren	*épeler*	sollen	*devoir*
diktieren	*dicter*	springen	*sauter*
einsteigen	*monter (dans un véhicule)*	stehen	*être debout*
		stehen bleiben	*s'arrêter*
eintreten	*entrer*	stellen	*poser (verticalement)*
fallen	*tomber*		
fehlen	*manquer*	tun	*faire*
fernsehen	*regarder la télévision*	verbringen	*passer*
		verlieren	*perdre*
fragen (+ acc.)	*demander, questionner*	verzeihen	*pardonner*
		warten (auf + acc.)	*attendre*
gefallen	*plaire*	**weg**gehen	*s'en aller, partir*
halten	*s'arrêter (véhicule), tenir*	weinen	*pleurer*
		werden	*devenir*
hängen	*être suspendu, suspendre, accrocher*	zeigen	*montrer*

*Comment traduit-on **accompagner** ?*

*De quel cas est suivi **fragen** ?*

Dialogues et expressions

auf einen Brief antworten	*répondre à une lettre*
Ich frage dich, ob du morgen kommen kannst.	*Je te demande si tu peux venir demain.*
eine Frage stellen	*poser une question*
Ich warte auf einen Freund.	*J'attends un ami.*

SITUATIONS DE COMMUNICATION

Comment se présenter ?

Dis comment tu t'appelles en allemand.

- **Donner et demander un nom**

Ich heiße ...	*Je m'appelle ...*
Wie heißt du?	*Comment t'appelles-tu ?*
Wie heißen Sie?	*Comment vous appelez-vous ?*

- **Donner et demander un âge**

Ich bin zwölf (Jahre alt).	*J'ai douze ans.*
Wie alt bist du?	*Quel âge as-tu ?*
Wie alt sind Sie?	*Quel âge avez-vous ?*

- **Donner et demander un lieu d'habitation**

Ich wohne in ...	*J'habite à ...*
Ich lebe in einer kleinen Stadt.	*Je vis dans une petite ville.*
Ich wohne auf dem Land.	*J'habite à la campagne.*
Ich wohne in der SchillerstraBe Nr8.	*J'habite dans la rue Schiller au numéro 8.*
Ich wohne in Südfrankreich.	*J'habite dans le sud de la France.*
Ich wohne in der Gegend von...	*J'habite dans la région de...*
Ich komme aus...	*Je viens de...*
Wo wohnst du?	*Où habites-tu ?*
Wo wohnen Sie?	*Où habitez-vous ?*
Woher kommst du?	*D'où viens tu ?*

Traduis ***je suis né le ...***

- **Donner et demander une date de naissance**

Ich bin am... geboren.	*Je suis né le...*
Wann bist du geboren?	*Quand es-tu né ?*
Ich habe am... Geburtstag	*J'ai mon anniversaire le ...*
Wann hast du Geburtstag?	*Quand as-tu ton anniversaire ?*

- **Donner sa nationalité**

Ich bin Franzose.	*Je suis Français.*	Ich bin Deutscher.	*Je suis Allemand.*
Ich bin Französin.	*Je suis Française.*	Ich bin Deutsche.	*Je suis Allemande.*

- **Parler de ses activités, de ses goûts**

Ich fahre Rad.	*Je fais du vélo.*
Ich spiele gern Tennis.	*J'aime jouer au tennis.*
Ich spiele lieber Fußball.	*Je préfère jouer au football.*
Ich schwimme nicht gern.	*Je n'aime pas nager.*
Ich mag Videospiele.	*J'aime les jeux vidéo.*

Traduis
je préfère jouer au football

- **Demander à quelqu'un ce qu'il fait**

Treibst du Sport?	*Fais-tu du sport ?*	Siehst du gern fern ?	*Aimes-tu regarder la télévision ?*
Spielst du Klavier?	*Joues-tu au piano ?*		

- **Présenter sa famille, son entourage**

Das ist mein Vater, meine Mutter.	*C'est mon père, ma mère.*	Was macht deine Mutter?	*Que fait ta mère ?*
Mein Vater ist Lehrer.	*Mon père est professeur.*	Ist das dein Hund?	*Est-ce que c'est ton chien ?*

- **Dire ce que l'on possède**

Ich habe einen Goldfisch.	*J'ai un poisson rouge.*	Das ist Annas Buch.	*C'est le livre d'Anna.*
Das ist mein Zimmer.	*C'est ma chambre.*	Das ist ihr Buch.	*C'est son livre.*
Das Fahrrad gehört mir.	*La bicyclette m'appartient.*	Das Buch gehört ihr.	*Le livre lui appartient.*

Conversation

- **Entamer une conversation**

Guten Tag Frau Müller!	*Bonjour Madame Müller !*	Wie geht es dir?	*Comment vas-tu ?*
Wie geht's?	*Comment ça va ?*	Wie geht es Ihnen?	*Comment allez-vous ?*

Traduis
comment ça va ?

Remarques

Quand on se salue on donne toujours le nom de la personne.
De manière plus familière on peut dire « Hallo! ».
Quand on se salue le matin on dit « Guten Morgen! », le soir « Guten Abend! »
Dans le sud de l'Allemagne on entend « Grüss Gott! »

- **Demander si quelque chose est exact ou inexact**

Stimmt das? Ist das richtig?	*Est-ce que c'est juste ?*	Ist das wahr?	*Est-ce que c'est vrai ?*
Das ist falsch.	*C'est faux.*		

- **Faire répéter**

Wie bitte?	*Pardon ?*	Können Sie wiederholen?	*Pouvez-vous répéter ?*
Noch einmal bitte!	*Répétez s'il vous plaît !*		

- **Au téléphone**

Meine Telefonummer ist...	*Mon numéro de téléphone est...*
Welches ist deine Telefonummer?	*Quel est ton numéro de téléphone ?*

Kann ich bitte anrufen (telefonieren)?	*Est-ce que je peux téléphoner s'il vous plaît ?*
Wo kann ich telefonieren?	*Où est-ce que je peux téléphoner ?*
Ich möchte nach Frankreich anrufen.	*Je voudrais téléphoner en France.*
Guten Tag, Frau Fischer, ich bin Peter.	*Bonjour madame Fischer, je suis Pierre.*
Kann ich Ursula sprechen?	*Est-ce que je peux parler à Ursula ?*
Ja, moment.	*Oui, un instant.*
Guten Tag hier ist Stefan Müller.	*Bonjour c'est Stefan Müller.*
Ist Kristin zu Hause?	*Est-ce que Christine est à la maison ?*
Tut mir leid, sie ist nicht da.	*Je suis désolé, elle n'est pas là.*
Können Sie ihr bitte sagen, dass ich angerufen habe?	*Pouvez vous lui dire que j'ai téléphoné ?*
Ich sage ihr schon Bescheid oder Sie rufen später wieder an.	*Je le lui dirai ou bien vous rappelez plus tard.*
Auf Wiederhören.	*Au revoir.*

Traduis **je suis désolé**

- **Se donner rendez-vous**

Wann gehst du...?	*Quand vas tu... ?*	Wir treffen uns um 8 Uhr	*Rendez-vous à 8 heures*
Um wie viel Uhr?	*A quelle heure ?*		

Que signifie **Bis später** *?*

- **Se quitter**

Auf Wiedersehen!	*Au revoir !*	Bis später!	*A tout à l'heure !*
Bis bald!	*A bientôt !*	Bis nachher!	

Remarques

De manière plus familière on peut dire « Tschüss! »
Au téléphone on dit « Auf Wiederhören! »
Bis morgen! *à demain*, bis heute Abend! *à ce soir !*

- **Échange d'informations pratiques**

Wo ist bitte die Post?	*Où se trouve la poste s'il vous plaît ?*	Wo kann ich Geld wechseln?	*Où est-ce que je peux changer de l'argent ?*
Ich möchte eine Briefmarke für eine Karte nach Frankreich.	*Je voudrais un timbre pour envoyer une carte en France.*	Ich habe kein Kleingeld.	*Je n'ai pas de monnaie.*
		Ich suche das Informationsbüro.	*Je cherche le centre d'informations.*
Was kostet das Buch?	*Combien coûte le livre ?*	Haben Sie einen Stadtplan?	*Avez-vous un plan de la ville ?*

Traduis **avez-vous un plan de la ville** *?*

Formules de politesse

- **Demander la permission**

Bitte	*S'il vous plaît*	Darf ich...?	*Est-ce que je peux ?*

- **Inviter quelqu'un**

Willst du...?	*Veux tu... ?*	Kannst du mitkommen?	*Peux tu venir ?*
Möchtest du...?	*Voudrais tu... ?*		
Hast du Lust...?	*As tu envie de... ?*		

- **Remercier**

Danke	*Merci*		
Danke schön,	*Merci beaucoup*		
Danke sehr,			
Vielen Dank,			
Danke vielmals			

Cite des expressions pour remercier

- **Répondre à un remerciement**

Aber bitte	*De rien*	Nichts zu danken	*Il n'y a pas de quoi*

- **S'excuser**

Entschuldigen Sie!	*Excusez-moi !*	Es tut mir leid.	*Je suis désolé.*
Entschuldigung!	*Pardon !*		
Verzeihung!			

Cite des expressions pour s'excuser

- **Accepter des excuses**

Bitte!	*Je vous en prie !*	Schon gut!	*C'est bon !*
Das ist nicht schlimm.	*Ce n'est pas grave.*	Das macht doch nichts.	*Cela ne fait rien.*

- **Accepter quelque chose**

Ja, gern	*Oui volontiers*	Klar! natürlich!	*Bien sûr !*
Einverstanden, o.k .	*C'est d'accord.*		

Traduis ***c'est d'accord***

- **Refuser quelque chose**

Nein, danke.	*Non, merci.*	Schade, aber...	*C'est dommage, mais...*
Tut mir leid, aber...	*Je suis désolé, mais...*	Das ist leider unmöglich.	*C'est malheureusement impossible.*
Das geht nicht.	*Ca ne va pas.*		
Ich kann nicht.	*Je ne peux pas.*	Sei mir nicht böse.	*Ne m'en veux pas.*

- **Porter un toast**

Zum Wohl! Prost!	*A la tienne !*		
	A la vôtre !		

- **Formuler un souhait**

Ich möchte...	*Je voudrais...*	Frohe Weihnachten	*Joyeux Noël*
Alles Gute zum Geburtstag !	*Bon anniversaire !*	Frohe Ostern	*Joyeuses Pâques*
		Gutes neues Jahr	*Bonne année*

Comment dis-tu ***bon anniversaire*** *?*

- **Commander quelque chose à boire**

Eine Tasse Kaffee bitte!	*Un café s'il vous plaît !*	Kann ich einen Orangensaft haben?	*Est-ce que je peux avoir un jus d'orange ?*
Für mich ein Mineralwasser.	*Pour moi une eau minérale.*		

Remarque

Il est parfois difficile d'obtenir de l'eau plate en Allemagne, l'eau gazeuse est plus courante.

VOCABULAIRE THÉMATIQUE

Die Zeit : le temps

Par ❤

Die Zeit	*le temps qui passe*	die Zeitung lesen	*lire le journal*
die Zeitung (en)	*le journal*	ich habe keine Zeit,	*je n'ai pas le temps*
das Jahr (e)	*l'année*	der Frühling	*le printemps*
die Jahreszeit (en)	*la saison*	der Sommer	*l'été*
der Winter	*l'hiver*	der Herbst	*l'automne*
der Monat (e)	*le mois*	Juli	*juillet*
Januar	*janvier*	August	*août*
Februar	*février*	September	*septembre*
März	*mars*	Oktober	*octobre*
April	*avril*	November	*novembre*
Mai	*mai*	Dezember	*décembre*
Juni	*juin*		
die Woche (n)	*la semaine*	Montag	*lundi*
der Tag (e)	*le jour*	Dienstag	*mardi*
der Mittag (e)	*le midi*	Mittwoch	*mercredi*
der Vormittag (e)	*la matinée*	Donnerstag	*jeudi*
der Morgen (-)	*le matin*	Freitag	*vendredi*
der Nachmittag (e)	*l'après-midi*	Samstag,	*samedi*
der Abend (e)	*le soir*	Sonnabend	
die Nacht (¨e)	*la nuit*	Sonntag	*dimanche*
Mitternacht	*minuit*		
die Stunde (n)	*l'heure (dans sa durée)*	die Minute (n)	*la minute*
		der Augenblick (e)	*l'instant*
die Uhr (en)	*la montre, l'horloge*	der Moment (e)	*l'instant*
die Uhr (sans marque de pluriel)	*l'heure (le moment dans le temps)*	ein Moment!	*un instant !*

Donne la traduction des mois de l'année

*Quelle est la difference entre **Stunde** et **Uhr** ?*

Dialogue et expressions

- **les moments de la journée**

heute Morgen	*ce matin*	*am nächsten Tag*	*le lendemain*
heute Nachmittag	*cet après-midi*	*gestern Abend*	*hier soir*
heute Abend	*ce soir*	*in einer Stunde*	*dans une heure*
am Sonntagmorgen	*dimanche matin*	*die Mathestunde*	*le cours de Maths*
morgen früh	*demain matin*	*Bis morgen!*	*A demain !*
spät	*tard*		

- **date du jour et de naissance**

Den wievielten haben wir heute?	*Quel jour sommes-nous aujourd'hui ?*
Heute haben wir Mittwoch den 15. Januar, den fünfzehnten Januar.	*Aujourd'hui, nous sommes le mercredi 15 janvier.*

Wann bist du geboren ?	*Quand es-tu né ?*
Ich bin am 16. September geboren.	*Je suis né le 16 septembre.*
Ich bin am sechzehnten September geboren	

- **l'heure**

Wie viel Uhr ist es?	*Quelle heure est-il ?*
Es ist viertel nach 2.	*Il est 2 heures un quart.*
Es ist viertel vor 3.	*Il est 3 heures moins le quart.*
Es ist halb drei.	*Il est 2 heures et demie.*
Es ist 5 nach halb drei.	*Il est 3 heures moins vingt-cinq.*
Es ist 5 vor halb drei.	*Il est 2 heures vingt-cinq.*

Traduis ***il est 2 h 30.***

- **L'expression de la demie.** Il faut toujours penser à l'heure qui va venir et non à celle qui est écoulée : 3 h 1/2 → halb vier
4 h 1/2 → halb fünf

Eine halbe Stunde	*Une demi-heure*	*Es ist ein Uhr*	*Il est 1 heure*
Eine Viertelstunde	*Un quart d'heure*	*Es ist halb eins*	*Il est midi et demi*

Ne pas confondre

zählen	*compter*	*zähle von eins bis zwanzig!*	*Compte de 1 à 20 !*
zahlen	*payer*		
die Zahl (en)	*le nombre*	*die Nummer (n)*	*le numéro*

Die Feste : les fêtes

das Fest(e)	*la fête*	Weihnachten	*Noël*
feiern	*fêter*	der Weihnachtsmann	*le père Noël*
der Geburtstag(e)	*l'anniversaire*	das Weihnachtslied(er)	*le chant de Noël*
das Geschenk(e)	*le cadeau*		
schenken	*offrir*	der Weihnachtsbaum, der Tannenbaum	*le sapin de Noël*
einladen	*inviter*		
sich freuen	*se réjouir*	den Tannenbaum schmücken	*décorer le sapin*
froh sein	*être content*		
einen Geburtstag feiern	*fêter un anniversaire*	der Stern(e)	*l'étoile*
		die Kerze(n)	*la bougie*
der Geburtstags-kuchen(-)	*le gâteau d'anniversaire*	die Kugel(n)	*la boule*
		Neujahr	*le jour de l'an*
das Geburtstags-lied(er) singen	*chanter la chanson d'anniversaire*	Ostern	*Pâques*
		der Osterhase(n)	*le lièvre de Pâques*
das Geburtstags-geschenk(e)	*le cadeau d'anniversaire*	das Osterei(er)	*l'œuf de Pâques*
ein Geschenk bekommen	*recevoir un cadeau*	spielen	*jouer*
Freunde zum Geburtstag einladen	*inviter des amis pour l'anniversaire*	tanzen	*danser*

Comment traduis-tu ***offrir*** *?*

Donne des mots composés formés avec ***Geburtstag***

Dialogue et expressions

Ich gratuliere dir zum Geburtstag.	*Je te souhaite un bon anniversaire.*
Alles Gute zum Geburtstag.	*Je te souhaite un bon anniversaire.*
Wann hast du Geburtstag?	*Quand as tu ton anniversaire ?*
Ich habe am 23. März Geburtstag	*J'ai mon anniversaire le 23 mars*
Wie alt bist du?	*Quel âge as-tu ?*
Ich bin 12.	*J'ai 12 ans.*
Frohe Weihnachten	*Joyeux Noël*
Ein glückliches neues Jahr	*Bonne année*
Frohe Ostern	*Joyeuses Pâques*
Der Osterhase bringt Schokolade	*Le lièvre de Pâques apporte du chocolat*
Wie lange dauern die Weihnachtsferien?	*Combien de temps durent les vacances de Noël ?*
Wann beginnen die Osterferien?	*Quand commencent les vacances de Pâques ?*
Kommst du morgen zu unserem Fest?	*Est-ce que tu viens demain à notre fête ?*
Ja, gern	*Oui volontiers*
Das ist nett von dir, aber ich kann nicht	*C'est gentil de ta part mais je ne peux pas*

Comment dis-tu ***Joyeux Noël*** *?*

Reisen und Verkehr : voyages et transports

Par ❤

die Reise(n)	*le voyage*
die Ferien	*les vacances*
der Zug(¨e)	*le train*
das Auto(s)	*la voiture*
der Wagen(-)	*la voiture*
das Schiff(e)	*le bâteau*
das Flugzeug(e)	*l'avion*
fotografieren	*photographier*
die Sommerferien	*les vacances d'été*
eine Reise nach Deutschland machen	*faire un voyage en Allemagne*
den Fotoapparat mitnehmen	*emporter l'appareil de photo*
mit dem Zug/ der Bahn reisen	*voyager en train*
mit dem Auto reisen	*voyager en voiture*
mit dem Schiff reisen	*voyager en bâteau*
mit dem Flugzeug reisen	*voyager en avion*
die Reisetasche(n)	*le sac de voyage*
das Gepäck	*les bagages*
der Koffer(-)	*la valise*
der Rucksack(¨e)	*le sac à dos*
den Koffer mitnehmen	*emporter la valise*
den Rucksack tragen	*porter le sac à dos*
schwer sein	*être lourd*
den Koffer packen	*faire la valise*
den Koffer auspacken	*défaire la valise*
der Bahnhof(¨e)	*la gare*
die Fahrkarte(n)	*le billet*
ankommen	*arriver*
abfahren	*partir*
halten	*s'arrêter*
nach München fahren	*aller à Munich*
nach Hause zurückkommen	*revenir à la maison*
der Zug kommt aus Köln	*le train vient de Cologne*
in den Zug einsteigen	*monter dans le train*
aus dem Zug aussteigen	*descendre du train*
einen Freund am Bahnhof abholen	*aller chercher un ami à la gare*
zum Bahnhof gehen	*aller à la gare*
das Fahrrad (¨er)	*la bicyclette*
eine Radtour machen	*faire une randonnée à vélo*
schnell fahren	*rouler vite*
langsam fahren	*rouler lentement*

Cite des moyens de locomotion.

vorsichtig sein	*être prudent*	der Pfennig	*le pfennig* (centime)
gut aufpassen	*faire bien attention*	Geld wechseln	*changer de l'argent*
das Geld	*l'argent*		
die Mark	*le mark*		

Dialogue et expressions

Wie fährst du nach Deutschland?	*Comment pars tu en Allemagne ?*
Wir fahren mit dem Zug.	*Nous partons en train.*
Ich fahre im Sommer in die Schweiz.	*Je pars cet été en Suisse.*
Fährts du nach Österreich?	*Pars tu en Autriche ?*
Er kommt aus Italien.	*Il vient d'Italie.*
Wo kann ich Geld wechseln?	*Où est-ce que je peux changer de l'argent ?*

Comment dis-tu ***il vient d'Italie*** *?*

Mot en vedette

der Wagen entre dans la composition de beaucoup de mots :

der Schlafwagen	*le wagon-lit*
der Speisewagen	*le wagon-restaurant*
der Polizeiwagen	*la voiture de police*
der Krankenwagen	*l'ambulance*

der Volkswagen signifie la voiture du peuple

Die Familie : la famille

Par ❤

die Familie	*la famille*	Vati	*papa*
der Vater(¨)	*le père*	Mutti	*maman*
die Mutter(¨)	*la mère*	Opa	*papi*
die Eltern	*les parents*	Oma	*mamie*
die Großeltern	*les grands-parents*	die Geschwister	*les frères et sœurs*
der Großvater(¨)	*le grand-père*	der Onkel(-)	*l'oncle*
die Großmutter(¨)	*la grand-mère*	die Tante(n)	*la tante*
der Sohn(¨e)	*le fils*	der Neffe(n)	*le neveu*
die Tochter(¨)	*la fille # fils*	die Nichte(n)	*la nièce*
der Junge(n)	*le garçon*	der Vetter(-)	*le cousin*
das Mädchen(-)	*la fille # garçon*	die Kusine(n)	*la cousine*
der Bruder(¨)	*le frère*	der Herr(n)	*le monsieur*
die Schwester(n)	*la sœur*	die Dame(n)	*la dame*
das Kind(er)	*l'enfant*	der Mensch(en)	*l'être humain*
der Freund(e)	*l'ami*	das Haustier(e)	*l'animal domestique*
die Freundin(nen)	*l'amie*	das Meerschwein -chen(-)	*le cochon d'Inde*
der Mann(¨er)	*l'homme, le mari*		
die Frau(en)	*la femme*	der Wellensittich(e)	*la perruche*
das Tier(e)	*l'animal*	das Kaninchen(-)	*le lapin*
der Hund(e)	*le chien*	die Schildkröte(n)	*la tortue*
die Katze(n)	*le chat*	Onkel Karl	*Oncle Karl*
der Fisch(e)	*le poisson*	Tante Ursula	*Tante Ursula*

Que signifie ***die Geschwister*** *?*

Quelle est la différence entre ***Tochter*** *et* ***Mädchen*** *?*

Dialogue et expressions

Hast du Geschwister?	*As-tu des frères et sœurs ?*
Ja, ich habe zwei Brüder und eine Schwester.	*Oui j'ai deux frères et une sœur.*
Hast du Haustiere?	*As-tu des animaux domestiques ?*
Was macht dein Vater?	*Que fait ton père ?*
Ich wohne in einem groBen Haus mit vielen Tieren.	*J'habite une grande maison avec beaucoup d'animaux.*

Freizeit und Alltagsleben : temps libres et vie quotidienne

Par ❤

schwimmen	*nager*	ein Buch lesen	*lire un livre*
das Schwimmbad	*la piscine*	fernsehen	*regarder la télévision*
ins Schwimmbad gehen	*aller à la piscine*	Freunde treffen	*rencontrer des amis*
spielen	*jouer*	zeichnen	*dessiner*
Fußball spielen	*jouer au football*	malen	*peindre*
Handball spielen	*jouer au handball*	aufstehen	*se lever*
Tennis spielen	*jouer au tennis*	frühstücken	*prendre le petit déjeuner*
Tischtennis spielen	*jouer au ping pong*	sich waschen	*se laver*
Klavier spielen	*jouer au piano*	sich anziehen	*s'habiller*
Flöte spielen	*jouer de la flûte*	in die Schule gehen	*aller à l'école*
Rad fahren	*faire de la bicyclette*	Deutsch lernen	*apprendre l'allemand*
Rollschuh laufen	*faire du patin à roulette*	nach Hause gehen	*rentrer à la maison*
Schlittschuh laufen	*faire du patin à glace*	die Hausaufgabe(n)	*le devoir à la maison*
reiten	*faire du cheval*	zu Abend essen	*dîner*
tanzen	*danser*	schlafen gehen	*aller se coucher*
ins Kino gehen	*aller au cinéma*	träumen	*rêver*

Traduis le mot ***piscine.***

Donner des expressions avec ***spielen.***

Traduis ***je me lève à 7 heures.***

Dialogue et expressions

Ich stehe um 7 Uhr auf.	*Je me lève à 7 heures.*
Dann frühstücke ich.	*Ensuite je prends mon petit déjeuner.*
Ich ziehe mich schnell an.	*Je m'habille rapidement.*
Um zehn vor acht gehe ich in die Schule.	*À huit heures moins dix je vais à l'école.*
Am Vormittag lerne ich Französisch und Mathe.	*Le matin j'apprends le Français et les Maths.*
Am Nachmittag habe ich Sport.	*L'après-midi j'ai du sport.*
Am Abend mache ich meine Hausaufgaben.	*Le soir je fais mes devoirs.*

Das Schulleben : la vie scolaire

Par ❤

die Schule(n)	*l'école*	die Lehrerin(nen)	*le professeur (femme)*
der Schüler(-)	*l'élève (garçon)*		
die Schülerin(nen)	*l'élève (fille)*	der Lehrer(-)	*le professeur (homme)*
der Brief(e)	*la lettre*	die Brieffreundin(nen)	*la correspondante*
der Brieffreund(e)	*le correspondant*		
einen Brief bekommen	*recevoir une lettre*	Briefe schreiben	*écrire des lettres*
		ein Foto schicken	*envoyer une photo*
die Briefmarke(n)	*le timbre*	Briefmarken sammeln	*collectionner les timbres*
der Briefumschlag (¨e)	*l'enveloppe*	den Brieffreund besuchen	*rendre visite au correspondant*
die Brieffreundin aufnehmen	*accueillir la correspondante*		

Cite des mots composés avec ***Brief****.*

Dialogue et expressions

Qu'écris-tu au début d'une lettre ?

- **lettre de premier contact**

Liebe Anna — *Chère Anne*
Lieber Christoph — *Cher Christoph*
Ich bin dein Brieffreund (deine Brieffreundin). — *Je suis ton Correspondant (ta correspondante).*
Ich freue mich nach Deutschland zu fahren. — *Je suis content d'aller en Allemagne.*
Ich bin froh dich besuchen zu können. — *Je suis heureux de pouvoir te rendre visite.*
Kannst du mir ein Foto schicken? — *Peux-tu m'envoyer une photo ?*
Hast du einen Bruder oder eine Schwester? — *As-tu un frère ou une sœur ?*
Hast du einen Hund oder eine Katze? — *As-tu un chien ou un chat ?*
Sammelst du Briefmarken? — *Collectionnes-tu les timbres ?*
Treibst du Sport? — *Fais-tu du sport ?*
Spielst du ein Musikinstrument? — *Joues-tu d'un instrument de musique ?*
Was magst du? — *Qu'est-ce que tu aimes ?*
Wann hast du Geburtstag? — *Quand as-tu ton anniversaire ?*
Ich lerne Deutsch seit drei Monaten. — *J'apprends l'allemand depuis trois mois.*
seit einem Jahr — *depuis un an*
Schreib mir bald! — *Écris-moi bientôt !*
Viele GrüBe und Küsse — *Je t'embrasse*
Lass bald von dir hören! — *Donne bientôt de tes nouvelles !*

- **lettre de remerciement après l'échange au correspondant ou à la famille**

Es tut mir leid, dass ich so spät auf deinen Brief antworte. — *Je suis désolé de répondre si tard à ta lettre.*
Ich hoffe, dass es dir gut geht. — *J'espère que tu vas bien.*
Ich danke dir für deinen netten Empfang. — *Je te remercie de ton accueil sympathique.*
Ich freue mich dich bald wiederzusehen und dir Paris zeigen zu können. — *Je me réjouis de te revoir bientôt et de pouvoir te montrer Paris.*
Was möchtest du besichtigen? — *Que voudrais tu visiter ?*
GrüBe deine Familie von mir. — *Transmets mes amitiés à tes parents.*
Liebe Familie Müller ich danke Ihnen für Ihren netten Empfang. — *Chère famille Müller je vous remercie de votre accueil sympathique.*

Traduis ***je me réjouis****.*

Ich habe bei Ihnen eine schöne Zeit verbracht. — *J'ai passé chez vous un très agréable moment.*
Der Ausflug nach... hat mir gut gefallen. — *L'excursion à ... m'a beaucoup plu.*
Sie können uns besuchen. — *Vous pouvez nous rendre visite.*
Wir laden Sie ein — *Nous vous invitons*
Herzliche Grüße. — *Amicalement*

Donne une formule de fin de lettre.

Adjectifs, adverbes et mots de liaison

Adjectifs numéraux cardinaux

Par ❤

De 1 à 12, ce sont des adjectifs simples :
eins, zwei, drei, vier, fünf, sechs, sieben, acht, neun, zehn, elf, zwölf.

*Comment dis-tu **13** ?*

De 13 à 19, ce sont des adjectifs formés avec **zehn** :
*drei**zehn** (13)*
*vier**zehn** (14)*
*sech**zehn** (16),* qui perd le **-s-**
*sieb**zehn** (17),* qui perd le **-en-**

Les dizaines sont des adjectifs formés avec **-zig** (après consonne) et **-ßig** (après voyelle) :
*zwan**zig** (20)* — *drei**ßig** (30)* — *vier**zig** (40)*

On retrouve pour 60 et 70 la même irrégularité que pour 16 et 17 :
*sech**zig** (60)* — *sieb**zig** (70)*

*Comment dis-tu **21** ?*

À partir de 21, on construit les chiffres à l'inverse du français :
les unités précèdent les dizaines et sont reliées par **-und-**.
***ein**undzwan**zig** (21)* (lorsque 1 précède les dizaines il s'écrit ein et non eins).
*zweiundzwan**zig** (22)* — *dreiundzwan**zig** (23)*
hundert (100) — *hunderteins (101)*
tausend (1 000) — *eine Million*
eine Milliarde

Les centaines et les milliers sont juxtaposés aux dizaines sans **-und-**.
1998 tausendneunhundertachtundneunzig
neunzehnhundertachtundneunzig

Comment forme-t-on l'adjectif numéral ordinal ?

Adjectifs numéraux ordinaux

On les utilise pour indiquer la date. De 1 à 19, on ajoute **-te** à l'adjectif numéral cardinal correspondant :
der Zwei**te** *Le deuxième* — der Vier**te** *le quatrième*

Irrégularités :
der Erste *le premier* — der Siebte *le septième*
der Dritte *le troisième* — der Achte *le huitième*

À partir de 20, on ajoute **-ste** à l'adjectif numéral cardinal correspondant :
der zwanzigs**te** — *le vingtième*

Ils peuvent aussi servir à énoncer un ordre chronologique :

erstens	*premièrement*	zweitens	*deuxièmement*
drittens	*troisièmement*	viertens	*quatrièmement*

Mots en vedette

Beide désigne deux choses ou deux êtres : **die beiden Mädchen**, *les deux filles*.

Remarque

zum ersten Mal	*pour la première fois*
zum dritten Mal	*pour la troisième fois*
zum zweiten Mal	*pour la deuxième fois*
zum letzten Mal	*pour la dernière fois*

Couleurs

Traduis 5 noms de couleur.

Par ❤

weiß	*blanc*	gelb	*jaune*
schwarz	*noir*	grau	*gris*
rot	*rouge*	braun	*marron*
blau	*bleu*	hellblau	*bleu clair*
grün	*vert*	dunkelblau	*bleu foncé*

Mots en vedette

hell (clair) et **dunkel** (sombre), placés à côté d'un adjectif de couleur, indiquent la nuance claire ou foncée.
bunt (de toutes les couleurs).

Autres adjectifs et adverbes

*Donne le contraire de **jung, kurz**.*

*Donne les 2 sens de l'adjectif **neu**.*

allein	*seul*	kurz	*court*
alt	*vieux*	lang	*long*
altmodisch	*démodé*	langsam	*lent*
angenehm	*agréable*	laut	*fort (voix), bruyamment*
billig	*bon marché*		
deutsch	*allemand*	leer	*vide*
falsch	*faux*	leicht	*léger, facile*
fertig	*prêt, terminé*	leise	*doucement*
französisch	*français*	modern	*moderne*
froh	*gai*	naß	*mouillé*
früh	*tôt*	neu	*nouveau, neuf*
gesund	*en bonne santé*	richtig	*juste*
groß	*grand*	ruhig	*calme*
gut	*bon, bien*	rund	*rond*
jung	*jeune*	schlecht	*mauvais*
kalt	*froid*	schnell	*vite*
klein	*petit*	schwer	*difficile*

krank	*malade*	schön	*beau, bien*
spät	*tard*	voll	*plein*
taub	*sourd*	warm	*chaud*
teuer	*cher*	weit	*loin*

Mots en vedette

allein ne s'emploie que comme attribut :

Er bleibt die ganze Zeit allein. — *Il reste tout le temps seul.*

voll est suivi directement du complément ou de **von** et du datif :

Er trinkt ein Glas voll Bier. — *Il boit un verre rempli de bière.*
Der Tisch liegt voll von Büchern. — *La table est recouverte de livres.*

Dialogue et expressions

Der Junge ist 14 Jahre alt.	*Le garçon a 14 ans.*
Er ist 1,75 Meter groß.	*Il mesure 1,75 m.*
Bist du mit der Übung fertig?	*As-tu terminé l'exercice ?*
Sprich bitte laut!	*Parle fort, s'il te plaît !*
Sprich leise!	*Parle doucement !*
Er steht früh auf.	*Il se lève tôt.*

Mots de liaison

Que signifie ***denn*** *?*

und (et), **oder** (ou bien), **auch** (aussi), **sonst** (sinon), **aber** (mais), **denn** (car, donc), **dann** (alors).

Der Vater und die Mutter kommen.	*Le père et la mère arrivent.*
Ich gehe ins Kino oder ich sehe fern.	*Je vais au cinéma ou je regarde la télévision.*
Spielst du auch Fußball?	*Joues-tu aussi au football ?*
Du kommst sofort, sonst gehen wir ohne dich in die Stadt.	*Tu viens immédiatement, sinon nous allons en ville sans toi.*
Er ist jung aber fleißig.	*Il est jeune mais travailleur.*
Was ist denn los?	*Qu'est-ce qu'il y a donc ?* *Qu'est-ce qui se passe donc ?*
Er bleibt zu Hause, denn er ist krank.	*Il reste à la maison car il est malade.*
Dann gehen wir nach Hause!	*Alors rentrons à la maison !*

Comment construit-on une phrase avec ***dann*** *?*

Mots en vedette

dann est considéré comme premier constituant de la phrase, le verbe reste à la 2e place et le sujet vient après le verbe.
denn n'est pas considéré comme premier constituant de la phrase, il est suivi du sujet puis du verbe.
denn signifie *car* ou *donc*. *Ainsi*, *donc* sont également rendus par **so** ou **also**.

5e

Grammaire
Vocabulaire

SOMMAIRE 5e

5e

GRAMMAIRE

VOCABULAIRE

SYNTAXE

La subordonnée interrogative

Cite des pronoms interrogatifs.

Les pronoms interrogatifs **was**, **wer**, **wie**, **wie viel**, **warum**, **wann**, **wie lange** peuvent introduire des subordonnées interrogatives. Le groupe verbal, comme dans toutes les subordonnées, vient se placer en fin de proposition.

Wir wissen nicht, wie er heißt, wo er wohnt.	*Nous ne savons pas comment il s'appelle, où il habite.*
Weißt du, warum er nicht gekommen ist?	*Sais-tu pourquoi il n'est pas venu ?*
Ich frage mich, wie lange er in Frankreich bleibt.	*Je me demande combien de temps il reste en France.*

5e

Les pronoms interrogatifs *wo, wohin, woher*

Quand emploie-t-on **wo, wohin, woher** ?

Pour traduire le pronom interrogatif *où*, l'allemand distingue entre :

– le fait d'être dans un lieu :	*Wo wohnst du?*	*Où habites-tu ?*
– le fait de se diriger vers un lieu :	*Wohin gehst du?*	*Où vas-tu ?*
– le fait de venir d'un lieu :	*Woher kommst du?*	*D'où viens-tu ?*

Dans la réponse à la question commençant par **wo**, le complément prépositionnel de lieu est au datif, selon la règle : lorsqu'il y a *localisation* ou *action dans un même lieu*, on emploie le *datif*.

Traduis **j'habite en ville.**

Question

Wo wohnst du?	*Où habites-tu ?*

Réponses

Ich wohne in der Stadt.	*J'habite en ville.*
Ich wohne auf dem Land.	*J'habite à la campagne.*
Ich wohne in einer kleinen Wohnung.	*J'habite dans un petit appartement.*

Question

Wo verbringst du deine Ferien?	*Où passes-tu tes vacances ?*

Réponses

Ich verbringe meine Ferien am Meer.	*Je passe mes vacances à la mer.*
Ich verbringe meine Ferien auf dem Land.	*Je passe mes vacances à la campagne.*
Ich verbringe meine Ferien im Gebirge.	*Je passe mes vacances à la montagne.*

Question

Wo kaufst du das Obst?	*Où achètes-tu les fruits ?*

Réponse

Ich kaufe das Obst auf dem Markt.	*J'achète les fruits au marché.*

Question

Wo arbeitet er?	*Où travaille-t-il ?*

Réponse

Er arbeitet als Kellner in einem Restaurant.	*Il travaille comme serveur dans un restaurant.*

Parfois, le complément de lieu peut être introduit par une préposition toujours suivie de l'accusatif :

Die Schüler sitzen um den Tisch herum. *Les élèves sont assis autour de la table.*

Dans la réponse à la question commençant par **wohin**, le complément prépositionnel de lieu sera à l'accusatif selon la règle : lorsqu'il y a *direction*, on emploie *l'accusatif*.

Question

Wohin gehst du? *Où vas-tu ?*

Réponses

Ich gehe in die Stadt. *Je vais en ville.*
Ich fahre aufs Land. *Je vais à la campagne.*
Ich gehe auf den Markt. *Je vais au marché.*

Traduis ***je vais en ville.***

5e

Mais le complément de lieu peut être introduit par une préposition toujours suivie du datif :

Ich gehe zu meiner Freundin. *Je vais chez mon amie.*

Aux verbes de position, **hängen**, **liegen**, **sitzen**, **stehen** correspond l'interrogatif **wo** ; aux verbes de mouvement **hängen**, **legen**, **setzen**, **stellen** correspond l'interrogatif **wohin**.

Wo steht der Tisch? *Où se trouve la table ?*
Der Tisch steht vor dem Fenster. *La table se trouve devant la fenêtre.*
Wo sitzt der Junge? *Où est assis le garçon ?*
Der Junge sitzt in einem Sessel. *Le garçon est assis dans un fauteuil.*
Wo liegt das Buch? *Où se trouve le livre ?*
Das Buch liegt auf dem Schreibtisch. *Le livre est sur le bureau.*
Wohin stellen wir die Vase? *Où posons-nous le vase ?*
Wir stellen die Vase auf den Tisch. *Nous posons le vase sur la table.*
Wohin setzen wir uns? *Où nous asseyons-nous ?*
Wir setzen uns auf das Sofa. *Nous nous asseyons sur le canapé.*

Quels verbes de mouvement répondent à la question ***wo*** *?*

Mais certains verbes de mouvement tels que : **landen** (atterrir), **ankommen** (arriver), **verschwinden** (disparaître), **verstecken** (se cacher), répondent à la question **wo**.

Wo hat er sich versteckt? *Où s'est-il caché ?*
Er hat sich hinter dem Haus versteckt. *Il s'est caché derrière la maison.*

En ce qui concerne les noms de ville et de pays, il y a opposition entre **nach**, **in** et **aus**.

Question

Wohin fährst du? *Où pars-tu ?*

Réponses

Ich fahre nach Italien. *Je vais en Italie.*
Ich fahre nach Österreich. *Je vais en Autriche.*
Ich fahre in die Schweiz. *Je vais en Suisse.*

Comment dis-tu ***je vais en Autriche*** *?*

Question

Wo wohnst du? *Où habites-tu ?*

Réponses

Ich wohne in Frankreich. *J'habite en France.*
Ich wohne in Köln. *J'habite à Cologne.*

Question

Woher kommst du? *D'où viens-tu ?*

Réponse

Ich komme aus Hamburg. *Je viens de Hambourg.*

Si on veut indiquer un lieu de passage, on utilise la préposition **über** :
Ich fahre über Frankfurt nach Köln. *Je vais à Cologne en passant par Francfort.*

Quand emploie-t-on ***über*** *?*

Dialogue et expressions

über die Straße gehen — *traverser la rue*
um die Ecke biegen — *tourner à l'angle*

Remarque

hin ou **her** peuvent être séparés de **wo** dans l'interrogation :

Wohin gehst du? — *Où vas-tu ?*
Wo gehst du hin? — *Où vas-tu ?*
Wo kommst du her? — *D'où viens-tu ?*

hin accompagne l'adverbe pour marquer le déplacement :

Ich gehe nicht dahin. — *Je n'y vais pas.*
mais,
Ich bin da. — *Je suis là.*
Er wohnt dort. — *Il habite là-bas.*

5ᵉ

Par ❤

Tableaux récapitulatifs : l'expression du lieu

LOCATIF	DIRECTIF
opposition par les prépositions	
Ich bleibe bei Peter. (Je reste chez Peter.)	*Ich gehe zu Peter. (Je vais chez Peter.)*
Ich wohne in Paris. (J'habite à Paris.)	*Ich fahre nach München. (Je vais à Munich.)*
Ich bin zu Hause. (Je suis à la maison.)	*Ich gehe nach Hause. (Je rentre à la maison.)*
opposition par les cas	
datif	accusatif
an (contre), auf (sur), hinter (derrière), neben (à côté de), in (dans) über (au-dessus de), unter (sous), vor (devant), zwischen (entre)	
Wir leben auf dem Land.	*Wir fahren auf das Land.*
(Nous habitons à la campagne.)	*(Nous allons à la campagne.)*
Wir sind am Meer.	*Wir fahren ans Meer.*
(Nous sommes à la mer.)	*(Nous allons à la mer.)*
Ich sitze auf dem Stuhl.	*Ich setze mich auf den Stuhl.*
(Je suis assis sur la chaise.)	*(Je m'assois sur la chaise.)*

Traduis ***auf, unter, vor****.*

L'ORIGINE	LE PASSAGE
aus / von } + datif	über / durch } + accustif
Sie kommt aus Paris.	*Er geht über die Straße.*
(Elle vient de Paris.)	*(Il traverse la rue.)*
Wir kommen von der Schule.	*Er fährt durch die Stadt.*
(Nous venons de l'école.)	*(Il traverse la ville.)*

Le pronom interrogatif *wie*

Il est souvent suivi d'un adjectif :

Wie alt bist du? — *Quel âge as-tu ?*
Wie groß bist du? — *Combien mesures-tu ?*
Wie tief ist der See? — *Quelle est la profondeur du lac ?*
Wie schwer bist du? — *Combien pèses-tu ?*
Wie breit ist das Fenster? — *Quelle est la largeur de la fenêtre ?*
Wie lang ist die Straße? — *Quelle est la longueur de la rue ?*

*Traduis **Combien mesures-tu** ?*

5e

La subordonnée infinitive

L'infinitif complément

Il est en général précédé de **zu** :

*Sie scheint glücklich **zu** sein.* — *Elle semble être heureuse.*
*Es fängt an **zu** regnen.* — *Il commence à pleuvoir.*
*Das Gedicht ist schwer **zu** lernen.* — *La poésie est difficile à apprendre.*
*Ich habe mich sehr gefreut, deinen Brief **zu** bekommen.* — *J'ai été très heureux de recevoir ta lettre.*

Remarque

Les verbes **scheinen** (sembler), **wünschen** (souhaiter), **hoffen** (espérer), **glauben** (croire) sont suivis de **zu**, alors que le verbe français correspondant est suivi directement de l'infinitif.

Lorsque l'infinitif complément est un verbe à préverbe séparable, **-zu-** est intercalé entre le préverbe et le noyau verbal :

*Du scheinst nicht gut auf**zu**passen.* — *Tu ne sembles pas faire bien attention.*
*Er freut sich, dich wieder**zu**sehen.* — *Il se réjouit de te revoir.*

*Quand l'infinitif complément n'est-il pas précédé de **zu** ?*

Dans plusieurs cas l'infinitif complément n'est pas précédé de **zu**.

- quand il est complément d'un verbe de modalité :

Sie kann gut schwimmen. — *Elle sait bien nager.*
Er will sehr früh aufstehen. — *Il veut se lever très tôt.*
Er muss so bald wie möglich das Haus verlassen. — *Il doit quitter la maison dès que possible.*

- quand il est complément d'un verbe de perception (**hören**, **sehen**, **fühlen**) :

Er hört ihn nicht schreien. — *Il ne l'entend pas crier.*

- quand il est complément du verbe **lassen** au sens de *faire* :

Er lässt sich ein Haus bauen. — *Il se fait construire une maison.*

Après **helfen** (aider) et **lernen** (apprendre), on peut trouver un infinitif complément non précédé de **zu**, sauf si l'infinitif est accompagné de plusieurs compléments :

In der Schule lernt das Kind schreiben und lesen. — *À l'école, l'enfant apprend à écrire et à lire.*

Prétérit de l'indicatif (imparfait et passé simple)

Verbe faible

Pour former le prétérit d'un verbe faible, on ajoute au radical verbal non modifié les terminaisons **-te**, **-test**, **-te**, **-ten**, **-tet**, **-ten** :

Donne les terminaisons du prétérit d'un verbe faible.

5e

Par ❤

<u>*hören*</u>

*ich hör**te***	*er / sie / es* } *hör**te***	*wir hör**ten***
*du hör**test***		*ihr hör**tet***
		*sie hör**ten***

On ajoute un **-e-** intercalaire aux verbes dont le radical est terminé par **-d-** ou **-t-** ou par un groupe de consonnes difficiles à prononcer :

Par ❤

<u>*arbeiten*</u>

*ich arbeit**e**te*	*er / sie / es* } *arbeit**e**te*	*wir arbeit**e**ten*
*du arbeit**e**test*		*ihr arbeit**e**tet*
		*sie arbeit**e**ten*

Verbe fort

Les verbes forts forment le radical du prétérit avec une variation de la voyelle du radical. Au prétérit, tous les verbes forts ne prennent aucune terminaison à la 1re et à la 3e personne du singulier :

Comment forme-t-on le prétérit d'un verbe fort ?

Par ❤

<u>*sehen*</u>

*ich **sah*** ❐	*er / sie / es* } ***sah*** ❐	*wir **sahen***
*du **sahst***		*ihr **saht***
		*sie **sahen***

Par ❤

<u>*fahren*</u>

*ich **fuhr*** ❐	*er / sie / es* } ***fuhr*** ❐	*wir **fuhren***
*du **fuhrst***		*ihr **fuhrt***
		*sie **fuhren***

Remarque

Il n'y a pas de **-e-** intercalaire après un changement de la voyelle au radical
*du **tratst** ein* *tu entras* mais *ihr **tratet** ein* *vous entrâtes*

Verbe faible irrégulier

Quelques verbes forment le prétérit avec une variation de la voyelle du radical et prennent les terminaisons des verbes faibles.

<u>*denken*</u> *(penser)*

*ich dach**te***	*er / sie / es* } *dach**te***	*wir dach**ten***
*du dach**test***		*ihr dach**tet***
		*sie dach**ten***

*Conjugue **denken** au prétérit.*

kennen (connaître)

*ich kan**nte***	*er / sie / es* **kannte**	*wir kan**nten***
*du kan**ntest***		*ihr kan**ntet***
		*sie kan**nten***

Par ❤

wissen (savoir) se rattache à ce groupe pour sa conjugaison au prétérit

*ich **wusste***	*er / sie / es* ***wusste***	*wir **wussten***
*du **wusstest***		*ihr **wusstet***
		*sie **wussten***

5e

Verbe à préverbe séparable

Au prétérit, comme au présent de l'indicatif, le préverbe vient se placer à la fin de la proposition indépendante ou principale. Dans la proposition subordonnée, il est rattaché au verbe conjugué.

Où se place le préverbe dans la subordonnée ?

Par ❤

nach Hause zurückkommen (rentrer à la maison)

*ich kam nach Hause **zurück*** — *wir kamen nach Hause **zurück***
*du kamst nach Hause **zurück*** — *ihr kamt nach Hause **zurück***
*er / sie / es kam nach Hause **zurück*** — *sie kamen nach Hause **zurück***

*Ich glaube, dass er spät nach Hause **zurückkam**.* — *Je crois qu'il revint tard à la maison.*

Verbes de modalité

Pour former le prétérit des verbes de modalité, on part du radical de l'infinitif auquel on retire les inflexions et on ajoute les terminaisons des verbes faibles.

Par ❤

TABLEAU RÉCAPITULATIF DU PRÉTÉRIT DES VERBES DE MODALITÉ

	können	**dürfen**	**müssen**	**sollen**	**wollen**	**mögen**
ich	*konnte*	*durfte*	*musste*	*sollte*	*wollte*	*mochte*
du	*konntest*	*durftest*	*musstest*	*solltest*	*wolltest*	*mochtest*
er / sie / es	*konnte*	*durfte*	*musste*	*sollte*	*wollte*	*mochte*
wir	*konnten*	*durften*	*mussten*	*sollten*	*wollten*	*mochten*
ihr	*konntet*	*durftet*	*musstet*	*solltet*	*wolltet*	*mochtet*
sie	*konnten*	*durften*	*mussten*	*sollten*	*wollten*	*mochten*

*Conjugue **wollen** au prétérit.*

Verbes de position et de mouvement

Les verbes de position sont forts, les verbes de mouvement sont faibles.

TABLEAU RÉCAPITULATIF DES VERBES DE POSITION ET DE MOUVEMENT

Verbes de position		Verbes de mouvement	
infinitif	prétérit	infinitif	prétérit
stehen	*stand*	*stellen*	*stellte*
liegen	*lag*	*legen*	*legte*
sitzen	*saß*	*setzen*	*setzte*
hängen	*hing*	*hängen*	*hängte*

Parfait de l'indicatif (passé composé)

Comment forme-t-on le participe passé des verbes forts ?

Verbe fort

Au participe passé, la voyelle du radical des verbes forts est souvent modifiée. Pour former le participe passé, on ajoute l'augment **ge-** et la terminaison **-en**.

__ge__schlaf__en__ *dormi* *__ge__nomm__en__* *pris*

Par ❤

den Regenschirm nehmen (prendre le parapluie)

ich	*habe den Regenschirm __ge__nomm__en__*	*wir*	*haben den Regenschirm __ge__nomm__en__*
du	*hast den Regenschirm __ge__nomm__en__*	*ihr*	*habt den Regenschirm __ge__nomm__en__*
er / sie / es	*hat den Regenschirm __ge__nomm__en__*	*sie*	*haben den Regenschirm __ge__nomm__en__*

5e

Verbe faible irrégulier

POUR ALLER PLUS LOIN

Les verbes considérés comme faibles irréguliers au prétérit forment leur participe passé avec changement de la voyelle radicale et des terminaisons faibles :

gedacht *pensé* *gekannt* *connu*

ein Geschenk bringen (apporter un cadeau)

ich	*habe ein Geschenk gebr__a__cht*	*wir*	*haben ein Geschenk gebr__a__cht*
		ihr	*habt ein Geschenk gebr__a__cht*
du	*hast ein Geschenk gebr__a__cht*	*sie*	*haben ein Geschenk gebr__a__cht*
er / sie / es	*hat ein Geschenk gebr__a__cht*		

Verbe à préverbe séparable

Au participe passé, le préverbe est rattaché au verbe conjugué par l'intermédiaire de **-ge-** :

auf__ge__macht *ouvert* *auf__ge__standen* *levé*

*Donne le participe passé de **anziehen**.*

Par ❤

sich anziehen (s'habiller)

ich	*habe mich an__ge__zogen*	*wir*	*haben uns an__ge__zogen*
du	*hast dich an__ge__zogen*	*ihr*	*habt euch an__ge__zogen*
er / sie / es	*hat sich an__ge__zogen*	*sie*	*haben sich an__ge__zogen*

Verbe à préverbe inséparable

Cite des préverbes inséparables.

Les verbes qui commencent par **be-**, **emp-**, **ent-**, **er-**, **ge-**, **miss-**, **ver-**, **zer-** forment leur participe passé sans **-ge-** :

begonnen *commencé* *bekommen* *reçu*
verlassen *quitté* *verkauft* *vendu*

Par ❤

<u>das Haus verlassen</u> (quitter la maison)

ich habe das Haus verlassen	*wir haben das Haus verlassen*
du hast das Haus verlassen	*ihr habt das Haus verlassen*
er / sie / es } hat das Haus verlassen	*sie haben das Haus verlassen*

Les verbes terminés par **-ieren** obéissent à la même règle de formation du participe passé sans **ge-**.

Les verbes en **-ieren** et les verbes à préverbe inséparable ne sont pas accentués au début du mot.

*Comment se forme le participe passé des verbes en **-ieren** ?*

5e

Er hat lange studiert.	*Il a étudié longtemps.*
Hast du den Wagen repariert?	*As-tu réparé la voiture ?*

Le futur de l'indicatif

Comment forme-t-on le futur de l'indicatif ?

Le futur est formé à partir de l'auxiliaire werden, conjugué au présent de l'indicatif, et d'un infinitif.

Par ❤

<u>den Computer kaufen</u> (acheter l'ordinateur)

ich werde den Computer kaufen	*wir werden den Computer kaufen*
du wirst den Computer kaufen	*ihr werdet den Computer kaufen*
er / sie / es } wird den Computer kaufen	*sie werden den Computer kaufen*

L'infinitif vient se placer en fin de proposition indépendante ou principale, tout comme l'infinitif qui dépend d'un verbe de modalité ou le participe passé dans les phrases au parfait.

La construction de la subordonnée est identique, le verbe conjugué vient en fin de proposition :

*Traduis **il ira au marché**.*

Er will auf den Markt gehen.	*Il veut aller au marché.*
Er ist auf den Markt gegangen.	*Il est allé au marché.*
Er wird auf den Markt gehen.	*Il ira au marché.*
Ich frage mich, ob er auf den Markt gehen will.	*Je me demande s'il veut aller au marché.*
Ich frage mich, ob er auf den Markt gegangen ist.	*Je me demande s'il est allé au marché.*
Ich frage mich, ob er auf den Markt gehen wird.	*Je me demande s'il ira au marché.*

Remarques

– **ich will** signifie *je veux* ou *je vais*. Il exprime le futur immédiat.

Ich will auf den Markt gehen.	*Je vais aller au marché.*

gehen peut être sous-entendu :

Ich will auf den Markt.	*Je vais aller au marché.*

– Notons aussi que le présent en allemand a souvent valeur de futur.

Par ❤

– En comparant la construction de la proposition indépendante ou principale et celle de la subordonnée, nous constatons que seul le verbe conjugué est l'élément mobile de la phrase. Il était à la deuxième place dans la phrase simple, il vient à la dernière place dans la subordonnée. Le préverbe séparable occupe une place fixe en fin de proposition.

Le subjonctif II

Avec quel mode s'exprime le souhait ?

Le subjonctif II est utilisé quand on veut exprimer un souhait, une demande, faire une proposition et donner un conseil :

Ich möchte ein Glas Appfelsaft.	*Je voudrais un verre de jus de pommes.*
Ich hätte gern ein Stück Käsekuchen.	*Je voudrais une part de gâteau au fromage.*
Es wäre schön...	*Ce serait bien...*
Könntest du mir helfen?	*Pourrais-tu m'aider ?*
Wir könnten ins Kino gehen...	*Nous pourrions aller au cinéma...*
Du solltest...	*Tu devrais...*

5e

Présent du subjonctif II

- **Auxiliaires de temps**

  Pour former le présent du subjonctif II des auxiliaires de temps, on part des formes du prétérit de l'indicatif, auxquelles on ajoute une inflexion à toutes les personnes et les terminaisons caractéristiques du subjonctif : **-e**, **-est**, **-e**, **-en**, **-et**, **-en**.

Par ❤

	sein		*haben*
ich	*wäre*	*ich*	*hätte*
du	*wärest*	*du*	*hättest*
er / sie / es	*wäre*	*er / sie / es*	*hätte*
wir	*wären*	*wir*	*hätten*
ihr	*wäret*	*ihr*	*hättet*
sie	*wären*	*sie*	*hätten*

- **Verbes de modalité**

  Ce qui distingue le prétérit de l'indicatif et le présent du subjonctif II des verbes de modalité c'est uniquement l'inflexion sur la voyelle du radical.

Par ❤

VERBES DE MODALITÉ AU PRÉSENT DU SUBJONCTIF II

	können		*sollen*		*mögen*
ich	*könnte*	*ich*	*sollte*	*ich*	*möchte*
du	*könntest*	*du*	*solltest*	*du*	*möchtest*
er / sie / es	*könnte*	*er / sie / es*	*sollte*	*er / sie / es*	*möchte*
wir	*könnten*	*wir*	*sollten*	*wir*	*möchten*
ihr	*könntet*	*ihr*	*solltet*	*ihr*	*möchtet*
sie	*könnten*	*sie*	*sollten*	*sie*	*möchten*

*Conjugue **können** au subjonctif II.*

Groupe nominal et pronoms

Pluriel des noms

Il n'y a pas de règle pour former le pluriel des noms en allemand, mais nous constatons des tendances ; ainsi le **-s** est une marque de pluriel très rare.

Quel est la marque au pluriel des noms féminins ?

5e

Pluriel des noms féminins

En général, les noms féminins font leur pluriel en ajoutant **-n** ou **-en**.

die Tür	*die Tür**en***	*die Schwester*	*die Schwester**n***
die Woche	*die Woche**n***	*die Katze*	*die Katze**n***
die Uhr	*die Uhr**en***	*die Schule*	*die Schule**n***

Les noms féminins dérivés de masculins et terminés par **-in** font leur pluriel en **-nen**.

die Lehrerin	*die Lehrerin**nen***	*die Freund**in***	*die Freundin**nen***
die Schülerin	*die Schülerin**nen***	*die Bäuer**in***	*die Bäuerin**nen***

Deux noms féminins prennent une inflexion sur la voyelle du radical :

die Mutter	*die M**ü**tter*	*die Tochter*	*die T**ö**chter*

Quelques noms féminins font leur pluriel en ajoutant une inflexion sur la voyelle du radical et un **-e** à la fin du nom.

*Donne le pluriel de **die Stadt**.*

die Stadt	*die St**ä**dt**e***	*die Nacht*	*die N**ä**cht**e***
die Wand	*die W**ä**nd**e***	*die Hand*	*die H**ä**nd**e***
die Wurst	*die W**ü**rst**e***	*die Kuh*	*die K**ü**h**e***

Pluriel des noms masculins

En général les noms masculins font leur pluriel en ajoutant une inflexion sur la voyelle du radical et un **-e** (les voyelles qui peuvent être infléchies sont **a**, **o**, **u**) :

der Baum	*die B**ä**um**e***	*der Schrank*	*die Schr**ä**nk**e***
der Stuhl	*die St**ü**hl**e***	*der Sohn*	*die S**ö**hn**e***

Certains masculins prennent seulement un **-e** au pluriel :

der Hund	*die Hund**e***	*der Tag*	*die Tag**e***
der Tisch	*die Tisch**e***	*der Arm*	*die Arm**e***

D'autres masculins ajoutent seulement une inflexion sur la voyelle du radical :

der Apfel	*die **Ä**pfel*	*der Vater*	*die V**ä**ter*
der Vogel	*die V**ö**gel*	*der Mantel*	*die M**ä**ntel*

Quelques masculins forment leur pluriel avec une inflexion sur la voyelle du radical et **-er** à la fin du nom :

*Quel est le pluriel de **der Mann** ?*

der Mann	*die M**ä**nn**er***	*der Wald*	*die W**ä**ld**er***

Un petit nombre de masculins prennent la terminaison **-en** :

der Staat	*die Staat**en***	*der Doktor*	*die Doktor**en***
der Schmerz	*die Schmerz**en***	*der Motor*	*die Motor**en***

- **Cas des masculins faibles**

Ils représentent des êtres animés, personnes ou animaux, et prennent une terminaison en **-n** ou **-en** à tous les cas de la déclinaison au singulier et au pluriel, sauf au nominatif singulier.

DÉCLINAISON DE DER MENSCH (L'ÊTRE HUMAIN)

	singulier	pluriel
nominatif	*der Mensch*	*die Mensch**en***
accusatif	*den Mensch**en***	*die Mensch**en***
datif	*dem Mensch**en***	*den Mensch**en***
génitif	*des Mensch**en***	*der Mensch**en***

Quelques masculins faibles :

der Junge, *le garçon* ; der Kunde, *le client* ; der Neffe, *le neveu* ; der Kollege, *le collègue* ; der Journalist, *le journaliste* ; der Architekt, *l'architecte* ; der Student, *l'étudiant* ; der Bär, *l'ours* ; der Löwe, *le lion* ; der Affe, *le singe* ; der Hase, *le lièvre*.

Cite quelques noms masculins faibles.

Certains noms de nationalité tel que **der Franzose** (le Français) sont des masculins faibles.

DÉCLINAISON DE DER FRANZOSE (LE FRANÇAIS)

	singulier	pluriel
nominatif	*der Franzose*	*die Franzos**en***
accusatif	*den Franzos**en***	*die Franzos**en***
datif	*dem Franzos**en***	*den Franzos**en***
génitif	*des Franzos**en***	*der Franzos**en***

Der Deutsche (l'Allemand), est un adjectif substantivé. Il se décline comme un adjectif épithète.

Der Nachbar, le voisin, admet la déclinaison faible (avec **-n**) ou la déclinaison forte (avec **-s** au génitif) au singulier. Au pluriel, il prend un **-n**.

- **Cas particuliers**

DÉCLINAISON DE DER NACHBAR (LE VOISIN)

	deux déclinaisons possibles au singulier	
nominatif	*der Nachbar*	*der Nachbar*
accusatif	*den Nachbar**n***	*den Nachbar*
datif	*dem Nachbar**n***	*dem Nachbar*
génitif	*des Nachbar**n***	*des Nachbar**s***

*Donne l'accusatif de **der Nachbar**.*

Der Name (le nom) prend la terminaison **-ens** au génitif singulier et **-en** au pluriel.

DÉCLINAISON DE DER NAME (LE NOM)

	singulier	pluriel
nominatif	*der Name*	*die Nam**en***
accusatif	*den Namen*	*die Nam**en***
datif	*dem Namen*	*den Nam**en***
génitif	*des Nam**ens***	*der Nam**en***

Quels noms masculins n'ont pas de marque au pluriel ?

Enfin un groupe de noms masculins ou neutres terminés par **-el**, **-er** ou **-en** ne prend pas de marque au pluriel :

der Lehrer	*die Lehrer*	*das Zimmer*	*die Zimmer*
der Schüler	*die Schüler*	*das Fenster*	*die Fenster*
der Teller	*die Teller*	*das Mädchen*	*die Mädchen*
der Schlüssel	*die Schlüssel*	*das Messer*	*die Messer*
der Wagen	*die Wagen*	*der Keller*	*die Keller*

Pluriel des noms neutres

En général, les noms neutres forment leur pluriel en ajoutant une inflexion sur la voyelle du radical (si celle-ci peut être infléchie) et la terminaison **-er**.

das Haus	*die H**äuser***	*das Bild*	*die Bild**er***
das Dach	*die D**ächer***	*das Kind*	*die Kind**er***
das Buch	*die B**ücher***	*das Ei*	*die Ei**er***
das Blatt	*die Bl**ätter***	*das Licht*	*die Licht**er***
das Glas	*die Gl**äser***	*das Kleid*	*die Kleid**er***

Certains neutres forment leur pluriel en ajoutant la terminaison **-e**.

das Heft	*die Heft**e***	*das Jahr*	*die Jahr**e***
das Geschenk	*die Geschenk**e***		

Quelques neutres prennent au pluriel la terminaison **-en** ou **-n** :

das Auge	*die Auge**n***	*das Hemd*	*die Hemd**en***
das Bett	*die Bett**en***	*das Museum*	*die Muse**en***
das Ohr	*die Ohr**en***	*das Gymnasium*	*die Gymnas**ien***

Très peu de noms neutres prennent un **-s** au pluriel :

das Auto	*die Auto**s***	*das Taxi*	*die Taxi**s***
das Kino	*die Kino**s***	*das Foto*	*die Foto**s***

Les noms neutres terminés par **-nis** font leur pluriel en **-nisse** :

das Ereignis	*die Ereig**nisse***	*das Zeugnis*	*die Zeug**nisse***

*Quel est le pluriel de **das Haus** ?*

*Quel est le pluriel de **das Auto** ?*

5e

Remarque

La déclinaison de **das Herz** (le cœur) :

	singulier	pluriel
nominatif	*das Herz*	*die Herz**en***
accusatif	*das Herz*	*die Herz**en***
datif	*dem Herz**en***	*den Herz**en***
génitif	*des Herz**ens***	*der Herz**en***

Pluriels particuliers

der Stock	*l'étage*	*die Stock**werke***	*les étages*
der Rat	*le conseil*	*die Rat**schläge***	*les conseils*
der Seemann	*le marin*	*die See**leute***	*les marins*
das Wort	*le mot, la parole*	*die Wört**er***	*les mots*
		die Worte	*les paroles*
der Sport	*le sport*	*die Sport**arten***	*les sports*
der Saal	*la salle*	*die S**äle***	*les salles*

*Que signifie **die Worte** ? **die Wörter** ?*

Les unités de mesure sont invariables :

zwei Glas Bier	*deux verres de bière*	Mais on dit :	
drei Pfund Birnen	*trois livres de poires*	*drei Flaschen Wein*	*trois bouteilles de vin*
fünf Mark	*cinq Marks.*		

Certains noms n'existent qu'au pluriel :

die Eltern	*les parents*	*die Ferien*	*les vacances*
die Geschwister	*les frères et sœurs*		

Remarques

die Kleidung — *l'habillement, les vêtements*
ein Kleidungsstück — *un vêtement*

Un **-s** ajouté à un nom de famille signifie que l'on désigne les membres d'une même famille :
*Waldmann**s*** — *la famille Waldmann*
Les diminutifs sont invariables.

Rappelons les collectifs :
das Gemüse *les légumes* — *das Obst* *les fruits*
das Getreide *les céréales*

5e

TABLEAU RÉCAPITULATIF DES MARQUES DU PLURIEL

	féminins	masculins	neutres
en général	**n** ou **en** die Lehrerin**nen**	¨ **+ e**	¨ **+ er**
autres cas	¨ **+ e** die M**ü**tter die T**ö**chter	**e** ¨ + **er** **(e) n** **s** absence de marque pour des noms terminés par **-el**, **-er**, **-en**	**e** **en**

Les pronoms

POUR ALLER PLUS LOIN

Le pronom réfléchi au datif

Donne le datif des pronoms réfléchis.

Les pronoms réfléchis au datif sont **mir**, **dir**, **sich**, **uns**, **euch**, **sich** :

sich die Hände waschen (se laver les mains)

ich wasche mir die Hände — *wir waschen uns die Hände*
du wäschst dir die Hände — *ihr wascht euch die Hände*
er / sie / es } wäscht sich die Hände — *sie waschen sich die Hände*

Certains verbes non réfléchis en français le sont en allemand :

sich einige Bücher ansehen (regarder quelques livres)

ich sehe mir einige Bücher an — *wir sehen uns einige Bücher an*
du siehst dir einige Bücher an — *ihr seht euch einige Bücher an*
er / sie / es } sieht sich einige Bücher an — *sie sehen sich einige Bücher an*

Le pronom réciproque

*Que signifie **einander** ?*

einander *(l'un, l'autre ; les uns, les autres)* peut être associé à différentes prépositions :

Die Schüler sitzen nebeneinander. — *Les élèves sont assis les uns à côté des autres.*
Die Leute stehen hintereinander. — *Les gens sont debout les uns derrière les autres.*

Die Bücher liegen aufeinander.	*Les livres se trouvent les uns sur les autres.*
Sie kämpfen gegeneinander.	*Ils se battent l'un contre l'autre.*

Distinguons :

Wir sprechen miteinander.	*Nous parlons ensemble (l'un avec l'autre).*
Wir sprechen zusammen.	*Nous parlons ensemble (simultanément).*
Wir sprechen aneinander vorbei.	*Nous parlons sans écouter l'autre.*

Déclinaison de l'adjectif épithète

5e

Si l'adjectif attribut est invariable en allemand, l'adjectif épithète, lui, est décliné ; il se place toujours devant le nom.

Les marques que l'on ajoute à l'épithète dépendent de la présence ou de l'absence du déterminant, la marque étant portée par l'élément qui est le plus à gauche. C'est pourquoi il faut envisager trois situations pour expliquer la déclinaison de l'adjectif épithète :

- l'adjectif épithète est précédé de l'article défini ou du démonstratif ;
- l'adjectif épithète est précédé de l'article indéfini ou du possessif ;
- l'adjectif épithète n'est précédé d'aucun déterminant.

L'adjectif épithète précédé de l'article défini

Si l'adjectif épithète est précédé de l'article défini, c'est le déterminant qui porte les marques de cas et l'adjectif ne joue qu'un rôle secondaire ; on lui ajoute les marques faibles en **-en**, sauf dans cinq cas, où il prend un **-e** : le nominatif masculin, le nominatif et l'accusatif féminins et neutres.

Donne l'accusatif de **der rote Wagen**.

- **Avec un nom masculin :**

nominatif	*Der rot**e** Wagen fährt schnell.*	*La voiture rouge roule vite.*
accusatif	*Wir kaufen den rot**en** Wagen.*	*Nous achetons la voiture rouge.*
datif	*Wir sitzen im rot**en** Wagen.*	*Nous sommes assis dans la voiture rouge.*
génitif	*Der Preis des rot**en** Wagens ist hoch.*	*Le prix de la voiture rouge est élevé.*

- **Avec un nom féminin :**

nominatif	*Die blau**e** Vase steht auf dem Tisch.*	*Le vase bleu se trouve sur la table.*
accusatif	*Wir nehmen die blau**e** Vase.*	*Nous prenons le vase bleu.*
datif	*In der blau**en** Vase sind Blumen.*	*Il y a des fleurs dans le vase bleu.*
génitif	*Die Blumen der blau**en** Vase gefallen mir.*	*Les fleurs du vase bleu me plaisent.*

- **Avec un nom neutre :**

nominatif	*Das weiß**e** Haus gehört meinem Onkel.*	*La maison blanche appartient à mon oncle.*
accusatif	*Wir sehen das weiß**e** Haus.*	*Nous voyons la maison blanche.*
datif	*Er spielt Klavier im weiß**en** Haus.*	*Il joue du piano dans la maison blanche.*
génitif	*Das Dach des weiß**en** Hauses ist hoch.*	*Le toit de la maison blanche est haut.*

- **Avec un nom pluriel :**

nominatif	*Die klein**en** Häuser sind schön.*	*Les petites maisons sont belles.*
accusatif	*Wir zeichnen die klein**en** Häuser.*	*Nous dessinons les petites maisons.*
datif	*Wir spielen mit den klein**en** Häusern.*	*Nous jouons avec les petites maisons.*
génitif	*Die Türen der klein**en** Häuser sind grün.*	*Les portes des petites maisons sont vertes.*

Par ♥

TABLEAU RÉCAPITULATIF DE LA DÉCLINAISON DE L'ADJECTIF ÉPITHÈTE PRÉCÉDÉ DE L'ARTICLE DÉFINI

	masculin	féminin	neutre	pluriel
nominatif	e	e	e	en
accusatif	en	e	e	en
datif	en	en	en	en
génitif	en	en	en	en

Qu'est-ce que la règle du pistolet ?

On appelle aussi cette déclinaison la règle des cinq **-e** ou du pistolet, en raison de la répartition du **-e**.

Cette déclinaison de l'épithète est aussi utilisée après les démonstratifs **dieser**, **diese**, **dieses**, ainsi qu'après **jener**, **welcher**, **solcher**, **alle**, **jeder**, **mancher**.

5e

L'adjectif épithète précédé de l'article indéfini

Si l'adjectif est précédé de l'article indéfini, le déterminant continue à porter les marques de cas et l'adjectif joue encore un rôle secondaire ; on lui ajoute donc les marques faibles en **-en**.

Toutefois, au nominatif masculin et au nominatif et à l'accusatif neutres, l'article indéfini est **ein** ; il ne porte pas de marque de cas. Ces marques (en **-er** pour le masculin, **-es** pour le neutre) seront alors portées par l'adjectif épithète.

*Ein klein**er** Junge geht über die Straße.*	*Un petit garçon traverse la rue.*
*Ein klein**es** Kind spielt mit einem Ball.*	*Un petit enfant joue avec un ballon.*
*Wir hören ein klein**es** Kind singen.*	*Nous entendons chanter un petit enfant.*

Remarque

Cette déclinaison n'existe pas au pluriel. L'article indéfini **ein** n'a pas de pluriel.
Le partitif français *des* est exprimé en allemand par l'absence d'article :

Kleine Kinder singen ein Lied.	*Des petits enfants chantent une chanson.*

Par ♥

TABLEAU RÉCAPITULATIF DE LA DÉCLINAISON DE L'ADJECTIF ÉPITHÈTE PRÉCÉDÉ DE L'ARTICLE INDÉFINI

	masculin	féminin	neutre
nominatif	**-er**	-e	**-es**
accusatif	-en	-e	**-es**
datif	-en	-en	-en
génitif	-en	-en	-en

*Comment se décline l'adjectif précédé de **ein** ?*

L'adjectif épithète précédé du possessif suit la même déclinaison, sauf au pluriel où il rejoint la déclinaison de l'épithète précédé de l'article défini.
Il en est de même de la négation **kein**.

*Mein jung**er** Hund schläft.*	*Mon jeune chien dort.*
*Mein klein**es** Haus steht im Wald.*	*Ma petite maison se trouve dans la forêt.*

Au pluriel, la marque étant portée par le déterminant, l'adjectif prend la marque faible en **-en**.

*Die Mutter küsst ihre lieb**en** Kinder.*	*La mère embrasse ses chers enfants.*
*Wir haben keine modern**en** Häuser.*	*Nous n'avons pas de maisons modernes.*

L'adjectif épithète précédé d'aucun déterminant

Les marques qui étaient portées par le déterminant se trouvent alors déplacées sur l'adjectif.
L'article défini masculin était :

nominatif	*der*
accusatif	*den*
datif	*dem*

L'adjectif prendra dans ces différents cas **-er**, **-en**, **-em**.

5e

*Liebe**r** Vater...*	*Cher père...*
Liebe Kinder...	*Chers enfants...*
*Wir trinken kalt**e** Milch.*	*Nous buvons du lait froid.*
Wir trinken kalten Tee.	*Nous buvons du thé froid.*

Exceptions
Au génitif masculin et neutre, l'adjectif prend **-en** parce que c'est le substantif (nom) qui a la marque spécifique en **-s**.

*Anfang nächst**en** Monats...* — *Au début du mois prochain...*

Par ❤

TABLEAU RÉCAPITULATIF DE LA DÉCLINAISON DE L'ADJECTIF ÉPITHÈTE PRÉCÉDÉ D'AUCUN DÉTERMINANT.

	masculin	féminin	neutre	pluriel
nominatif	-er	-e	-es	-e
accusatif	-en	-e	-es	-e
datif	-em	-er	-em	-en
génitif	**-en**	-er	**-en**	-er

On trouve la même déclinaison après **viele**, **einige**, **mehrere**, **wenige**, **andere**, **einzelne**.

Degrés de comparaison de l'adjectif et de l'adverbe

Comparatif d'égalité

so... wie *(aussi... que)*

Paul ist so groß wie Udo.	*Paul est aussi grand qu'Udo.*
Du bist so fleißig wie dein Bruder.	*Tu es aussi travailleur que ton frère.*
Die Äpfel sind so teuer wie die Birnen.	*Les pommes sont aussi chères que les poires.*

*Comment dis-tu **aussi grand que** ?*

Comparatif d'infériorité

nicht so... wie *(pas aussi... que)*

Du läufst nicht so schnell wie dein Freund.	*Tu ne cours pas aussi vite que ton ami.*
Er ist nicht so alt wie ich.	*Il n'est pas aussi âgé que moi (que moi je suis).*

*Comment dis-tu **pas aussi âgé que** ?*

Comparatif de supériorité

Au comparatif de supériorité, on ajoute à l'adjectif ou à l'adverbe **-er**.
Que est traduit par **als**.
Certains adjectifs ou adverbes prennent une inflexion.

Sie ist fleißiger als ihr Bruder.	*Elle est plus travailleuse que son frère.*
Du bist größer als dein Vetter.	*Tu es plus grand que ton cousin.*
Die Wurst ist billiger als der Käse.	*La saucisse est meilleur marché que le fromage.*

Comment dis-tu ***plus grand que*** *?*

Par ❤

Adjectifs prenant une inflexion au comparatif de supériorité et au superlatif :

alt	*älter*	*âgé*	*krank*	*kränker*	*malade*
arm	*ärmer*	*pauvre*	*kurz*	*kürzer*	*court*
dumm	*dümmer*	*stupide*	*lang*	*länger*	*long*
groß	*größer*	*grand*	*nah*	*näher*	*proche*
gesund	*gesünder*	*en bonne santé*	*schwach*	*schwächer*	*faible*
kalt	*kälter*	*froid*	*scharf*	*schärfer*	*aigu*
hart	*härter*	*dur*	*schwarz*	*schwärzer*	*noir*
jung	*jünger*	*jeune*	*stark*	*stärker*	*fort*
klug	*klüger*	*intelligent*	*warm*	*wärmer*	*chaud*

5e

Comment dis-tu ***plus froid ? plus chaud*** *?*

Remarque

teuer (cher) → teurer *(plus cher)*   dunkel (sombre) → dunkler *(plus sombre)*

Exprimer une comparaison

Le comparatif de l'adjectif ou de l'adverbe ne sont pas les seuls moyens pour exprimer une comparaison. Quelques expressions peuvent être employées :

genauso lang wie	*exactement aussi long que.*
Es ist gleich.	*C'est la même chose.*
Es ist der/das/dieselbe.	*C'est le/la même.*
Er ist ihm ähnlich.	*Il lui ressemble.*
Es ist ganz anders.	*C'est tout à fait différent.*

Traduis ***il lui ressemble.***

On pourra aussi trouver une subordonnée commençant par **während**, **wenn** ou les locutions :

im Vergleich zu	*en comparaison à*
im Gegensatz zu	*par opposition à*
einerseits	*d'un côté*
anderseits	*d'un autre côté*

Exprimer une quantité

Par ❤

Pour exprimer une quantité, on peut utiliser les mots suivants :

viel	*beaucoup*	*nichts*	*rien*
wenig	*peu*	*einige, ein paar*	*quelque*
ein wenig, ein bißchen	*un peu*	*mehrere*	*plusieurs*
		manche	*maint*
alles	*tout*	*jede (jeder, jedes)*	*chaque*

Cite des mots qui expriment une quantité.

Möchtest du Kaffee?	*Veux-tu du café ?*
Ja, ein wenig (ein bißchen).	*Oui, un peu.*
Möchtest du etwas essen?	*Veux-tu manger quelque chose ?*
Nein, ich möchte nichts.	*Non, je ne veux rien.*
Er spricht viel/wenig.	*Il parle beaucoup/peu.*
Möchten Sie mehr Kartoffeln?	*Voulez-vous plus de pommes de terre ?*
Ja, etwas mehr.	*Oui, un peu plus.*
Etwas weniger.	*Un peu moins.*
Haben Sie eine blaue Jacke?	*Avez-vous une veste bleue ?*
Nein, wir haben keine mehr.	*Non, nous n'en avons plus.*

Traduis **je ne veux rien.**

5e

Mots en vedette

viel et **wenig** sont généralement invariables au singulier et déclinés au pluriel :

Viel Glück!	*Bonne chance !*
Wir haben nicht viel Geld.	*Nous n'avons pas beaucoup d'argent.*
Er isst viel Suppe.	*Il mange beaucoup de soupe.*
In vielen Städten gibt es eine Straßenbahn.	*Dans beaucoup de villes, il y a un tramway.*
Vielen Dank!	*Merci beaucoup !*

zu devant un adjectif ou un adverbe signifie *trop* :

Er kommt zu spät.	*Il arrive trop tard.*

Quand emploie-t-on **alle** *?*

alle et **ganz** signifient tout. On emploie **alle** quand on peut dénombrer. **Alle** n'est pas suivi de l'article défini :

Alle Schüler sitzen im Klassenzimmer.	*Tous les élèves sont assis dans la salle de classe. (On peut les compter.)*
Die ganze Klasse fährt nach Deutschland.	*Toute la classe part pour l'Allemagne. (La classe est considérée comme un tout.)*
Alle meine Freunde...	*Tous mes amis...*

allein ne s'emploie que comme attribut.

Er bleibt die ganze Zeit allein.	*Il reste tout le temps seul.*

voll est suivi directement du complément ou de von et du datif :

Er trinkt ein Glas voll Bier.	*Il boit un verre rempli de bière.*
Der Tisch liegt voll von Büchern.	*La table est recouverte de livres.*

Ne pas confondre

viel indique la quantité, **sehr** l'intensité :

Er hat viel Geld.	*Il a beaucoup d'argent.*
Er liebt mich sehr.	*Il m'aime beaucoup.*
Ich freue mich sehr, dich wiederzusehen.	*Je me réjouis beaucoup de te revoir.*
Das gefällt mir sehr.	*Cela me plait beaucoup.*

Quelle est la différence entre **nur** *et* **erst** *?*

nur indique une durée réduite, une restriction définitive,
erst une restriction dans le temps, une étape :

Er bleibt nur 2 Tage.	*Il ne reste que 2 jours.*
Wir kommen erst am Mittwoch.	*Nous ne viendrons que mercredi.*

ziemlich signifie *assez, passablement,* et **genug**, *assez, suffisamment* :

Er ist ziemlich groß.	*Il est assez grand.*
Hast du genug Geld?	*As-tu assez d'argent ?*

VERBES FORTS

• Verbes qui ont un même changement de voyelles au prétérit et au participe passé

infinitif	**prétérit**	**participe passé**	
schneiden	schnitt	geschnitten	*couper*
bleiben	blieb	geblieben	*rester*
scheinen	schien	geschienen	*sembler, briller*
schreiben	schrieb	geschrieben	*écrire*
schreien	schrie	geschrieen	*crier*
steigen	stieg	gestiegen	*monter*
einsteigen	stieg ein	eingestiegen	*monter (dans un véhicule)*
aussteigen	stieg aus	ausgestiegen	*descendre*
(Sport) treiben	trieb	getrieben	*faire (du sport)*
verzeihen	verzieh	verziehen	*pardonner*
fließen	floss	geflossen	*couler*
schließen	schloss	geschlossen	*fermer*
bieten	bot	geboten	*offrir*
verbieten	verbot	verboten	*interdire*
fliegen	flog	geflogen	*voler*
frieren	fror	gefroren	*geler*
verlieren	verlor	verloren	*perdre*
ziehen	zog	gezogen	*tirer, passer*
anziehen	zog an	angezogen	*mettre (un vêtement)*
ausziehen	zog aus	ausgezogen	*ôter (un vêtement)*
stehen	stand	gestanden	*être debout*
verstehen	verstand	verstanden	*comprendre*
aufstehen	stand auf	aufgestanden	*se lever*
tun	tat	getan	*faire*

5e

Quel est le prétérit de ***verstehen, aufstehen*** *?*

• Verbes dont le participe passé a la même voyelle que l'infinitif

infinitif	**prétérit**	**participe passé**	**présent**	
essen	aß	gegessen	er isst	*manger*
geben	gab	gegeben	er gibt	*donner*
eintreten	trat ein	eingetreten	er tritt ein	*entrer*
vergessen	vergaß	vergessen	er vergisst	*oublier*
geschehen	geschah	geschehen	es geschieht	*arriver, se passer*
lesen	las	gelesen	er liest	*lire*
sehen	sah	gesehen	er sieht	*voir*
aussehen	sah aus	ausgesehen	er sieht aus	*avoir l'air*
fernsehen	sah fern	ferngesehen	er sieht fern	*regarder la télévision*
kommen	kam	gekommen		*venir*
bekommen	bekam	bekommen		*recevoir*
backen	backte (buk)	gebacken	er bäckt	*cuire (au four)*

Donne le participe passé de ***fernsehen.***

5e

*Quel est le prétérit de **fahren** ?*

fahren	fuhr	gefahren	er fährt	*aller (autrement qu'à pied)*
einladen	lud ein	eingeladen	er lädt ein	*inviter*
schlagen	schlug	geschlagen	er schlägt	*frapper, battre*
tragen	trug	getragen	er trägt	*porter*
waschen	wusch	gewaschen	er wäscht	*laver*
braten	briet	gebraten	er brät	*rôtir*
fallen	fiel	gefallen	er fällt	*tomber*
gefallen	gefiel	gefallen	er gefällt	*plaire*
halten	hielt	gehalten	er hält	*s'arrêter*
lassen	ließ	gelassen	er läßt	*laisser faire (+ infinitif)*
verlassen	verließ	verlassen	er verläßt	*quitter*
raten	riet	geraten	er rät	*conseiller, deviner*
schlafen	schlief	geschlafen	er schläft	*dormir*
laufen	lief	gelaufen	er läuft	*courir*
rufen	rief	gerufen		*appeler*
anrufen	rief an	angerufen		*téléphoner*
heißen	hieß	geheißen		*s'appeler*
fangen	fing	gefangen		*attraper*
anfangen	fing an	angefangen		*commencer*
empfangen	empfing	empfangen		*recevoir*
hängen	hing	gehangen		*être suspendu*

*Quel est le participe passé de **anrufen** ?*

- **Verbes dont le prétérit, le participe passé et l'infinitif ont des voyelles différentes**

infinitif	**prétérit**	**participe passé**	**présent**	
finden	fand	gefunden		*trouver*
gelingen	gelang	gelungen		*réussir*
springen	sprang	gesprungen		*sauter*
trinken	trank	getrunken		*boire*
verschwinden	verschwand	verschwunden		*disparaître*
beginnen	begann	begonnen		*commencer*
gewinnen	gewann	gewonnen		*gagner*
schwimmen	schwamm	geschwommen		*nager*
brechen	brach	gebrochen	er bricht	*casser*
erschrecken	erschrak	erschrocken	er erschrickt	*s'effrayer*
helfen	half	geholfen	er hilft	*aider*
sprechen	sprach	gesprochen	er spricht	*parler*
sterben	starb	gestorben	er stirbt	*mourir*
treffen	traf	getroffen	er trifft	*rencontrer*
werfen	warf	geworfen	er wirft	*lancer*
nehmen	nahm	genommen	er nimmt	*prendre*
bitten	bat	gebeten		*demander*
liegen	lag	gelegen		*se trouver*
sitzen	saß	gesessen		*être assis*
besitzen	besaß	besessen		*posséder*
gehen	ging	gegangen		*aller*
sein	war	gewesen		*être*
werden	wurde	geworden		*devenir*

*Donne le prétérit et le participe passé de **treffen**.*

Verbes mixtes

infinitif	**prétérit**	**participe passé**	
brennen	brannte	gebrannt	*brûler*
kennen	kannte	gekannt	*connaître*
nennen	nannte	genannt	*nommer*
bringen	brachte	gebracht	*apporter*
verbringen	verbrachte	verbracht	*passer*
denken	dachte	gedacht	*penser*
wissen	wusste	gewusst	*savoir*

*Quel est le participe passé de **denken** ?*

5e

Verbes à connaître

Par ❤

anmachen	*allumer*	langweilen	*ennuyer*
sich etwas **an**sehen	*regarder (quelque chose)*	leben	*vivre*
		lieben	*aimer*
ausmachen	*éteindre*	**mit**kommen	*accompagner*
auspacken	*défaire (sa valise)*	**mit**machen	*participer*
baden	*prendre un bain, se baigner*	parken	*garer*
		passieren	*se passer*
einpacken	*faire un paquet, des bagages*	reisen	*voyager*
		reparieren	*réparer*
entschuldigen	*excuser*	schließen	*fermer*
erzählen	*raconter*	schmecken	*avoir du goût*
fehlen	*manquer*	telefonieren	*téléphoner*
feiern	*fêter*	vergessen	*oublier*
glauben	*croire*	verkaufen	*vendre*
gratulieren (+ dat.)	*féliciter*	**wieder**sehen	*revoir*
		wünschen	*souhaiter*
sich interessieren für (+ acc.)	*s'intéresser à*	zahlen	*payer*
		zurückkommen	*revenir*
küssen	*embrasser*		

*Que signifie **mitkommen** ?*

Dialogues et expressions

Ich sehe mir einen Film an. — *Je regarde un film.*
Ich telefoniere mit meinem Freund. — *Je téléphone à mon ami.*

anzünden	*allumer*	meinen	*penser, vouloir dire*
aufhören	*arrêter*	merken	*remarquer*
sich **auf**regen	*s'énerver, s'exciter*	messen	*mesurer*
ausruhen	*se reposer*	öffnen	*ouvrir*
bauen	*construire*	packen	*saisir, mettre en paquets*
begleiten	*accompagner*		

*Comment dis-tu **se reposer** ?*

beschreiben	*décrire*	pflücken	*cueillir*
bestellen	*commander*	putzen	*nettoyer*
einschlafen	*s'endormir*	schauen	*regarder*
sich erinnern an (+ acc.)	*se souvenir de*	**spazieren** gehen	*(aller) se promener*
erklären	*expliquer*	stecken	*fourrer (mettre)*
erwachen	*se réveiller*	tanken	*prendre (de l'essence)*
erwarten	*attendre*	tanzen	*danser*
füllen	*remplir*	träumen	*rêver*
fürchten	*avoir peur*	verbessern	*corriger, améliorer*
genügen	*suffire*	**vorbei**gehen	*passer*
hoffen	*espérer*	wählen	*choisir, élire*
kriegen	*recevoir (familier)*	wecken	*réveiller*

5e

Dialogue et expressions

Hört mit diesem Lärm auf!	*Cessez ce bruit !*
Der Regen hört auf	*La pluie cesse.*
Er zündet eine Zigarette an.	*Il allume une cigarette.*
Ich erinnere mich an meine Ferien.	*Je me souviens de mes vacances.*
Er ruht sich aus.	*Il se repose.*
ein Bier bestellen	*commander une bière*
einen Brief bekommen	*recevoir une lettre*
in die Tasche stecken	*mettre dans le sac, dans la poche*

Ne pas confondre

bekommen	*recevoir quelque chose*	empfangen	*recevoir quelqu'un*
fragen	*demander questionner*	bitten	*demander, prier quelqu'un de faire quelque chose*
leben	*vivre*	lieben	*aimer*
gewinnen	*gagner au jeu*	verdienen	*gagner de l'argent*
besitzen	*posséder*	besetzen	*occuper*
füllen	*remplir*	fühlen	*sentir*
bitten	*demander*	bieten	*offrir*
erwachen	*se réveiller*	wach sein	*être éveillé*
wecken	*réveiller quelqu'un*	aufwachen	*s'éveiller*

Der Wecker klingelt, ich erwache.	*Le réveil sonne, je me réveille.*
Die Mutter weckt den Sohn.	*La mère réveille le fils.*
Ich bin wach.	*Je suis éveillé.*
Ist es wahr?	*Est-ce que c'est vrai ?*

*Quel est le sens de **bitten** ? de **bieten** ?*

Mots en vedette

erschrecken est fort au sens de *s'effrayer*, faible au sens de *effrayer quelqu'un* :

Ich erschrak, als er eintrat.	*Je sursautai quand il entra.*	*Er hat mich erschreckt.*	*Il m'a effrayé.*
		Ich bin erschrocken.	*Je suis effrayé.*

Dialogue et expressions

- **autour du verbe *aimer***

Was hast du gern?	*Qu'est-ce que tu aimes ?*
Ich habe Tischtennis gern.	*J'aime le ping-pong.*
Was magst du?	*Qu'aimes-tu ?*
Ich mag Deutsch.	*J'aime l'allemand.*
Was findest du gut?	*Qu'est-ce que tu trouves bien ?*
Ich finde Sport gut.	*J'aime le sport.*
Wofür interessierst du dich?	*À quoi t'intéresses-tu ?*
Ich interessiere mich für Musik.	*Je m'intéresse à la musique.*
Sie liebt ihre Eltern.	*Elle aime ses parents.*

*Traduis **j'aime l'allemand**.*

5e

*Que signifie **verbringen** ?*

- **autour du verbe *passer***

verbringen, passer (des vacances, un moment)

Wir verbringen unsere Ferien am Meer.	*Nous passons nos vacances au bord de la mer.*
Ich habe einen angenehmen Abend verbracht.	*J'ai passé une agréable soirée.*

vorbeigehen, passer (devant quelque chose)

Jeden Tag geht er an der Post vorbei.	*Chaque jour il passe devant la poste.*

vergehen, passer (pour le temps qui s'écoule)

Die Zeit vergeht schnell.	*Le temps passe vite.*

SITUATIONS DE COMMUNICATION

Demander

- **Un prix**

Was kostet? Wie viel kostet...?	*Combien coûte... ?*
Was macht das?	*Combien ça fait ?*
Was macht das zusammen?	*Combien ça fait ensemble ?*

*Traduis **comment dit-on en allemand ?***

- **Un mot**

Wie sagt man... auf Deutsch?	*Comment dit-on... en allemand ?*
Wie heißt... auf Deutsch?	
Ich finde das Wort nicht.	*Je ne trouve pas le mot.*
Ich weiß nicht, wie man das sagt...	*Je ne sais pas comment on dit...*

- **Son chemin**

Können Sie mir sagen, wo...?	*Pouvez-vous me dire où... ?*
Wie komme ich zu...?	*Comment vais-je à... ?*

5e

• **A prendre la parole**

Ich habe eine Frage.	*J'ai une question.*
Ich möchte etwas sagen.	*Je voudrais dire quelque chose.*
Ich möchte Sie etwas fragen.	*Je voudrais vous demander quelque chose.*

Exprimer des sentiments positifs

• **L'enthousiasme**

Das gefällt mir.	*Ca me plaît.*	Herrlich!	*Magnifique !*
Ich mag...	*J'aime bien...*	Ausgezeichnet!	*Extraordinaire !*
Das ist toll! Das ist super! Klasse!	*C'est formidable !*	Ich freue mich...	*Je me réjouis...*
		Ich bin froh!	*Je suis heureux !*
Wunderbar!	*Merveilleux !*		

Que signifie ***Klasse ?***

• **L'admiration**

Wie schön!	*C'est beau !*	Wie süß!	*Comme c'est mignon !*
Wie hübsch!	*Comme c'est joli !*		

• **La surprise**

Nein!	*Non !*	Ach so!	*Ah bon !*
Nicht zu glauben!	*Incroyable !*	Stell dir vor!	*Imagine !*
Unglaublich!		Was für eine Überraschung!	*Quelle surprise !*
Das ist nicht wahr!	*C'est pas vrai !*		

• **Le désir de voir quelque chose se réaliser**

Hoffentlich...	*Pourvu que...*	Wenn (ich) nur...	*Si seulement (je)...*

• **Le soulagement**

Zum Glück!	*Heureusement !*	Es war Zeit!	*Il était temps !*
Ach endlich!	*Ah, enfin !*		

• **Rassurer quelqu'un**

Es wird schon gehen!	*Ca ira !*	Keine Angst!	*N'aie pas peur !*
Mach dir keine Sorgen!	*Ne te fais pas de soucis !*	Nimm es doch nicht so tragisch!	*Ne le prend pas au tragique !*
Es wird schon klappen!	*Ca va marcher !*	Das kann jedem passieren!	*Cela peut arriver à tout le monde !*

Traduis ***ne te fais pas de soucis.***

Exprimer des sentiments négatifs

Traduis ***c'est vraiment dommage.***

• **Le regret, la déception**

Es ist wirklich schade!	*C'est vraiment dommage !*	Was für eine Enttäuschung!	*Quelle déception !*
Leider...	*Malheureusement...*		

• **l'indifférence**

Das ist egal.	*Peu importe.*	Das ist mir völlig egal.	*Ca m'est complètement égal.*
Das ist gleich.			
Das ist mir Wurst!	*Je m'en fiche !*		

- **Le dégoût, l'indignation**

Das ist ekelhaft!	*C'est dégoûtant !*	Das gibt's doch nicht!	*Ce n'est pas possible !*
Wie schrecklich!	*Quelle horreur !*		

- **La contrariété, la mauvaise humeur**

Das reicht! Das genügt!	*Ca suffit comme ça !*	Das geht doch nicht!	*Ca ne va pas !*
Das fängt wieder an!	*Ca commence !*	Das geht zu weit!	*Ca va trop loin !*
Schon wieder!		Hör auf!	*Arrête !*

Que signifie ***Hör auf.***

5e

- **L'ennui**

Ich habe die Nase voll!	*J'en ai marre !*	Wie langweilig!	*Comme c'est ennuyeux !*

- **La résignation**

Schon gut! Das macht nichts!	*Tant pis !*	Da kannst du nichts dafür!	*Tu n'y peux rien !*

- **l'incertitude**

Ich weiß es nicht.	*Je n'en sais rien.*	Ich habe keine Ahnung...	*Je n'ai pas la moindre idée...*
Keine Ahnung!	*Aucune idée !*		

- **L'impatience**

Schnell!	*Vite !*	Nun komm doch endlich!	*Vas-tu enfin venir ?*
Nun beeil dich mal!	*Dépèche toi !*		

Traduis ***Dépèche-toi.***

- **Se plaindre**

Wie schade!	*Quel dommage !*	Mir reicht es!	*J'en ai assez !*
Immer noch!	*Encore !*		

- **Protester**

Bestimmt nicht!	*Sûrement pas !*	Kommt nicht in Frage!	*Pas question !*

- **Repousser quelqu'un**

Weg mit dir! Geh weg!	*Va t'en !*	Lass mich in Ruhe!	*Laisse-moi tranquille*

Situations de communication diverses

- **Interpeler quelqu'un**

Bitte...	*S'il vous plaît...*	Hör zu...	*Ecoute...*
Entschuldigung...		...nicht wahr?	*...n'est-ce pas ?*

- **Commencer une phrase**

Mal sehen...	*Voyons voir...*

- **Proposer une aide, demander de l'aide**

Was kann ich für Sie tun?	*Qu'est-ce que je peux faire pour vous ?*	Kann ich Ihnen helfen?	*Est-ce que je peux vous aider ?*
		Hilf mir bitte!	*Aide-moi s'il te plaît !*

Traduis ***aide-moi.***

- **Avertir quelqu'un**

Achtung! Vorsicht!	*Attention !*	Pass auf!	*Fais attention !*

- **Promettre**

Wird gemacht! Ich verspreche dir...	*Ce sera fait !* *Je te promets que...*	Das passiert nicht mehr!	*Cela n'arrivera* *plus !*

5e

VOCABULAIRE THÉMATIQUE

Wohnen, Hausarbeit : habiter, travail à la maison

Par ❤

das Haus(¨er)	*la maison*	das Fenster(-)	*la fenêtre*
die Wohnung(en)	*l'appartement, l'habitation*	die Tür(en)	*la porte*
		der Keller(-)	*la cave*
das Dach(¨er)	*le toit*	die Treppe(n)	*l'escalier*
die Mauer(n)	*le mur*	der Stock	*l'étage*
die Wand(¨e)	*le mur (intérieur)*	(die Stockwerke)	

Comment dit-on ***l'étage ? les étages ?***

im ersten Stock wohnen	*habiter au premier étage*	heim gehen	*rentrer à la maison*
der Fahrstuhl(¨e)	*l'ascenseur*	daheim sein	*être à la maison*
zu Hause sein	*être à la maison*	das Haus sauber machen	*nettoyer la maison*
in einem Haus wohnen	*habiter dans une maison*		

das Zimmer(-)	*la pièce, la chambre*	das Esszimmer(-)	*la salle à manger*
		das Badezimmer(-)	*la salle de bain*
das Schlafzimmer(-)	*la chambre à coucher*	das Arbeitszimmer(-)	*le bureau (pièce)*
		die Küche(n)	*la cuisine*
das Wohnzimmer(-)	*le séjour*	kochen	*faire la cuisine*
die Decke(n)	*le plafond*	der Schlüssel(-)	*la clef*
der Boden	*le sol*	der elektrische Strom	*le courant électrique*
das Licht(er)	*la lumière*		
das Licht anmachen	*allumer la lumière*	die Heizung	*le chauffage*
		der Vorhang(¨e)	*le double rideau*
das Licht ausmachen	*éteindre la lumière*	der Teppich(e)	*le tapis*
		das Zimmer aufräumen	*ranger la chambre*
die Lampe(n)	*la lampe*		
das Möbelstück	*le meuble*	der Schreibtisch(e)	*le bureau (meuble)*
der Stuhl(¨e)	*la chaise*		
der Sessel(-)	*le fauteuil*	das Bett(en)	*le lit*
der Tisch(e)	*la table*	das Bild(er)	*l'image, la photo, le tableau*
der Schrank(¨e)	*l'armoire*		

Cite des noms composés avec ***Zimmer.***

der Kleiderschrank(¨e)	*la penderie*	die Waschmaschine(n)	*le lave-linge*
der Bücherschrank(¨e)	*la bibliothèque*	die Wäsche waschen	*laver le linge*
der Kühlschrank(¨e)	*le réfrigérateur*	die Spülmaschine(n)	*le lave-vaisselle*
der Gasherd(e)	*la gazinière*	das Geschirr spülen	*laver la vaisselle*
der Elektroherd(e)	*la cuisinière électrique*	der Staubsauger(-)	*l'aspirateur*
		staubsaugen	*passer l'aspirateur*
der Mikrowellenherd(e)	*le four à micro ondes*	das Bett machen	*faire le lit*
		den Tisch decken	*mettre la table*
das Gerät(e)	*l'appareil, l'ustensile*		

basteln	*bricoler, faire des travaux manuels*	nähen	*coudre*
		der Klebstoff(e)	*la colle*
das Brett(er)	*la planche*	kleben	*coller*
der Hammer(-)	*le marteau*	die Schere(n)	*les ciseaux*
der Nagel(¨)	*le clou*	schneiden	*couper*
die Schnur(¨e)	*la ficelle*	bügeln	*repasser*
der Faden(¨)	*le fil*	das Bügeleisen(-)	*le fer à repasser*
die Nadel(n)	*l'aiguille*		

Donne plusieurs traductions de ***bureau.***

Ne pas confondre

das Arbeitszimmer	*le bureau (pièce)*
der Schreibtisch	*le bureau (meuble)*
das Büro	*le bureau (lieu de travail)*

Dialogue et expressions

Wer macht die Hausarbeit?	*Qui fait le travail à la maison ?*
Deckst du den Tisch?	*Mets-tu la table ?*
Räumst du dein Zimmer auf?	*Ranges-tu ta chambre ?*
Gehst du einkaufen?	*Vas-tu faire les courses ?*
Kannst du kochen?	*Sais-tu faire la cuisine ?*
Hilfst du deiner Mutter und deinem Vater?	*Aides-tu ta mère et ton père ?*

Essen, die Nahrung : les repas, la nourriture

Traduis ***avoir faim.***

Par ❤

Hunger haben	*avoir faim*	Durst haben	*avoir soif*
das Frühstück(e)	*le petit déjeuner*	die Milch	*le lait*
frühstücken	*prendre le petit déjeuner*	Milch trinken	*boire du lait*
		der Orangensaft(¨e)	*le jus d'orange*
das Brot(e)	*le pain*	das Ei(er)	*l'œuf*
das Brötchen(-)	*le petit pain*	ein Ei essen	*manger un œuf*
die Butter	*le beurre*	der Zucker(-)	*le sucre*
die Marmelade(n)	*la confiture*	Kaffee mit oder ohne Milch	*du café avec ou sans lait*
der Honig	*le miel*		
der Kaffee	*le café*	die Kaffeekanne(n)	*la cafetière*
der Tee	*le thé*	die Teekanne (n)	*la théière*
der Kakao	*le chocolat (boisson)*		

das Mittagessen(-)	*le déjeuner*	der Schinken(-)	*le jambon*
die Suppe(n)	*la soupe*	der Fisch(e)	*le poisson*
das Fleisch	*la viande*	das Hauptgericht(e)	*le plat principal*
das Gemüse	*les légumes*	der Nachtisch(e)	*le dessert*
die Kartoffel(n)	*la pomme de terre*	das Obst	*les fruits (de table)*
der Apfel(¨)	*la pomme*		
die Birne(n)	*la poire*	ein Pfund Kirschen	*une livre de cerises*
die Banane(n)	*la banane*		
die Orange(n)	*l'orange*	die Eisdiele(n)	*le glacier*
die Kirsche(n)	*la cerise*	der Schnellimbiss	*la petite collation (fast-food*
die Erdbeere(n)	*la fraise*		
das Abendbrot(e)	*le dîner*	der Salat(e)	*la salade*
das Abendessen(-)	*le dîner*	das Öl	*l'huile*
die Wurst(¨e)	*la saucisse, le saucisson*	der Essig	*le vinaigre*
		das Salz(e)	*le sel*
der Käse	*le fromage*	der Pfeffer(-)	*le poivre*
eine Scheibe Brot	*une tranche de pain*	kalt essen	*manger froid*
		der Aufschnitt	*l'assiette froide (charcuterie)*
der Kuchen(-)	*le gâteau*		
das Wasser	*l'eau*	das Eis	*la glace*
die Torte(n)	*le gâteau à la crème*	das Mehl	*la farine*
		das Gebäck(-)	*le gâteau sec*
die Sahne	*la crème*	das Getränk(e)	*la boisson*
die Schlagsahne	*la crème chantilly*	das Bier	*la bière*
das Glas(¨er)	*le verre*	der Wein	*le vin*
das (die) Cola	*le Coca Cola*	die Limo	*la limonade*
die Flasche(n)	*la bouteille*	die Tasse(n)	*la tasse*
der Teller(-)	*l'assiette*	eine Tasse Kaffee	*une tasse de café*
das Messer(-)	*le couteau*	ein Glas Bier	*un verre de bière*
der Löffel(-)	*la cuillère*	eine Flasche Wein	*une bouteille de vin*
die Gabel(n)	*la fourchette*		
die Schüssel(n)	*le plat*	zwei Kilo Tomaten	*deux kilos de tomates*
die Salatschüssel(n)	*le saladier*		
die Suppenschüssel(n)	*la soupière*	ein Stück Torte	*une part de gâteau à la crème*
eine Tafel Schokolade	*une tablette de chocolat*		
ein Dutzend Eier	*une douzaine d'œufs*		

Donne des noms de fruits.

Traduis ***deux kilos de tomates.***

Ne pas confondre

die Schüssel	*le plat*	*der Schlüssel*	*la clef*
das Öl	*l'huile*	*das Erdöl*	*le pétrole*
die Küche	*la cuisine*	*der Kuchen*	*le gâteau*
die Kirsche	*la cerise*	*die Kirche*	*l'église*
das Café	*le café (le local)*	*der Kaffee*	*le café (la boisson)*

kochen	*cuire avec de l'eau*
braten	*rôtir, frire*
backen	*faire cuire au four*

Comment dis-tu ***la cuisine** ?* ***le gâteau** ?*

Dialogue et expressions

Guten Appetit!	*Bon appétit !*
Danke gleichfalls!	*Merci, vous aussi !*
Bist du mit dem Essen fertig?	*As-tu fini le repas ?*
Bist du hungrig?	*As-tu faim ?*
Bist du durstig?	*As-tu soif ?*
Möchtest du noch etwas essen?	*Voudrais-tu encore manger quelque chose ?*
Nein, danke ich bin satt.	*Non merci je suis rassasié.*
Ich habe keinen Hunger mehr.	*Je n'ai plus faim.*
Greif zu!	*Sers-toi !*
Bediene dich!	*Sers-toi !*
Der Kuchen schmeckt sehr gut.	*Le gâteau est très bon.*

Traduis ***je n'ai plus faim.***

5e

Mots en vedette

Avec quels suffixes forme-t-on des diminutifs ?

das Brötchen : petit pain rond avec parfois des graines de pavot ou de cumin les suffixes -chen ou -lein servent à former des diminutifs. Le nom prend souvent une inflexion, les diminutifs sont neutres.
Das Brot : il n'existe pas moins de 200 sortes de pain en Allemagne. Il ne faut donc pas s'étonner de la fréquence du mot.
Das Abendbrot : le repas du soir froid à base de pain
ein belegtes Brot : un sandwich (tranche de pain recouverte de margarine ou de beurre, de saucisse, jambon, fromage, qu'on mange avec le couteau et la fourchette ou un petit pain rond garni)

das Pausenbrot : le sandwich que les élèves emportent à l'école et mangent pendant la récréation

das Butterbrot	*la tartine de beurre*
das Schwarzbrot	*le pain noir*
das Weißbrot	*le pain blanc*
das Bauernbrot	*le pain de campagne*
das Vollkornbrot	*le pain complet*

der Saft, le jus de fruit, entre dans beaucoup de noms composés

der Apfelsaft	*le jus de pomme*
der Orangensaft	*le jus d'orange*
der Zitronensaft	*le jus de citron*
der Traubensaft	*le jus de raisin*

Das Schulleben : la vie scolaire

Par ❤

das Klassenzimmer(-)	*la salle de classe*	der Klassenlehrer(-)	*le professeur principal*
die Klasse(n)	*la classe*	der Schuldirektor(en)	*le directeur d'école*
der Klassensprecher(-)	*le délégué élève*	die Tafel(n)	*le tableau*
der Sportlehrer(-)	*le professeur d'éducation physique*	das Buch(¨er)	*le livre*
die Geschichtslehrerin(nen)	*le professeur d'histoire*	das Heft(e)	*le cahier*
		der Füller(-)	*le stylo plume*

5e

Par ❤

die Klassenfahrt(en)	*le voyage scolaire*
der Ausflug(¨e)	*l'excursion*
das Schullandheim(e)	*l'auberge pour les groupes scolaires*
der Satz(¨e)	*la phrase*
einen Satz bilden	*construire une phrase*
das Wort(¨er)	*le mot*
das Wörterbuch(¨er)	*le dictionnaire*
ein Blatt Papier	*une feuille de papier*
ein Stück Kreide	*un morceau de craie*
die Schulsachen	*les affaires de classe*
der Stundenplan(¨e)	*l'emploi du temps*
das Zeugnis(se)	*le bulletin*
ein gutes Zeugnis haben	*avoir un bon bulletin*
die Musik	*la musique*
musizieren	*faire de la musique*
das Schulorchester(-)	*l'orchestre de l'école*
Sport	*l'éducation physique*
Kunst	*arts plastiques*
der Bleistift(e)	*le crayon*
der Kugelschreiber(-)	*le stylo à bille*
die Übung(en)	*l'exercice*
die Hausaufgabe(n)	*le devoir (à la maison)*
die Seite(n)	*la page*
der Fehler(-)	*la faute*
der Punkt(¨e)	*le point*
das Beispiel(e)	*l'exemple*
zum Beispiel	*par exemple*
die Pause(n)	*la récréation*
eine Mathestunde	*un cours de maths*
Deutsch und Englisch lernen	*apprendre l'allemand et l'anglais*
eine Lektion auswendig lernen	*apprendre une leçon par cœur*
Französisch	*le français*
Geschichte	*l'histoire*
Mathe	*les maths*
Physik	*la physique*
der Religions-unterricht	*le cours de religion*
hitzefrei haben	*les cours n'ont pas lieu si la température est trop élevée*

Que signifie ***die Klassenfahrt*** *?*

Par ❤

der Brief(e)	*la lettre*
einen Brief bekommen	*recevoir une lettre*
der Brieffreund(e)	*le correspondant*
die Briefmarke(n)	*le timbre*
Briefmarken sammeln	*collectionner des timbres*
der Briefumschlag(¨e)	*l'enveloppe*
der Briefträger(-)	*le facteur*
Post bekommen	*avoir du courrier*
der Schüleraus-tausch(e)	*l'échange scolaire*
nach Deutschland fahren	*partir en Allemagne*
die Schulferien	*les vacances scolaires*
die Brieffreundin(nen)	*la correspondante*
Briefe schreiben	*écrire des lettres*
ein Foto schicken	*envoyer une photo*
den Brieffreund besuchen	*rendre visite au correspondant*
die Brieffreundin aufnehmen	*accueillir la correspondante*
der Austausch-partner(-)	*le correspondant scolaire*
die Austausch-partnerin(nen)	*la correspondante*
der Ferienkalender	*le calendrier des vacances*

Traduis ***le correspondant.***

Que signifie ***die Schulferien*** *?*

Dialogue et expressions

Wann gehst du in die Schule?	*Quand vas-tu à l'école ?*
Wie viel Stunden Unterricht hast du am Montag?	*Combien d'heures de cours as-tu le lundi ?*
Und in der Woche?	*Et par semaine ?*

Wie lange dauert die Pause?	*Combien de temps dure la récréation ?*
Wie heißt dein Klassenlehrer?	*Comment s'appelle ton professeur principal ?*
Welches ist dein Lieblingsfach?	*Quelle est ta matière préférée ?*
Was lernst du gern?	*Qu'est-ce que tu aimes apprendre ?*

Traduis ***ma matière préférée****.*

1 ist die beste Note.	*1 est la meilleure note.*
6 ist die schlechteste Note.	*6 est la note la plus mauvaise.*
Die Unterrichtsstunde dauert 45 Minuten.	*L'heure de cours dure 45 minutes.*
Die deutschen Schüler haben keine Schule am Nachmittag.	*Les écoliers allemands n'ont pas de cours l'après-midi.*
Der Nachmittag ist frei.	*L'après midi est libre.*

5e

Setzt euch!	*Asseyez-vous !*
Wer fehlt?	*Qui manque ?*
Wiederhole den Satz!	*Répète la phrase !*
Schlagt die Bücher auf!	*Ouvrez vos livres !*
Welche Seite?	*Quelle page ?*
Nehmt ein Blatt Papier!	*Prenez une feuille de papier !*

Quelle est la meilleure note en allemand ?

Mots en vedette

La meilleure note est 1, la plus faible est 6

1 = sehr gut	*très bien*	*4 = ausreichend*	*suffisant*
2 = gut	*bien*	*5 = mangelhaft*	*insuffisant*
3 = befriedigend	*satisfaisant*	*6 = ungenügend*	*très insuffisant*

Adjectifs et adverbes

Adjectifs

Par ❤

arm	*pauvre*	heiß	*(très) chaud*
böse	*méchant, en colère, fâché*	hoch	*haut*
		müde	*fatigué*
frei	*libre*	nett	*gentil*
freundlich	*aimable, sympathique*	reich	*riche*
		wahr	*vrai*
glücklich	*heureux*		

dumm	*stupide*	langweilig	*ennuyeux*
faul	*paresseux*	schlimm	*grave*
fleißig	*appliqué*	traurig	*triste*
gefährlich	*dangereux*	vorsichtig	*prudent*
interessant	*intéressant*		

Traduis l'adjectif ***gefährlich****.*

breit	*large*	lustig	*drôle*
einfach	*simple*	offen	*ouvert*
sauber	*propre*	schmutzig	*sale*
stark	*fort*	still	*calme, silencieux*

5e

Dialogue et expressions

Er ist ihm böse.	*Il lui en veut.*	*Er ist lustig.*	*Il est drôle.*
Er ist böse auf mich.	*Il est fâché contre moi.*	*Das Kind ist süß.*	*L'enfant est mignon.*
		Die Birne ist süß.	*La poire est sucrée.*
Er ist froh.	*Il est joyeux.*	*Du bist lieb.*	*Tu es gentil.*
Er ist glücklich.	*Il est heureux.*	*Du bist still.*	*Tu ne dis rien.*
Ich bin müde.	*Je suis fatigué.*		

Mots en vedette

pour décrire l'apparence

schön	*beau*	*schlecht*	*mauvais*
hübsch	*joli*	*schlimm*	*grave*
herrlich	*magnifique*	*schrecklich, furchtbar*	*affreux*
wunderbar, wunderschön	*merveilleux*		

pour marquer l'approbation

Das ist wahr!	*C'est vrai !*	*Genau!*	*Exactement !*
Das ist richtig!	*C'est juste !*	*Eben!*	*Précisément !*
Das stimmt!	*C'est juste !*	*Klar!*	*C'est clair !*

Que signifie ***das stimmt** ?*

Adverbes de temps

- **chronologie**

zuerst	*tout d'abord*	vorher	*avant*
dann	*ensuite*	nachher	*après*
zuletzt	*finalement*		

- **fréquence**

oft	*souvent*	selten	*rarement*
manchmal	*parfois*	nie	*jamais*

Dialogue et expressions

heute Morgen	*ce matin*
heute Nachmittag	*cet après-midi*
heute Abend	*ce soir*
Die Ferien sind vorbei.	*Les vacances sont terminées.*

Comment dit-on ***cet après-midi** ?*

Adverbes de manière

fast	*presque*	sogar	*même*
gar nicht	*absolument pas*		

4^e

Grammaire
Vocabulaire

SOMMAIRE 4e

GRAMMAIRE

VOCABULAIRE

SYNTAXE

Les subordonnées avec *wenn* et *als*

*Quels sont les modes employés avec **wenn** ?*

Les phrases qui commencent par **wenn** n'expriment pas toutes une condition irréalisable ou irréalisée. Le mode employé n'est donc pas toujours le subjonctif II, on trouve aussi l'indicatif.

Wenn wir das Kleid kaufen wollen, müssen wir sofort ins Geschäft gehen.	*Si nous voulons acheter la robe nous devons aller immédiatement au magasin.*
Wenn wir einen neuen Wagen kaufen wollen, müssen wir viel Geld sparen.	*Si nous voulons acheter une nouvelle voiture, nous devons économiser beaucoup d'argent.*
Wenn er anruft, erzähl ihm, was geschehen ist.	*S'il téléphone, raconte-lui ce qui s'est passé.*

wenn peut être traduit par *quand* ou *si*. Dans le sens de *quand* ou *lorsque*, il s'oppose à **als**.
Mais on n'emploie pas indifféremment **wenn** ou **als**.

4e

Avec un verbe au présent ou au futur on emploie toujours **wenn** :

Wenn er kommt, frag ihn, ob er das Brot nicht vergessen hat.	*Quand il arrivera, demande-lui s'il n'a pas oublié le pain.*
Wir spielen jeden Tag Tennis, wenn wir unsere Ferien am Meer verbringen.	*Nous jouons chaque jour au tennis quand nous passons nos vacances au bord de la mer.*

*Quand emploie-t-on **als** au passé ?*

Avec un verbe au passé on emploie **wenn** si l'action s'est répétée, **als** s'il s'agit d'un fait unique (si on peut remplacer *quand* par *au moment où*).

Als ich ins Zimmer eintrat, sah ich ihn.	*Lorsque j'entrai dans la chambre, je le vis.*
Als er zum ersten Mal in Paris ankam, war er neun.	*Lorsqu'il arriva à Paris la première fois, il avait neuf ans.*
Wenn es regnete, blieben wir zu Hause.	*Quand il pleuvait, nous restions à la maison.*
Jedesmal wenn er mich besuchte, brachte er mir Rosen.	*Chaque fois qu'il me rendait visite, il m'apportait des roses.*

Les subordonnées relatives

La proposition subordonnée relative peut être considérée comme une expansion du nom sur la droite.

Considérons les deux phrases :

Der Wagen ist rot. Er fährt sehr schnell. — *La voiture est rouge. Elle roule très vite.*

On peut les relier par l'intermédiaire d'une relative, qui sert d'élargissement au nom *voiture* :

Der Wagen, der sehr schnell fährt, ist rot. *La voiture qui roule très vite est rouge.*

Comment choisit-on le relatif ?

Le choix du relatif dépend de l'antécédent (le nom auquel il se rapporte) et de sa fonction dans la proposition subordonnée.

Si l'antécédent est masculin et si la fonction du relatif dans la proposition subordonnée est sujet, le pronom relatif sera **der**.

Au nominatif, à l'accusatif et au datif (à l'exception du datif pluriel) le pronom relatif est identique à l'article défini qui correspond. On peut résumer ainsi : le relatif s'accorde en genre et en nombre avec son antécédent et se met au cas voulu par sa fonction dans la relative.

La subordonnée relative est encadrée par des virgules.

- **avec un nom masculin**

*Der Mann, **der** kommt, ist mein Vater.*	*L'homme qui arrive est mon père.*
*Der Mann, **den** du auf dem Foto siehst, ist mein Onkel.*	*L'homme que tu vois sur la photo est mon oncle.*
*Der Mann, **dem** ich die Zeitung gebe, ist mein Nachbar.*	*L'homme auquel je donne le journal est mon voisin.*

- **avec un nom féminin**

*Die Frau, **die** kommt, ist meine Mutter.*	*La femme qui arrive est ma mère.*
*Die Frau, **die** du auf dem Foto siehst, ist meine Tante.*	*La femme que tu vois sur la photo est ma tante.*
*Die Frau, **der** ich Brot bringe, ist meine Nachbarin.*	*La femme à laquelle j'apporte du pain est ma voisine.*

- **avec un nom neutre**

*Das Kind, **das** kommt, ist mein Sohn.*	*L'enfant qui arrive est mon fils.*
*Das Kind, **das** du auf dem Bild siehst, ist mein Neffe.*	*L'enfant que tu vois sur la photo est mon neveu.*
*Das Kind, **dem** ich Bonbons gebe, ist einer meiner Schüler.*	*L'enfant auquel je donne des bonbons est un de mes élèves.*

- **avec un nom pluriel**

*Die Kinder, **die** kommen, sind meine Schüler.*	*Les enfants qui arrivent sont mes élèves.*
*Die Kinder, **die** du hörst, spielen auf dem Schulhof.*	*Les enfants que tu entends jouent dans la cour de l'école.*
*Die Kinder, **denen** ich Aufgaben zurückgebe, arbeiten gut.*	*Les enfants auxquels je rends des devoirs travaillent bien.*

Quel est le pronom relatif au datif pluriel ?

Nous constatons qu'au datif pluriel le pronom relatif **denen** est différent de l'article défini **den**.

Le pronom relatif prend une forme différente de l'article défini au génitif.

L'article défini est **des** ou **der**, le pronom relatif devient **dessen** ou **deren**, selon que l'antécédent est masculin ou neutre (**dessen**), féminin ou pluriel (**deren**).

Le pronom relatif au génitif est directement suivi du nom dont il est complément, sans déterminant.

*Der Mann, **dessen** Wagen du siehst, ist mein Lehrer.*	*L'homme dont tu vois la voiture est mon professeur.*

Die Stadt, ***deren*** *Häuser du erblickst, ist Köln.* — *La ville dont tu aperçois les maisons est Cologne.*
Das Haus, ***dessen*** *Dach rot ist, gehört meinem Onkel.* — *La maison dont le toit est rouge appartient à mon oncle.*
Die Schüler, ***deren*** *Mäntel wir sehen, sitzen im Klassenzimmer.* — *Les élèves dont nous voyons les manteaux sont assis dans la salle de classe.*

Le pronom relatif peut être précédé d'une préposition :

Die Familie, ***bei der*** *ich wohnte, war sehr freundlich.* — *La famille chez laquelle j'habitais était très sympathique.*
Die Wohnung, ***in der*** *ich wohne, ist klein.* — *L'appartement dans lequel j'habite est petit.*
Die Kinder, ***mit denen*** *ich spiele, sind 8 Jahre alt.* — *Les enfants avec lesquels je joue ont 8 ans.*

Attention

Dont peut être complément d'un verbe ou d'un adjectif et non complément d'un nom. Il ne sera pas alors traduit par **dessen, deren**.

Der Mann, ***von dem*** *ich spreche, ist 50.* — *L'homme dont je parle a 50 ans.*
Der Junge, ***auf den*** *sie stolz ist, hat das Spiel gewonnen.* — *Le garçon dont elle est fière a gagné le match.*

Par ❤

TABLEAU RÉCAPITULATIF DE LA DÉCLINAISON DU PRONOM RELATIF

	masculin	neutre	féminin	pluriel
nominatif	der	das	die	die
accusatif	den	das	die	die
datif	dem	dem	der	**denen**
génitif	**dessen**	**dessen**	**deren**	**deren**

4e

Donne la déclinaison du pronom relatif au datif.

La subordonnée infinitive commençant par *um... zu* (pour + infinitif)

Er geht in die Stadt, ***um*** *Schallplatten zu kaufen.* — *Il va en ville pour acheter des disques.*
Er bleibt zu Hause, ***um zu*** *arbeiten.* — *Il reste à la maison pour travailler.*

Par ❤

Ne pas confondre

für, *pour*, préposition devant un nom, et **um ... zu**, *pour* devant un infinitif :

Ich kaufe die Zeitung ***für*** *meinen Vater.* — *J'achète le journal pour mon père.*
Er lernt Deutsch, ***um*** *die Deutschen besser verstehen* ***zu*** *können.* — *Il apprend l'allemand pour pouvoir mieux comprendre les Allemands.*

Quelle est la différence entre ***für*** *et* ***um... zu*** *?*

La réponse avec **um ... zu** correspond à la question **wozu** ? *(dans quel but ?)* :

Wozu fährt er nach Deutschland? — *Dans quel but part-il pour l'Allemagne ?*
Er fährt nach Deutschland, um zu arbeiten. — *Il part pour l'Allemagne afin de travailler.*

Certaines expressions sont suivies d'un infinitif complément :

Ich habe Lust, ins Kino zu gehen.	*J'ai envie d'aller au cinéma.*
Ich habe keine Lust, zu arbeiten.	*Je n'ai pas envie de travailler.*
Hast du Lust, mitzukommen?	*As-tu envie de nous accompagner ?*
Es gelingt mir, das Spiel zu gewinnen.	*Je réussis à gagner le match.*
Es ist mir gelungen, ihn wiederzusehen.	*J'ai réussi à le revoir.*

Dialogue et expressions

Peter bleibt sitzen.	*Peter reste assis/redouble.*
Peter bleibt stehen.	*Peter reste debout/s'arrête.*
Peter bleibt liegen.	*Peter reste allongé.*
Er geht schlafen.	*Il va se coucher.*
Er geht einkaufen.	*Il va faire des courses.*
Er geht spazieren.	*Il va se promener.*
Er lernt ihn kennen.	*Il fait sa connaissance.*
Er heißt ihn willkommen.	*Il lui souhaite la bienvenue.*

Comment dis-tu ***il va se coucher*** *?*

4e

Remarque

Avec les auxiliaires de mode, le verbe **gehen** est souvent sous-entendu :

Wir müssen fort.	*Il faut que nous partions.*
Darf ich hinaus?	*Est-ce que je peux sortir ?*
Wir wollen in die Stadt.	*Nous voulons aller en ville.*

Le verbe **brauchen**, + infinitif, s'utilise dans des phrases négatives ou restrictives :

Du brauchst deine Antwort nicht sofort zu geben.	*Tu n'as pas besoin de me donner ta réponse immédiatement.*
Er braucht morgen nicht zu kommen.	*Il n'a pas besoin de venir demain.*

Propositions infinitives avec *ohne... zu, anstatt... zu*

Comment dis-tu ***sans + infinitif*** *?* ***au lieu de + infinitif*** *?*

ohne... zu, *sans*, + infinitif ; **anstatt... zu**, *au lieu de*, + infinitif.

Wilhelm Tell ging an dem Hut vorbei, ohne ihn zu grüßen.	*Guillaume Tell passa devant le chapeau sans le saluer.*
Er verlässt die Stadt, ohne von seinen Freunden Abschied zu nehmen.	*Il quitte la ville sans prendre congé de ses amis.*
Wir geben unser Geld aus, ohne an die Zukunft zu denken.	*Nous dépensons notre argent sans penser à l'avenir.*
Anstatt mit einem Taxi zum Bahnhof zu fahren, fährt er mit der U-Bahn.	*Au lieu d'aller à la gare en taxi, il y va en métro.*
Anstatt zu lernen, spielt er Fußball.	*Au lieu de réviser, il joue au football.*

Système verbal

Le plus-que-parfait de l'indicatif

Le plus-que-parfait de l'indicatif est formé à l'aide des auxiliaires **haben** ou **sein**, conjugués au prétérit, et du participe passé.

Par ❤

seinen Füller vergessen (oublier son stylo)	*zu Hause bleiben (rester à la maison)*
ich hatte meinen Füller vergessen	*ich war zu Hause geblieben*
du hattest deinen Füller vergessen	*du warst zu Hause geblieben*
er hatte seinen Füller vergessen	*er* }
sie hatte ihren Füller vergessen	*sie* } *war zu Hause geblieben*
es hatte seinen Füller vergessen	*es* }
wir hatten unsere Füller vergessen	*wir waren zu Hause geblieben*
ihr hattet eure Füller vergessen	*ihr wart zu Hause geblieben*
sie hatten ihre Füller vergessen	*sie waren zu Hause geblieben*

Le parfait

4e

Verbes de modalité

Les verbes de modalité admettent deux participes :
– un participe passé sur le modèle des verbes faibles **gekonnt, gedurft, gesollt**, etc. en prenant soin d'ôter les inflexions de ceux qui en ont une à l'infinitif ;
– une forme infinitive, quand le participe passé du verbe de modalité vient après un infinitif.

Traduis ***il n'a pas pu venir.***

Par ❤

*Er hat nicht kommen **können**.*	*Il n'a pas pu venir.*
*Wir haben ins Kino gehen **wollen**.*	*Nous avons voulu aller au cinéma.*

Les verbes de perception **hören**, *entendre*, **sehen**, *voir*, et le verbe **lassen**, *faire* (quand il est employé avec un infinitif), obéissent à la même règle :

*Er hat sich ein Haus bauen **lassen**.*	*Il s'est fait construire une maison.*
*Wir haben die Kinder singen **hören**.*	*Nous avons entendu chanter les enfants.*
*Sie hat das Auto reparieren **lassen**.*	*Elle a fait réparer la voiture.*
*Wir haben die Kinder spielen **sehen**.*	*Nous avons vu jouer les enfants.*

Place du participe passé

Quelle est la place du participe passé dans la subordonnée ?

Le participe passé occupe la même place dans la proposition principale ou indépendante et dans la proposition subordonnée que l'infinitif employé avec un verbe de modalité.

Er will ins Kino gehen.	*Il veut aller au cinéma.*
Er ist ins Kino gegangen.	*Il est allé au cinéma.*
Wir können nicht kommen.	*Nous ne pouvons pas venir.*
Wir sind nicht gekommen.	*Nous ne sommes pas venus.*
Ich glaube, dass er den Wagen kaufen will.	*Je crois qu'il veut acheter la voiture.*
Ich glaube, dass er den Wagen gekauft hat.	*Je crois qu'il a acheté la voiture.*

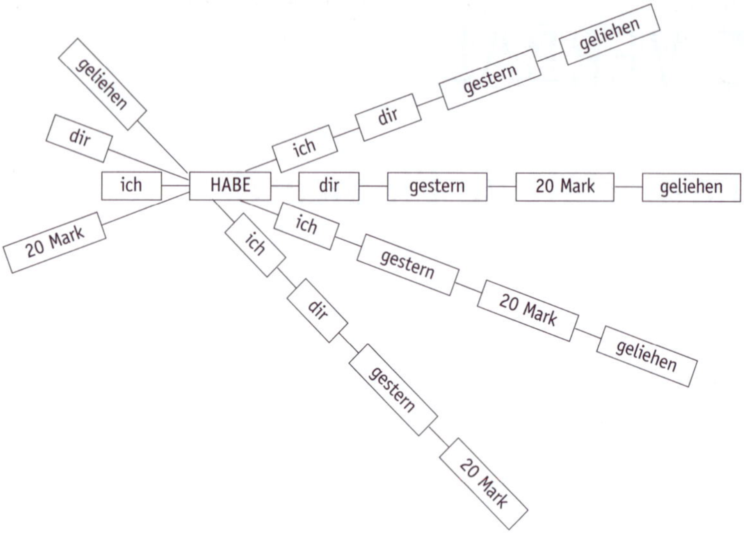

Bien veiller à la place de l'auxiliaire dans la subordonnée construite avec un double infinitif :

Ich weiß, dass er nicht hat kommen können. — *Je sais qu'il n'a pas pu venir.*

4e

Verbes conjugués avec *sein*

Avec quels verbes emploie-t-on l'auxiliaire être au parfait ?

Par ❤

Ce sont des verbes d'état ou d'événement, tels que **geschehen** (arriver, se passer) et des verbes de mouvement intransitifs.

Wir sind zu Hause geblieben.	*Nous sommes restés à la maison.*
Was ist geschehen?	*Qu'est-ce qui s'est passé ?*
Es ist mir gelungen, den Film zu sehen.	*J'ai réussi à voir le film.*
Du bist sehr schnell gelaufen.	*Tu as couru très vite.*
Er ist nach Amerika geflogen.	*Il est allé en Amérique.*
Er ist zur Schule gegangen.	*Il est allé à l'école.*
Wann ist er nach Hause zurückgekommen?	*Quand est-il rentré à la maison ?*
Sie sind in die Wohnung eingetreten.	*Ils sont entrés dans l'appartement.*
Er ist früh aufgestanden.	*Il s'est levé tôt.*
Sie ist sehr viel gereist.	*Elle a beaucoup voyagé.*

fahren suivi d'un complément d'objet direct se conjugue avec **haben**. Sinon il est conjugué avec sein.

Er ist zu schnell gefahren.	*Il a roulé trop vite.*
Er hat den Opel gefahren.	*Il a conduit l'Opel.*

*De quel cas est suivi **folgen** ?*

begegnen, *rencontrer*, et **folgen**, *suivre*, qui indiquent un mouvement et sont suivis du datif, se conjuguent avec **sein**.

Der Schüler ist seinem Lehrer begegnet. — *L'élève a rencontré son professeur.*

Eben

Eben employé avec le parfait se traduit par un passé immédiat *(venir de)*

Er ist eben angekommen. — *Il vient d'arriver.*

Es hat eben 10 geschlagen. — *10 heures viennent de sonner.*
Ich habe es eben gekauft. — *Je viens de l'acheter.*

À la place de **eben,** on peut trouver **gerade**.

Remarque
On emploie toujours l'auxiliaire **haben** avec les verbes réfléchis :
Er hat sich beeilt. — *Il s'est dépêché.*

Autour des verbes de modalité

La capacité, l'autorisation

*Quelle est la différence entre **dürfen** et **können** ?*

Par ❤

Können, *pouvoir, être capable de,* exprime aussi le savoir-faire.
Dürfen insiste sur la permission, le fait d'avoir (ou de ne pas avoir) le droit de.

Kannst du tanzen?	*Est-ce que tu sais danser ?*
Ja, ich kann tanzen.	*Oui, je sais danser.*
Kannst du kochen?	*Est-ce que tu sais faire la cuisine ?*
Nein, ich kann nicht.	*Non, je ne sais pas.*
Kannst du Tennis spielen?	*Est-ce que tu sais jouer au tennis ?*
Ja, aber nicht sehr gut.	*Oui, mais pas très bien.*
Darf man hier Rad fahren?	*Est-ce qu'on peut faire de la bicyclette ici ?*
Ja, man darf.	*Oui, on peut.*
Ich darf keinen Alkohol trinken, ich muss fahren.	*Je ne peux pas boire d'alcool, je dois conduire.*

La capacité peut être rendue par d'autres moyens linguistiques que **können**.

Ich weiß, wie...	*Je sais comment...*
Das schaffe ich bestimmt!	*Je vais sûrement y arriver !*
Das schaffe ich nie.	*Je ne vais jamais y arriver.*
Hat's geklappt?	*Est-ce que ça a marché ?*
Ja, es hat alles prima geklappt.	*Oui tout a merveilleusement bien marché.*
Nein, es ist leider schief gegangen.	*Malheureusement ça n'a pas marché.*
Ist es dir gelungen?	*As-tu réussi ?*

*Traduis **c'est autorisé**.*

Dürfen, nicht dürfen, ne sont pas les seuls moyens linguistiques pour exprimer l'autorisation ou l'interdit :

Das ist erlaubt.	*C'est autorisé.*
Das geht nicht.	*Ça ne va pas.*
Das tut man nicht.	*Cela ne se fait pas.*
Das ist verboten.	*C'est interdit.*
Das kommt nicht in Frage.	*Il n'en est pas question.*

L'intention

Wollen sert à exprimer une intention, de même que d'autres expressions :

Wenn du willst... — *Si tu veux...*

Traduis **j'ai envie de...**

Ich will spielen.	*Je veux jouer.*
Ich will unbedingt...	*Je veux absolument...*
Ich habe Lust, ins Kino zu gehen.	*J'ai envie d'aller au cinéma.*
Ich habe vor, im Sommer nach Spanien zu fahren.	*J'envisage d'aller cet été en Espagne.*
Ich hätte Lust, den Film zu sehen.	*J'aurais bien envie de voir le film.*

Aimer

Mögen, au présent, sert à dire que l'on aime ou que l'on n'aime pas quelque chose.

Möchtest du Bananen essen?	*Veux-tu manger des bananes ?*
Nein, ich mag keine Bananen.	*Non, je n'aime pas les bananes.*
Ich mag das Grün.	*J'aime le vert.*

Aimer quelque chose ou *aimer faire quelque chose* pourra aussi être traduit par **gern** suivi du verbe. *Plaire* sera rendu par **gefallen**, **schön finden**.

Ich spiele gern Klavier.	*J'aime jouer au piano.*
Ich reise nicht gern.	*Je n'aime pas voyager.*
Ich fand das Buch sehr schön.	*J'ai bien aimé le livre.*
Das Buch hat mir sehr gut gefallen.	*Le livre m'a beaucoup plu.*

4e

L'obligation

Avec quels verbes traduit-on l'obligation ?

Müssen et **sollen** servent à traduire l'obligation. **Müssen** insiste sur le fait qu'on n'a pas le choix ; **ich muss**, *il faut que je ...*

Was soll ich tun?	*Qu'est-ce que je dois faire ?*
Muss das sein?	*Est-ce que c'est obligé ?*
Ich kann nicht kommen, ich muss zum Arzt.	*Je ne peux pas venir, je dois aller chez le médecin.*

D'autres moyens linguistiques pourront rendre également la notion d'obligation, de contrainte.

Das ist nicht nötig.	*Ce n'est pas nécessaire.*
Dieses Buch brauchst du nicht!	*Tu n'as pas besoin de ce livre !*
Auf jeden Fall! Unbedingt!	*Absolument !*

La demande

Par ♥

On peut également trouver **können** ou **dürfen** pour exprimer une demande, solliciter une aide.

Können Sie mir bitte sagen, wo die Post ist?	*Pouvez-vous me dire s'il vous plaît où se trouve la poste ?*
Kannst du mir bitte ein Glas Wasser bringen?	*Peux-tu s'il te plaît m'apporter un verre d'eau ?*
Darf ich bitte das Buch haben?	*Est-ce que je peux avoir le livre s'il vous plaît ?*
Können Sie bitte die Tür zumachen?	*Pouvez-vous s'il vous plaît fermer la porte ?*

L'emploi du subjonctif II rendra la demande particulièrement polie.

Traduis ***pourriez-vous m'aider*** *?*

Könnten Sie mir helfen?	*Pourriez-vous m'aider ?*

Könntest du bitte...?	*Pourrais-tu s'il te plaît... ?*
Hätten Sie vielleicht...?	*Auriez-vous s'il vous plaît... ?*
Ich hätte eine Bitte.	*J'aurais une demande.*

La proposition, le souhait, le conseil, la supposition

L'emploi du subjonctif II peut aussi suggérer une proposition :

Wir könnten ins Restaurant gehen.	*Nous pourrions aller au restaurant.*
Wie wäre es mit einer Flasche Champagner?	*Que dirais-tu d'une bouteille de champagne ?*
Ich hätte einen Vorschlag.	*J'aurais une proposition.*

L'emploi du subjonctif II de **mögen** et **gern haben** sert à formuler le souhait.

Ich möchte ein Fahrrad.	*Je voudrais une bicyclette.*
Ich hätte gern einen Computer.	*J'aimerais avoir un ordinateur.*

Sollen est lié à la notion de conseil :

Wie soll ich das machen?	*Comment dois-je faire ?*
Du solltest...	*Tu devrais...*

Pour dire que l'on conseille ou que l'on demande un conseil on peut également employer d'autres moyens linguistiques :

Traduis ***je te le conseille.*** **4e**

Das rat' ich dir!	*Je te le conseille !*
Tu das lieber nicht!	*Ne fais pas cela !*
An deiner Stelle würde ich...	*À ta place, je...*
Was würdest du an meiner Stelle machen?	*Que ferais-tu à ma place ?*

Les verbes de modalité peuvent servir à exprimer une hypothèse, une supposition :

Es könnte sein...	*Il se pourrait...*
Er muss wohl krank sein.	*Il doit être malade.*
Er mag 20 Jahre alt sein.	*Il a peut être 20 ans.*

GROUPE NOMINAL ET PRONOM

Superlatif

Comment forme-t-on le superlatif ?

Au superlatif, on ajoute :
- à l'adjectif **-st** + la marque de déclinaison de l'épithète ;
- à l'adverbe **am ... -sten**.

Certains adjectifs ou adverbes prennent une inflexion (voir page 49) :

*das klein**st**e Haus*	*la plus petite maison*
*das billig**st**e Geschäft*	*le magasin le meilleur marché*
*der grö**ß**te Wagen*	*la plus grande voiture*

Les suffixes **-lich**, ou **-ig** entrent dans la dérivation de beaucoup d'adjectifs ou adverbes :

die Geduld → geduldig
die Kraft → kräftig
die Gefahr → gefährlich
der Mensch → menschlich
die Sonne → sonnig
die Pein → peinlich
die Lust → lustig
der Wind → windig

A quels suffixes français correspond le suffixe ***-bar*** *?*

Le suffixe **-bar** ajouté à un verbe correspond au français *-able*, ou *-ible*.

erreichen → erreichbar *(accessible)*
hören → hörbar *(audible)*
trinken → trinkbar *(buvable)*
denken → denkbar *(pensable)*
essen → essbar *(mangeable)*
lesen → lesbar *(lisible)*

Si on veut exprimer le contraire il suffit d'ajouter le préfixe privatif **un-**.

unlesbar, *illisible*
unhörbar, *inaudible*
untrinkbar, *imbuvable*
unessbar, *immangeable*
undenkbar, *impensable*
unerreichbar, *inaccessible*

Le suffixe **-los** est privatif, il signifie *sans*.

endlos, *sans fin*
hoffnungslos, *sans espoir*
arbeitslos, *sans travail*
kinderlos, *sans enfant*

Quel est le sens du suffixe ***-los*** *?*

On peut aussi trouver deux suffixes, par exemple après des adjectifs terminés par **-sam**, **-lich** ou **-los**.

4e

einsam → die Einsamkeit
menschlich → die Menschlichkeit
höflich → die Höflichkeit
sinnlos → die Sinnlosigkeit
aufmerksam → die Aufmerksamkeit
traurig → die Traurigkeit
möglich → die Möglichkeit

Le principe de détermination

Qu'est-ce que le principe de détermination ?

Un mot ou un groupe de mots en détermine un autre lorsqu'il complète ou modifie son sens.
La détermination d'un mot peut se faire à gauche ou à droite.

Exemple de détermination à gauche :

ein Geschenk	*un cadeau*
ein Weihnachtsgeschenk	*un cadeau de Noël*
ein schönes Weihnachtsgeschenk	*un joli cadeau de Noël*
ein sehr schönes Weihnachtsgeschenk	*un très joli cadeau de Noël*

Exemple de détermination à droite :

ein Geschenk aus Deutschland	*un cadeau d'Allemagne*
ein Geschenk für meine Mutter	*un cadeau pour ma mère*
ein Geschenk aus Deutschland für meine Mutter	*un cadeau d'Allemagne pour ma mère*

La détermination peut préciser le type, la catégorie d'un objet :

Schuhe *(chaussures)*, Sportschuhe *(chaussures de sport)*, Tennisschuhe *(chaussures de tennis)*
Kinderbuch *(livre d'enfant)*, Tierbuch *(livre sur les animaux)*, Lehrbuch *(livre de leçons)*, Wörterbuch *(un dictionnaire)*.

Elle sert aussi à qualifier l'objet :

schöne und teure Sportschuhe *(de belles et chères chaussures de sport)*, ein dickes Wörterbuch *(un gros dictionnaire)*.

Détermination du mot composé

Elle se fait par la gauche. Le mot peut être composé de deux adjectifs, de deux noms, d'un nom et d'un adjectif, etc. :

dunkelblau *(bleu foncé)*, ein Schulfreund *(un camarade d'école)*, das Hochhaus *(l'immeuble)*, die Umwelt *(l'environnement)*.

Comment trouve-t-on le genre d'un mot composé ?

C'est le mot qui est le plus à droite qui constitue la base et qui donne son genre au nom composé :

der Brieffreund, die Brieffreundin, das Weihnachtsgeschenk, der Weihnachtsmann, die Weihnachtsferien.

A partir d'un mot de base que l'on connaît, on pourra reconstituer le sens d'un mot composé ; si on connaît **spielen** *(jouer)* on peut déduire le sens de :

Fußballspiel *(match de football)*, Kartenspiel *(jeu de cartes)*, Schauspiel *(spectacle)*.

et peut-être aussi de :
Spielplatz *(aire de jeu)*, Spielende *(fin de match)*.

4e

Si on connaît **Lehrer,** *le professeur,* on peut reconstituer le sens de :
Deutschlehrer *(professeur d'allemand)*, Klassenlehrer *(professeur principal)*, Lehrerzimmer *(salle des professeurs)*.

La composition du mot consiste souvent à juxtaposer deux mots, mais parfois il peut y avoir un **-s** de liaison comme dans les noms composés à partir de **Weihnachten**.
Ostern, *Pâques,* perd le **-n** quand il entre en composition :

der Osterhase, die Ostereier.

Les mots composés à partir de **Arbeit** prennent parfois un **-s** de liaison :
der Arbeitgeber, der Arbeitnehmer mais das Arbeitsamt, arbeitslos, die Arbeitslosigkeit, die Arbeitsstelle.

Détermination d'un verbe à préverbe séparable

Elle se fait également à gauche : mitkommen, zurückkommen, abfahren, aufmachen.

Détermination du groupe nominal

Elle se fait par la gauche : ein schneller Sportwagen ;
ou par la droite : ein Wagen mit vier Türen.
La subordonnée relative et l'apposition sont considérées comme une détermination du groupe nominal à droite.

Détermination du groupe verbal

Elle se fait à gauche : in die Schule fahren, mit dem Moped in die Schule fahren, gern mit dem Moped in die Schule fahren.

Verbes forts à connaître

- **verbes qui ont un même changement de voyelles au prétérit et au participe passé**

beißen	biss	gebissen	*mordre*
vergleichen	verglich	verglichen	*comparer*
leiden	litt	gelitten	*souffrir*
schreiten	schritt	geschritten	*marcher*
schweigen	schwieg	geschwiegen	*se taire*
riechen	roch	gerochen	*sentir*
schieben	schob	geschoben	*pousser*
ziehen	zog	gezogen	*tirer*
wiegen	wog	gewogen	*peser*

Donne le prétérit de ***vergleichen****.*

- **verbes dont le participe passé a la même voyelle que l'infinitif**

wachsen	wuchs	gewachsen	*pousser*

- **verbes mixtes**

rennen	rannte	gerannt	*courir*
senden	sandte	gesandt	*envoyer*

Donne celui de courir.

4e

Verbes à connaître

Les préverbes séparables sont en gras.

Par ❤

Acht geben	*faire attention*
Geld **aus**geben	*dépenser de l'argent*
ausgehen	*sortir (faire une sortie)*
bedienen	*servir*
begegnen	*rencontrer*
betrachten	*regarder, contempler*
betreten	*entrer, marcher sur*
bewegen	*bouger*
bewundern	*admirer*
blicken	*jeter un coup d'œil*
einkaufen	*faire des courses*
enden	*finir*
erblicken	*apercevoir*
sich erkälten	*prendre froid*
erlauben	*permettre*
erreichen	*atteindre*

Rad fahren	*faire du vélo*
filmen	*filmer*
fotografieren	*photographier*
fühlen	*sentir*
sich irren	*se tromper*
probieren	*essayer*
schneien	*neiger*
stattfinden	*avoir lieu*
treffen	*rencontrer*
umsteigen	*changer (train, voiture)*
versprechen	*promettre*
verzeihen	*pardonner*
wegfahren	*partir*
sich wundern	*s'étonner*
zählen	*compter*
zuhören	*écouter*
zurückkehren	*revenir, retourner*

Que signifie ***einkaufen*** *?*

Dialogue et expressions

gib Acht!	*fais attention !*
der Irrtum	*l'erreur*

sich ärgern	*s'énerver, être contrarié*	halten	*tenir*
atmen	*respirer*	heizen	*chauffer*
aufnehmen	*accueillir, enregistrer*	**her**stellen	*fabriquer*
aufwachen	*se réveiller*	husten	*tousser*
auslachen	*se moquer de*	kleben	*coller*
ausstellen	*exposer*	klopfen	*frapper, battre*
behaupten	*affirmer*	landen	*atterrir*
beruhigen	*calmer*	leeren	*vider*
besorgen	*s'occuper de*	leuchten	*briller, luire*
bilden	*constituer*	liefern	*livrer*
blitzen	*faire des éclairs*	loben	*louer*
blühen	*fleurir*	nähen	*coudre*
bluten	*saigner*	operieren	*opérer*
bremsen	*freiner*	pflegen	*soigner*
dauern	*durer*	reden	*parler*
dienen	*servir*	schwitzen	*transpirer*
donnern	*tonner*	sparen	*économiser*
drehen	*tourner*	starten	*démarrer*
sich ereignen	*arriver, se passer*	**stehen** bleiben	*s'arrêter*
sich erholen	*se reposer*	stürzen	*se précipiter, tomber*
fressen	*manger (pour les animaux)*	teilen	*partager*
führen	*conduire, mener, diriger*	überholen	*doubler (voiture)*
füttern	*donner à manger, faire manger*	unterschreiben	*signer*
gehorchen	*obéir*	untersuchen	*ausculter, examiner*
glänzen	*briller*	verdienen	*gagner (argent), mériter*
gucken	*jeter un coup d'œil*	verlangen	*demander (exiger)*
		sich versammeln	*se rassembler*
		verstecken	*cacher*
		wehen	*souffler*

*Que signifie **aufnehmen** ?*

4e

*Traduis **gagner** (argent).*

Remarques

begegnen, qui signifie *rencontrer*, est suivi du datif ;
treffen, qui signifie *rencontrer*, est suivi de l'accusatif :

Gestern bin ich meinem Freund begegnet. *Hier, j'ai rencontré mon ami.*
Gestern habe ich meinen Freund getroffen. *Hier, j'ai rencontré mon ami.*

Le préverbe **unter-** est :
- séparable dans **untergehen** ;
- inséparable dans **unterschreiben** et **untersuchen** :

Die Sonne ist untergegangen. *Le soleil s'est couché.*
Der Arzt hat den Kranken untersucht. *Le médecin a ausculté le malade.*
Ich habe den Brief unterschrieben. *J'ai signé la lettre.*

*De quel cas est suivi **begegnen** ?*

Ne pas confondre

führen, *mener, diriger* (verbe faible) et **fuhren,** prétérit du verbe **fahren.**

verdienen signifie *gagner de l'argent* ; **gewinnen** *signifie gagner au jeu* (match...).

riechen signifie *sentir, exhaler une odeur.*

Das Fleisch riecht gut.	*La viande sent bon.*
Es riecht nach Knoblauch.	*Cela sent l'ail.*
Die Rosen duften.	*Les roses sentent bon.*

fühlen signifie *sentir, toucher, ressentir.*

Der Arzt fühlt dem Kranken den Puls.	*Le médecin tâte le pouls du malade.*
Ich fühle mich wohl.	*Je me sens bien.*
Der Vater fühlt sich für die Familie verantwortlich.	*Le père se sent responsable de sa famille.*

wiegen est un verbe fort au sens de *peser.*

Er wog siebzig Kilo.	*Il pesait 70 kg.*

wiegen est un verbe faible au sens de *bercer, balancer.*

Die Mutter wiegte das Kind.	*Le mère berçait l'enfant.*

Das Bein tut mir weh.	*La jambe me fait mal.*
Es tut mir leid.	*Je suis désolé, je regrette.*
Die Sonne geht auf.	*Le soleil se lève.*
Ich stehe auf.	*Je me lève.*

*Quelle est la différence entre **fühlen** et **riechen** ?*

4e

Mot en vedette

Notons les différents emplois de **halten** :

Der Wagen hält.	*La voiture s'arrête.*
Er hält eine interessante Rede.	*Il tient un discours intéressant.*
Mein Freund hat sein Wort gehalten.	*Mon ami a tenu sa promesse.*
Ich halte ihn für einen Feind.	*Je le considère comme un ennemi.*
Was hältst du von der Mode?	*Que penses-tu de la mode ?*

*Donne différents sens de **halten**.*

Dialogue et expressions

• Autour du verbe tourner

drehen signifie *tourner.*

	Der Regisseur dreht einen Film.	*Le metteur en scène tourne un film.*
	Wir drehen den Kopf.	*Nous tournons la tête.*
mais	*Die Erde dreht sich um die Sonne.*	*La terre tourne autour du soleil.*
et	*Er dreht sich um.*	*Il se retourne.*

*Que signifie **drehen** ?*

• Autour du verbe sortir

ausgehen signifie *sortir, faire une sortie* et **kommen aus** + datif signifie *sortir de.*

Um 2 Uhr kommen die deutschen Schüler aus der Schule.	*À 2 heures les élèves allemands sortent de l'école.*
Heute Abend gehen wir aus.	*Ce soir nous sortons.*
Um halb acht verlässt er das Haus.	*À 7 heures et demie il quitte la maison.*

• **Autour du verbe voir**

sehen signifie *voir.*

sich etwas ansehen	*regarder quelque chose*
krank aussehen	*avoir l'air malade*
nachsehen	*vérifier*
fernsehen	*regarder la télévision*
schauen	*regarder*
Schau erst nach links und dann nach rechts, bevor du über die Straße gehst!	*regarde tout d'abord à gauche, puis à droite avant de traverser la rue !*
beobachten	*observer*
betrachten	*regarder, contempler*
bewundern	*admirer*
blicken	*regarder, jeter un coup d'œil*
gucken	*regarder, jeter un coup d'œil (familier)*
Er guckt aus dem Fenster.	*Il regarde par la fenêtre.*
erblicken	*apercevoir*

Traduis ***regarder, admirer, apercevoir.***

4e

VOCABULAIRE THÉMATIQUE

Reisen und Verkehr : voyages et transports

Par ❤

der Reisende(n)	*le voyageur*	im Urlaub sein	*être en vacances*
die Ferien	*les vacances*	die Grenze(n)	*la frontière*
der Urlaub	*les congés, les vacances*	über die Grenze fahren	*passer la frontière*
das Ausland	*l'étranger (pays)*	der Personalausweis(e)	*la carte d'identité*
ins Ausland fahren	*aller à l'étranger*	der Reisepass(¨e)	*le passeport*
Ferienpläne haben	*avoir des projets de vacances*	Geld wechseln	*changer de l'argent*
die Fahrt	*le voyage (trajet)*	die Ausfahrt(en)	*la sortie*
die Autofahrt(en)	*le voyage en voiture*	der Stau(s)	*l'embouteillage*
die Autobahn(en)	*l'autoroute*	der Kofferraum(¨e)	*le coffre (voiture)*
die Bundesstraße(n)	*la nationale*	per Anhalter fahren, trampen	*faire de l'autostop*
sich anschnallen	*mettre sa ceinture*	halten	*s'arrêter*
die Geschwindigkeit	*la vitesse*	von Hannover nach Köln fahren	*aller de Hanovre à Cologne*
bremsen	*frêner*	bis nach Hamburg fahren	*aller jusqu'à Hambourg*
das Benzin	*l'essence*		
Benzin tanken	*prendre de l'essence*		
die Einfahrt(en)	*l'entrée*		

Donne deux traductions de ***vacances.***

die Abfahrt(en)	*le départ*	hin und zurück	*aller et retour*
die Ankunft(¨e)	*l'arrivée*	über Frankfurt fahren	*passer par Francfort*
die Hinfahrt	*l'aller*	in Frankfurt umsteigen	*changer à Francfort*
die Rückfahrt	*le retour*	den Zug verpassen	*manquer le train*
eine Rückfahrkarte	*un billet retour*	frei sein	*être libre*
der Bahnsteig(e)	*le quai*	besetzt sein	*être occupé*
das Gleis(e)	*la voie*	pünktlich sein	*être à l'heure*
der Schalter(-)	*le guichet*		
das Abteil(e)	*le compartiment*		
der Hauptbahnhof(¨e)	*la gare principale*		
der Flughafen(¨)	*l'aéroport*	landen	*attérir*
der Flug nach	*le vol pour*	der Passagier(e)	*le passager*
das Flugticket(s)	*le billet d'avion*	der Pilot(en)	*le pilote*
starten	*décoller*	die Stewardess(en)	*l'hôtesse de l'air*

Traduis ***le départ, l'arrivée.***

Que signifie ***der Flughafen*** *?*

Dialogue et expressions

ins Reisebüro gehen	*aller à l'agence de voyage*
Ich möchte einen Platz reservieren.	*Je voudrais réserver une place.*
Ich möchte ein Nichtraucherabteil.	*Je voudrais un compartiment non fumeur.*
Wann fährt der nächste Zug nach Hamburg ab?	*Quand part le prochain train pour Hambourg ?*
Um wie viel Uhr komme ich in München an?	*À quelle heure j'arrive à Munich ?*
Auf welchem Gleis fährt der Zug nach Köln ab?	*Sur quelle voie part le train pour Cologne ?*
Ist der Platz noch frei?	*Est-ce que la place est libre ?*
Wie lange dauert die Fahrt von Paris nach München?	*Combien de temps dure le voyage entre Paris et Munich ?*
Was kostet die Fahrkarte hin und zurück?	*Combien coûte le billet aller et retour ?*

Traduis ***la place est libre.***

4e

Das Stadtleben : la vie en ville

Par ❤

der Plan(¨e)	*le plan*	die Menge(n)	*la foule*
der Stadtplan(¨e)	*le plan de ville*	das Stadtviertel(-)	*le quartier*
die Großstadt(¨e)	*la grande ville*	das Hochhaus(¨er)	*l'immeuble*
die Hauptstadt(¨e)	*la capitale*	der Stock (die Stockwerke)	*l'étage*
der Einwohner(-)	*l'habitant*		
die Straße(n)	*la rue*	die Vorstadt(¨e)	*la banlieue*
der Platz(¨e)	*la place*	die Miete(n)	*le loyer*
über die Straße gehen	*traverser la rue*	eine Wohnung mieten	*louer un appartement*
die Leute	*les gens*	die Gasse(n)	*la petite rue*
das Geschäft(e)	*le magasin*	der Supermarkt(¨e)	*le supermarché*
das Schild(er)	*l'enseigne*	das Kaufhaus(¨er)	*le grand magasin*
der Laden(¨)	*la boutique*	das Warenhaus(¨er)	

Cite des mots composés avec ***Stadt.***

die Ware(n)	*la marchandise*	der Einkauf(¨e)	*l'achat*
die Rolltreppe(n)	*l'escalier roulant*	der Ladenschluss	*la fermeture des magasins*
die Qualität	*la qualité*		
das Kleingeld	*la monnaie*	um 6 Uhr schließen	*fermer à 6 heures*
der Preis(e)	*le prix*	der Winterschlussverkauf	*les soldes d'hiver,*
der Verkäufer(-)	*le vendeur*		*les soldes d'été*
die Verkäuferin(nen)	*la vendeuse*	der Sommerschlussverkauf	
der Kunde(n)	*le client*		
die Kundin(nen)	*la cliente*	kaufen	*acheter*
die Kasse(n)	*la caisse*	verkaufen	*vendre*
der Scheck(s)	*le chèque*	einkaufen	*faire des courses*
die Kreditkarte(n)	*la carte de crédit*	bummeln	*flâner*
der Geldschein(e)	*le billet (argent)*	kosten	*coûter*
der Gast(¨e)	*le client (restaurant)*		

Par ❤

der Bäcker(-)	*le boulanger*	der Markt(¨e)	*le marché*
die Bäckerei(en)	*la boulangerie*	der Flohmarkt(¨e)	*le marché aux puces*
der Konditor(en)	*le pâtissier*		
die Konditorei(en)	*la pâtisserie, salon de thé*	die Buchmesse(n)	*la foire aux livres*
		auf den Markt gehen	*aller au marché*
der Metzger(-)	*le boucher, le charcutier*	der Marktplatz	*la place du marché*
		zum Metzger gehen	*aller chez le boucher*
die Metzgerei(en)	*la boucherie, la charcuterie*	ins Restaurant gehen	*aller au restaurant*
der Händler(-)	*le marchand*	die Apotheke(n)	*la pharmacie*
der Fischhändler(-)	*le marchand de poissons*	die Buchhandlung(en)	*la librairie*
der Obsthändler(-)	*le marchand de fruits*		

Cite plusieurs noms de magasins.

4^e^

die Stadtmitte(n)	*le centre ville*	das Schloss(¨er)	*le château*
das Rathaus(¨er)	*la mairie*	das Gebäude(-)	*le bâtiment*
der Dom(e)	*la cathédrale*	das Denkmal(¨er)	*le monument*
der Bahnhof(¨e)	*la gare*	die Kirche(n)	*l'église*
die Oper(n)	*l'opéra*	das Theater(-)	*le théâtre*
das Museum (die Museen)	*le musée*	das Kino(s)	*le cinéma*

ins Kino gehen	*aller au cinéma*	die Post	*la poste*
ins Theater gehen	*aller au théâtre*	die Polizei	*la police*
in die Stadt gehen	*aller en ville*	Auskunft geben	*donner des renseignements*
in die Oper gehen	*aller à l'opéra*		
der Turm(¨e)	*la tour*	die Jugendherberge(n)	*l'auberge de jeunesse*
der Fernsehturm(¨e)	*la tour de télévision*	der Friedhof(¨e)	*le cimetière*
die Bank(en)	*la banque*	das Grab(¨er)	*la tombe*
der Verkehrsverein(e)	*le syndicat d'initiative*	die Zeitung(en)	*le journal*
das Verkehrsamt(¨er)		die Zeitschrift(en)	*la revue*

*Traduis **l'auberge de jeunesse**.*

Par ❤

das Restaurant(s)	*le restaurant*	die Rechnung(en)	*l'addition*
die Speisekarte(n)	*la carte*	der Kellner(-)	*le serveur*
das Gasthaus(¨er)	*l'auberge*	der Wirt(e)	*l'aubergiste*
das Hotel(s)	*l'hôtel*	die Wirtin(nen)	*la logeuse*
die Speise(n)	*le plat, le mets*	der Ober(-)	*le maître d'hôtel*
die Bedienung	*le service*		

Dialogue et expressions

Können Sie mir bitte sagen wo die Post ist? — *Pouvez vous me dire s'il vous plaît, où se trouve la poste ?*
Immer geradeaus, dann die erste Straße rechts. — *Toujours tout droit, ensuite la première rue à droite.*
Wie komme ich zum Bahnhof? — *Comment est-ce que je vais à la gare ?*
Sie gehen über den Platz, dann nach links. — *Vous traversez la place puis vous allez à gauche.*

Traduis ***toujours tout droit****.*

Können Sie uns die Speisekarte bringen? — *Pouvez vous nous apporter la carte ?*
Haben Sie schon bestellt? — *Avez vous déjà commandé ?*
Haben Sie schon gewählt? — *Avez vous déjà choisi ?*
Ja, ich möchte ein Schnitzel. — *Oui, je voudrais une escalope.*
Ich hätte gern eine Flasche Wein. — *J'aimerais une bouteille de vin.*
Ich nehme eine Limo. — *Je prends une limonade.*
Herr Ober, bitte zahlen! — *Garçon s'il vous plaît, l'addition !*
Getrennt oder zusammen? — *Séparément ou ensemble ?*
Hat's geschmeckt? — *Est-ce que cela vous a plu ?*
Ja, es war lecker. — *Oui, c'était délicieux.*

Traduis ***il travaille comme serveur****.*

Er arbeitet als Kellner in einem Restaurant. — *Il travaille comme serveur dans un restaurant.*
Er arbeitet bei der Post. — *Il travaille à la poste.*
Er arbeitet in einem Büro. — *Il travaille dans un bureau.*

Man muss sich an den Lärm gewöhnen. — *On doit s'habituer au bruit.*

Haben Sie einen Stadtplan? — *Avez vous un plan de ville ?*
Was gibt es zu besichtigen? — *Qu'est-ce qu'il y a à visiter ?*
Es lohnt sich den Dom zu besichtigen. — *La cathédrale vaut la peine d'être visitée.*
Das Rathaus ist sehenswert. — *La mairie mérite une visite.*

4e

Mots en vedette

• **die Stadt**, *la ville*

die größten Städte, *les plus grandes villes*

Städte	Villes	Einwohner (habitants)
Berlin	Berlin	3 459 000
Hamburg	Hambourg	1 708 000
München	Munich	1 226 000
Köln	Cologne	964 300
Frankfurt/Main	Francfort/Main	647 000

Berlin ist die größte Stadt Deutschlands. — *Berlin est la plus grande ville d'Allemagne.*
Hamburg ist die zweitgrößte Stadt. — *Hambourg est la deuxième ville.*
München ist die drittgrößte Stadt. — *Munich est la troisième ville.*

• **die Industrie**, *l'industrie*

die größten Industrie Firmen, *les plus grandes entreprises industrielles*

Daimler Benz AG Stuttgart (Mercedes)
Auto, Luftfahrt — *automobile, aéronotique*

Siemens	
Elektronik	*électronique*
Volkswagen AG Wolfsburg	
Auto	*automobile*
Veba AG, Düsseldorf	
Energie, Chemie	*industrie énergétique, chimique*
Hoechst AG Frankfurt	
Chemie, Pharma	*produits chimiques et pharmaceutiques*
RWE AG Essen	
Energie, Bau	*industrie énergétique, bâtiment*
BASF AG Ludwigshafen	
Chemie, Pharma	*produits chimiques et pharmaceutiques*
Bayer AG Leverkusen	
Chemie, Pharma	*produits chimiques et pharmaceutiques*
Bayerische Motorenwerke München (BMW)	
Auto	*automobile*
Thyssen AG Duisburg	
Stahl, Maschinen	*acier, constructions mécaniques*
Bosch GmbH Stuttgart	
Elektro	*électroménager*
Die bekanntesten Autohersteller sind Volkswagenwerk, BMW und Daimler Benz.	*Les fabricants de voiture les plus connus sont les usines Volkswagen, BMW et Daimler-Benz.*
Die größten Chemiekonzerne sind Hoechst, Bayer und BASF.	*Les plus grands konzerns chimiques sont Hoechst, Bayer et BASF.*
die Automobilindustrie	*l'industrie automobile*
die Chemische Industrie	*l'industrie chimique*
die Elektronikindustrie	*l'industrie électronique*
die Ernährungsindustrie	*l'industrie alimentaire*
die Textilindustrie	*l'industrie textile*
die Luft-und Raumfahrtindustrie	*l'industrie aéronotique et spatiale*
die Optische Industrie	*l'industrie optique*

4e

Einkaufen, Kleidung und Mode : achats, vêtements et mode

Par ❤

das Kleid(er)	*la robe*	die Jacke(n)	*la veste*
der Rock(¨e)	*la jupe*	die Lederjacke(n)	*la veste en cuir*
die Bluse(n)	*le chemisier*	der Anzug(¨e)	*le costume*
das Hemd(en)	*la chemise*	ein Pullover	*un pullover*
die Hose(n)	*le pantalon*	aus Wolle	*en laine*
der Pullover(-)	*le pullover*	der Hut(¨e)	*le chapeau*
der Mantel(¨)	*le manteau*		

Cite plusieurs noms de vêtements.

die Mütze(n)	*le bonnet*	die Brille(n)	*les lunettes*
der Schuh(e)	*la chaussure*	die Sonnenbrille(n)	*les lunettes de soleil*
der Handschuh(e)	*le gant*		
die Tasche(n)	*la poche*	sich schminken	*se maquiller*
die Handtasche(n)	*le sac à main*	kariert	*à carreaux*
der Regenschirm(e)	*le parapluie*	gestreift	*à rayures*
der Regenmantel(¨)	*l'imperméable*	bunt	*de toutes les couleurs*
der Badeanzug(¨e)	*le maillot de bain*		
die Badekappe(n)	*le bonnet de bain*	eng	*étroit*
die Socke(n)	*la chaussette*	weit	*large*
der Strumpf(¨e)	*le bas*	einen Mantel anziehen	*mettre un manteau*
die Strumpfhose(n)	*le collant*		
die Klamotten	*les fringues*	den Mantel ausziehen	*enlever le manteau*
die Wäsche	*le linge*		
das Unterhemd(en)	*le maillot de corps*	gern Jeans tragen	*aimer porter des jeans*
die Unterhose(n)	*la culotte*		
der Stoff(e)	*le tissu*	sportliche Kleidung mögen	*aimer des vêtements de sport*
der Knopf(¨e)	*le bouton*		
das Band(¨er)	*le ruban*	die Lieblingsfarbe(n)	*la couleur préférée*
der Schmuck (die Schmuckstücke)	*les bijoux*	sich modisch anziehen	*s'habiller à la mode*
der Ring(e)	*la bague*	lieber bequeme Kleidung tragen	*préférer porter des vêtements confortables*
der Ohrring(e)	*la boucle d'oreille*		
die Kette(n)	*la chaîne*		
das Armband(¨er)	*le bracelet*		
aus Gold	*en or*		
aus Silber	*en argent*		

4e

Que signifie ***die Klamotten*** *?*

Traduis ***en or.***

Traduis ***cela vous va bien.***

Dialogue et expressions

Womit kann ich dienen?	*Que puis-je faire pour votre service ?*
Was darf es sein?	*Que désirez-vous ?*
Was kosten die Schuhe?	*Combien coûtent les chaussures ?*
Welche Größe haben Sie?	*Quelle pointure(taille) faîtes-vous ?*
Welche Farbe möchten Sie?	*Quelle couleur voulez-vous ?*
Wollen Sie anprobieren?	*Voulez-vous essayer ?*
Das steht Ihnen gut.	*Cela vous va bien.*
Das passt Ihnen nicht.	*Cela ne vous va pas (taille).*
Das passt mir nicht.	*Cela ne me va pas.*
Die Farbe passt zu den Schuhen.	*La couleur va avec les chaussures.*
Ich finde den Pullover sehr schön.	*Je trouve le pullover très beau.*
Das gefällt mir.	*Cela me plaît.*
Ich nehme den Rock.	*Je prend la jupe.*
Das ist teuer/billig.	*C'est cher/bon marché.*

Mots en vedette

• Le mot **Tuch**, qui désigne une pièce de tissu, se retrouve dans un certain nombre de mots composés :

das Badetuch	*la serviette de bain*	*das Betttuch*	*le drap*
das Handtuch	*la serviette de toilette*	*das Tischtuch*	*la nappe*

das Kopftuch	*le foulard (sur la tête)*	*das Taschentuch*	*le mouchoir*

Donne des mots composés avec ***Tuch.***

• Le mot **Schirm**, qui désigne *la visière d'une casquette* et traduit plus généralement la notion d'écran, se retrouve dans beaucoup de mots :

der Regenschirm	*le parapluie*	*der Sonnenschirm*	*le parasol*
der Lampenschirm	*l'abat-jour*	*der Fallschirm*	*le parachute*

• Le mot **Tasche** au sens de *poche* se retrouve dans un certain nombre de mots composés :

das Taschenbuch	*le livre de poche*	*der Taschendieb*	*le pickpocket*
der Taschenrechner	*la calculatrice de poche*	*das Taschengeld*	*l'argent de poche*

Der Körper und die Gesundheit : le corps et la santé

Par ❤

der Körper(-)	*le corps*	die Nase(n)	*le nez*
das Glied(er)	*le membre*	der Mund(¨er)	*la bouche*
der Kopf(¨e)	*la tête*	der Zahn(¨e)	*la dent*
die Brust(¨e)	*la poitrine*	die Zunge(n)	*la langue*
der Rücken(-)	*le dos*	die Lippe(n)	*la lèvre*
der Bauch(¨e)	*le ventre*	die Wange(n)	*la joue*
die Schulter(n)	*l'épaule*	das Ohr(en)	*l'oreille*
der Hals(¨er)	*le cou*	das Kinn	*le menton*
der Arm(e)	*le bras*	der Blick(e)	*le regard*
die Hand(¨e)	*la main*	die Bewegung(en)	*le mouvement*
der Finger(-)	*le doigt*	sich bewegen	*bouger*
das Bein(e)	*la jambe*	der Schritt(e)	*le pas*
das Knie(-)	*le genou*	groß, klein sein	*être grand, petit*
der Fuß(¨e)	*le pied*	schlank, dick sein	*être élancé, gros*
das Gesicht(er)	*le visage*	blaue, grüne, schwarze Augen haben	*avoir des yeux bleus, verts, noirs*
die Haut(¨e)	*la peau*		
das Blut	*le sang*		
das Herz(en)	*le cœur*	kurzes, langes Haar haben	*avoir des cheveux courts, longs*
das Auge(n)	*l'œil*		
die Stirn(en)	*le front*	sportlich aussehen	*avoir l'air sportif*
das Haar(e)	*les cheveux*		

Quel est le nom dérivé de ***sich bewegen** ?*

Cite des parties du corps.

die Seife(n)	*le savon*	sich das Haar kämmen	*se peigner les cheveux*
sich die Hände waschen	*se laver les mains*	der Kamm(¨e)	*le peigne*
sich die Zähne putzen	*se laver les dents*	sich bürsten	*se brosser*
		eine Dusche nehmen	*prendre une douche*
die Zahnbürste(n)	*la brosse à dent*		

krank sein	*être malade*	Bauchschmerzen haben	*avoir mal au ventre*
der Kranke(n)	*le malade*		
die Krankheit(en)	*la maladie*	weh tun	*faire mal*

4[e]

Schmerzen haben	*avoir des douleurs*	der Fuß tut mir weh	*le pied me fait mal*
Kopfschmerzen haben	*avoir mal à la tête*		
mein Hals tut weh	*la gorge me fait mal*	eine Arznei, ein Medikament verschreiben	*prescrire un médicament*
Fieber haben	*avoir de la fièvre*		
einen Schnupfen haben	*avoir un rhume*	operiert werden müssen	*devoir être opéré*
die Tablette(n)	*le cachet*	wieder gesund sein	*être rétabli*
Tabletten nehmen	*prendre des cachets*	heilen	*guérir*
den Arzt rufen	*appeler le médecin*	verletzt, verwundet sein	*être blessé*
den Kranken untersuchen	*ausculter le malade*		

Que signifie ***die Tablette*** ?

Dialogue et expressions

Bist du krank?	*Es-tu malade ?*
Was fehlt dir?	*Qu'est- ce que tu as ?*
Was hast du denn?	
Hast du schon lange Schmerzen?	*As-tu des douleurs depuis longtemps ?*
Ich fühle mich nicht wohl.	*Je ne me sens pas bien.*
Ich fühle mich müde.	*Je me sens fatigué.*
Ich habe mich erkältet.	*J'ai pris froid.*
Hast du Fieber?	*As-tu de la fièvre ?*
Tut dir der Kopf weh?	*Est-ce que la tête te fait mal ?*
Wie geht es dir?	*Comment vas tu ?*
Viel besser.	*Beaucoup mieux.*
Gute Besserung!	*Meilleure santé !*

4e

Traduis ***je me sens fatigué.***

Das Wetter und die Jahreszeiten : le temps et les saisons

Par ❤

der Himmel(-)	*le ciel*	wolkig	*nuageux*
der Stern(e)	*l'étoile*	wolkenlos	*sans nuage*
die Sonne	*le soleil*	bedeckt	*couvert*
sonnig	*ensoleillé*	der Wind(e)	*le vent*
scheinen	*briller (soleil)*	windig	*venteux*
der Mond	*la lune*	blasen, wehen	*souffler (vent)*
die Wolke(n)	*le nuage*	der Regen(-)	*la pluie*
der Sonnen-aufgang	*le lever du soleil*	regnerisch	*pluvieux*
		der Regenbogen(¨)	*l'arc-en-ciel*
der Sonnen untergang	*le coucher du soleil*	regnen	*pleuvoir*
das Regengebiet(e)	*la zone de pluie*	kalte Luft	*de l'air froid*
der Sturm(¨e)	*la tempête*	kalt	*froid*
der Tropfen(-)	*la goutte*	die Kälte	*le froid*
ein Tropfen Wasser	*une goutte d'eau*	warm	*chaud*

Cite des noms d'astres.

Traduis ***chaud, froid.***

das Gewitter(-)	*l'orage*	die Wärme	*la chaleur*
ausbrechen	*éclater (orage)*	heiß	*(très) chaud*
der Blitz(e)	*l'éclair*	die Hitze	*la canicule*
der Donner(-)	*le tonnerre*	die Temperatur(en)	*la température*
der Nebel(-)	*le brouillard*	der Grad(e)	*le degré*
nebelig	*brumeux*	das Wetter	*le temps (atmosphérique)*
der Hagel	*la grêle*		
das Eis	*la glace*	der Wetter-bericht(e)	*le bulletin météorologique*
das Glatteis	*le verglas*		
der Schnee	*la neige*	die Zeit	*le temps (qui passe)*
schneien	*neiger*		
der Schneefall(¨e)	*la chute de neige*	schönes Wetter	*beau temps*
die Schneeflocke(n)	*le flocon de neige*	schlechtes Wetter	*mauvais temps*
die Luft	*l'air*	ein mildes Klima	*un climat doux*

Par ❤

der Norden	*le nord*	im Osten	*à l'est*
im Norden	*au nord*	in Norddeutschland	*en Allemagne du nord*
der Süden	*le sud*		
im Süden	*au sud*	in Süddeutschland	*en Allemagne du sud*
der Westen	*l'ouest*		
im Westen	*à l'ouest*	nordwestlich	*au nord ouest*
der Osten	*l'est*	südöstlich	*au sud est*
der Anfang(¨e)	*le commencement*	das Ende(n)	*la fin*
anfangen	*commencer*	das Wochenende(n)	*le week-end*

Que signifie ***das Wetter, die Zeit*** *?*

Traduis ***à l'ouest.***

4e

Dialogue et expressions

Traduis ***il fait chaud.***

Mich friert.	*J'ai froid.*
Mir ist warm.	*J'ai chaud.*
Es ist warm.	*Il fait chaud.*
Es ist kalt.	*Il fait froid.*
Es ist kühl.	*Il fait frais.*
Es ist sehr heiß.	*Il fait très chaud.*
Es regnet.	*Il pleut.*
Es schneit.	*Il neige.*
Es ist feucht.	*C'est humide.*
Es blitzt und es donnert.	*Il fait des éclaires et il tonne.*
Ein Gewitter bricht aus.	*Un orage éclate.*
Hoffentlich ist das Wetter schön!	*Espérons que le temps sera beau !*
Bei schönem Wetter...	*Par beau temps...*
Achtung, es gibt Glatteis!	*Attention il y a du verglas !*
Die Sommerferien beginnen Ende Juni.	*Les vacances d'été commencent fin juin.*
Der Frühling fängt am 21. März an.	*Le printemps commence le 21 mars.*
Wann fangen die Osterferien an?	*Quand commencent les vacances de Pâques ?*

Das Landleben : la vie à la campagne

Par ❤

der Nachbar(n)	*le voisin*	aufs Land fahren	*aller à la campagne*
die Nachbarin(nen)	*la voisine*		
das Land	*la campagne*	das Dorf(¨er)	*le village*
auf dem Land leben	*vivre à la campagne*	der Bauer(n)	*le paysan*

die Bäuerin(nen)	*la paysanne*	das Schaf(e)	*le mouton*
der Bauernhof(¨e)	*la ferme*	das Huhn(¨er)	*la poule*
das Tier(e)	*l'animal*	der Hahn(¨e)	*le coq*
das Pferd(e)	*le cheval*	die Ente(n)	*le canard*
die Kuh(¨e)	*la vache*	der Hund(e)	*le chien*
das Kalb(¨er)	*le veau*	die Katze(n)	*le chat, la chatte*

Cite des noms d'animaux.

Par ❤

der Wald(¨er)	*la forêt*	der Zweig(e)	*la petite branche*
das Holz	*le bois(matériau)*	das Feuer (-)	*le feu*
der Baum(¨e)	*l'arbre*	das Streichholz(¨er)	*l'allumette*
der Stamm(¨e)	*le tronc*	der Vogel(¨)	*l'oiseau*
der Ast(¨e)	*la branche*	der Flügel(-)	*l'aile*

die Feder(n)	*la plume*	auf dem Feld arbeiten	*travailler au champ*
der Schatten(-)	*l'ombre*		
das Gras(¨er)	*l'herbe*	der Schwarzwald	*la Forêt-noire*
die Pflanze(n)	*la plante*	der Spaziergang(¨e)	*la promenade*
der Garten(¨)	*le jardin*	das Gebirge	*les monts*
der Park(s)	*le parc*	der Berg(e)	*la montagne*
das Feld(er)	*le champ*	der Gipfel(-)	*le sommet*
die Wiese(n)	*la prairie*	der Weg(e)	*le chemin*
die Ernte(n)	*la récolte*	ins Gebirge fahren	*aller à la montagne*
die Frucht(¨e)	*le fruit (de la terre)*		
im Wald spazieren gehen	*aller se promener dans la forêt*	am Fuß der Alpen liegen	*se trouver au pied des Alpes*

*Donne le pluriel de **Garten**.*

das Meer(e), die See(n)	*la mer*	die Ostsee	*la mer Baltique*
		der See(n)	*le lac*
an die See fahren	*aller à la mer*	der Bodensee	*le lac de Constance*
ans Meer fahren		der Fluss(die Flüsse)	*la rivière*
die Nordsee	*la mer du nord*		

*Comment dis-tu **la mer, le lac** ?*

der Strom(¨e)	*le fleuve*	der Sand	*le sable*
der Bach(¨e)	*le ruisseau*	die Welle(n)	*la vague*
die Quelle(n)	*la source*	die Insel(n)	*l'île*
der Brunnen(-)	*la fontaine*	das Boot(e)	*le bateau*
die Brücke(n)	*le pont*	das Ufer(-)	*la rive*
der Ozean(e)	*l'océan*	der Felsen(-)	*le rocher*
die Küste(n)	*la côte*	der Hafen(¨)	*le port*
der Strand(¨e)	*la plage*	der Rhein	*le Rhin*
ein Strand aus feinem Sand	*une plage de sable fin*	die Donau	*le Danube*

*Traduis **le Danube**.*

Dialogue et expressions

Wo liegt Hamburg?	*Où se trouve Hambourg ?*
Hamburg liegt an der Elbe.	*Hambourg se trouve au bord de l'Elbe.*

4e

Köln liegt am Rhein.	*Cologne se trouve au bord du Rhin.*
München liegt in Süddeutschland, in Bayern.	*Munich se trouve dans le sud de l'Allemagne en Bavière.*
Kiel liegt an der Ostsee.	*Kiel se trouve au bord de la Baltique.*
Ich möchte lieber auf dem Land wohnen.	*Je préfèrerais vivre à la campagne.*
Es gibt nicht so viel Lärm wie in der Stadt.	*Il n'y a pas autant de bruit qu'en ville.*
Es ist ruhiger.	*C'est plus calme.*
Die Luft ist auch besser.	*L'air aussi est meilleur.*
Man hat mehr Platz, um zu spielen.	*On a plus de place pour jouer.*

Donne des noms composés avec ***der Hof****.*

Mots en vedette

• **der Hof**, *la cour*, se retrouve dans beaucoup de mots composés :

der Bauernhof	*la ferme*
der Bahnhof	*la gare*
der Schulhof	*la cour de l'école*
der Friedhof	*le cimetière*

• **das Land** a plusieurs sens ; il signifie :

1. le pays :
Frankreich ist ein Land. — *La France est un pays.*
2. la campagne :
Wir wohnen auf dem Land. — *Nous habitons à la campagne.*
3. l'État :
Deutschland zählt 16 Länder. — *L'Allemagne compte 16 États.*

4e

Combien y a-t-il d'États en Allemagne ?

das Land, *l'État*

Liste des 16 États de la République fédérale d'Allemagne

Länder	États	Hauptstadt (capitale)
Baden- Württemberg	Bade-Wurtemberg	Stuttgart (Stuttgart)
der Freistaat Bayern	l'État libre de Bavière	München (Munich)
Berlin	Berlin	
Brandenburg	Brandebourg	Potsdam (Potsdam)
die Freie und Hansestadt Bremen	la ville libre hanséatique de Brême	
die Freie und Hansestadt Hamburg	la ville libre hanséatique de Hambourg	
Hessen	la Hesse	Wiesbaden (Wiesbaden)
Mecklenburg-Vorpommern	le Mecklembourg-Poméranie	Schwerin (Schwerin)
Niedersachsen	la Basse-Saxe	Hannover (Hanovre)
Nordrhein-Westfalen	la Rhénanie du Nord-Westphalie	Düsseldorf (Düsseldorf)
Rheinland-Pfalz	la Rhénanie-Palatinat	Mainz (Mayence)
Saarland	la Sarre	Saarbrücken (Sarrebruck)
der Freistaat Sachsen	l'État libre de Saxe	Dresden (Dresde)
Sachsen- Anhalt	la Saxe-Anhalt	Magdeburg (Magdebourg)
Schleswig-Holstein	le Schleswig-Holstein	Kiel (Kiel)
Thüringen	la Thuringe	Erfurt (Erfurt)

Le Brandenbourg, le Mecklembourg-Poméranie, la Saxe, la Saxe-Anhalt, la Thuringe sont les cinq nouveaux états qui ont été rattachés à la République Fédérale en

1990 ; ils représentent avec Berlin Est le territoire de l'ancienne République démocratique allemande.

• **der Berg**, *la montagne*

die höchsten Berge, *les plus hautes montagnes*

die Zugspitze (in den Alpen)	le Zugspitze (dans les Alpes)	2 962 Meter hoch
der Watzmann (in den Alpen)	le Watzmann (dans les Alpes)	2 713 Meter hoch
der Feldberg (im Schwarzwald)	le Feldberg (en Forêt Noire)	1 493 Meter hoch
der Brocken (im Harz)	le Brocken (dans le Harz)	1 142 Meter hoch

• **der Fluss**, *le fleuve*

die Hauptflüsse, *les fleuves principaux*

der Rhein	le Rhin	865 km lang
die Elbe	l'Elbe	700 km lang
die Donau	le Danube	647 km lang
der Main	le Main	524 km lang
die Weser	la Weser	440 km lang
die Spree	la Spree	382 km lang
der Neckar	le Neckar	367 km lang
die Mosel	la Moselle	242 km lang

Cite trois fleuves passant en Allemagne.

4e

• **der See**, *le lac*

die größten Seen, *les plus grands lacs*

der Bodensee (305 km² pour la partie allemande)	le Lac de Constance
der Müritz See (110 km²)	le Lac Müritz

Die Feste : les fêtes

Traduis ***se déguiser en clown.***

der Karneval	*le carnaval*	sich als Clown verkleiden	*se déguiser en clown*
der Kölner Karneval	*le carnaval de Cologne*	die Verkleidung(en)	*le déguisement*
die Fastnacht	*le mardi gras*	der Festzug(¨e)	*le défilé*
der Fasching	*le carnaval*	sich schminken	*se maquiller*
der Münchner Fasching	*le carnaval à Munich*	das Oktoberfest	*la fête de la bière*
sich verkleiden	*se déguiser*	eine Maß Bier	*une chope de bière*

Dialogue et expressions

Das Münchner Oktoberfest findet Ende September statt.	*La Fête de la bière à Munich a lieu fin septembre.*
Der Karneval fängt am 11. November um 11 Uhr 11 an.	*Le carnaval commence le 11 novembre à 11 heures 11.*
Um sich als Clown zu verkleiden, braucht er eine rote Nase.	*Pour se déguiser en clown il a besoin d'un nez rouge.*

Als was möchtest du dich verkleiden?	*En quoi voudrais tu te déguiser ?*
Wo wird der Karneval gefeiert?	*Où fête-t-on le carnaval ?*
Der Karneval endet am Aschermittwoch.	*Le carnaval se termine le Mercredi des Cendres.*
Am Rosenmontag ziehen viele verkleidete Menschen durch die Straßen.	*Le « lundi des roses » beaucoup de gens déguisés défilent dans les rues.*

Erwachsene und Jugendliche : adultes et adolescents

Par ❤

der Erwachsene(n)	*l'adulte*
wachsen	*grandir, croître*
der Generationskonflikt	*le conflit des générations*
bei seinen Eltern wohnen	*habiter chez ses parents*
sich gut verstehen	*bien s'entendre*
die Jugendlichen	*les jeunes*
sich streiten	*se disputer*
nicht einverstanden sein	*ne pas être d'accord*

die Erziehung(en)	*l'éducation*
erzogen	*éduqué*
gut erzogen	*bien élevé*
schlecht erzogen	*mal élevé*
höflich sein	*être poli*
gehorchen	*obéir*
dieselbe Meinung haben	*avoir la même opinion*
seine eigene Meinung äußern	*exprimer son opinion*
verschieden sein	*être différents*
gleichen	*ressembler*
andere Meinungen haben	*avoir d'autres opinions*
Geld verdienen	*gagner de l'argent*
andere Interessen haben	*avoir d'autres intérêts*
sich für etwas anderes interessieren	*s'intéresser à d'autres choses*
sich von den Eltern unterscheiden wollen	*vouloir se distinguer des parents*
von den Eltern abhängig sein	*être dépendant de ses parents*
unabhängig sein	*être indépendant*
das Taschengeld	*l'argent de poche*
Taschengeld bekommen	*recevoir de l'argent de poche*

Que signifie ***die Jugendlichen*** *?*

Que signifie ***das Taschengeld*** *?*

Dialogue et expressions

1. Möchtest du einmal heiraten?	*1. Veux-tu te marier ?*
2. Wie viele Kinder möchtest du haben?	*2. Combien d'enfants voudrais-tu avoir ?*
3. Wo möchtest du leben?	*3. Où voudrais-tu vivre ?*
4. Möchtest du später so leben wie deine Eltern?	*4. Voudrais-tu vivre plus tard comme tes parents ?*
5. Welchen Beruf hättest du am liebsten?	*5. Quelle est ta profession préférée ?*
6. Soll auch die Ehefrau einen Beruf ausüben?	*6. Une femme mariée doit-elle exercer un métier ?*
7. Sollen beide Ehepartner die Hausarbeit machen?	*7. Est-ce que l'homme et la femme doivent se partager le travail de la maison ?*
8. Was findest du in deiner Familie gut?	*8. Qu'est-ce que tu trouves bien dans ta famille ?*
9. Was findest du in deiner Familie nicht gut?	*9. Qu'est-ce que tu ne trouves pas bien dans ta famille ?*

Traduis ***se marier****.*

10. Welchen Fehler machen deine Eltern bei deiner Erziehung?
11. Was würdest du als Vater/Mutter anders machen?
12. Wann bekommst du Streit mit deinen Eltern?
13. Darfst du zu Hause sagen, was du denkst?
14. Wen hast du als Vorbild?
15. Möchtest du so werden wie deine Eltern?

10. Quelle erreur commettent tes parents dans ton éducation ?
11. Qu'est-ce que tu ferais d'autre comme père/comme mère ?
12. Quand te disputes-tu avec tes parents ?
13 As-tu le droit de dire à la maison ce que tu penses ?
14. Quel est ton modèle ?
15. Voudrais-tu ressembler à tes parents ?

Extraits de *Jugendscala.*

Adjectifs et adverbes

Adjectifs

ängstlich	*anxieux*
aufmerksam	*attentif, attentionné*
bequem	*confortable*
berühmt	*célèbre*
besetzt	*occupé*
blond	*blond*
bunt	*multicolore*
deutlich	*distinct*
dick	*gros*
eilig	*pressé*
eng	*étroit*
erstaunt	*étonné*
fern	*lointain*
feucht	*humide*
frech	*insolent*
fröhlich	*joyeux*
höflich	*poli*
mager	*maigre*
möglich	*possible*
neugierig	*curieux*
schuldig	*coupable, redevable*
selten	*rare*
sicher	*sûr, certain*
stolz (auf + acc.)	*fier de*
trocken	*sec*
unmöglich	*impossible*
verrückt	*fou*
wahrscheinlich	*vraisemblable*
wichtig	*important*
zornig	*en colère*
zufällig	*par hasard*

Traduis ***gros, poli, rare.***

bestimmt	*défini*
bitter	*amer*
blind	*aveugle*
dicht	*épais*
dünn	*mince*
dürr	*sec*
einzig	*unique*
gerade	*droit*
gewöhnlich	*habituel*
glatt	*lisse*
hart	*dur*
kaputt	*cassé*
mild	*doux*
mündlich	*oral*
nackt	*nu*
nervös	*nerveux*
normal	*normal, habituel*
nötig	*nécessaire*
persönlich	*personnel*
praktisch	*pratique*
reif	*mur*
schmal	*étroit*
schwach	*faible*
sichtbar	*visible*
stumm	*muet*
unangenehm	*désagréable*
ungeschickt	*maladroit*
unglücklich	*malheureux*
weich	*mou, doux*

Quel est le contraire de ***angenehm*** *?*

Dialogue et expressions

Ist dieser Platz besetzt?	*Est ce que cette place est occupée ?*
Sprich bitte deutlich!	*Parle distinctement s'il te plaît !*
Ich habe es eilig.	*Je suis pressé.*
Er hat die mündliche Prüfung bestanden.	*Il a réussi l'examen oral.*
Er ist bei der schriftlichen Prüfung durchgefallen.	*Il a échoué à l'examen écrit.*
Was bin ich schuldig?	*Combien est-ce que je dois ?*
Sie ist stolz auf ihren Sohn.	*Elle est fière de son fils.*
Er wird zornig.	*Il se met en colère.*
Er ist eifersüchtig.	*Il est jaloux.*
Er ist neidisch.	*Il est envieux.*

Traduis ***je suis pressé.***

Adverbes de manière

deswegen	*c'est pourquoi*	anders	*autrement*
besonders	*en particulier*	geradeaus	*tout droit*
nämlich	*c'est-à-dire*	ziemlich	*assez*
deshalb	*c'est pourquoi*	recht	*vraiment*
auf jeden Fall	*en tout cas*	genau	*exactement*

Traduis ***exactement.***

4e

Adverbes de temps

damals	*autrefois*	bis jetzt	*jusqu'à présent*
niemals	*jamais*	vorüber	*passé*

Adverbes de lieu

mitten	*au milieu de*	weg	*parti, loin.*

Ne pas confondre

der Weg	*le chemin*	*weg!*	*éloigne-toi !*
Er ist weg.	*Il est parti.*	*Er ist unterwegs.*	*Il est en route (en chemin).*

Mots en vedette

selber ou **selbst**, même, sont invariables et renforcent souvent le pronom personnel.

ich selbst	*moi-même*	*er selbst*	*lui-même*

deshalb ou **deswegen** peuvent remplacer une subordonnée qui commence par **weil.**

Weil er zuviel Schlagsahne gegessen hat, ist er krank.	*Parce qu'il a mangé trop de crème, il est malade.*
Deshalb ist er krank.	*C'est pourquoi il est malade.*

nämlich annonce une explication :

Er bleibt zu Hause, er hat nämlich die Grippe.	*Il reste à la maison, il a en effet la grippe.*
Er bleibt zu Hause, weil er die Grippe hat.	*Il reste à la maison, parce qu'il a la grippe.*

Donne un exemple d'emploi de ***selbst.***

Le jeu des oppositions

KRANK
FRÜH
LEISE
LEER
LANGSAM
NAH
VORSICHTIG
ARM
SCHMUTZIG
NETT
FAUL
DUMM
MÜNDLICH
TRAURIG
BREIT
WEICH
NAß
VERHEIRATET
FREI
SCHÖN
GLÜCKLICH

KLEIN
RUHIG
ALT
ANGENEHM
DÜNN
HOCH
ZUFRIEDEN
SCHWER
ÄHNLICH
SCHWACH
BILLIG
BEKANNT
KURZ
KALT
GERECHT
DUNKEL
GEDULDIG
SCHLECHT
RICHTIG
BEQUEM
SÜSS

GEGENSÄTZE

HÄSSLICH
UNGLÜCKLICH
BESETZT
TROCKEN
LEDIG
HART
ENG
FROH
KLUG
SCHRIFTLICH
SAUBER
REICH
BÖSE
WEIT
UNVORSICHTIG
VOLL
LAUT
SCHNELL
SPÄT
GESUND

UNBEQUEM
BITTER
FALSCH
UNGEDULDIG
GUT
HELL
UNGERECHT
WARM
LANG
UNBEKANNT
TEUER
VERSCHIEDEN
STARK
LEICHT
UNZUFRIEDEN
NIEDRIG
UNANGENEHM
DICK
JUNG
AUFGEREGT
GROß

Quel est le contraire de ***nett, schnell, bekannt*** *?*

4e

3^e

Grammaire
Vocabulaire

SOMMAIRE 3e

GRAMMAIRE

VOCABULAIRE

Syntaxe

Les subordonnées

Subordonnées introduites par *da* et *wie*

da *comme (la cause)*, **wie** *comme (la manière)*

Da er krank ist, bleibt er zu Hause. — *Comme il est malade, il reste à la maison.*
Wie er eingetreten ist, weiß ich nicht. — *Je ne sais pas comment il est entré.*
Er hört, wie die Kinder singen. — *Il entend les enfants chanter.*

(La subordonnée qui commence par **wie** remplace souvent l'infinitive après les verbes de perception.)

Il ne faudra pas confondre les différents emplois de **da**
- adverbe de lieu qui signifie *là* ;
- adverbe de temps qui signifie *alors, à ce moment-là* ;
- et la conjonction de subordination *comme* (causalité).

Ist dein Vater da? — *Est-ce que ton père est là ?*
Fährst du dahin? — *Y vas-tu ?*
Da kam er. — *Alors, il arriva.*
Da sie zu spät aufgestanden ist, hat sie den Zug versäumt. — *Comme elle s'est levée trop tard, elle a manqué le train.*

*Quels sont les différents sens de **da** ?*

Remarque

En construisant des subordonnées commençant par **wenn**, **als**, **da** ou **wie**, nous avons été conduits à placer la subordonnée avant la principale. Nous remarquons que, si la subordonnée vient en tête, la principale commence par le verbe conjugué. La subordonnée joue le rôle de 1er constituant de la phrase et le verbe conjugué de la principale occupe la 2e place.

Wenn die Bäume rot werden, gehe ich gern im Wald spazieren. — *Quand les arbres rougissent, j'aime aller me promener dans la forêt.*
Im Herbst gehe ich gern im Wald spazieren. — *En automne j'aime aller me promener dans la forêt.*

La subordonnée **wenn die Bäume rot werden** peut être considérée comme premier constituant de la phrase, au même titre que le complément de temps **im Herbst**. Le verbe conjugué **gehe** occupe dans les deux phrases la deuxième place.

3e

Subordonnées remplacées par des adverbes

Dans l'exemple précédent, la subordonnée **wenn die Bäume rot werden** aurait pu être remplacée par **im Herbst** ou par **dann** :

Dann gehe ich gern im Wald spazieren. — *Alors j'aime aller me promener dans la forêt.*

*Traduis **malgré tout**.*

On peut aussi remplacer les subordonnées introduites par **obwohl** en employant **trotzdem** et celles introduites par **weil** en utilisant **deshalb** ou **deswegen**.

***Obwohl er keinen Hunger hat**, isst er ein Stück Kuchen.* — *Bien qu'il n'ait pas faim, il mange un morceau de gâteau.*

Trotzdem *isst er ein Stück Kuchen.*	*Malgré tout, il mange un morceau de gâteau.*
Weil er kein Geld hat*, kann er die Wohnung nicht kaufen.*	*Parce qu'il n'a pas d'argent, il ne peut pas acheter l'appartement.*
Deshalb *kann er die Wohnung nicht kaufen.*	*C'est pourquoi il ne peut pas acheter l'appartement.*
Weil wir kein Glück haben*, verlieren wir immer.*	*Parce que nous n'avons pas de chance, nous perdons toujours.*
Deswegen *verlieren wir immer.*	*C'est pourquoi nous perdons toujours.*
Als er meine Kusine heiratete*, war er 23.*	*Lorsqu'il épousa ma cousine, il avait 23 ans.*
Da *war er 23.*	*Il avait alors 23 ans.*

Donne la traduction de ***deshalb****.*

D'autres subordonnées ne peuvent être remplacées par des adverbes. Elles remplissent les fonctions de sujet ou de complément.

Dass er das Spiel verloren hat, ist schlimm.	*C'est grave qu'il ait perdu le match.*
Dass er den ersten Preis gewonnen hat, glaube ich nicht.	*Je ne crois pas qu'il ait gagné le premier prix.*
Ob er den Wagen hat verkaufen müssen, weiß ich nicht.	*Je ne sais pas s'il a dû vendre la voiture.*
Ob er morgen kommt, ist nicht sicher.	*Il n'est pas certain qu'il vienne demain.*

Le premier constituant de la phrase peut être :

– un nom

Mein Freund *kommt morgen.*	*Mon ami vient demain.*

– un nom suivi d'un complément de nom

Der Mantel meines Freundes *ist grün.*	*Le manteau de mon ami est vert.*

– un nom suivi d'un complément introduit par une préposition

Der Spaziergang durch den Wald *gefällt mir.*	*La promenade à travers la forêt me plaît.*
Eine Reise nach Amerika *lohnt sich.*	*Un voyage en Amérique vaut la peine.*

– un nom suivi d'une subordonnée

Die Hoffnung, ihn bald wiederzusehen*, muss ich aufgeben.*	*Je dois renoncer à l'espoir de le revoir bientôt.*
Der Freund, den ich am Bahnhof abhole*, kommt aus der Schweiz.*	*L'ami que je vais chercher à la gare vient de Suisse.*

3e

Remarque

Après les verbes **denken**, **finden**, **glauben**, **hoffen**, **meinen**, **dass** peut être supprimé. Le verbe conjugué de la subordonnée se place en 2e position.

Ich hoffe, er kommt morgen Abend.	*J'espère qu'il viendra demain soir.*

Subordonnées introduites par *so... dass*

so... dass	*si... que* *tellement... que*
so dass...	*si bien que...*

Er ist so fleißig, dass er immer die besten Noten bekommt.	*Il est tellement appliqué qu'il a toujours les meilleures notes.*

Er ist so klug, dass er alle Probleme löst.	*Il est tellement intelligent qu'il résout tous les problèmes.*
Er hat sich verletzt, so dass er mehrere Tage im Krankenhaus bleiben muss.	*Il s'est blessé, si bien qu'il doit rester plusieurs jours à l'hôpital.*

Subordonnées introduites par *bevor, nachdem*

*Quel temps trouve-t-on dans une subordonnée introduite par **bevor** ?*

bevor *avant que* **nachdem** *après que*

On trouve dans la subordonnée qui commence par **bevor**, *avant que*, un temps de l'indicatif et non du subjonctif ou un infinitif comme en français :

Er liest die Zeitung, bevor er zu Abend isst. *Il lit le journal avant de dîner.*

Si la principale est au présent, la subordonnée est au présent ; si la principale est au prétérit, la subordonnée est au prétérit :

Er las die Zeitung, bevor er zu Abend aß.	*Il lut le journal avant le dîner.*
Er geht einkaufen, bevor er nach Hause geht.	*Il fait des courses avant de rentrer chez lui.*
Er wäscht sich, bevor er frühstückt.	*Il se lave avant de prendre son petit déjeuner.*
Bevor er in Urlaub fuhr, musste er mit seiner Arbeit fertig sein.	*Avant de partir en vacances, il dut finir son travail.*
Bevor sie Arbeit finden konnte, musste sie lange suchen.	*Avant de pouvoir trouver du travail, elle dut chercher longtemps.*

La subordonnée qui commence par **nachdem**, *après que*, répond à la règle de la concordance des temps.

*Quelle est la règle de concordance des temps avec **nachdem** ?*

Si dans la principale j'emploie le présent de l'indicatif, je trouve le parfait dans la subordonnée commençant par **nachdem**.

Si dans la principale j'emploie le prétérit, je trouve le plus-que-parfait dans la subordonnée qui commence par **nachdem**.

Er sieht fern, nachdem er gegessen hat.	*Il regarde la télévision après avoir mangé.*
Er sah fern, nachdem er gegessen hatte.	*Il regarda la télévision après avoir mangé.*
Nachdem er seine Fahrkarte gelöst hat, steigt er in den Zug ein.	*Après avoir pris son billet, il monte il monte dans le train.*
Nachdem er Arbeit gefunden hatte, ging es ihm besser.	*Après avoir trouvé du travail, il alla mieux.*

3e

Subordonnées introduites par *seitdem, sobald, bis, solange*

*Que signifie **bis** ?*

seitdem	*depuis que*	**solange**	*aussi longtemps que*
sobald	*dès que*	**bis**	*jusqu'à ce que*

Seitdem er die Schule verlassen hat, arbeitet er bei der Post.	*Depuis qu'il a quitté l'école, il travaille à la poste.*
Sobald er das Abitur bestanden hat, will er auf die Universität gehen.	*Aussitôt qu'il a réussi son bac, il veut aller à l'université.*

Er läuft, bis er außer Atem sein wird. — *Il court jusqu'à ce qu'il soit à bout de souffle.*

Wir warten, bis du kommst. — *Nous attendons jusqu'à ce que tu arrives.*
Solange er in Asien arbeitet, wird er seine Familie nicht sehen. — *Aussi longtemps qu'il travaille en Asie, il ne verra pas sa famille.*

POUR ALLER PLUS LOIN

Subordonnées introduites par *während* et *indem*

La subordonnée introduite par **während**, *pendant que*, indique une certaine durée, contrairement à celle introduite par **indem**, *tandis que*, qui indique deux actions brèves qui se sont déroulées simultanément.

Indem indique parfois le moyen pour arriver à un but. Si le sujet des deux propositions est le même, **indem** peut être traduit par *en* (+ participe présent).

Während ich im Büro arbeitete, lernte ich ihn kennen. — *Pendant que je travaillais au bureau, je fis sa connaissance.*
Während ich Tennis spielte, war mein Sohn im Schwimmbad. — *Pendant que je jouais au tennis, mon fils était à la piscine.*
Während ich die Ferien am Meer verbrachte, starb mein Onkel. — *Pendant que je passais mes vacances au bord de la mer, mon oncle mourut.*
Man lernt, indem man Fragen stellt. — *On apprend en posant des questions.*
Man öffnet die Dose, indem man sie in heißes Wasser taucht. — *On ouvre la boîte en la plongeant dans l'eau bouillante.*

Il ne faudra pas confondre **während**, *pendant que*, et **während**, *pendant*, préposition suivie du génitif.

Subordonnées introduites par *damit*

Damit *afin que*

3e

Cette conjonction est proche, par son sens, de **um... zu**, *pour*, devant un infinitif.

Er trainiert jeden Tag, damit seine Mannschaft den ersten Preis gewinnt. — *Il s'entraîne chaque jour afin que son équipe gagne le premier prix.*
Er arbeitet sehr viel, damit seine Familie ein Haus kaufen kann. — *Il travaille beaucoup afin que sa famille puisse acheter une maison.*
Warum hast du so große Augen? Damit ich dich besser sehen kann. — *Pourquoi as-tu de si grands yeux ? Afin de mieux te voir.*
Warum hast du so große Ohren? Damit ich dich besser hören kann. — *Pourquoi as-tu de si grandes oreilles ? Afin de mieux t'entendre.*

mais :

Er fährt in die Schweiz, um die Familie zu besuchen. — *Il va en Suisse pour rendre visite à sa famille.*

Quand emploie-t-on ***damit*** *et non* ***um... zu*** *?*

Par ❤ I

Pour l'expression du but, on emploie **um... zu** si le sujet de l'infinitive et de la principale est le même :

Der Schüler arbeitet gut in der Schule, damit die Eltern ein gutes Zeugnis bekommen. — *L'élève travaille bien à l'école afin que ses parents reçoivent un bon bulletin.*

Subordonnées introduites par *obgleich, obschon, obwohl*

Quel mode emploie-t-on avec **obgleich** ?

Dans la subordonnée qui commence par **obgleich**, **obschon**, **obwohl**, *bien que*, on emploie un temps de l'indicatif, contrairement au français, où le subjonctif est obligatoire après *bien que* :

Obgleich er krank ist, will er zur Schule gehen.	*Bien qu'il soit malade, il veut aller à l'école.*
Obgleich das Wetter schlecht ist, gehen wir spazieren.	*Bien que le temps soit mauvais, nous allons nous promener.*

Subordonnée introduite par *als ob*

Dans la subordonnée qui commence par **als ob**, *comme si*, on emploie le subjonctif II :

Er tat, als ob er mich nicht sähe.	*Il fit comme s'il ne me voyait pas.*
Er tat, als ob er mich nicht gesehen hätte.	*Il fit comme s'il ne m'avait pas vu.*

On peut supprimer **ob**, le verbe conjugué vient alors se placer après **als** :

Er tat, als sähe er mich nicht.

Remarque

On peut trouver aussi le subjonctif I dans la subordonnée commençant par **als ob**.

Subordonnée introduite par *wenn*

Wenn *si, quand*

Par ❤

Wenn dans le sens de *si* peut être suivi de l'indicatif ou du subjonctif II :
- si la condition exprimée par la subordonnée est réalisable, on emploie l'indicatif ;
- si la condition est irréalisable, on emploie le subjonctif II.

Wenn du die Prüfung bestehst, kaufe ich dir ein Fahrrad.	*Si tu réussis l'examen, je t'achète une bicyclette.*
Wenn ich Zeit hätte, würde ich einen Roman schreiben.	*Si j'avais du temps, j'écrirais un roman.*

3e

Quelle est la différence entre **wenn** et **wann** ?

Wenn, dans le sens de quand, ne doit pas être confondu avec **wann**, qui signifie *quand*, mais n'est employé que dans des interrogations :

Jedesmal, wenn er von der Arbeit zurückkam, trank er ein Bier.	*Chaque fois qu'il revenait de son travail, il buvait une bière.*
Wann fährst du nach München?	*Quand pars-tu pour Munich ?*
Wenn du in München bist, musst du das BMW-Museum besuchen.	*Quand tu seras à Munich, il faut que tu visites le musée BMW.*

On peut supprimer **wenn** quand la subordonnée vient en tête. Le verbe conjugué se met alors à la place de **wenn** et la principale est introduite par **dann** ou **so** :

Bestehst du die Prüfung, dann kaufe ich dir ein Fahrrad.
Hätte ich Zeit, dann würde ich einen Roman schreiben.

Falls signifie *au cas où, dans l'éventualité que*, et a un sens proche de **wenn** :

Falls du in die USA fliegen willst, brauchst du ein Visum.	*Au cas où tu voudrais aller aux États-Unis, tu as besoin d'un visa.*

Subordonnée introduite par *als, wie, je... desto*

Quels mots introduisent des subordonnées de comparaison ?

• **als**, **wie**, **je... desto** introduisent des subordonnées de comparaison :

Die Tasche ist nicht so billig, wie ich dachte.	*Le sac n'est pas aussi bon marché que je pensais.*
Der Wagen ist teurer, als ich dachte.	*La voiture est plus chère que je ne pensais.*
Er ist freundlicher, als ich es erwartete.	*Il est plus sympathique que je ne m'y attendais.*

Remarques

Par ❤

Il ne faudra pas confondre **als**
- conjonction de subordination : *quand* ;
- élément de formation du comparatif de supériorité de l'adjectif ou de l'adverbe ;
- coordonnant qui signifie *en tant que, en qualité de.*

Als der Zug ankam, liefen die Reisenden.	*Lorsque le train arriva, les passagers coururent.*
Er ist freundlicher als sein Bruder.	*Il est plus sympathique que son frère.*
Sie arbeitet als Verkäuferin beim Bäcker.	*Elle travaille comme vendeuse chez le boulanger.*

• La structure **je... desto...** correspond à *plus... plus...* La phrase qui commence par **je** doit être considérée comme une subordonnée dans laquelle le groupe verbal vient se placer en fin de proposition. La phrase qui commence par **desto** doit être considérée comme une principale, le verbe conjugué se place en tête puisque la subordonnée qui précède la principale est considérée comme le premier élément.

La subordonnée occupe la première place et le verbe conjugué de la principale, la deuxième place.

*De quoi sont suivis **je** et **desto** ?*

Je et **desto** sont suivis du comparatif de l'adjectif ou de l'adverbe. Quand la phrase ne comporte pas d'adjectif ou d'adverbe qui puissent être mis au comparatif, on emploie **mehr** :

Je länger die Tage werden, desto kürzer werden die Nächte.	*Plus les jours s'allongent, plus les nuits raccourcissent.*
Je älter er wird, desto weniger Kraft hat er.	*Plus il vieillit, moins il a de force.*
Je mehr er arbeitet, desto mehr Geld verdient er.	*Plus il travaille, plus il gagne de l'argent.*
Je fauler er ist, desto weniger Chancen hat er, die Prüfung zu bestehen.	*Plus il est paresseux, moins il a de la chance de réussir l'examen.*

3e

Remarques

Quand un verbe ou un adjectif est suivi d'une préposition constante, on forme un adverbe avec **da** et la préposition voulue. Cette forme adverbiale précède la proposition subordonnée complément :

Ich muss daran denken, Brot zu kaufen.	*Je dois penser à acheter du pain.*
Ich kann mich noch daran erinnern, die Rheinfahrt unternommen zu haben.	*Je peux encore me souvenir d'avoir entrepris le voyage sur le Rhin.*
Er muss darauf verzichten, dieses Jahr nach Amerika zu fliegen.	*Il doit renoncer à aller cette année en Amérique.*
Der Lehrer kann damit zufrieden sein, dass seine Schüler fleißig sind.	*Le professeur peut être satisfait que ses élèves soient travailleurs.*

Willst du damit sagen, dass du arbeitslos bist?	*Veux-tu dire que tu es au chômage ?*
Ich freue mich sehr darauf, dich bald wiederzusehen.	*Je me réjouis beaucoup de te revoir bientôt.*
Er hat mich darum gebeten, das Haus zu verkaufen.	*Il m'a demandé de vendre la maison.*
Ich habe mich darum gekümmert, dass das Kind in das beste Krankenhaus gebracht wird.	*J'ai fait le nécessaire pour que l'enfant soit transporté dans le meilleur hôpital.*
Die Eltern haben dafür gesorgt, dass der Sohn das Studium fortsetzen konnte.	*Les parents ont veillé à ce que leur fils poursuive ses études.*
Er hat sich nicht davor gefürchtet, an dem Autorennen teilzunehmen.	*Il n'a pas eu peur de participer à la course automobile.*
Sie konnte nicht damit aufhören, zwanzig Zigaretten pro Tag zu rauchen.	*Elle ne pouvait s'arrêter de fumer vingt cigarettes par jour.*

Le double infinitif dans la subordonnée

Où se place le verbe conjugué dans une subordonnée avec double infinitif ?

Contrairement à la règle qui veut que, dans la subordonnée, le verbe conjugué vienne se placer en dernier, dans la subordonnée avec double infinitif le verbe conjugué se place devant les deux infinitifs :

*Ich glaube, dass der Student das Studium **hat** unterbrechen müssen.*	*Je crois que l'étudiant a dû interrompre ses études.*
*Ich denke, dass der Arzt den Krankenwagen **hat** kommen lassen.*	*Je pense que le médecin a fait venir l'ambulance.*
*Weiß deine Schwester, dass du dir die Haare **hast** schneiden lassen?*	*Ta sœur sait-elle que tu t'es fait couper les cheveux ?*
*Sie fühlt sich glücklich, weil sie den neuen Mantel **hat** anziehen dürfen.*	*Elle se sent heureuse parce qu'elle a eu le droit de mettre le manteau neuf.*
*Der Sohn ist stolz darauf, dass er den neuen Wagen **hat** probieren können.*	*Le fils est fier d'avoir pu essayer la nouvelle voiture.*
*Ich weiß, dass der Lehrer einige Sätze **hat** übersetzen lassen.*	*Je sais que le professeur a fait traduire quelques phrases.*

3e

Les coordinations

Que signifie ***entweder... oder*** *?*

- **entweder... oder...,** **ou... ou...**
- **weder... noch...,** **ni... ni...**

Les coordinations **aber**, **sondern**, **und**, **denn**, **entweder... oder...** ne sont pas considérées comme 1er constituant de la phrase. Elles seront donc suivies du sujet puis du verbe conjugué :

Entweder du kommst oder ich komme zu dir.	*Ou bien tu viens, ou je vais chez toi.*
Entweder du kaufst einen neuen Wagen, oder wir müssen zu Fuß gehen.	*Ou tu achètes une voiture neuve, ou nous devons aller à pied.*
Er hat weder Zeit noch Geld.	*Il n'a ni temps ni argent.*
Er hat weder Arbeit noch Wohnung.	*Il n'a ni travail ni logement.*

Par ♥

Rappel

Les négations :

Ist er noch da? — *Est-il encore là ?*
Nein, er ist nicht mehr da. — *Non, il n'est plus là.*
Ist er schon da? — *Est-il déjà là ?*
Nein, er ist noch nicht da. — *Non, il n'est pas encore là.*
Hast du noch Geld? — *As-tu encore de l'argent ?*
Nein, ich habe kein Geld mehr. — *Non, je n'en ai plus.*
Er will gar nicht lernen, nicht einmal Deutsch. — *Il ne veut absolument rien apprendre, même pas l'allemand.*
Er ist nicht nur enttäuscht, sondern auch verzweifelt. — *Il est non seulement déçu, mais désespéré.*

Traduis ***il n'est plus là.***

- **nicht ein** est un renforcement :

Er hat nicht einen Freund. — *Il n'a pas un seul ami.*

- **nicht** peut porter sur un élément de la phrase, qui est ainsi mis en relief :

Nicht die Katze hat die Vase zerbrochen, sondern ich. — *Ce n'est pas le chat qui a cassé le vase, mais moi.*
Nicht Jürgen will als Kellner arbeiten, sondern Karl. — *Ce n'est pas Jürgen qui veut travailler comme serveur, mais Karl.*

- **nichts** : *rien,* **niemand** : *personne,* **nie** : *jamais*

Les pronoms interrogatifs *welcher, welche, welches*

welcher, welches/welche *quel/quelle*

Ils se déclinent comme l'article défini et entraînent dans la réponse l'emploi du démonstratif : **dieser**, **diese**, **dieses** :

3e

Welches *Kleid möchtest du kaufen?* — *Quelle robe voudrais-tu acheter ?*
Dieses *Kleid.* — *Cette robe-ci.*
Welche *Tasche willst du nehmen?* — *Quel sac veux-tu prendre ?*
Diese *Tasche.* — *Ce sac-ci.*
Welchen *Wagen hat er gekauft?* — *Quelle voiture a-t-il acheté ?*
Diesen *Wagen.* — *Cette voiture-ci.*

Welcher placé devant l'auxiliaire sein prend la forme invariable **welches** :

Welches ist *das Gegenteil von groß?* — *Quel est le contraire de grand ?*
Welches ist *die Hauptstadt Frankreichs?* — *Quelle est la capitale de la France ?*

Le pronom interrogatif *was für ein*

was für ein *quelle sorte de*

On distingue :

Welche Zeitung liest du? — *Quel est le journal que tu lis ?*
Was für Zeitungen kaufst du? — *Quelle sorte de journaux achètes-tu ?*

Quelle est la différence entre ***welcher*** *et* ***was für ein*** *?*

Remarque

Dans l'interrogatif **was für ein**, l'article indéfini **ein** n'est pas obligatoirement à l'accusatif. Son cas ne dépend pas de la préposition **für** mais de sa fonction dans la proposition :

Was für ein Buch schreibst du?	*Quelle sorte de livre écris-tu ?*
Mit was für einem Füller schreibst du?	*Avec quelle sorte de stylo écris-tu ?*

Les interrogatifs adverbiaux

Par ❤

Lorsque le verbe est suivi d'une préposition constante,

sprechen von	*parler de*
denken an	*penser à*
warten auf	*attendre*

cette préposition est associée au pronom interrogatif **wo** dans la question. Si la préposition commence par une voyelle, on ajoute un **-r-** de liaison :

Wovon *sprichst du?*	*De quoi parles-tu ?*
Worauf *wartest du?*	*Qu'est-ce que tu attends ?*
Woran *denkst du?*	*À quoi penses-tu ?*
Womit *schreibst du?*	*Avec quoi écris-tu ?*

Traduis ***à quoi penses-tu.***

Cette forme adverbiale est réservée aux inanimés.

Si l'on s'adresse à des personnes, on choisira pour l'interrogation la préposition suivie du pronom interrogatif voulu.

Von wem *sprichst du?*	*De qui parles-tu ?*
Auf wen *wartest du?*	*Qui attends-tu ?*
An wen *denkst du?*	*À qui penses-tu ?*

Traduis ***à qui penses-tu.***

POUR ALLER PLUS LOIN

Les relatifs adverbiaux

3e

Lorsque le pronom relatif est précédé d'une préposition, on peut le remplacer par un relatif adverbial formé avec **wo** + la préposition voulue. Si la préposition commence par une voyelle, on ajoute un **-r-** de liaison.

Der Stuhl, auf dem ich sitze, ist hoch.	*La chaise sur laquelle je suis assise est haute.*
Der Stuhl, ***worauf*** *ich sitze, ist hoch.*	*La chaise sur laquelle je suis assise est haute.*
Das Glas, aus dem ich trinke, ist blau.	*Le verre dans lequel je bois est bleu.*
Das Glas, ***woraus*** *ich trinke, ist blau.*	*Le verre dans lequel je bois est bleu.*

mais

Die Freundin, auf die ich warte, heißt Ursula.	*L'amie que j'attends s'appelle Ursula.*
Das Kind, mit dem ich spiele, ist mein Sohn.	*L'enfant avec lequel je joue est mon fils.*

On ne formera pas de relatif adverbial avec les êtres animés.

Les démonstratifs adverbiaux

Da peut être associé à différentes prépositions pour former des démonstratifs adverbiaux. Si la préposition commence par une voyelle, on met un **-r-** de liaison.

Ich denke an meine Ferien.	*Je pense à mes vacances.*
Ich warte auf den Bus.	*J'attends le car.*
*Ich warte **darauf**.*	*Je l'attends.*
*Ich denke **daran**.*	*J'y pense.*

mais

Ich spreche von einem Freund.	*Je parle d'un ami.*
Ich spreche von ihm.	*Je parle de lui.*
Ich denke an sie.	*Je pense à elle.*
Ich warte auf sie.	*Je les attends.*

On ne formera pas de démonstratifs adverbiaux avec les êtres animés.

Système verbal

Le subjonctif II

3e

– Le subjonctif I est d'un emploi restreint en allemand. Il est surtout utilisé dans le discours indirect, c'est-à-dire quand on rapporte les paroles d'autrui.

– Le subjonctif II est d'un emploi plus fréquent. Il est utilisé quand on veut exprimer un souhait, un regret et dans les subordonnées conditionnelles commençant par **wenn** qui expriment une situation irréalisable ou irréalisée :

Wenn ich reich wäre, würde ich ein Haus kaufen.	*Si j'étais riche, j'achèterais une maison.*

Présent du subjonctif II

- **Auxiliaires de temps**
  Pour former le présent du subjonctif II des auxiliaires de temps, on part des formes du prétérit de l'indicatif, auxquelles on ajoute une inflexion à toutes les personnes et les terminaisons caractéristiques du subjonctif : **-e**, **-est**, **-e**, **-en**, **-et**, **-en**.

Quelles sont les terminaisons du subjonctif ?

werden

ich	*würde*	*er / sie / es*	*würde*	*wir*	*würden*
du	*würdest*			*ihr*	*würdet*
				sie	*würden*

- **Verbe faible**

Les formes du prétérit de l'indicatif des verbes faibles et celles du présent du subjonctif II sont identiques :

Par ❤

<u>kaufen</u> *(acheter)*

ich	*kaufte*	*er*		*wir*	*kauften*
du	*kauftest*	*sie*	*kaufte*	*ihr*	*kauftet*
		es		*sie*	*kauften*

Quelle est la différence entre le prétérit de l'indicatif et le présent du subjonctif II des verbes faibles ?

- **Verbe fort**

Pour former le présent du subjonctif II des verbes forts, on part du radical du prétérit de l'indicatif auquel on ajoute à toutes les personnes des inflexions sur la voyelle du radical et les terminaisons caractéristiques du subjonctif :

Comment forme-t-on le présent du subjonctif II d'un verbe fort ?

Par ❤

<u>sehen</u> *(voir)*

ich	*sähe*	*er*		*wir*	*sähen*
du	*sähest*	*sie*	*sähe*	*ihr*	*sähet*
		es		*sie*	*sähen*

Quand la voyelle radicale des verbes forts ne peut être infléchie, les terminaisons **-e**, **-est**, **-e**, **-en**, **-et**, **-en** distinguent le présent du subjonctif II du prétérit de l'indicatif (sauf à la 1re et à la 3e personne du pluriel) :

<u>gehen</u> *(aller)*

ich	*ginge*	*er*		*wir*	*gingen*
du	*gingest*	*sie*	*ginge*	*ihr*	*ginget*
		es		*sie*	*gingen*

- **Verbes de modalité**

Ce qui distingue le prétérit de l'indicatif et le présent du subjonctif II des verbes de modalité c'est uniquement l'inflexion sur la voyelle du radical. Il en est de même pour **wissen.**

Par ❤

TABLEAU RÉCAPITULATIF DES VERBES DE MODALITÉ AU PRÉSENT DU SUBJONCTIF II

können		dürfen		müssen	
ich	*könnte*	*ich*	*dürfte*	*ich*	*müsste*
du	*könntest*	*du*	*dürftest*	*du*	*müsstest*
er / sie / es	*könnte*	*er / sie / es*	*dürfte*	*er / sie / es*	*müsste*
wir	*könnten*	*wir*	*dürften*	*wir*	*müssten*
ihr	*könntet*	*ihr*	*dürftet*	*ihr*	*müsstet*
sie	*könnten*	*sie*	*dürften*	*sie*	*müssten*
sollen		**wollen**		**mögen**	
ich	*sollte*	*ich*	*wollte*	*ich*	*möchte*
du	*solltest*	*du*	*wolltest*	*du*	*möchtest*
er / sie / es	*sollte*	*er / sie / es*	*wollte*	*er / sie / es*	*möchte*
wir	*sollten*	*wir*	*wollten*	*wir*	*möchten*
ihr	*solltet*	*ihr*	*wolltet*	*ihr*	*möchtet*
sie	*sollten*	*sie*	*wollten*	*sie*	*möchten*

*Conjugue **können** au présent du subjonctif II.*

3e

Par ❤

Conjugaison de **wissen** au présent du subjonctif II :

ich wüsste
du wüsstest
er / sie / es } wüsste
wir wüssten
ihr wüsstet
sie wüssten

Le passé du subjonctif II

Pour former le passé du subjonctif II, il suffit de conjuguer les auxiliaires **sein** ou **haben** au présent du subjonctif II, accompagnés du participe passé :

Par ❤

das Haus gekauft haben
ich hätte das Haus gekauft
du hättest das Haus gekauft
er / sie / es } hätte das Haus gekauft
wir hätten das Haus gekauft
ihr hättet das Haus gekauft
sie hätten das Haus gekauft

sofort gekommen sein
ich wäre sofort gekommen
du wärest sofort gekommen
er / sie / es } wäre sofort gekommen
wir wären sofort gekommen
ihr wäret sofort gekommen
sie wären sofort gekommen

Le futur du subjonctif II

Il est formé par l'auxiliaire **werden**, conjugué au présent du subjonctif II, et par l'infinitif présent.

Par ❤

j'achèterais la maison
ich würde das Haus kaufen
du würdest das Haus kaufen
er / sie / es } würde das Haus kaufen
wir würden das Haus kaufen
ihr würdet das Haus kaufen
sie würden das Haus kaufen

Conjugue ***kaufen*** *au futur du subjonctif II.*

On peut trouver aussi la forme suivante : **werden**, conjugué au présent du subjonctif II et l'infinitif passé.

3e

j'aurais acheté la maison
ich würde das Haus gekauft haben
du würdest das Haus gekauft haben
er / sie / es } würde das Haus gekauft haben
wir würden das Haus gekauft haben
ihr würdet das Haus gekauft haben
sie würden das Haus gekauft haben

Emploi du subjonctif II

La subordonnée conditionnelle commençant par *wenn*

Quand emploie-t-on le subjonctif II ?

On emploie le subjonctif II pour exprimer la condition irréalisable ou irréalisée.
On distingue :

- les temps employés dans la subordonnée commençant par **wenn** ;
- les temps employés dans la principale.

Par ❤ I

Dans la subordonnée commençant par **wenn**, on trouvera le présent ou le passé du subjonctif II.
Dans la principale, on trouvera le présent ou le passé du subjonctif II. ou les formes avec **würde** + infinitif présent ou passé.

Wenn das Wetter schön wäre, würde ich ins Schwimmbad gehen. ou *Wenn das Wetter schön wäre, ginge ich ins Schwimmbad.*	*Si le temps était beau, j'irais à la piscine.*
Wenn er käme, würde ich mich freuen. ou *Wenn er käme, freute ich mich.*	*S'il venait, je me réjouirais.*

Dans ce dernier exemple, on préférera employer dans la principale la forme avec **würden** + infinitif parce que, **sich freuen** étant un verbe faible, les formes du prétérit de l'indicatif et du subjonctif sont identiques (se confondent).

Wenn er käme, könnte ich in die Stadt gehen.	*S'il venait, je pourrais aller en ville.*

Avec les verbes de modalité et les auxiliaires de temps, on emploie exclusivement le présent ou le passé du subjonctif II et non pas la forme **würden** + infinitif.

Wenn ich gewänne, hätte ich Glück.	*Si je gagnais, j'aurais de la chance.*
Wenn ich reisen könnte, wäre ich froh.	*Si je pouvais voyager, je serais heureuse.*
Wenn ich viel Geld und viel Zeit hätte, könnte ich eine Weltreise machen.	*Si j'avais beaucoup d'argent et beaucoup de temps, je pourrais faire un voyage autour du monde.*
Wenn das Wetter schön gewesen wäre, würde ich ins Schwimmbad gegangen sein. ou *Wenn das Wetter schön gewesen wäre, wäre ich ins Schwimmbad gegangen.*	*Si le temps avait été beau, je serais allé à la piscine.*
Wenn er gekommen wäre, würde ich mich gefreut haben. ou *Wenn er gekommen wäre, hätte ich mich gefreut.*	*S'il était venu, je me serais réjoui.*
Wenn er gekommen wäre, hätte ich in die Stadt gehen können.	*S'il était venu, j'aurais pu aller en ville.*
Wenn ich gewonnen hätte, hätte ich Glück gehabt.	*Si j'avais gagné, j'aurais eu de la chance.*
Wenn ich hätte reisen können, wäre ich froh gewesen.	*Si j'avais pu voyager, j'aurais été heureuse.*

3e

POUR ALLER PLUS LOIN

Remarque

Dans la subordonnée avec un double infinitif, l'auxiliaire est placé en tête : **hätte reisen können**.
Contrairement à la règle générale de construction de la subordonnée, le verbe conjugué ne se place pas en fin du groupe verbal.
L'expression : **es könnte sein** signifie *il se pourrait*.
L'emploi de **würden** + infinitif a tendance à se répandre aux dépens de l'emploi du présent du subjonctif II des verbes forts.

L'expression du souhait

On emploie le subjonctif II dans un certain nombre de phrases pour exprimer le souhait. Certaines commencent par **wenn**.
Si **wenn** peut être supprimé, le verbe conjugué se met alors à la place de **wenn** :

Wenn ich bessere Noten hätte!	*Si j'avais de meilleures notes !*
Wenn ich das Buch gehabt hätte!	*Si j'avais eu le livre !*

ou,

Hätte ich bessere Noten!	*Si j'avais de meilleures notes !*
Hätte ich das Buch gehabt!	*Si j'avais eu le livre !*
Wenn du den Film gesehen hättest! *(ou Hättest du den Film gesehen!),*	*Si tu avais vu ce film !*
Wenn ich das gewusst hätte! *(ou Hätte ich das gewusst!),*	*Si je l'avais su !*
Wenn er langsamer gefahren wäre! *(ou Wäre er langsamer gefahren!),*	*S'il avait roulé plus lentement !*

Où se place le verbe conjugué quand on supprime ***wenn*** *?*

D'autres phrases dans lesquelles on trouve le subjonctif II expriment un souhait :

Ich hätte Lust, ins Kino zu gehen	*J'aurais envie d'aller au cinéma.*
wie wär's mit einem Bier?	*Que dirais-tu d'une bière ?*
Ich würde lieber Wein trinken.	*Je préférerais boire du vin.*
Was könnte ich tun, um ihm zu helfen?	*Qu'est-ce que je pourrais faire pour l'aider ?*
Ich möchte bloß wissen, warum du weinst!	*J'aimerais seulement savoir pourquoi tu pleures !*
Was hätten die Herrschaften denn gerne?	*Qu'est-ce que ces messieurs dames souhaiteraient bien prendre ?*
Wir hätten lieber den Wagen gekauft!	*Nous aurions préféré acheter la voiture !*
Sie hätte gern eine neue Bluse!	*Elle aimerait un nouveau corsage !*
Er hätte gern einen neuen Wagen!	*Il aimerait une nouvelle voiture !*
Er wäre gern in Paris geblieben!	*Il aurait aimé rester à Paris !*
Ich würde lieber in München leben!	*Je préférerais habiter Munich !*
Wir könnten ins Restaurant gehen.	*On pourrait aller au restaurant.*

Traduis ***j'aurais envie d'aller au cinéma.***

3e

Dialogue et expressions

Es müsste so sein.	*Il devait en être ainsi.*
Das wäre alles.	*Ce sera tout.*
Das würde ich nicht sagen.	*je ne dirais pas cela.*

Le subjonctif I

Présent du subjonctif I

- **Auxiliaires de temps**

Pour former le présent du subjonctif I des auxiliaires **haben** et **werden**, on part de l'infinitif et on ajoute au radical verbal les terminaisons caractéristiques du subjonctif **-e**, **-est**, **-e**, **-en**, **-et**, **-en**.
L'auxiliaire **sein** est irrégulier.

Par ❤

sein		haben		werden	
ich sei	*wir seien*	*ich habe*	*wir haben*	*ich werde*	*wir werden*
du seist	*ihr seiet*	*du habest*	*ihr habet*	*du werdest*	*ihr werdet*
er / sie / es } sei	*sie seien*	*er / sie / es } habe*	*sie haben*	*er / sie / es } werde*	*sie werden*

*Conjugue **sein** au subjonctif I.*

- **Verbe faible**
  Pour former le présent du subjonctif I des verbes faibles, on ajoute au radical verbal les terminaisons caractéristiques du subjonctif **-e**, **est**, **-e**, **-en**, **-et**, **-en**.

Comment forme-t-on le présent du subjonctif I d'un verbe faible ?

kaufen

*ich kauf**e***	*er / sie / es } kauf**e***	*wir kauf**en***
*du kauf**est***		*ihr kauf**et***
		*sie kauf**en***

- **Verbe fort**
  Pour former le présent du subjonctif I des verbes forts, on ajoute au radical verbal les terminaisons caractéristiques du subjonctif.

Comment forme-t-on celui d'un verbe fort ?

sehen

*ich seh**e***	*er / sie / es } seh**e***	*wir seh**en***
*du seh**est***		*ihr seh**et***
		*sie seh**en***

- **Verbes de modalité**

TABLEAU RÉCAPITULATIF DE LA CONJUGAISON DES VERBES DE MODALITÉ AU SUBJONCTIF PRÉSENT

können	dürfen	müssen	sollen	wollen	mögen
ich könne	*dürfe*	*müsse*	*solle*	*wolle*	*möge*
du könnest	*dürfest*	*müssest*	*sollest*	*wollest*	*mögest*
er / sie / es } könne	*dürfe*	*müsse*	*solle*	*wolle*	*möge*
wir können	*dürfen*	*müssen*	*sollen*	*wollen*	*mögen*
ihr könnet	*dürfet*	*müsset*	*sollet*	*wollet*	*möget*
sie können	*dürfen*	*müssen*	*sollen*	*wollen*	*mögen*

3e

- **Conjugaison de *wissen* au subjonctif présent**

ich wisse	*er / sie / es } wisse*	*wir wissen*
du wissest		*ihr wisset*
		sie wissen

*Conjugue **wissen** au subjonctif I.*

Passé du subjonctif I

Pour former le passé du subjonctif I, on conjugue l'auxiliaire **sein** ou **haben** au présent du subjonctif I :

das Haus gekauft haben	sofort gekommen sein
ich habe das Haus gekauft	*ich sei sofort gekommen*
du habest das Haus gekauft	*du seist sofort gekommen*
er / sie / es } habe das Haus gekauft	*er / sie / es } sei sofort gekommen*
wir haben das Haus gekauft	*wir seien sofort gekommen*
ihr habet das Haus gekauft	*ihr seiet sofort gekommen*
sie haben das Haus gekauft	*sie seien sofort gekommen*

Futur du subjonctif I

Pour former le futur du subjonctif I, on conjugue l'auxiliaire **werden** au présent du subjonctif I :

<u>das Haus kaufen</u>

ich werde das Haus kaufen
du werdest das Haus kaufen
er / sie / es } werde das Haus kaufen
wir werden das Haus kaufen
ihr werdet das Haus kaufen
sie werden das Haus kaufen

Emploi du subjonctif I

Quand emploie-t-on le subjonctif I ?

Le subjonctif I est employé dans le style indirect, c'est-à-dire quand on rapporte les paroles de quelqu'un et que l'on doute des paroles rapportées.
Pour savoir quel est le temps à employer au style indirect, il faut considérer le temps de la phrase au style direct. On peut résumer la correspondance des temps et des modes dans le tableau suivant :

style direct		style indirect
présent de l'indicatif	→	présent du subjonctif I
prétérit ou parfait ou plus-que-parfait de l'indicatif	→	passé du subjonctif I
futur de l'indicatif	→	futur du subjonctif I

- **style direct :**
Die Eltern sagten: „Unser Sohn ist krank." — *Les parents dirent : « Notre fils est malade. »*

  style indirect :
Die Eltern sagten, dass ihr Sohn krank sei. — *Les parents dirent que leur fils était malade.*

- **style direct :**
die Eltern sagten: „Unser Sohn war krank." — *Les parents dirent : « Notre fils était malade. »*
„Unser Sohn ist krank gewesen." — *« Notre fils a été malade. »*
„Unser Sohn war krank gewesen." — *« Notre fils avait été malade. »*

  style indirect :
Die Eltern sagten, dass ihr Sohn krank gewesen sei. — *Les parents dirent que leur fils avait été malade.*

- **style direct :**
Die Eltern sagten: „Unser Sohn wird zu Hause bleiben." — *Les parents dirent : « Notre fils restera à la maison. »*

  style indirect :
Die Eltern sagten, dass ihr Sohn zu Hause bleiben werde. — *Les parents dirent que leur fils resterait à la maison.*

S'il y a confusion dans le style indirect entre les formes du subjonctif et celles de l'indicatif, on recule d'un temps. Ce qui peut se résumer par le tableau suivant :

présent du subjonctif I	→	présent du subjonctif II
passé du subjonctif I	→	passé du subjonctif II
futur du subjonctif I	→	futur du subjonctif II

- **style direct :**

  Die Eltern sagten: „Unsere Kinder haben die Grippe." — *Les parents dirent : «Nos enfants ont la grippe.»*

  style indirect :

  Die Eltern sagten, dass ihre Kinder die Grippe hätten. — *Les parents dirent que leurs enfants avaient la grippe*

- **style direct :**

  Die Eltern sagten: „Unsere Kinder hatten die Grippe." — *Les parents dirent : « Nos enfants avaient la grippe. »*

  ou *Die Eltern sagten: „Unsere Kinder haben die Grippe gehabt."* — *Les parents dirent : « Nos enfants ont eu la grippe. »*

  ou *Die Eltern sagten: „Unsere Kinder hatten die Grippe gehabt."* — *Les parents dirent : « Nos enfants avaient eu la grippe. »*

  style indirect :

  Die Eltern sagten, dass ihre Kinder die Grippe gehabt hätten. — *Les parents dirent que leurs enfants avaient eu la grippe.*

- **style direct :**

  Die Eltern sagten: „Unsere Kinder werden zu Hause bleiben." — *Les parents dirent : « Nos enfants resteront à la maison. »*

  style indirect :

  Die Eltern sagten, dass ihre Kinder zu Hause bleiben würden. — *Les parents dirent que leurs enfants resteraient à la maison.*

Remarque

On peut trouver le subjonctif I dans l'interrogation indirecte :

Er fragte mich, wann der Zug in Mainz ankomme. — *Il me demanda quand le train arrivait à Mayence.*

L'impératif ne s'emploie pas au style indirect. On le remplace par **sollen** pour exprimer l'ordre et par **mögen** pour exprimer la prière :

Die Eltern sagten zu ihrem Sohn, dass er das Studium nicht unterbrechen solle. — *Les parents dirent à leur fils de ne pas interrompre ses études.*

Dass peut être supprimé.
L'ordre des constituants de la subordonnée redevient sujet verbe complément :

Die Eltern sagten zu ihrem Sohn, er solle das Studium nicht unterbrechen.

On peut trouver dans le style indirect un temps de l'indicatif ou un temps du subjonctif.
Outre le fait qu'il exprime un doute sur les paroles rapportées, le subjonctif correspond souvent à un style soutenu, littéraire :

Er schreibt, er sei gut angekommen. — *Il écrit qu'il est bien arrivé.*
Er fragte mich, ob ich ihn am Bahnhof abholen wolle. — *Il me demanda si je voulais venir le chercher à la gare.*

Le présent du passif

Comment forme-t-on le présent du passif ?

Par ❤

Le présent du passif est formé de l'auxiliaire **werden** conjugué au présent et d'un participe passé.
Le passif est très employé en allemand. Il correspond souvent à des constructions qui commencent par *on* (pronom indéfini) en français.

Man trinkt Bier in München.	*On boit de la bière à Munich.*
In München wird Bier getrunken.	
Man erwartet einen Brief aus Frankreich.	*On attend une lettre de France.*
Ein Brief aus Frankreich wird erwartet.	

Le complément d'objet direct de la phrase active devient sujet dans la phrase passive. Mais si le verbe de la phrase active n'avait pas de complément d'objet direct, le sujet de la phrase passive est remplacé par **es**, pronom impersonnel :

Man tanzt. *On danse.* *Man singt.* *On chante.* *Man trinkt.* *On boit.*
Es wird getanzt. *Es wird gesungen.* *Es wird getrunken.*

Par quelle préposition est en général introduit le complément d'agent ?

Si la phrase ne commence pas par **es**, le pronom impersonnel est supprimé :

Es wird heute Abend getanzt.	*On danse ce soir (ce soir, on danse).*
Heute Abend wird getanzt.	

Par ❤

Le complément d'agent est en général introduit par **von** et suivi du datif :

phrase active	phrase passive
Der Lehrer ruft den Schüler.	*Der Schüler wird von dem Lehrer gerufen.*
(Le professeur appelle l'élève.)	*(L'élève est appelé par le professeur.)*
Der Nachbar kauft das Haus.	*Das Haus wird von dem Nachbarn gekauft.*
(Le voisin achète la maison.)	*(La maison est achetée par le voisin.)*

Ne pas confondre

passif action (l'action est subie par le sujet et faite par le complément d'agent) et **passif état** (résultat d'une action) :

Das Haus wird von den Maurern gebaut.	*La maison est construite par les maçons.*
Das Haus ist gebaut.	*La maison est construite.*

La tournure passive peut correspondre à un ordre :

Jetzt wird gearbeitet!	*Maintenant on travaille !*

3e

Le prétérit du passif

Pour conjuguer une phrase au prétérit du passif, il suffit de conjuguer l'auxiliaire **werden** au prétérit :

Man aß Kuchen in einer Konditorei.	*On mangea des gâteaux à la crème dans*
Kuchen wurden in einer Konditorei gegessen.	*une pâtisserie.*
In München trank man viel Bier.	*À Munich, on but beaucoup de bière.*
In München wurde viel Bier getrunken.	
Ein Taxi brachte ihn zum Bahnhof.	*Un taxi l'emmena à la gare.*
Er wurde von einem Taxi zum Bahnhof gebracht.	

Le sujet de la phrase active peut être évoqué dans la phrase passive sous forme de complément d'agent :

Der Sohn schenkte dem Vater eine Schallplatte.	*Le fils offrit un disque à son père.*
Eine Schallplatte wurde dem Vater vom Sohn geschenkt.	*Un disque fut offert au père par le fils.*
Meine Freunde luden mich zu einem Glas Wein ein.	*Mes amis m'invitèrent à boire un verre de vin.*
Ich wurde von meinen Freunden zu einem Glas Wein eingeladen.	*Je fus invité par mes amis à boire un verre de vin.*

Remarque

On peut contracter **von dem** en **vom**.

Futur, parfait et plus-que-parfait du passif

Comment conjugue-t-on la tournure passive au parfait ?

Pour conjuguer une phrase au futur, au parfait ou au plus-que-parfait du passif, il suffit de conjuguer l'auxiliaire **werden** à ces différents temps.
On notera que le participe passé de l'auxiliaire **werden**, qui sert à former le parfait et le plus-que-parfait du passif, est **worden** (et non **geworden**).
Le complément d'agent, qui est la réinsertion dans la phrase passive du sujet de la phrase active, est le plus souvent introduit par la préposition **von** + datif.

phrase active *Die Feinde greifen das Land an.*	*Les ennemis attaquent le pays.*
présent du passif *Das Land wird von den Feinden angegriffen.*	*Le pays est attaqué par les ennemis.*
prétérit du passif *Das Land wurde von den Feinden angegriffen.*	*Le pays fut attaqué par les ennemis.*
parfait du passif *Das Land ist von den Feinden angegriffen worden.*	*Le pays a été attaqué par les ennemis.*
plus-que-parfait du passif *Das Land war von den Feinden angegriffen worden.*	*Le pays avait été attaqué par les ennemis.*
futur du passif *Das Land wird von den Feinden angegriffen werden.*	*Le pays sera attaqué par les ennemis.*

Remarque

Au futur, l'auxiliaire **werden** se conjugue avec lui-même.
Le complément d'agent est introduit par la préposition **durch** suivie de l'accusatif quand il s'agit d'une chose, d'un intermédiaire.

présent du passif *Die Stadt wird durch Bomben zerstört.*	*La ville est détruite par des bombes.*
prétérit du passif *Die Stadt wurde durch Bomben zerstört.*	*La ville fut détruite par des bombes.*
parfait du passif *Die Stadt ist durch Bomben zerstört worden.*	*La ville a été détruite par des bombes.*
plus-que-parfait du passif *Die Stadt war durch Bomben zerstört worden.*	*La ville avait été détruite par des bombes.*
futur du passif *Die Stadt wird durch Bomben zerstört werden.*	*La ville sera détruite par des bombes.*

Traduis ***la ville a été détruite par les bombes.***

Rappel
Lorsque la phrase active n'a pas de complément d'objet direct, le pronom impersonnel **es** devient le sujet de la phrase passive.

On peut ainsi former des phrases passives avec des verbes intransitifs :

Par I

Man lügt.	*On ment.*	*Man spielt.*	*On joue.*
Es wird gelogen.	*On ment.*	*Es wird gespielt.*	*On joue.*

Comment peut-on traduire de deux façons ***on joue*** *?*

La tournure passive peut se rencontrer à l'infinitif, ce qui est fréquent dans des phrases où on emploie les verbes de modalité :

Er soll mit dem Wagen abgeholt werden.	*On doit aller le chercher en voiture.*
Der Schauspieler will den Journalisten vorgestellt werden.	*L'acteur veut être présenté aux journalistes.*
Der Verletzte muss schnell ins Krankenhaus gebracht werden.	*Le blessé doit vite être transporté à l'hôpital.*
Wir können nicht jeden Tag zum Essen eingeladen werden.	*Nous ne pouvons pas être invités à manger chaque jour.*

3e

Les prépositions

Les postpositions

Certaines prépositions peuvent être placées après le nom ou le pronom personnel :

entlang	*le long de*
gegenüber	*en face de*

Que signifie ***gegenüber*** *?*

Er geht am Rhein entlang.	
Er geht den Rhein entlang.	*Il longe le Rhin.*
Wir gehen die Straße entlang.	*Nous suivons la rue.*
Ich sitze dir gegenüber.	*Je suis assise en face de toi.*
Die Post steht dem Rathaus gegenüber.	*La poste se trouve en face de la mairie.*

Les prépositions spatiales

Par ❤

über	*au-dessus de*	*an*	*contre*
auf	*sur*	*in*	*dans*
unter	*en dessous de*	*neben*	*à côté de*
vor	*devant*	*zwischen*	*entre*
hinter	*derrière*		

Les prépositions spatiales sont suivies tantôt de l'accusatif, tantôt du datif :
– le complément est au datif lorsque le verbe exprime une action réalisée à l'intérieur d'un même lieu ;
– le complément est à l'accusatif lorsque le verbe exprime une direction, un changement de lieu.

- **auf**, sur (avec un contact)
- **über**, sur, au-dessus de (sans contact avec la surface)

Eine Lampe hängt über dem Tisch. — *Une lampe est suspendue au-dessus de la table.*
Das Buch liegt auf dem Tisch. — *Le livre se trouve sur la table.*

über rend la notion de traverser ou de passer par :

Wir gehen über die Brücke. — *Nous traversons le pont.*
Dann geht das Kind über die Straße. — *Ensuite, l'enfant traverse la rue.*
Nächsten Monat fahren wir nach Berlin über Weimar und Leipzig. — *Le mois prochain nous allons à Berlin en passant par Weimar et Leipzig.*

On peut rapprocher ce sens des expressions suivantes :

Unsere Freunde wollen über Weihnachten in Hamburg bleiben. — *Nos amis veulent passer la période de Noël à Hambourg.*
Viele Angestellte bleiben über Mittag in der Stadt. — *Beaucoup d'employés restent pendant l'heure du déjeuner en ville.*

über et **auf** peuvent être employés dans un sens non spatial ;

über signifie *plus de, au-dessus de* :

Die Autos dürfen nicht über 60 Km fahren. — *Les voitures ne doivent pas dépasser 60 km/h.*
Das Buch kostet über 100 DM. — *Le livre coûte plus de 100 DM.*

Quels sont les différents sens de ***über*** *?*

3e

über est employé dans le sens de *à propos de* :

Er schreibt einen Roman über den Krieg. — *Il écrit un roman sur la guerre.*

De plus, certains verbes sont toujours suivis des prépositions **über** ou **auf** et de l'accusatif.

POUR ALLER PLUS LOIN

Verbes suivis de **über + accusatif**

sich ärgern über	*se fâcher contre*	*lachen über*	*se moquer de*
sich beklagen über, klagen über	*se plaindre de*	*spotten über*	*se moquer de*
		sich freuen über	*être heureux de*

Cite quelques verbes suivis de ***über*** *?*

Verbes suivis de **auf + accusatif**

achten auf	*faire attention à*	*sich freuen auf*	*se réjouir de*
antworten auf	*répondre à*	*warten auf*	*attendre*
aufpassen auf	*veiller à*	*sich verlassen auf*	*se fier à*
verzichten auf	*renoncer à*	*sich vorbereiten auf*	*se préparer à (examen)*

Cite quelques verbes suivis de ***auf*** *?*

Das Mädchen passt auf die Kinder auf.	*La jeune fille surveille les enfants.*
Er kann sich auf uns verlassen.	*Il peut compter sur nous.*
Der Junge bereitet sich auf das Abitur vor.	*Le garçon prépare le bac.*

Certains verbes suivis de prépositions constantes peuvent être remplacés par un verbe transitif :

Ich antworte auf den Brief.	*Je réponds à la lettre.*
Ich beantworte den Brief.	*Je réponds à la lettre.*
Wir warten auf einen Freund.	*Nous attendons un ami.*
Wir erwarten einen Freund.	*Nous attendons un ami.*

- **auf**, sur
- **in**, dans

} sont employés quand le français utilise *dans* :

Ich spaziere im Wald.	*Je me promène dans la forêt.*
Das Kind spielt im Garten.	*L'enfant joue dans le jardin.*
Wir gehen in die Berge.	*Nous allons à la montagne.*
Sie spielen auf der Wiese.	*Ils jouent dans la prairie.*
Der Bauer arbeitet auf dem Feld.	*Le paysan travaille dans son champ.*
Du wohnst auf dem Land.	*Tu habites à la campagne.*

et

Ich wohne in der Goethestraße.	*J'habite dans la rue Goethe.*
Ich gehe auf der Straße.	*Je marche dans la rue.*

mais on dit

Er geht auf den Jahrmarkt.	*Il va à la fête foraine.*
Er macht sich auf den Weg.	*Il se met en route.*
Er kommt auf mich zu.	*Il vient vers moi.*
Er sieht auf die Uhr.	*Il regarde l'heure.*

et

Er spielt in einem Fußballverein.	*Il joue dans un club de football.*
Er fährt ins Ausland.	*Il va à l'étranger.*
Er tritt in die Wohnung ein.	*Il entre dans l'appartement.*

ou

Er betritt die Wohnung.	*Il entre dans l'appartement.*

3e

in et **auf** peuvent être employés dans un sens non spatial :

Der Prinz verliebt sich in die Prinzessin.	*Le prince tombe amoureux de la princesse.*
Es ist Liebe auf den ersten Blick.	*C'est le coup de foudre.*
Wie sagt man das auf Deutsch?	*Comment dit-on cela en allemand ?*
Auf diese Weise sollst du Fortschritte machen.	*De cette manière, tu dois faire des progrès.*

Traduis ***comment dit-on cela en allemand.***

- **vor**, devant. On trouve cette préposition avec un sens non spatial après un certain nombre de verbes. Elle exprime la cause et est suivie du datif.
  Verbes suivis de **vor + datif**

Angst haben vor	*avoir peur de*	*schreien vor*	*crier de*
sich fürchten vor	*avoir peur de*	*zittern vor*	*trembler de*

Die Kinder schreien vor Freude.	*Les enfants crient de joie.*
Er fürchtet sich nicht vor dem Tod.	*Il ne craint pas la mort.*
Der Hund zittert vor Angst.	*Le chien tremble de peur.*

Quelle est la différence entre ***vor*, *vorher* et *bevor* ?**

Il ne faut pas confondre **vor**, préposition qui se place devant un nom et qui signifie avant, devant, **vorher**, adverbe qui signifie avant, auparavant, et **bevor**, avant que, qui introduit une subordonnée :

Vor dem Essen liest er die Zeitung.	*Avant le repas, il lit le journal.*
Bevor das Kind die Hausaufgaben macht, spielt es auf seinem Zimmer.	*Avant que l'enfant ne fasse ses devoirs, il joue dans sa chambre.*
Vorher gab es kein Fernsehen.	*Avant, il n'y avait pas de télévision.*

Quels sont les différents sens de ***unter* ?**

- **unter**, *en dessous de*, signifie aussi *parmi*.
  Avec le sens de *parmi*, la préposition est suivie de l'accusatif ou du datif :

Unter den Lehrern ist er der jüngste.	*Parmi les professeurs, il est le plus jeune.*
Wir mischen uns unter die Menge.	*Nous nous mêlons à la foule.*

On trouve **unter** après quelques verbes et dans des expressions :

Er hat sehr viel darunter gelitten.	*Il en a beaucoup souffert.*
unter einer Bedingung	*à une condition*

Quelle est la différence entre ***an* et *gegen* ?**

- **an**, signifie contre au sens d'être appuyé contre quelque chose (et non pas au sens d'être opposé à quelque chose, qui se traduit par **gegen**) :

Das Bild hängt an der Wand.	*L'image est accrochée au mur.*
Die Familie sitzt am Tisch.	*La famille est assise à table.*
Der Fahrer sitzt am Steuer.	*Le conducteur est assis au volant.*
Wir stehen am Fenster.	*Nous sommes à la fenêtre.*
Der Lehrer schreibt an die Tafel.	*Le professeur écrit au tableau.*
Man klopft an die Tür.	*On frappe à la porte.*
Der Junge wirft den Ball gegen die Mauer.	*Le garçon lance le ballon contre le mur.*
Köln spielt gegen Düsseldorf.	*Cologne joue contre Düsseldorf.*
Ich bin nicht dafür, ich bin dagegen.	*Je ne suis pas pour, je suis contre.*
Was kann ich dagegen tun?	*Qu'est-ce que je peux faire pour empêcher cela ?*

Quand on se dirige vers l'eau, ou quand on se trouve au bord de l'eau, on emploie la préposition **an** :

Wir fahren an die See.	*Nous allons à la mer.*
Sie verbringen die Sommerferien am Bodensee.	*Ils passent les vacances d'été au bord du lac de Constance.*
Köln liegt am Rhein.	*Cologne se trouve au bord du Rhin.*

3e

Passer devant quelque chose se traduit par les verbes **vorbeigehen** ou **vorübergehen**, suivis de **an** + datif :

Der Fußgänger geht am Rathaus vorbei.	*Le piéton passe devant l'hôtel de ville.*

On peut rencontrer les verbes **vorbeifahren**, **vorbeilaufen**, qui précisent alors la manière dont on passe (en voiture, en courant...).

Un certain nombre de verbes sont suivis de **an** et de l'accusatif ou du datif.

Verbes suivis de **an + accusatif**

denken an	*penser à*	*sich gewöhnen an*	*s'habituer à*
sich erinnern an	*se souvenir de*	*glauben an*	*croire en*

Verbes suivis de **an + datif**

ändern an	*changer*	*teilnehmen an*	*participer à*
leiden an	*souffrir de*	*zweifeln an*	*douter de*

Wir müssen uns an den Lärm gewöhnen. — *Nous devons nous habituer au bruit.*
Er wollte an dem Schüleraustausch teilnehmen. — *Il voulait participer à l'échange scolaire.*
Wir glauben an Gott. — *Nous croyons en Dieu.*

Mais
Willst du mir nicht glauben? — *Ne veux-tu pas me croire ?*

Dialogue et expressions

An deiner Stelle weiß ich, was ich machen würde. — *À ta place je sais ce que je ferais.*
Ich bin dran. — *C'est mon tour.*

POUR ALLER PLUS LOIN

Prépositions suivies de l'accusatif

Que signifie ***durch** ?*

- **durch**, à travers, exprime aussi le moyen, l'intermédiaire :

Er geht durch den Garten. — *Il traverse le jardin.*
Durch Zufall bin ich meinem Freund begegnet. — *Par hasard, j'ai rencontré mon ami.*
Durch einen Bekannten habe ich die Nachricht erfahren. — *J'ai appris la nouvelle par une relation.*

Cite des verbes suivis de ***für**.*

- **für**, pour, se rencontre après certains verbes :

danken für	*remercier de*	*sorgen für*	*s'occuper de*
sich interessieren für	*s'intéresser à*	*halten für*	*tenir pour*

Ich danke dir für dein Geschenk. — *Je te remercie pour ton cadeau.*
Die Mutter sorgt für ihre Kinder. — *La mère se soucie de ses enfants.*
Wir halten ihn für einen Feind. — *Nous le tenons pour un ennemi.*

3e

- On trouve **um**, autour de, dans des expressions telles que :

Um Gottes willen! — *Pour l'amour de Dieu !*
Er ist um 4 Jahre älter sie. — *Il est plus âgé qu'elle de 4 ans.*

Traduis ***se soucier de**.*

Certains verbes sont toujours suivis de **um** :

sich kümmern um	*se soucier de*	*weinen um*	*pleurer quelqu'un*
bitten um	*demander quelque chose*	*sich handeln um*	*s'agir de*
	prier quelqu'un de	*sich bewerben um*	*solliciter (emploi)*

Darf ich dich um ein Stück Zucker bitten? — *Est-ce que je peux te demander un morceau de sucre ?*
Ich bitte dich um Hilfe. — *Je te demande de l'aide.*
Die Kinder kümmern sich um ihre Tiere. — *Les enfants prennent soin de leurs animaux.*
Es handelt sich um einen Jungen, dessen Eltern sehr arm sind. — *Il s'agit d'un garçon dont les parents sont très pauvres.*
Sie will sich um eine Arbeitsstelle bewerben. — *Elle veut solliciter un emploi.*

La question qui correspond à **es handelt sich um** ou **es geht um**, *il s'agit de*, est :

Worum handelt es sich? *Worum geht es?*	*De quoi s'agit-il ?*

Il ne faut pas confondre l'interrogatif **worum** et **warum**, pourquoi
um peut être renforcé par **herum** :

Um mich herum.	*Tout autour de moi.*

Prépositions suivies du datif

Que signifient ***aus*** *et* ***von*** *?*

- **aus**, hors de
- **von**, de (origine)

Er kommt um halb fünf aus der Schule.	*Il sort de l'école à 4 heures et demie.*
Der Frosch trinkt aus dem Becher der Prinzessin.	*La grenouille boit dans le gobelet de la princesse.*
Ich nehme das Bild von der Wand.	*Je décroche l'image du mur.*
Der Flug von Paris nach Frankfurt war angenehm.	*Le vol de Paris à Francfort était agréable.*

aus indique la matière ou le motif :

Die Uhr ist aus Gold, der Ring ist aus Silber.	*La montre est en or, la bague est en argent.*
Das Haus der Hexe ist aus Zucker und Schokolade.	*La maison de la sorcière est en sucre et en chocolat.*
Aus Eifersucht hat er getötet.	*Il a tué par jalousie.*
Aus diesem Grund will er zu Hause bleiben.	*Pour cette raison, il veut rester à la maison.*

von introduit souvent le complément de nom :

Die Fabrik von Herrn Müller steht außerhalb der Stadt.	*L'usine de M. Müller se trouve à l'extérieur de la ville.*

Quelques verbes sont suivis de **aus** :

schließen aus	*conclure*	*bestehen aus*	*se composer de*

Die Familie besteht aus fünf Mitgliedern.	*La famille se compose de cinq membres.*
Was schließt du daraus?	*Qu'est-ce que tu en conclus ?*

3e

Traduis ***parler de.***

Plusieurs verbes sont suivis de **von** :

sprechen von	*parler de*	*hören von*	*entendre parler de*
erzählen von	*parler de*	*träumen von*	*rêver de*

Die Geschichte erzählt von zwei Kindern.	*L'histoire parle de deux enfants.*
Meine Schwester spricht von einem Freund, den sie in Amerika kennengelernt hat.	*Ma sœur parle d'un ami qu'elle a connu en Amérique.*
Ich träume von einem Schiff.	*Je rêve d'un bateau.*
Warum lässt du nicht von dir hören?	*Pourquoi ne donnes-tu pas de tes nouvelles ?*

Dialogue et expressions

Von diesem Fenster aus hat man eine schöne Aussicht.	*De cette fenêtre, on a une belle vue.*
Fontainebleau liegt nicht weit von Paris entfernt.	*Fontainebleau n'est pas très loin de Paris.*
Was ist er von Beruf?	*Quelle est sa profession ?*

*Quelle est l'opposition entre **bei** et **zu** ?*

- **bei** chez (quand on est chez quelqu'un), près de
- **zu** chez (quand on va chez quelqu'un)

Ich gehe zum Arzt.	*Je vais chez le médecin.*
Beim Arzt warte ich lange.	*Chez le médecin, j'attends longtemps.*

on dit :

Wie komme ich zum Rathaus?	*Comment est-ce que je vais à la mairie ?*
Wir gehen zur Schule.	*Nous allons à l'école.*
Wir gehen zur Post.	*Nous allons à la poste.*
Wir gehen zum Bahnhof.	*Nous allons à la gare.*
Mein Nachbar arbeitet bei der Post.	*Mon voisin travaille à la poste.*
Wir wohnen bei München.	*Nous habitons près de Munich.*
Während der Ferien hat er bei einer deutschen Familie gewohnt.	*Pendant les vacances, il a habité dans une famille allemande.*

POUR ALLER PLUS LOIN

Verbes suivis de **zu** :

dienen zu	*servir à*	*passen zu*	*convenir à*
einladen zu	*inviter à*	*sagen zu*	*dire de*
zählen zu	*compter parmi*	*gratulieren zu*	*féliciter de*

Ich gratuliere dir zum Geburtstag.	*Je te souhaite un bon anniversaire.*
Er will mich zum Abendessen einladen.	*Il veut m'inviter à dîner.*
Die rote Tasche passt zu den roten Schuhen.	*Le sac rouge va avec les chaussures rouges.*

Dialogue et expressions

Bei schönem Wetter gehen wir ins Schwimmbad.	*Par beau temps, nous allons à la piscine.*
Bei der Gelegenheit...	*À cette occasion...*
Er hat kein Geld bei sich.	*Il n'a pas d'argent sur lui.*
Er lässt den Teller zu Boden fallen.	*Il fait tomber l'assiette par terre.*
Er kommt zu spät.	*Il arrive trop tard.*
Zu meiner großen Freude bekomme ich einen Brief von meinem Sohn.	*À ma grande joie, je reçois une lettre de mon fils.*

3e

bei suivi d'un infinitif substantivé correspond à *en* + participe présent :

Beim Tanzen verliert sie einen Schuh.	*En dansant, elle perd une chaussure.*

- **nach**, *vers, en, pour* (en direction de) peut aussi avoir le sens de après :

Wir fahren nach Deutschland.	*Nous partons pour l'Allemagne.*
Wir fahren in die Schweiz.	*Nous partons pour la Suisse.*

*Quelle est la différence entre **nach**, **nachher** et **nachdem** ?*

Quand le nom de pays est précédé de l'article défini, on emploie **in** pour exprimer la direction, sinon on emploie **nach.**
Il ne faut pas confondre **nach**, préposition, qui se place devant un nom et qui signifie *après*, avec l'adverbe **nachher**, *ensuite*, et **nachdem**, *après que*, qui introduit une subordonnée :

Nach dem Abendessen raucht er eine Zigarette.	*Après le dîner, il fume une cigarette.*
Nachher sieht er fern.	*Ensuite, il regarde la télévision.*
Nachdem er ferngesehen hat, geht er zu Bett.	*Après avoir regardé la télévision, il va se coucher.*

Verbes suivis de **nach** :

Sich erkundigen nach	*s'informer de*	*fragen nach*	*s'enquérir de*

Der Schüler fragt den Lehrer nach dem Sinn des Wortes. — *L'élève demande le sens du mot au professeur.*

Der Fußgänger fragt den Schutzmann nach seinem Weg. — *Le piéton demande son chemin à l'agent.*

- **mit**, avec

Verbes suivis de **mit** :

anfangen mit	*commencer par*	*rechnen mit*	*tenir compte de*
aufhören mit	*cesser de*	*sich beschäftigen mit*	*s'occuper de*
vergleichen mit	*comparer avec*		
meinen mit	*vouloir dire*	*Was meinst du damit?*	*Que veux-tu dire par là ?*

Cite des verbes suivis de **mit**.

Dialogue et expressions

Mit 16 Jahren darf man die Schule verlassen. — *À 16 ans, on peut quitter l'école.*

Ein Mädchen mit blondem Haar, blauen Augen, roten Wangen. — *Une fille aux cheveux blonds, aux yeux bleus, aux joues rouges.*

Wir reisen mit dem Zug. — *Nous voyageons en train.*

POUR ALLER PLUS LOIN

Prépositions suivies du génitif

***Während** der Ferien liest sie gern.* — *Pendant les vacances, elle aime lire.*

***Wegen** der Kälte bleibt sie zu Hause.* — *En raison du froid, elle reste à la maison.*

***Trotz** des Regens geht sie spazieren.* — *Malgré la pluie, elle va se promener.*

***Statt** eines Regenmantels kauft sie einen Regenschirm.* — *Au lieu d'un imperméable, elle achète un parapluie.*

*Die Stadt liegt **jenseits** des Rheins.* — *La ville se trouve de l'autre côté du Rhin.*

***Anlässlich** seines Geburtstags bekommt er eine Uhr geschenkt.* — *À l'occasion de son anniversaire, il reçoit une montre en cadeau.*

Certains adverbes qui font fonction de préposition sont suivis du génitif :

außerhalb	*à l'extérieur de*	*jenseits*	*de ce coté-là*
innerhalb	*à l'intérieur de*	*inmitten*	*au milieu de*
oberhalb	*au-dessus de*	*längs*	*le long de*
unterhalb	*en dessous de*	*unweit*	*non loin*
diesseits	*de ce côté-ci*	*anlässlich*	*à l'occasion de*

3[e]

Compléments de temps introduits par des prépositions

Prépositions pour l'expression du temps

Quelle préposition emploie-t-on devant les mois ?

Par ❤

- **Devant les mois, les saisons, l'année, on emploie *in* + datif :**

Im Jahre 1961 wurde die Berliner Mauer errichtet. — *En 1961, on construisit le mur de Berlin.*

1961 wurde die Berliner Mauer errichtet.

Dialogue et expressions

in einigen Tagen	*dans quelques jours*	*in diesem Augenblick*	*à cet instant*
in ein paar Tagen	*dans quelques jours*	*in einer Stunde*	*dans une heure*
in vierzehn Tagen	*dans 15 jours*	*in einer halben Stunde*	*dans une demi-heure*

Quelle préposition emploie-t-on devant les jours ?

Par ❤

- **Devant les jours, les parties de la journée, on emploi *an* + datif :**

An diesem Tag konnte er das Museum nicht besuchen. — *Ce jour-là, il ne put visiter le musée.*

Dialogue et expressions

am nächsten Tag	*le jour suivant*	*am Ende, am Anfang*	*à la fin, au début*
am nächsten Morgen	*le lendemain matin*	*am Tag*	*pendant la journée*

Par ❤

- **On emploie *zu* devant les fêtes :**

Zu Ostern bringt der Osterhase den Kindern Schokolade. — *À Pâques, le lièvre de Pâques apporte des chocolats aux enfants.*
Zu Weihnachten schmücken wir den Weihnachtsbaum. — *À Noël, nous décorons le sapin.*

Traduis ***il y a un mois.***

- ***vor* + datif = il y a (dans le temps) :**

Vor einem Monat war ich in Deutschland. — *Il y a un mois, j'étais en Allemagne.*
Vor 2 Tagen war er in Berlin. — *Il y a 2 jours, il était à Berlin.*
Vor einer halben Stunde war ich noch im Kino. — *Il y a une demi-heure, j'étais encore au cinéma.*

- ***gegen* devant l'heure signifie aux environs de :**

Er kommt gegen 6 Uhr. — *Il vient aux environs de 6 heures.*

- ***seit*, depuis, se retrouve dans beaucoup d'expressions :**

seit kurzem — *depuis peu*
seit letzter Woche — *depuis la semaine dernière*
Wir lernen Deutsch seit einem Jahr. — *Nous apprenons l'allemand depuis un an.*

3e

Ne pas confondre

von Zeit zu Zeit	*de temps en temps*	*seit*	*depuis*
zur Zeit ist er verreist	*en ce moment, il est en voyage*	*die Zeit*	*le temps*

Les préverbes

Cite les préverbes inséparables.

Il ne faut pas confondre les préverbes inséparables **be-**, **emp-**, **ent-**, **er-**, **ge-**, **miß-**, **ver-**, **zer-** avec les préverbes séparables, petits mots détachables qui font partie du verbe, et les prépositions qui, elles, précèdent un nom.
Parfois le préverbe et la préposition ont une même forme :

Das Mädchen passt auf die Kinder auf. — *La jeune fille surveille les enfants.*
Du sollst gut auf den Verkehr aufpassen. — *Tu dois bien faire attention à la circulation.*
Wir steigen aus dem Zug aus. — *Nous descendons du train.*

ou une forme approchante :

Der Ober tritt an den Tisch heran.	*Le maître d'hôtel s'approche de la table.*

Il faudra distinguer le préverbe parmi les autres constituants de la phrase :

Der Kongreß findet in einer kleinen Stadt statt.	*Le congrès a lieu dans une petite ville.*

Nous remarquerons qu'un verbe peut faire fonction de préverbe séparable :

Voriges Jahr habe ich ihn kennengelernt.	*L'année dernière j'ai fait sa connaissance.*

Un même préverbe peut avoir des sens différents, mais certains préverbes séparables gardent toujours le même sens.

*Quel est le sens de **zurück** ?*

Par ❤

- **zurück** marque le retour au point d'origine :

zurückgehen / *zurückkommen*	*revenir*	*zurückkehren*	*retourner*
		zurückgeben	*rendre*

Gib mir bitte den Füller zurück!	*Rends-moi le stylo s'il te plaît!*
Der Lehrer gibt den Schülern die Aufgaben zurück.	*Le professeur rend les exercices aux élèves.*

*Quel est celui de **mit** ?*

- **mit** conserve son sens de *avec* :

mitbringen	*emporter avec soi*	*mitfahren*	*accompagner (en véhicule)*
mitnehmen	*prendre avec soi*		
mitkommen	*accompagner*	*mitspielen*	*participer (jeu)*

Kommst du mit?	*M'accompagnes-tu ? (Viens-tu ?)*
Nimmst du den Regenschirm mit?	*Prends-tu le parapluie ?*

*Quel est le sens de **fort** ? De **weg** ?*

- **weg**, **fort** marquent l'éloignement.
Ces préverbes sont parfois employés seuls :

er ist weg	*il est parti*	*weglaufen*	*partir en courant*
weg mit dir!	*va-t-en !*	*fortfahren*	*partir, continuer*
weggehen	*partir*	*fortlaufen*	*partir en courant*

3e

- **los**, qui peut indiquer l'éloignement, le départ, a un sens plus général :

Jetzt geht es los!	*Maintenant c'est parti ! (ça commence !)*
In Paris ist immer etwas los.	*À Paris, il se passe toujours quelque chose.*
Was ist los mit dir?	*Qu'est-ce que tu as ?*

*Que signifie **wieder** ?*

- **wieder** signifie de nouveau :

wiedersehen	*revoir*	*wiederkommen*	*revenir*

Seul **wiederholen**, répéter, est un verbe à préverbe inséparable :

Wiederhole, bitte!	*Répète, s'il te plaît !*

Ne pas confondre

Il faudra distinguer **wiederkommen**, venir une nouvelle fois dans un endroit (ou dans le sens d'une action qui se renouvelle), et **zurückkommen**, revenir au point de départ.

Que signifie ***weiter** ?*

• **weiter** donne la notion de continuité :

weiterlesen	*continuer à lire*	*weiterfahren*	*continuer à rouler*
weiterschreiben	*continuer à écrire*	*weitergehen*	*continuer*

• Les verbes qui sont formés avec les préverbes **zu** ou **nach** sont suivis du datif :

zuhören	*écouter*	*nachsehen*	*vérifier*
zusehen	*regarder*	*hör mir gut zu!*	*écoute-moi bien !*
zuschauen	*regarder*	*er laüft mir nach*	*il me suit en courant*
nachlaufen	*suivre en courant*	*sieh ihm zu!*	*regarde-le !*

• Certains préverbes s'opposent :

***ein**steigen*	*monter (dans un véhicule)*	***ein**ziehen*	*emménager*
***aus**steigen*	*descendre (d'un véhicule)*	***aus**ziehen*	*déménager (quitter un logement)*
umsteigen	*changer (de train, de métro)*	*umziehen*	*déménager*
***an**ziehen*	*enfiler (un vêtement)*	***ein**schalten*	*allumer (télévision)*
***aus**ziehen*	*ôter (un vêtement)*	***aus**schalten*	*éteindre*
sich umziehen	*se changer*	*umschalten*	*changer de chaîne*

Des verbes identiques peuvent avoir des sens différents :

Er zieht sich an.	*Il s'habille.*	*Ich habe mich umgezogen.*	*Je me suis changé.*
Er zieht mich an.	*Il m'attire.*		
Ich ziehe mich aus.	*Je me déshabille.*	*Sie sind umgezogen.*	*Ils ont déménagé.*
Ich ziehe aus.	*Je déménage.*		

• Un certain nombre de verbes rendent la notion d'ouverture et de fermeture :

aufmachen	*ouvrir (porte, bouche)*	*anstellen*	*allumer (radio, télévision, machine)*
zumachen	*fermer*		
anmachen	*ouvrir (lumière)*	*abstellen*	*éteindre (radio, télévision, machine)*
ausmachen	*fermer (lumière)*		
anzünden	*allumer (cigarettes, bougies)*	*ausblasen*	*souffler (bougies)*

Der Arzt sagt : — Le médecin dit :

„Machen Sie bitte den Mund auf!" — *« Ouvrez la bouche s'il vous plaît ! »*

Er zündet die Kerzen an. — *Il allume les bougies.*

3e

Remarques

ausmachen et **anstellen** ont des sens différents :

Das macht mir nichts aus.	*Ça ne me fait rien.*
Er wird als Kellner angestellt.	*Il est engagé comme serveur.*

De plus, ces préverbes séparables sont souvent employées seuls :

Die Bank ist zu.	*La banque est fermée.*

Dans certains cas, le préverbe séparable est double :

hinaufgehen	*monter un escalier*	*heraufkommen*	*monter (escalier)*
hinuntergehen	*descendre un escalier*	*herunterkommen*	*descendre (escalier)*

auf, qui indique le mouvement vers le haut, s'oppose à **unter**, qui indique le mouvement vers le bas.
hin indique l'éloignement par rapport à la personne qui parle, **her** le rapprochement.
Les particules **hin** et **her** peuvent être associées aux différentes prépositions :

Wir können das Geld nicht zum Fenster hinauswerfen.	*Nous ne pouvons pas jeter l'argent par les fenêtres.*
Willst du den ganzen Tag in Cafés herumsitzen?	*Veux-tu passer toute ta journée à être assis dans des cafés ?*

- **Certains verbes de base sont associés à un grand nombre de préverbes**

nehmen prendre

- ***abnehmen*** – *diminuer ; mincir*
  Du bist zu dick, du musst abnehmen. – *Tu es trop gros, tu dois mincir.*
  Im Winter nehmen die Tage ab. – *En hiver, les jours diminuent.*
- ***sich benehmen*** – *se comporter*
  Das Kind benimmt sich nicht gut. – *L'enfant ne se comporte pas bien.*
- ***übernehmen*** – *reprendre*
  Er übernimmt den Betrieb des Vaters. – *Il reprend l'entreprise du père.*
- ***unternehmen*** – *entreprendre*
  Wir unternehmen eine Fahrt auf dem Rhein. – *Nous entreprenons un voyage sur le Rhin.*
- ***annehmen*** – *accepter*
  Ich nehme die Einladung an. – *J'accepte l'invitation.*
- **aufnehmen** – *recevoir ; enregistrer*
  Er hat Musik aufgenommen. – *Il a enregistré de la musique.*
  Er wurde sehr herzlich aufgenommen. – *Il fut reçu très cordialement.*
- ***festnehmen*** – *arrêter*
  Die Polizei nimmt den Dieb fest. – *La police arrête le voleur.*
- **mitnehmen** – *emporter*
  Was nimmst du mit? – *Qu'est-ce que tu emportes ?*
- **teilnehmen** – *participer*
  Er will am Fasching teilnehmen. – *Il veut participer au carnaval.*
- ***zunehmen*** – *augmenter, grossir*
  Im Winter nehmen die Nächte zu. – *En hiver, les nuits rallongent.*

*Que signifie **aufnehmen** ?*

halten s'arrêter (voiture) tenir

- ***behalten*** – *conserver*
  Behalte die Karten! – *Garde les billets !*
- ***enthalten*** – *contenir*
  Die Flasche enthält Rotwein. – *La bouteille contient du vin rouge.*
- ***erhalten*** – *recevoir (lettre)*
  Wir erhielten den Brief vor 2 Tagen. – *Nous reçûmes la lettre il y a 2 jours.*
- ***anhalten*** – *s'arrêter ; durer*
  Die Polizei hält den Wagen an. – *La police arrête la voiture.*
  Der Schnee hielt 10 Tage an. – *La neige dura 10 jours.*
- ***sich aufhalten*** – *séjourner*
  Er hält sich in Deutschland auf. – *Il séjourne en Allemagne.*
- ***aushalten*** – *supporter*
  Ich halte ihn nicht mehr aus. – *Je ne le supporte plus.*
- **unterhalten** – *entretenir*
  Es ist teuer, einen Wagen zu unterhalten. – *C'est cher d'entretenir une voiture.*
- ***durchhalten*** – *tenir*
  Sie will die ganze Woche durchhalten. – *Elle veut tenir toute la semaine.*

*Traduis **anhalten**.*

3e

L'adjectif substantivé

Certains noms dérivés d'adjectifs vont se décliner comme des adjectifs épithètes :

der Kranke — *le malade* — *krank* — *malade*

- **Déclinaison du nom singulier précédé de l'article défini**

nominatif	Der Kranke bleibt zu Hause.	*Le malade reste à la maison.*
accusatif	Wir besuchen den Kranken.	*Nous rendons visite au malade.*
datif	Wir bringen dem Kranken Obst.	*Nous apportons des fruits au malade.*
génitif	Das Zimmer des Kranken ist hell.	*La chambre du malade est claire.*

- **Déclinaison du nom pluriel précédé de l'article défini**

nominatif	Die Kranken bleiben zu Hause.	*Les malades restent à la maison.*
accusatif	Wir besuchen die Kranken.	*Nous rendons visite aux malades.*
datif	Wir bringen den Kranken Obst.	*Nous apportons des fruits aux malades.*
génitif	Die Zimmer der Kranken sind hell.	*Les chambres des malades sont claires.*

- **Déclinaison du nom singulier précédé de l'article indéfini**

nominatif	Ein Kranker bleibt zu Hause.	*Un malade reste à la maison.*
accusatif	Wir besuchen einen Kranken.	*Nous rendons visite à un malade.*
datif	Wir bringen einem Kranken Obst.	*Nous apportons des fruits à un malade.*
génitif	Das Zimmer eines Kranken ist hell.	*La chambre d'un malade est claire.*

- **Déclinaison du nom pluriel précédé d'aucun déterminant**

nominatif	Kranke bleiben zu Hause.	*Des malades restent à la maison.*
accusatif	Wir besuchen Kranke.	*Nous visitons des malades.*
datif	Wir bringen Kranken Obst.	*Nous apportons des fruits à des malades.*

Par ♥ **3e**

L'adjectif substantivé est très fréquent en allemand :

der Arme	*le pauvre*	der Große	*le grand*
der Reiche	*le riche*	die Kleine	*la petite*
der Weiße	*le Blanc*	der Vierzehnjährige	*le jeune de 14 ans*
der Schwarze	*le Noir*	der Deutsche	*l'Allemand*
der Blinde	*l'aveugle*	der Volljährige	*le majeur*
der Taube	*le sourd*	der Minderjährige	*le mineur.*

Comment dis-tu ***le riche, le pauvre*** *?*

Certains noms se déclinent comme des adjectifs substantivés :

der Beamte — *le fonctionnaire* — *ein Beamter* — *un fonctionnaire.*

D'autres adjectifs substantivés sont formés à partir de participes passés et de participes présents :

der Reisende	*le voyageur*	der Bekannte	*l'ami (la relation)*
der Angestellte	*l'employé*	der Verwandte	*le parent*
der Abgeordnete	*le député*	der Erwachsene	*l'adulte.*

Traduis ***l'adulte.***

L'adjectif substantivé neutre indique une notion générale :

das Gute	*le bien*	das Böse	*le mal*

Mais :

die Linke	*la gauche*	die Rechte	*la droite.*

Remarque

L'infinitif peut aussi être substantivé. Il s'écrit alors avec une majuscule, est neutre et invariable. Il indique une notion générale.

Ich habe viele Sachen zum Anziehen.	*J'ai beaucoup de choses à me mettre (pour m'habiller).*
das Essen	*le fait de manger*
das Trinken	*le fait de boire*
Das Rauchen ist ihm verboten.	*Il lui est interdit de fumer.*
Welch ein Wiedersehen!	*Quelles retrouvailles !*

On le rencontre souvent après les prépositions **bei** et **zu** :

Er hilft der Mutter beim Kochen.	*Il aide sa mère à faire la cuisine.*
Zum Ski laufen brauche ich gute Skier.	*Pour faire du ski, j'ai besoin de bons skis.*
Er möchte sich etwas zum Lesen kaufen.	*Il voudrait s'acheter quelque chose à lire.*
Wozu dient die Schere? Zum Schneiden.	*À quoi servent les ciseaux ? À couper.*
Zum Essen geht er ins Restaurant.	*Pour manger, il va au restaurant.*
Das Autofahren bei kaltem Wetter ist gefährlich!	*Conduire par temps froid est dangereux !*
Das Lesen der Zeitung ist nützlich.	*La lecture du journal est utile.*

L'adjectif épithète

- **Les noms de villes peuvent servir à former des adjectifs épithètes.**
  Le nom conserve une majuscule et on lui ajoute **-er.**
  Cet adjectif est invariable.

Forme l'adjectif épithète avec ***Paris.***

Par ❤

*die Pari**ser** Mode*	*la mode parisienne*
*die Münchn**er** Zeitung*	*le journal de Munich*
*das Münchn**er** Bier*	*la bière munichoise*
*der Köln**er** Dom*	*la cathédrale de Cologne*
*das Straßburg**er** Münster*	*la cathédrale de Strasbourg*
*die Frankfurt**er** Würstchen*	*les saucisses de Francfort*

3e

POUR ALLER PLUS LOIN

Pour exprimer le nombre d'années, on peut former un adjectif épithète qui se décline en ajoutant au nombre le suffixe **-jährig**.

*der Fünfzehnjährig**e***	*l'enfant âgé de 15 ans*
*der Dreißigjährig**e** Krieg*	*la guerre de Trente Ans*
*eine zweitausendjährig**e** Geschichte*	*une histoire vieille de deux mille ans*

Le participe passé et le participe présent (obtenu en ajoutant un **-d** à l'infinitif) peuvent servir d'adjectifs épithètes.

Traduis ***un enfant souriant.***

*ein lächelnde**s** Kind*	*un enfant souriant*
*Ich lese eine spannen**de** Geschichte.*	*Je lis une histoire passionnante.*
*Es war ein anstrengende**r** Tag.*	*Ce fut une journée épuisante.*
*Das ist eine dringend**e** Sache.*	*C'est une affaire pressante.*
*ein Zimmer mit fließend**em** Wasser*	*une chambre avec eau courante*
*ein gestohlen**er** Wagen*	*une voiture volée*
*ein schon getragen**er** Hut*	*un chapeau déjà porté*
*gebraucht**e** Wagen*	*voitures d'occasion*
*ein verloren**es** Kind*	*un enfant perdu*

Remarques

Le participe présent ou le participe passé peuvent être précédés de compléments ou autres adjectifs : ces différents constituants seront intercalés entre l'article et le nom.

*die in Indien hergestellt**en** Waren*	*les marchandises fabriquées aux Indes*
*ein zu Hause weinend**es** Kind*	*un enfant qui pleure à la maison*
*die mit ihren Kindern nicht zufrieden**en** Eltern*	*les parents non satisfaits de leurs enfants*
*der auf sein Fahrrad stolz**e** Junge*	*le garçon fier de sa bicyclette.*

Cette construction est fréquente avec les adjectifs qui indiquent une mesure.

*der hundert Meter hoh**e** Turm*	*la tour haute de 100 mètres*
das zwanzig Kilometer entfernte Dorf	*le village distant de 20 kilomètres*

Avec les verbes de position **stehen**, **liegen**, **sitzen**, **hängen**, on ne trouve jamais de participe passé mais un participe présent.

*die im Wagen sitzend**en** Kinder*	*les enfants qui sont assis dans la voiture*
*der im Krankenhaus liegend**e** Junge*	*le garçon qui se trouve à l'hôpital*
*der auf dem Tisch liegend**e** Zettel*	*le papier qui se trouve sur la table*
*die an den Wänden hängend**en** Bilder gefallen mir*	*les images qui sont accrochées au mur me plaisent*

Par ❤

- **Les noms de pays ne sont pas précédés d'un article, sauf s'ils sont accompagnés d'un adjectif épithète.**

Quand les noms de pays sont-ils accompagnés d'un article ?

Ils sont alors précédés de l'article **das** :

Frankreich	*la France*
Italien	*l'Italie*
Deutschland	*l'Allemagne*
das geteilte Deutschland	*l'Allemagne divisée*
das sonnige Italien	*l'Italie ensoleillée*

Mais on dit :

ganz Spanien	*toute l'Espagne*
halb Deutschland	*la moitié de l'Allemagne*
die Schweiz	*la Suisse*

3e

Le pronom indéfini

Le pronom indéfini **man**, on, ne s'emploie qu'au nominatif ; à l'accusatif, il est remplacé par **einen** et au datif par **einem**.

Par ❤

jemand	*quelqu'un*	einige	*quelques*
niemand	*personne*	mehrere	*plusieurs*
etwas	*quelque chose*	viele	*beaucoup*
nichts	*rien*	wenige	*peu*
alles, alle	*tout, tous*	der eine	*l'un*
ein bißchen	*un peu*	der andere	*l'autre*
ein wenig	*un peu*		

*Traduis **rien, un peu, beaucoup.***

L'adjectif qui suit **etwas** ou **nichts** prend une majuscule et se décline :
etwas Schönes *quelque chose de beau* nichts Neues *rien de nouveau*
mais,
nichts anderes *rien d'autre*

Certains pronoms indéfinis se déclinent comme l'article défini

masculin	féminin	neutre	pluriel
einer un	eine	eines	welche
keiner aucun	*keine*	*keines*	*keine*
jeder chacun	*jede*	*jedes*	
mancher maint	*manche*	*manches*	*manche*

Das weiß jeder! — *Chacun sait cela !*
Hast du ein Buch? Nein, ich habe keines. — *As-tu un livre ? Non, je n'en ai aucun.*
Hast du einen Wagen? Nein, ich habe keinen. — *As-tu une voiture ? Non, je n'en ai pas.*
Hast du eine Uhr? Nein, ich habe keine. — *As-tu une montre ? Non, je n'en ai pas.*

*Quand emploie-t-on **etwas** au lieu de **nichts**.*

etwas a souvent le sens de un peu :
Möchtest du noch etwas Kaffee? — *Voudrais-tu encore un peu de café ?*

On emploie **etwas** et non pas **nichts** si la phrase comporte déjà une négation :
Niemand sagte etwas. — *Personne ne dit rien.*
Das ist alles! — *C'est tout !*
Er glaubt alles zu wissen. — *Il croit tout savoir.*
Vor allem sollst du deinen Eltern gehorchen! — *Avant tout, il faut que tu obéisses à tes parents !*

irgend ajoute un sens indéfini au mot qu'il précède :

irgendetwas	*n'importe quoi*	irgendjemand	*n'importe qui*
irgendwo	*n'importe où*	irgendwer	*n'importe qui*
irgendwann	*n'importe quand*	irgendwas	*n'importe quoi*
irgendwie	*n'importe comment*	irgendeiner	*n'importe qui*

Place du pronom personnel

3e

*Traduis **Udo les lui apporte**. (les disques)*

Si, dans une phrase, on veut remplacer le complément au datif et le complément à l'accusatif par les pronoms correspondants, on doit mettre le pronom à l'accusatif avant le pronom au datif :
Der Weihnachtsmann gibt den Kindern die Geschenke. — *Le père Noël donne les cadeaux aux enfants.*
Der Weihnachtsmann gibt sie ihnen. — *Le père Noël les leur donne.*
Udo bringt dem Vater die Schallplatten. — *Udo apporte les disques à son père.*
Udo bringt sie ihm. — *Udo les lui apporte.*
Haben Sie es ihm gesagt? — *Lui avez-vous dit ?*
Nimm den Füller und gib ihn mir! — *Prends le stylo et donne-le-moi !*

Remarque

Le pronom personnel complément à la 3e personne du singulier est **sich** quand il désigne la même personne que le sujet. On distinguera :
Er arbeitet für den Vater. — *Il travaille pour son père.*
Er arbeitet für ihn. — *Il travaille pour lui.*
et
Er arbeitet für sich (selbst). — *Il travaille pour lui-même.*
Er hat nie Geld bei sich. — *Il n'a jamais d'argent sur lui.*
Sie wollte nicht viele Leute um sich haben. — *Elle ne voulait pas avoir beaucoup de gens autour d'elle.*

Le pronom possessif

Traduis **le mien, le nôtre, le leur.**

meiner, *le mien* ; **deiner**, *le sien* ; **seiner**, *le sien* ; **unserer**, *le nôtre* ; **eurer**, *le vôtre* ; **ihrer**, *le leur* se déclinent comme l'article défini.

Wo ist dein Sohn? Meiner ist bei seiner Großmutter.	*Où est ton fils ? Le mien est chez sa grand-mère.*
Wo arbeitet deine Tochter?	*Où travaille ta fille ?*
Meine arbeitet in einem Büro.	*La mienne travaille dans un bureau.*

On peut trouver **der meine** ou **der meinige**, à la place de **meiner**. **Meine** et **meinige** se déclinent comme des adjectifs épithètes .

Le pronom démonstratif

wer..., der	*celui qui*	jener	*celui-là*
dieser	*celui-ci*	solcher	*tel*

se déclinent comme l'article défini.

derjenige, der	*celui qui*	derselbe	*le même*

se déclinent comme l'article défini suivi d'un adjectif épithète.

Wer gewinnen will, der muss trainieren.	*Celui qui veut gagner doit s'entraîner.*
Dieser ist dafür, jener dagegen.	*Celui-ci est pour, celui-là est contre.*
Wer will, der kann.	*Celui qui veut peut.*
Derjenige, der für den Unfall verantwortlich war, wurde verhaftet.	*Celui qui était responsable de l'accident fut arrêté.*

Par ❤

derselbe, **dieselbe**, **dasselbe** peuvent être déterminants ou pronoms :

Ich habe gestern denselben Wagen gesehen.	*J'ai vu hier la même voiture.*
Würdest du in derselben Wohnung leben?	*Vivrais-tu dans le même appartement ?*
Sie trägt jeden Tag dasselbe Kleid.	*Elle porte tous les jours la même robe.*

3e

Remarque
ähnlich ou **gleich** traduisent la ressemblance, **derselbe** l'identité.

Verbes forts à connaître

• Verbes qui ont un même changement de voyelles au prétérit et au participe passé

infinitif	**prétérit**	**participe passé**	
bieten	bot	geboten	*offrir*
anbieten	bot an	angeboten	*offrir*
heben	hob	gehoben	*soulever*
aufheben	hob auf	aufgehoben	*ramasser, supprimer*
kriechen	kroch	gekrochen	*ramper*
lügen	log	gelogen	*mentir*
schließen	schloss	geschlossen	*fermer*
abschließen	schloss ab	abgeschlossen	*conclure, fermer à clé*
beschließen	beschloss	beschlossen	*décider*
(sich) entschließen	entschloss	entschlossen	*(se) décider*
schießen	schoss	geschossen	*tirer*
greifen	griff	gegriffen	*saisir*
angreifen	griff an	angegriffen	*attaquer*
pfeifen	pfiff	gepfiffen	*siffler*
zerreißen	zerriß	zerrissen	*déchirer*
reiten	ritt	geritten	*faire du cheval*
leihen	lieh	geliehen	*emprunter*
übertreiben	übertrieb	übertrieben	*exagérer*

Quel est le prétérit de ***schließen*** *?*

Que signifie ***leihen*** *?*

• Verbes dont le participe passé a la même voyelle que l'infinitif

infinitif	**prétérit**	**participe passé**	**présent**	
blasen	blies	geblasen	er bläst	*souffler*
fallen	fiel	gefallen	er fällt	*tomber*
auffallen	fiel auf	aufgefallen	er fällt auf	*surprendre*
einfallen	fiel ein	eingefallen	es fällt mir ein	*venir à l'esprit*
halten	hielt	gehalten	er hält	*s'arrêter, tenir*
anhalten	hielt an	angehalten	er hält an	*durer*
aushalten	hielt aus	ausgehalten	er hält aus	*supporter*
enthalten	enthielt	enthalten	er enthält	*contenir*
erhalten	erhielt	erhalten	er erhält	*recevoir, conserver*
unterhalten	unterhielt	unterhalten	er unterhält	*entretenir*
lassen	ließ	gelassen	er lässt	*laisser*
entlassen	entließ	entlassen	er entlässt	*congédier*
raten	riet	geraten	er rät	*conseiller*
hängen	hing	gehangen		*être suspendu*
abhängen	hing ab	abgehangen		*dépendre*
aufhängen	hing auf	aufgehangen		*accrocher*
fahren	fuhr	gefahren	er fährt	*aller, conduire*
erfahren	erfuhr	erfahren	er erfährt	*apprendre (une nouvelle)*
vorschlagen	schlug vor	vorgeschlagen	er schlägt vor	*proposer*
sehen	sah	gesehen	er sieht	*voir*

Donne le prétérit et le présent de ***fallen****.*

Donne ceux de ***lassen****.*

einsehen	sah ein	eingesehen	er sieht ein	*voir, comprendre*
nachsehen	sah nach	nachgesehen	er sieht nach	*suivre des yeux, vérifier*
geben	gab	gegeben	er gibt	*donner*
umgeben	umgab	umgeben	er umgibt	*entourer*

Que signifie ***nachsehen*** *?*

• Verbes dont l'infinitif, le prétérit et le participe passé ont des voyelles différentes

Donne le prétérit, le participe passé et le présent de ***stehlen*** *et de* ***empfehlen****.*

infinitif	**prétérit**	**participe passé**	**présent**	
befehlen	befahl	befohlen	er befiehlt	*ordonner*
empfehlen	empfahl	empfohlen	er empfiehlt	*recommander*
stehlen	stahl	gestohlen	er stiehlt	*voler*
sterben	starb	gestorben	er stirbt	*mourir*
brechen	brach	gebrochen	er bricht	*casser, se briser*
unterbrechen	unterbrach	unterbrochen	er unterbricht	*interrompre*
zerbrechen	zerbrach	zerbrochen	er zerbricht	*briser*
binden	band	gebunden		*lier*
verbinden	verband	verbunden		*relier*
klingen	klang	geklungen		*résonner*
sinken	sank	gesunken		*s'enfoncer, sombrer, baisser*
zwingen	zwang	gezwungen		*forcer à*
nehmen	nahm	genommen	er nimmt	*prendre*
annehmen	nahm an	angenommen	er nimmt an	*accepter*
abnehmen	nahm ab	abgenommen	er nimmt ab	*diminuer*
unternehmen	unternahm	unternommen	er unternimmt	*entreprendre*
teilnehmen	nahm teil	teilgenommen	er nimmt teil	*participer*

Donne ceux de ***abnehmen****.*

• Verbes faibles irréguliers

infinitif	**prétérit**	**participe passé**	**présent**	
wenden	wandte wendete	gewandt gewendet		*tourner*

3e

VERBES À CONNAÎTRE

• Les préverbes séparables sont en gras : **ab**hängen.

Par ❤

annehmen	*accepter*	**mit**teilen	*communiquer*
sich befinden	*se trouver*	**nach**sehen	*vérifier*
bemerken	*remarquer*	passen	*convenir*
berichten	*faire le récit, relater*	prüfen	*vérifier*
		raten	*conseiller*
bieten	*offrir*	reden	*parler, discourir*
einfallen	*venir à l'esprit*	schützen	*protéger*
einsehen	*voir, se rendre compte*	**teil**nehmen (an + dat.)	*participer à*

Que signifie ***einfallen*** *?*

Par ❤

empfehlen	*recommander*
sich entschließen	*se décider*
erfahren	*apprendre (nouvelle)*
folgen + dat.	*suivre*
gebrauchen	*utiliser*
sich gewöhnen (an + acc.)	*s'habituer (à)*
sich handeln (um + acc.)	*s'agir (de)*
sich kümmern (um + acc.)	*se soucier (de)*
melden	*annoncer*
überlegen	*réfléchir*
übertreiben	*exagérer*
unterbrechen	*interrompre*
sich unterhalten	*s'entretenir, se divertir*
unternehmen	*entreprendre*
vorschlagen	*faire une proposition*
vorstellen	*présenter (= faire les présentations), imaginer*
wagen	*oser*
zögern	*hésiter*

*Traduis **s'agir de**.*

anstellen	*allumer (télé), embaucher*
aushalten	*supporter*
beneiden	*envier*
benutzen	*utiliser*
beobachten	*observer*
drücken	*appuyer, pousser*
heiraten	*se marier*
lächeln	*sourire*
leihen	*prêter, louer*
sich lohnen	*valoir la peine*
lösen	*résoudre*
lügen	*mentir*
malen	*peindre*
mieten	*louer*
reichen	*suffire*
reiten	*faire du cheval*
retten	*sauver*
sammeln	*collectionner*
schaffen	*faire*
sich schämen (+ gén.)	*avoir honte de*
schätzen	*apprécier, évaluer*
schimpfen	*gronder*
sich schminken	*se maquiller*
schmücken	*décorer*
sich streiten	*se disputer*
tauchen	*plonger*
tauschen	*échanger*
trösten	*consoler*
übersetzen	*traduire*
verbinden	*relier*
sich verloben	*se fiancer*
vermuten	*présumer*
versuchen	*essayer*
verteidigen	*défendre*
verwechseln	*confondre*
vorhaben	*projeter, avoir l'intention de*
wandern	*marcher, faire des randonnées*
wenden	*tourner*
zerstören	*détruire*
zittern	*trembler*

*Que signifie **übersetzen** ?*

3e

POUR ALLER PLUS LOIN

abhängen von	*dépendre de*
abnehmen	*décroître, mincir*
abschließen	*conclure*
anbieten	*offrir*
ändern	*changer*
anhalten	*arrêter, durer*
anschauen	*regarder*
auffallen	*frapper, surprendre*
aufhängen	*accrocher*
aufheben	*lever, ramasser, supprimer*
aufsetzen	*mettre*
sich beeilen	*se dépêcher*
befehlen	*donner un ordre*
beschließen	*conclure*
bestrafen	*punir*
klingen	*résonner*
kriechen	*ramper*
sich nähern + dat.	*s'approcher*
plaudern	*bavarder*
sich rasieren	*se raser*
reagieren	*réagir*
sich regen	*se mouvoir*
reißen	*déchirer*
rollen	*rouler*
rühren	*remuer*
schaden	*nuire, porter préjudice à*
scherzen	*faire une plaisanterie*
schießen	*tirer*
schütteln	*secouer*

*Traduis **se dépêcher**.*

blasen	*souffler*	spüren	*sentir*
enthalten	*contenir*	stehlen	*voler, dérober*
entlassen	*congédier*	sterben	*mourir*
entwickeln	*développer*	stimmen	*approuver*
erfinden	*trouver, inventer*	stören	*déranger*
erhalten	*recevoir*	turnen	*faire de la gymnastique*
sich erinnern (an + acc.)	*se souvenir (de)*	sich etwas überlegen	*réfléchir à*
erzeugen	*engendrer, fabriquer, produire*	umgeben	*entourer*
fortfahren	*partir, continuer*	sich verabschieden	*quitter, prendre congé*
hassen	*haïr*	verbrauchen	*consommer*
hindern	*empêcher*	sich an jemanden wenden	*se tourner vers quelqu'un*
hinzufügen	*ajouter*	zerbrechen	*briser*
klagen (über + acc.)	*se plaindre*	zwingen	*forcer, contraindre*
klettern	*grimper*		

Que signifie ***turnen*** *?*

Ne pas confondre

drücken	*appuyer, pousser*
drucken, (die Buchdruckerkunst, l'imprimerie)	*imprimer*
schenken	*offrir, faire un cadeau*
bieten, anbieten	*offrir, proposer*
Zu Weihnachten schenke ich dir einen Computer.	*Pour Noël je t'offre un ordinateur.*
Er bietet 5 000 DM für den Wagen.	*Il offre 5 000 marks pour la voiture.*
Die Stadt bietet sehr viel.	*La ville offre beaucoup de choses.*
leihen	*prêter*
entleihen	*emprunter*
Ich leihe ihm einen Füller.	*Je lui prête un stylo.*
Er hat ein Buch aus der Stadtbibliothek entliehen.	*Jl a emprunté un livre à la bibliothèque municipale.*

Quelle est la différence entre ***bieten*** *et* ***schenken*** *?*

Dialogue et expressions

das Angebot	*l'offre*
die Nachfrage	*la demande*
ich setze einen Hut auf	*je mets un chapeau*

Autour des verbes dire, raconter

sagen	*dire*	melden	*annoncer*
sprechen	*parler*	mitteilen	*communiquer, informer*
erzählen	*raconter*		
reden	*parler*	plaudern	*bavarder*
berichten	*faire le récit, relater*	sich unterhalten	*s'entretenir de*

Sprichst du Deutsch?	*Parles-tu allemand ?*
Die Großmutter erzählt den Kindern ein Märchen.	*La grand-mère raconte un conte aux enfants.*

Traduis ***raconter****.*

Erzähle mir keine Märchen!	*Ne me raconte pas d'histoire !*
Reden ist Silber, Schweigen ist Gold.	*La parole est d'argent, le silence est d'or.*
Der Wetterbericht meldet Schneefälle.	*La météorologie annonce des chutes de neige.*
Wen darf ich melden?	*Qui dois-je annoncer ?*
Ich unterhalte mich mit meiner Freundin.	*Je m'entretiens avec mon amie.*
Das hängt davon ab.	*Cela dépend.*
Es ist die Rede von...	*Il est question de...*
Es handelt sich um...	*Il s'agit de...*
Darf ich vorstellen?	*Est-ce que je peux faire les présentations ?*
Ich kann es mir vorstellen.	*Je peux me l'imaginer.*
Was schlägst du vor?	*Qu'est-ce que tu proposes ?*
Ich schlage vor, ins Kino zu gehen.	*Je propose d'aller au cinéma.*
Darf ich dich einen Moment stören?	*Est-ce que je peux te déranger un moment ?*
Ich kann ihn nicht aushalten.	*Je ne peux pas le supporter.*
Ich schätze den Ring auf 1 000 DM.	*J'évalue la bague à 1 000 marks.*
Ich schätze Pünktlichkeit.	*J'apprécie l'exactitude.*

Traduis ***cela dépend.***

Situations de communication

Situer dans l'espace

Indiquer la provenance

Traduis ***d'où venez-vous.***

Woher kommen Sie? Aus Süddeutschland.	*D'où venez-vous ? Du Sud de l'Allemagne.*
Wo kommst du her? Von zu Hause.	*D'où viens-tu ? De chez moi.*
Woher hast du die CD? Von Daniels Bruder.	*De qui tiens-tu le CD ? Du frère de Daniel.*

Indiquer où on se trouve

Traduis ***elle habite là-bas.***

Wo ist er? Zu Hause? Im Kino?	*Où est-il ? A la maison ? Au cinéma ?*
Er ist nicht hier.	*Il n'est pas ici.*
Bist du da?	*Es-tu là ?*
Sie wohnt dort.	*Elle habite là-bas.*
drinnen, draußen sein	*être à l'intérieur, dehors*
irgendwo/nirgends sein	*être quelque part/nulle part*
überall sein	*être partout*

Situer une ville

Wo liegt das? In Italien, in der Schweiz?	*Où est-ce que cela se trouve ? En Italie, en Suisse ?*
zwischen Lübeck und Kiel	*entre Lübeck et Kiel*

in der Gegend von München	*dans la région de Munich*
in der Nähe von Hamburg	*à proximité de Hambourg*
bei Bonn, im Süden	*près de Bonn, dans le sud*
südlich von Berlin	*au sud de Berlin*
in Norddeutschland	*dans le nord de l'Allemagne*
Die Stadt liegt am Meer.	*La ville se trouve au bord de la mer.*
an der Nordsee, an der Ostsee	*au bord de la Mer du Nord, de la Baltique*

Traduis ***au sud de Berlin.***

Situer une personne, une chose

Wo steht es?	*Où est-ce que cela se trouve ?*
oben, unten, links, rechts	*En haut, en bas, à gauche, à droite*
rechts vom Baum, unten rechts	*à droite de l'arbre, en bas à droite*
vor/hinter dem Baum	*devant/derrière l'arbre*
vorn, im Vordergrund	*devant, au premier plan*
hinten, im Hintergrund	*derrière, à l'arrière plan*
in der Mitte, mitten in dem See	*au milieu, au milieu du lac*

Traduis ***à droite de l'arbre.***

Indiquer une direction

Wohin fährt er? Nach Bonn? Nach Bayern?	*Où part-il ? A Bonn ? en Bavière ?*
Aufs Land? Ans Meer? nach Westen?	*À la campagne ? A la mer ? A l'ouest ?*
Wohin geht ihr nun? Ins Kino?	*Où allez vous maintenant ? Au cinéma ?*
Zu Daniel?	*Chez Daniel ?*
Zum Bäcker?	*Chez le boulanger ?*
Wie komme ich zur Post?	*Comment est-ce que je vais à la poste ?*
Immer geradeaus.	*Toujours tout droit.*
Können Sie mir sagen, wo der Bahnhof ist?	*Pouvez vous me dire où se trouve la gare ?*
Nehmen Sie die erste Straße rechts.	*Prenez la première rue à droite.*
Ich suche eine Bäckerei.	*Je cherche une boulangerie.*
Links, an der Ecke ist eine Bäckerei.	*À gauche, à l'angle il y a une boulangerie.*

Traduis ***aller chez le boulanger.***

3e

Ne pas confondre

oben, **unten**, **vorn**, **hinten** (formes adverbiales) et **über**, **unter**, **vor** et **hinter** (prépositions spatiales).

Vor dem Haus steht ein Baum.	*Devant la maison se trouve un arbre.*
Vorn steht ein Baum.	*Devant se trouve un arbre.*

Se situer dans le temps

Indiquer une date, un moment, une heure

Wann ist es geschehen?	*Quand est-ce que cela est arrivé ?*
Am Vormittag? Am Mittwoch? Im April?	*Le matin ? Le mercredi ? En avril ?*
am 13. April	*le 13 avril*
im Frühling	*au printemps*
im Jahre 2000	*en l'an 2000*
es war 1998	*c'était en 1998*

Traduis ***c'était en 1998.***

nach dem Unfall	*après l'accident*
während des Films	*pendant le film*
um 5 Uhr	*à 5 heures*
gegen 11 Uhr	*aux environs de 11 heures*
um Mitternacht, gegen Mitternacht	*à minuit, aux environs de minuit*
etwa um eins	*aux environs d'une heure*
zu meinem 15. Geburtstag	*pour mon 15e anniversaire*
Wann kommt er? Jetzt?	*Quand vient-il ? Maintenant ?*
Gleich (sofort)?	*Immédiatement ?*
morgens, abends?	*Le matin, le soir ?*

Évoquer le passé

Traduis ***hier, avant-hier.***

gestern, vorgestern	*hier, avant-hier*
im vergangenen Jahr	*l'an passé*
vorige Woche, letzte Woche	*la semaine passée*
vor zwei Wochen	*il y a deux semaines*
letzten Monat	*le mois dernier*

Situer dans le présent, dans l'avenir

Traduis ***le mois prochain.***

heute, diesen Sommer, diesmal	*aujourd'hui, cet été, cette fois*
morgen, übermorgen, morgen Mittag	*demain, après-demain, demain midi*
nächsten Monat, in 2 Jahren	*le mois prochain, dans deux ans*

Indiquer la durée

Traduis ***toute une soirée.***

Wie lange dauert es?	*Combien de temps cela dure ?*
Ein ganzes Jahr?	*Toute une année ?*
ungefähr (etwa) einen Monat	*à peu près un mois*
fast einen Monat	*presque un mois*
einen ganzen Abend, das ganze Jahr	*toute une soirée, toute l'année*
noch eine Woche	*encore une semaine*
bis heute abend	*jusqu'à ce soir*
monatelang	*pendant des mois*
ziemlich lange	*assez longtemps*
Wie lange fährt man von...bis...?	*Combien de temps on met de...à... ?*

Exprimer la fréquence

Traduis ***toujours.***

Wie oft spielst du Tennis?	*Combien de fois joues-tu au tennis ?*
oft, selten, nie, fast nie	*souvent, rarement, jamais, presque jamais*
manchmal, regelmäßig	*parfois, régulièrement*
meistens, wenn...	*le plus souvent, quand...*
jeden Tag (täglich), ein Mal in der Woche	*chaque jour, une fois par semaine*
jeden Monat, zweimal im Jahr	*chaque mois, deux fois par ans*
immer	*toujours*
jeden Monat, zweimal im Jahr	*chaque mois, deux fois par an*

Indiquer un ordre chronologique

damals, früher, vorher	*autrefois, auparavant*
jetzt	*maintenant*
später, nachher	*plus tard, après*
zuerst	*tout d'abord*
dann, danach	*ensuite*
schlieBlich, zum Schluß	*finalement*
am Anfang, am Ende	*au commencement, à la fin*
erstens, zweitens, drittens	*premièrement, deuxièmement, troisièmement*

Que signifie ***erstens*** *?*

Ne pas confondre

schon, *déjà* et **schön**, *beau* ; la négation qui correspond à **schon** est **noch nicht**, *pas encore.*

Ist er schon da?	*Est-il déjà là ?*
Nein, er ist noch nicht da.	*Non il n'est pas encore là.*

Mots en vedette

Avec les différentes parties de la journée et les jours de la semaine, on peut former des adverbes en ajoutant un **-s** au nom, qui s'écrit alors avec une minuscule : montags : le lundi ; nachmittag**s** : l'après-midi ; nachts : la nuit.

On trouve **lang** ou **lange** dans un certain nombre de compléments de temps :

stundenlang	*pendant des heures*
wochenlang	*pendant des semaines*
monatelang	*pendant des mois*
Wir haben stundenlang auf ihn gewartet	*Nous l'avons attendu pendant des heures*
schon lange.	*depuis longtemps.*
Wir wohnen schon lange in München	*Nous habitons depuis longtemps à Munich*
wie lange?	*combien de temps ?*

Que signifie ***stundenlang*** *?*

3e

Dialogue et expressions

Es regnet immer noch.	*Il continue de pleuvoir.*

gleich signifie aussi égal

Das ist mir gleich.	*Cela m'est égal.*

il sert à rendre le futur immédiat

Der Arzt kommt gleich.	*Le médecin arrive tout de suite.*

Quelle est la différence entre ***morgen*** *et* ***der Morgen*** *?*

Ne pas confondre

morgen, *demain*, et **der Morgen**, *le matin*, ou **heute Morgen**, *ce matin.*

Expression du jugement, de l'opinion

Demander l'opinion de quelqu'un

Wie findest du das?	*Comment trouves-tu cela ?*
Was sagst du dazu?	*Qu'en dis-tu ?*
Was meinst du dazu?	*Qu'en penses-tu ?*
Was hältst du davon?	
Wie siehst du das?	*Comment vois-tu cela ?*

Traduis ***qu'en penses-tu.***

Donner son opinion

Ich finde es nicht gut, dass...	*Je ne trouve pas bien que...*
Ich bin der Meinung, dass...	*Je pense que...*
Meiner Meinung nach...	*D'après moi...*
Ich habe den Eindruck, dass...	*J'ai l'impression que...*

• dire que l'on partage l'opinion de quelqu'un

Das meine ich auch.	*Je pense cela aussi*
Ich bin dergleichen Meinung wie du.	*Je suis du même avis que toi.*
Ich bin ganz deiner Meinung.	*Je suis tout à fait de ton avis.*
Ich bin dafür.	*Je suis pour.*
Das stimmt, das ist richtig.	*C'est juste.*
Das meine ich nicht.	*Ce n'est pas ce que je veux dire.*

Traduis ***je suis pour.***

• dire que l'on n'est pas du même avis

Ich bin nicht deiner Meinung.	*Je ne suis pas de ton avis.*
Da bin ich anderer Meinung.	*J'ai un autre avis.*
Das ist nicht wahr.	*Ce n'est pas vrai.*
Das stimmt überhaupt nicht.	*C'est absolument faux.*

Exprimer son intérêt

Traduis ***je trouve cela intéressant.***

Das finde ich interessant.	*Je trouve cela intéressant.*
Ich interessiere mich für...	*Je m'intéresse à...*
Das interessiert mich.	*Cela m'intéresse.*

Exprimer ses préférences

Das hat mir gut gefallen.	*Cela m'a beaucoup plu.*
Ich möchte lieber, am liebsten.	*Je préfèrerais.*
Das finde ich besonders schön.	*Je trouve cela particulièrement beau.*
Das ist meine Lieblingsmusik.	*C'est ma musique préférée.*
Das ist mein Lieblingsbuch.	*C'est mon livre préféré.*

VOCABULAIRE THÉMATIQUE

Arbeitswelt: le monde du travail

Par ❤

der Beruf(e)	*la profession*	der Lohn(¨e)	*le salaire*
einen Beruf ergreifen	*choisir un métier*	das Gehalt(¨er)	*le salaire mensuel*
einen Beruf ausüben	*exercer un métier*	das Honorar(e)	*le salaire (professions libérales)*
das Berufspraktikum	*le stage*		
Geld verdienen	*gagner de l'argent*		
eine berufstätige Frau	*une femme active*	berufstätig sein	*exercer une activité professionnelle*
die Hausfrau(en)	*la femme au foyer*	der Arbeitslose(n)	*le chômeur*
die Arbeit(en)	*le travail*	die Arbeitslosigkeit	*le chômage*
eine Arbeit suchen, finden	*chercher, trouver un travail*	der Arbeitgeber(-)	*l'employeur*
		der Arbeitnehmer(-)	*l'employé*
der Arbeiter(-)	*l'ouvrier*	einen Ferienjob haben	*avoir un petit emploi pour les vacances*
arbeitslos sein	*être au chômage*		
der Arbeitsmarkt(¨e)	*le marché du travail*		
das Arbeitsamt(¨er)	*le bureau de placement*	jobben	*faire des petits boulots*

Donne des noms composés avec ***Arbeit.***

die Stelle(n)	*l'emploi*	der Mechaniker(-)	*le mécanicien*
eine feste Stelle suchen	*chercher un emploi fixe*	das Handwerk(e)	*l'artisanat*
		der Handwerker(-)	*l'artisan*
sich um eine Stelle bewerben	*demander un emploi*	die Werkstatt(¨e)	*l'atelier*
		der Schlosser(-)	*le serrurier*
seine Stelle verlieren	*perdre son emploi*	der Kaufmann (Kaufleute)	*le commerçant*
der (die) Angestellte(n)	*l'employé(e)*	der Architekt(en)	*l'architecte*
der Beamte(n)	*le fonctionnaire*	der Journalist(en)	*le journaliste*
die Beamtin(nen)	*la fonctionnaire*	die Journalistin(nen)	*la journaliste*
der Dienst(e)	*le service*	die Krankenschwester(n)	*l'infirmière*
die Industrie(n)	*l'industrie*		
die Automobilindustrie	*l'industrie automobile*	die Sekretärin(nen)	*la secrétaire*
		der Apotheker(-)	*le pharmacien*
der Ingenieur(e)	*l'ingénieur*	die Apothekerin(nen)	*la pharmacienne*
die Technik(en)	*la technique*		
der Techniker(-)	*le technicien*	der Arzt(¨e)	*le médecin*
die Mechanik(en)	*la mécanique*	die Ärztin(nen)	*la femme médecin*

Traduis ***demander un emploi.***

der Berufsberater(-)	*le conseiller d'orientation*	der Lehrling(e)	*l'apprenti*
		eine Lehrstelle suchen, finden	*chercher, trouver une place d'apprenti*
die Lehre(n)	*l'apprentissage*		
in die Lehre gehen	*faire son apprentissage*	der Azubi(s)	*celui qui est en formation*
eine Lehre als Bäcker machen	*faire un apprentissage comme boulanger*	der Schulabschluss(¨e)	*la fin du cycle scolaire*
der Betrieb(e)	*l'entreprise*	entlassen werden	*être licencié*

Que signifie ***die Lehre*** *?*

3e

das Unternehmen(-)	*l'entreprise*	der Streik(s)	*la grève*
die Fabrik(en)	*l'usine*	die Gewerkschaft(en)	*le syndicat*
die Firma(en)	*la société*	die Demons-tration(en)	*la manifestation*
das Werk(e)	*l'usine*		
jemanden einstellen	*engager quelqu'un*		

die Betriebs-besichtigung(en)	*la visite d'entreprise*	einen Vertrag abschließen	*conclure un contrat*
einen Betrieb besichtigen	*visiter une entreprise*	der Leiter(-)	*le directeur*
		der Direktor(en)	*le directeur*

Mots en vedette

*Donne des mots composés avec **Arzt** et leur traduction.*

der Zahnarzt	*le dentiste*	der Kinderarzt	*le pédiatre*
der Tierarzt	*le vétérinaire*	der Ohrenarzt	*l'otorhino*
der Augenarzt	*l'ophtalmologiste*	der Frauenarzt	*le gynécologue*

Dialogue et expressions

Was möchtest du später werden?	*Que voudrais-tu faire plus tard ?*
Ich weiß es noch nicht.	*Je ne le sais pas encore.*
Ich will Ingenieur werden.	*Je veux devenir ingénieur.*
Ich habe die Absicht, sehr viel zu reisen.	*J'ai l'intention de beaucoup voyager.*
Ich kann mich noch nicht entscheiden.	*Je ne peux pas encore me décider.*
Ich möchte viele Menschen treffen.	*Je voudrais rencontrer beaucoup de personnes.*
Vielleicht studiere ich Medizin.	*Peut-être vais-je étudier la médecine.*
Ich habe keine Lust, in einem Büro zu arbeiten.	*Je n'ai pas envie de travailler dans un bureau.*
Sie bewirbt sich um eine Stelle als Verkäuferin.	*Elle postule pour un emploi comme vendeuse.*
Was ist dein Vater von Beruf?	*Quelle est la profession de ton père ?*
Er arbeitete in der Automobilindustrie, bei der Firma BMW.	*Il travaillait dans l'industrie automobile, chez BMW.*
Sie ist entlassen worden.	*Elle a été licenciée.*
Sie sucht eine neue Stelle.	*Elle cherche un nouvel emploi.*
Ich habe ein Berufspraktikum bei der Post gemacht.	*J'ai fait un stage à la poste.*

3e

Staat und Gesellschaft: État et société

Par ♥

*Donne des mots composés avec **Bürger**.*

der Bürger(-)	*le citoyen*	die Staats-angehörigkeit(en)	*la nationalité, la citoyenneté*
der Bürgermeister(-)	*le maire*		
die Bürgerpflicht	*le devoir civique*	die doppelte Staatsangehörigkeit	*la double nationalité*
das Bürgerrecht	*le droit du citoyen*		
die Länder	*les États*	die Gemeinde(n)	*la commune*

der Stadtrat(¨e)	*le conseiller municipal*	die Bundesbank (ou Buba)	*banque fédérale de la République fédérale d'Allemagne*
der Bund	*la fédération (des États)*	die Bundesrepublik	*la République fédérale d'Allemagne*
die Bundesbahn	*les chemins de fer fédéraux*	die EU, die Europäische Union	*l'UE, l'Union européenne*
der Bundespräsident	*le Président fédéral*	die deutsche Währung	*la monnaie allemande*
der Bundeskanzler	*le Chancelier fédéral*	der Europarat	*le Conseil de l'Europe*
der Bundestag	*la chambre des Députés*	der Euro	*l'Euro*
der Bundesrat	*le Conseil fédéral*	das Europäische Parlament	*le Parlement européen*
die Bundesregierung	*le gouvernement fédéral*		
die Bundeswehr	*l'armée allemande*		

Par ❤

die Gesellschaft(en)	*la société*	abstimmen	*voter*
die Konsumgesellschaft	*la société de consommation*	wählen	*élire*
das Rathaus(¨er)	*la mairie*	die Stimme(n)	*la voix*
		die Wahlen	*les élections*

Comment dis-tu ***la mairie.***

die Partei(en)	*le parti*	die CDU (Christlich-Demokratische Union Deutschlands)	*le parti chrétien démocrate*
die CSU (Christlich-Soziale Union in Bayern)	*le parti chrétien social démocrate de Bavière*	die FDP Freie Demokratische Partei	*le parti libéral*
die SPD (Sozialdemokratische Partei Deutschlands)	*le parti des sociaux démocrates*	die PDS (Partei des Demokratischen Sozialismus)	*le parti du socialisme démocratique*
die Grünen	*les Verts*		

Par ❤

der Staat(en)	*l'État*	das Recht(e)	*le droit*
das Volk(¨er)	*le peuple*	die Welt	*le monde*
das Gesetz(e)	*la loi*	Europa	*l'Europe*
Russland	*la Russie*	die Gemeinschaft der Unabhängigen Staaten, die GUS	*la Communauté des États indépendants, la CEI*
Amerika	*l'Amérique*		
Afrika	*l'Afrique*		
Asien	*l'Asie*		
die Vereinigten Staaten von Amerika, die USA	*les États-Unis d'Amérique*	der Krieg(e)	*la guerre*
		der Frieden	*la paix*

3e

Cite quatre continents.

der Erste Weltkrieg	*la Première Guerre mondiale*	der Befehl(e)	*l'ordre, le commandement*
der Zweite Weltkrieg	*la Seconde Guerre mondiale*	die Schuld	*la faute, la culpabilité*
den Krieg verlieren	*perdre la guerre*	das Heilige Römische Reich Deutscher Nation	*le Saint Empire Romain Germanique*
den Krieg gewinnen	*gagner la guerre*		
zerstören	*détruire*		
wiederaufbauen	*reconstruire*	der König(e)	*le roi*
die Fahne(n)	*le drapeau*	der Kaiser(-)	*l'empereur*
das Opfer(-)	*la victime*	das Dritte Reich	*le IIIe Reich*

Traduis ***la Seconde Guerre mondiale.***

das Kriegsopfer(-)	*la victime de guerre*	das geteilte Deutschland	*l'Allemagne divisée*
der Soldat(en)	*le soldat*	die Wieder-vereinigung	*la réunification*
die Waffe(n)	*l'arme*	der Atomkrieg	*la guerre atomique*
das Gewehr(e)	*le fusil*	das Atomkraftwerk(e)	*la centrale nucléaire*
der Feind(e)	*l'ennemi*		

Dialogue et expressions

1871	*das Deutsche Reich wurde gegründet.*	*L'Empire Allemand fut fondé.*
1914	*der Erste Weltkrieg brach aus.*	*La Première Guerre mondiale éclata.*
1933	*Hitler ergriff die Macht.*	*Hitler s'empara du pouvoir.*
1939	*der Zweite Weltkrieg brach aus.*	*la Seconde Guerre mondiale éclata.*
1945	*Deutschland verlor den Krieg.*	*L'Allemagne perdit la guerre.*
	die Alliierten teilten und besetzten Deutschland.	*Les Alliés divisèrent et occupèrent l'Allemagne.*
	die Amerikaner, die Engländer, die Franzosen, die Sowjets teilten Berlin in vier Sektoren.	*Les Américains, les Anglais, les Français et les Soviétiques divisèrent Berlin en 4 secteurs.*
1949	*die Bundesrepublik und Deutsche Demokratische Republik wurden gegründet.*	*La République Fédérale et la République Démocratique Allemande furent fondées.*
	Eine Grenze trennte beide deutsche Staaten.	*Une frontière séparait les deux États Allemands.*
	Bonn wurde die Hauptstadt der BRD.	*Bonn devint la capitale de la République Fédérale Allemande (RFA).*
	Ostberlin wurde die Hauptstadt der DDR.	*Berlin Est devint la capitale de la République Démocratique Allemande (RDA).*
1961	*die Berliner Mauer wurde gebaut.*	*On construisit le Mur de Berlin.*
1989	*Am 9. November wurde die Grenze geöffnet.*	*Le 9 novembre la frontière fut ouverte.*
	Die Berliner Mauer fiel.	*Le Mur de Berlin tomba.*
1990	*Am 3. Oktober wurde Deutschland wiedervereinigt.*	*Le 3 octobre l'Allemagne fut réunifiée.*
	Berlin ist wieder die Hauptstadt Deutschlands.	*Berlin est à nouveau capitale de l'Allemagne.*
1949	*Gründung des Europarats in Straßburg.*	*Fondation du Conseil de l'Europe à Strasbourg.*
1951	*Deutschland, Frankreich, Italien und die drei Benelux-Staaten gründen die Europäische Gemeinschaft für Kohle und Stahl.*	*L'Allemagne, la France, l'Italie et les trois pays du Bénélux fondent la Communauté européenne du charbon et de l'acier.*

1958	*die Römischen Verträge treten in Kraft. Gründung der Europäischen Wirtschaftsgemeinschaft (die EWG). Brüssel wird EG Hauptstadt.*	*Les Traités de Rome entrent en vigueur. Fondation de la Communauté Economique Européenne (la CEE). Bruxelles devient la capitale de la CE.*
1972	*Großbritannien, Dänemark und Irland treten der EG bei.*	*La Grande Bretagne, le Danemark l'Irlande entrent dans la Communauté européenne.*
1991	*in Maastricht wird der Vertrag über die Europäische Union vereinbart. Freier Verkehr für Personen, Waren und Kapital*	*1991 à Maastricht on conclut le traité de l'Union Européenne. Libre circulation des personnes, des marchandises et du capital*
1999	*Einführung der europäischen Währung.*	*Introduction de la monnaie européenne.*
Seit 1995 besteht die Union aus 15 Mitgliedsstaaten.		*Depuis 1995 l'Union comprend 15 Etats Membres.*
Die Europäische Flagge mit 12 Sternen symbolisiert die Union.		*Le drapeau européen avec 12 étoiles symbolise l'Union.*
die europäische Hymne		*l'hymne européen*
der europäische Pass		*le passeport européen*

Mots en vedette

• A partir du nom du pays on peut former les noms de l'habitant en ajoutant le suffixe **-er**. L'adjectif sera formé avec le suffixe **-isch**.
Les noms de pays ne prennent pas d'article.

England der Engländer, die Engländerin Englisch die englische Küche,	*l'Angleterre* *l'Anglais, l'Anglaise* *(l'habitant)* *l'anglais (la langue)* *la cuisine anglaise*	Luxemburg der Luxemburger, die Luxemburgerin Luxemburgisch sprechen	*le Luxembourg* *le Luxembour-* *geois(e)* *parler* *luxembourgeois*
Österreich der Österreicher, die Österreicherin österreichisch	*l'Autriche* *l'Autrichien,* *l'Autrichienne* *autrichien*	Irland der Irländer, die Irländerin Irländisch sprechen	*l'Irlande* *l'Irlandais,* *l'Irlandaise* *parler irlandais*
Belgien der Belgier, die Belgierin belgisch	*la Belgique* *le Belge,* *la Belge* *belge*	Spanien der Spanier, die Spanierin Spanisch sprechen	*l'Espagne* *l'Espagnol,* l'Espagnole *parler espagnol*
Italien der Italiener, die Italienerin Italienisch sprechen	*l'Italie* *l'Italien,* *L'Italienne* *parler italien*	die Niederlande der Niederländer, die Niederländerin Niederländisch sprechen	*les Pays-Bas* *le Néerlandais,* *le Néerlandaise* *parler néerlandais*

Comment dis-tu ***l'Angleterre, l'Anglaise, parler anglais*** *?*

• Mais on dira :

Frankreich der Franzose, die Französin Französisch sprechen	*la France* *le Français* *la Française,* *parler français*	Dänemark der Däne, die Dänin Dänisch sprechen	*le Danemark* *le Danois* *la Danoise* *parler Danois*
Deutschland der Deutsche, die Deutsche Deutsch sprechen	*l'Allemagne* *l'Allemand,* *l'Allemande* *parler allemand*	Finnland der Finne, die Finnin Finnisch sprechen	*la Finlande* *le Finlandais,* *la Finlandaise* *parler finlandais*
Portugal der Portugiese, die Portugiesin Portugiesisch sprechen	*le Portugal* *le Portugais,* *la Portugaise* *parler portugais*	Griechenland der Grieche, die Griechin Griechisch sprechen	*la Grèce* *le Grec,* *la Grecque* *parler grec*
Schweden der Schwede, die Schwedin Schwedisch sprechen	*la Suède* *le Suédois,* *la Suédoise* *parler suédois*	Europa der Europäer die Europäerin europäisch	*l'Europe* *l'Européen* *l'Européenne* *européen*

Comment dis-tu ***la France, la Française, parler français*** *?*

Cite 10 noms de pays d'Europe.

Quelle est la différence entre ***der Staat*** *et* ***die Stadt*** *?*

Ne pas confondre

der Staat staatlich	*l'Etat* *d'Etat, public*	die Stadt et städtisch	*la ville* *municipal*
der Rat die Räte,	*le conseiller*	der Rat (die Ratschläge)	*le conseil*
das Ereignis	*l'événement*	das Erlebnis	*l'événement (vécu personnellement)*

3e

Familienleben, Beziehungen: vie familiale et relationnelle

Par ❤

der Freund(e) die Freundin(nen) die Freundschaft(en) Freunde werden der Bekannte(n)	*l'ami* *l'amie* *l'amitié* *devenir amis* *l'ami, la relation*	das Gefühl(e) Gefühle empfinden die Liebe	*le sentiment* *éprouver des sentiments* *l'amour*
sich in jemanden verlieben die Eifersucht eifersüchtig sein der Neid neidisch sein der Mut mutig sein	*tomber amoureux de quelqu'un* *la jalousie* *être jaloux* *l'envie* *être envieux* *le courage* *être courageux*	die Hoffnung(en) hoffen die Langweile langweilig sein sich langweilen das Leid(en) leiden der Schmerz(en)	*l'espoir* *espérer* *l'ennui* *être ennuyeux* *s'ennuyer* *la souffrance* *souffrir* *la douleur*

Traduis ***devenir amis.***

die Lüge(n)	*le mensonge*	die Leidenschaft(en)	*la passion*
lügen	*mentir*	die Begeisterung	*l'enthousiasme*
die Wahrheit(en)	*la vérité*	begeistert sein	*être enthousiaste*
die Wahrheit sagen	*dire la vérité*	der Egoismus	*l'égoisme*
guter Laune sein	*être de bonne humeur*	egoistisch sein	*être égoiste*
		die Einsamkeit	*la solitude*
schlechter Laune sein	*être de mauvaise humeur*	einsam sein	*être solitaire*
		die Gleichgültigkeit	*l'indifférence*
stolz sein auf + A.	*être fier de*	gleichgültig sein	*être indifférent*
der Hass	*la haine*	die Lust(¨e)	*l'envie*
hassen	*haïr*	Lust haben	*avoir envie*
das Glück	*le bonheur, la chance*	sich schämen	*avoir honte*
		die Traurigkeit	*la tristesse*
glücklich sein	*être chanceux, heureux*	traurig sein	*être triste*
		schüchtern sein	*être timide*
die Freude(n)	*la joie*	bescheiden sein	*être modeste*
froh sein	*être heureux*	Angst haben vor + D.	*avoir peur de*
sich freuen(n)	*se réjouir*	sich schuldig fühlen	*se sentir coupable*
die Geduld	*la patience*	spotten über + A.	*se moquer de*
geduldig sein	*être patient*	klagen über + A.	*se plaindre de*
die Enttäuschung(en)	*la déception*	erstaunt sein	*être étonné*
enttäuscht sein	*être déçu*	überrascht sein	*être surpris*
die Verzweiflung	*le désespoir*	die Überraschung(en)	*la surprise*
verzweifelt sein	*être désespéré*	das Mitleid	*la pitié*

Donne deux traductions de ***das Glück.***

die Kindheit	*l'enfance*	die Zukunft	*le futur*
die Jugend	*la jeunesse*	der Zufall(¨e)	*le hasard*
die Hochzeit(en)	*le mariage*	das Schicksal(e)	*le destin*
heiraten	*se marier*	die Beziehung(en)	*la relation*
der Tod(e)	*la mort*	eine gute Beziehung zu jemandem haben	*avoir une bonne relation avec quelqu'un*
sterben	*mourir*		
die Gegenwart	*le présent*		
die Vergangenheit	*le passé*		

Traduis, ***le présent, le passé.***

3e

Ne pas confondre

die Hochzeit	*le mariage (la fête)*
die Trauung	*le mariage (célébration)*
die Heirat	*le mariage (état civil)*
die Ehe	*le mariage (union des époux)*

Er heiratet — *Il se marie* — *Er ist verheiratet* — *Il est marié*

Ich bin daran schuld, es ist meine Schuld. — *C'est ma faute.*
Wie viel bin ich dir schuldig? — *Combien est-ce que je te dois ?*

Dialogue et expressions

Er ist verliebt.	*Il est amoureux.*
Sie ist mit ihm befreundet.	*Elle est son amie.*
Sie verstehen sich gut	*Ils s'entendent bien.*
Ich finde ihn nett.	*Je le trouve gentil.*
Er gefällt mir.	*Il me plaît.*

Sie ist mir sympathisch.	*Elle m'est sympatique.*
Ich finde sie attraktiv.	*Je la trouve séduisante.*
Ich kann ihn nicht leiden.	*Je ne peux pas le souffrir.*
Ich kann ihn nicht ertragen.	*Je ne peux pas le supporter.*
Ich finde ihn schrecklich.	*Je le trouve affreux.*
Er ärgert mich.	*Il m'énerve.*
Ich hasse ihn.	*Je le déteste.*

Sie hat mich enttäuscht.	*Elle m'a déçu.*
Ich mache mir Sorgen um sie.	*Je me fais du souci pour elle.*
Er fühlt sich allein.	*Il se sent seul.*
Ich habe kein Selbstvertrauen.	*Je n'ai pas confiance en moi.*
Er ist von sich selbst eingenommen.	*Il est prétentieux.*
Du bist zu groBzügig.	*Tu es trop généreux.*
Sie ist immer hilfsbereit.	*Elle est toujours serviable.*
Was ist mit dir los?	*Qu'est-ce que tu as ?*
Bist du immer so zerstreut?	*Es-tu toujours aussi distrait ?*

Natur und Umweltschutz: nature et protection de l'environnement

Traduis ***le paysage.***

Par ❤

die Landschaft(en)	*le paysage*	die Höhe(n)	*la hauteur*
die Aussicht(en)	*la vue*	der Hügel(-)	*la colline*
das Tal(¨er)	*la vallée*	das Gebiet(e)	*la région*
die Ebene(n)	*la plaine*	die Gegend(en)	*la région*

die Umgebung	*les environs*	die Wanderung(en)	*la randonnée*
der Ort(e)	*l'endroit*	wandern	*faire de la randonnée*
die Ortschaft(en)	*la localité*		
die Wüste(n)	*le désert*	der Wanderer(-)	*le promeneur*

3e

Traduis ***habiter à la campagne.***

Dialogue et expressions

auf dem Land wohnen	*habiter à la campagne*
in der Stadt leben	*vivre en ville*
in einem Vorort wohnen	*habiter en banlieue*
in einem Hochhaus wohnen	*habiter dans un immeuble*
in der Gegend von Stuttgart leben	*vivre dans la région de Stuttgart*
in der Nähe von...	*à proximité de...*
am Rand eines Waldes	*au bord d'une forêt*

Donne des noms composés avec ***Umwelt.***

Par ❤

die Natur	*la nature*	der Umweltschutz	*la protection de l'environnement*
die Umwelt	*l'environnement*		
der Schutz	*la protection*	die Umwelt-verschmutzung	*la pollution de l'environnement*
verschmutzen	*polluer*		
die Luftver-schmutzung	*la pollution de l'air*	vernichten	*détruire*
		verschwinden	*disparaître*

die Wasserver-schmutzung	*la pollution de l'eau*	die Abgase	*les gaz d'échappement*
umweltfreundlich	*antipolluant*	der Rauch	*la fumée*
umweltschädlich	*nuisible à l'environnement*	bleifreies Benzin	*l'essence sans plomb*
das Natur-schutzgebiet(e)	*la réserve naturelles*	der Katalysator(en)	*la catalyseur*
		der Verkehr	*la circulation*
die Verpackung(en)	*l'emballage*	den Müll sortieren	*trier les ordures*
das Pfand(e)	*la consigne*	die Batterie(n)	*les piles*
das Recyclingpapier	*le papier recyclé*	die Natur gefährden	*menacer la nature*
das Ozon	*l'ozone*	die Natur sauberhalten	*maintenir la nature propre*
das Ozonloch	*le trou dans l'ozone*	die Natur retten	*sauver la nature*
die Ozonschicht	*la couche d'ozone*	der Abfall(¨e)	*le déchet*
die Ozonschicht zerstören	*détruire la couche d'ozone*	Wasser, Strom sparen	*économiser l'eau, l'énergie*
der Müll	*les ordures*		

Que signifie ***die Batterie*** *?*

Dialogue et expression

Die Wälder verschwinden.	*Les forêts disparaissent.*
Die Bäume sind krank.	*Les arbres sont malades.*
Die Abgase verschmutzen die Luft.	*Les gaz d'échappement polluent l'air.*
Das Rad ist ein umweltfreundliches Verkehrsmittel.	*La bicyclette est un moyen de transport bon pour l'environnement.*
Die Verpackungen vermeiden.	*Éviter les emballages.*
Pfandflaschen verwenden.	*Utiliser des bouteilles consignées.*
Duschen statt baden.	*Se doucher au lieu de prendre un bain.*
Den Müll getrennt sammeln.	*Collecter les ordures séparément.*
Recyclingpapier kaufen.	*Acheter du papier recyclé.*

3e

Medien und Kommunikation: média et communication

Par ❤

das Foto(s)	*la photo*	einen Film drehen	*tourner un film*
die Kamera(s)	*l'appareil photo*	der Filmregisseur(-)	*le metteur en scène*
der Film(e)	*le film*		
einen Film entwickeln lassen	*faire développer un film*	der Schauspieler(-)	*l'acteur*
das Kino(s)	*le cinéma*	die Schau-spielerin(nen)	*l'actrice*
sich einen Film ansehen	*regarder un film*	der Rundfunk	*la radio*
		das Fernsehen	*la télévision*
das Drehbuch	*le scénario*	den Fernseher ausschalten	*éteindre la télévision*
der Abspann	*le générique*	umschalten	*changer de chaîne*
der Hauptdarsteller(-)	*l'acteur principal*	das erste Programm	*la première chaîne*
der Nebendarsteller(-)	*le figurant*		

Cite des noms de média.

Traduis ***changer de chaîne.***

der Fernseher(-)	*le téléviseur*
der Fernsehapparat(e)	
der Bildschirm(e)	*l'écran*
die Fernbedienung(en)	*la télécommande*
zappen	*zaper*
den Fernseher anschalten	*allumer le téléviseur*
die Sendung(en)	*l'émission*
die Sportsendung(en)	*l'émission sportive*
die Unterhaltungssendung(en)	*l'émission de variétés*
die Tagesschau	*le journal télévisé*
der Wetterbericht(e)	*la météo*
die Werbung(en)	*la publicité*
werben für	*faire de la publicité pour*
der Spielfilm(e)	*le long métrage*
der Zeichentrickfilm(e)	*le dessin animé*
der Dokumentarfilm(e)	*le documentaire*

das zweite Programm	*la deuxième chaîne*
das dritte Programm	*la troisième chaîne*
der Videorecorder	*le magnétoscope*
einen Film aufnehmen	*enregistrer un film*
das Video(s)	*la vidéo*
die Videokassette(n)	*la cassette vidéo*
der Krimi(s)	*le film policier*
der Western	*le western*
der Schwarzweiß Film	*le film en noir et blanc*
die Fernsehserie(n)	*le feuilleton télévisé*
die politische Sendung	*l'émission politique*
die kulturelle Sendung	*l'émission culturelle*
die wirtschaftliche Sendung	*l'émission économique*

Cite des noms d'émissions télévisées.

Par ❤

die Stereoanlage	*la chaîne stéréo*
die Schallplatte(n)	*le disque*
der Plattenspieler(-)	*le tourne disque*
die CD	*le CD*
der CD-Player	*le lecteur de CD*

der Computer(-)	*l'ordinateur*
den Computer anschalten, ausschalten	*allumer, éteindre l'ordinateur*
die Maus(¨e)	*la souris*
die Tastatur(en)	*le clavier*
der Bildschirm(e)	*l'écran*
die CD-Rom	*le CD-Rom*
der Drucker(-)	*l'imprimante*
das Disketten-Laufwerk(e)	*le lecteur de disquette*
das Internet	*internet*
das Netz	*le web*
das Videospiel(e)	*le jeu vidéo*
die elektronische Post	*le courrier électronique*
eine E-Mail schicken	*envoyer un E-mail*

Par ❤

das Telefon(s)	*le téléphone*
das Handy, das Mobiltelefon	*le téléphone portable*
jemanden anrufen	*téléphoner à quelqu'un*
das Telefongespräch(e)	*la conversation téléphonique*
der Telefonbeantworter(-)	*le répondeur*
der Telefonanruf(e)	*l'appel téléphonique*
eine Telefonnummer wählen	*composer un numéro de téléphone*
das Telefonbuch(¨er)	*l'annuaire*
eine Nachricht hinterlassen	*laisser un message*
einen Anruf erhalten	*recevoir un appel*
das Fax	*le fax*
faxen	*faxer*
ein Fax erhalten	*recevoir un fax*
ein Fax schicken	*envoyer un fax*
den Hörer auflegen	*raccrocher l'écouteur*
den Hörer abnehmen	*décrocher l'écouteur*
die Telefonzelle(n)	*la cabine téléphonique*

Traduis ***téléphoner à quelqu'un.***

3e

Dialogue et expressions

Siehst du gern fern?	*Aimes-tu regarder la télévision ?*
Welches Programm siehst du gern?	*Quelle chaîne aimes-tu regarder ?*
Welches ist deine Lieblingssendung?	*Quelle est ton émission préférée ?*
Was hältst du vom Fernsehen?	*Que penses-tu de la télévision ?*
Ich bin für das Fernsehen.	*Je suis pour la télévision.*
Ich bin dafür.	*Je suis pour.*
Ich bin gegen das Fernsehen.	*Je suis contre la télévision.*
Ich bin dagegen.	*Je suis contre.*
Ich gehe lieber ins Kino.	*Je préfère aller au cinéma.*
Kann ich... sprechen?	*Est-ce que je peux parler à... ?*
Können Sie später wieder anrufen?	*Pouvez-vous rappeler plus tard ?*

Traduis ***je suis contre.***

Schulleben: vie scolaire

Que signifie ***das Gymnasium*** *?*

Par ❤

die Grundschule(n)	*l'école primaire*	die Universität(en)	*l'université*
das Gymnasium (die Gymnasien)	*le lycée*	der Schüleraustauch(e)	*l'échange scolaire*
der Gymnasiast(en)	*le lycéen*	an einem Schüleraustausch teilnehmen	*participer à un échange scolaire*
die Gymnasiastin(nen)	*la lycéenne*		
die Oberschule(n)	*le lycée*		

die Ganztagsschule(n)	*l'école qui dure toute la journée*	die Halbtagsschule(n)	*l'école qui ne dure que la matinée*
das Fach(¨er)	*la matière, la discipline*	die Deutschstunde(n)	*le cours d'allemand*
der Unterricht	*l'enseignement*	die wissenschaftlichen Fächer	*les matières scientifiques*
das Pflichtfach(¨er)	*matière obligatoire*	die literarischen Fächer	*les matières littéraires*
das Wahlfach(¨er)	*l'option*		
die Unterrichtsstunde(n)	*l'heure de cours*		

3e

Traduis ***l'examen, le bac.***

Par ❤

die Prüfung(en)	*l'examen*	die Studentin(nen)	*l'étudiante*
das Abitur	*le bac*	das Studium	*les études*
der Abiturient(en)	*celui qui prépare le bac*	studieren	*étudier*
der Student(en)	*l'étudiant*	das Gymnasium besuchen	*aller au lycée*
auf die Universität gehen	*aller à l'université*	an der Universität studieren	*étudier à l'université*
sich auf eine Prüfung vorbereiten	*se préparer à un examen*	das Studium unterbrechen	*interrompre ses études*
eine Prüfung bestehen	*réussir un examen*	das Studium fortsetzen	*continuer ses études*
bei einer Prüfung durchfallen	*échouer à un examen*		

der Sinn	*le sens*	die Erklärung(en)	*l'explication*
keinen Sinn haben	*ne pas avoir de sens*	der Vorwurf(¨e)	*le reproche*
sinnlos sein	*être absurde*	die Strafe(n)	*la punition*
die Bedeutung(en)	*la signification*	der Erfolg(e)	*le succès, la réussite*
bedeuten	*signifier*	erfolgreich sein	*réussir*
		die Erlaubnis	*la permission*
die Hauptsache	*l'essentiel*	das Verbot(e)	*l'interdiction*
das Gegenteil(e)	*le contraire*	das Gedächtnis	*la mémoire*
der Unterschied(e)	*la différence*	ein gutes Gedächtnis haben	*avoir une bonne mémoire*
der Vergleich(e)	*la comparaison*	das Gedicht(e)	*le poème*
vergleichen	*comparer*	der Teil(e)	*la part, la partie*
die Übersetzung(en)	*la traduction*	das Prozent(e)	*le pourcentage*
übersetzen	*traduire*	das Ziel(e)	*le but*
das Problem(e)	*le problème*		
ein Problem lösen	*résoudre un problème*		

Traduis ***la mémoire.***

Dialogue et expressions

Welches ist die Bedeutung des Wortes?	*Quelle est la signification du mot ?*
Welches ist das Gegenteil von ...?	*Quel est le contraire de... ?*
Welche Unterschiede gibt es zwischen dem deutschen und dem französischen Schulsystem?	*Quelles différences y a-t-il entre le système scolaire allemand et français ?*
Deutsch als erste Fremdsprache lernen	*apprendre l'allemand en première langue*
Englisch als zweite Fremdsprache lernen	*apprendre l'anglais en seconde langue*
Wie heißt... auf Deutsch?	*Comment dit on... en allemand ?*
Er ist bei der mündlichen Prüfung durchgefallen.	*Il a échoué à l'oral.*
Er hat die schriftliche Prüfung bestanden.	*Il a réussi l'examen écrit.*
Ich mache das Abitur.	*Je passe le bac.*
Sie müssen sich auf die Prüfung vorbereiten.	*Ils doivent se préparer à l'examen.*
Es hat geklappt, ich habe es geschafft.	*Ca a marché, j'ai réussi.*

3e

Freizeit: temps libre

Par ♥

die Freizeit	*le temps libre, les loisirs*	malen	*peindre*
das Hobby(s)	*le hobby, le passe-temps*	tanzen	*danser*
Comics lesen	*lire des bandes dessinées*	kochen	*faire la cuisine*
zeichnen	*dessiner*	singen	*chanter*
		Theater spielen	*faire du théâtre*
		Sport treiben	*faire du sport*

Donne des activités de temps libres.

turnen, Gymnastik treiben	*faire de la gymnastique*
die Turnhalle(n)	*le gymnase*
laufen	*courir*
springen	*sauter*
reiten	*faire du cheval*
segeln	*faire de la voile*
windsurfen	*faire de la planche à voile*
Schlittschuh laufen	*faire du patin à glace*
Rollschuh laufen	*faire du patin à roulettes*
Ski laufen, Ski fahren	*faire du ski*
fechten	*faire de l'escrime*
tauchen	*faire de la plongée*
boxen	*boxer*

Fußball spielen	*jouer au football*
das Fußballspiel(e)	*le match de football*
der Spieler(-)	*le joueur*
die Mannschaft(en)	*l'équipe*
der Schiedsrichter(-)	*l'arbitre*
ein Tor schießen	*marquer un but*
der Torwart	*le gardien de but*
das Spiel gewinnen	*gagner le match*
das Spiel verlieren	*perdre le match*
trainieren	*s'entraîner*
das Training(s)	*l'entraînement*
die Leistung(en)	*l'exploit, la performance*
der Leistungssport	*le sport de compétition*
der Sportverein(e)	*l'association sportive*
das Mitglied(er)	*le membre*
Mitglied eines Sportvereins sein	*être membre d'une association sportive*
der Weltmeister(-)	*le champion du monde*
die Weltmeisterin(nen)	*la championne du monde*
die Weltmeisterschaft(en)	*le championnat du monde*
die Olympischen Spiele	*les jeux Olympiques*
einen Rekord verbessern	*améliorer un record*
einen Rekord schlagen	*battre un record*
der Wettbewerb(e)	*le concours, la compétition*
der Zuschauer(-)	*le spectateur*
der Fußballplatz(¨e)	*le terrain de football*
das Stadion (die Stadien)	*le stade*
der Tennisplatz(¨e)	*le court de tennis*
der Tennisschläger(-)	*la raquette de tennis*
sich entspannen	*se détendre*
sich fit halten	*se maintenir en forme*

Traduis ***battre un record.***

3e

Dialogue et expressions

Ich spiele gern Fußball.	*J'aime jouer au football.*
Ich spiele lieber Tennis.	*Je préfère jouer au tennis.*
Sport macht Spaß.	*Le sport c'est amusant.*
Sport ist anstrengend.	*Le sport c'est fatigant.*
Das Training nimmt viel Zeit in Anspruch.	*L'entraînement prend beaucoup de temps.*
Handball ist mein Lieblingssport.	*Le handball est mon sport préféré.*

Traduis ***le sport c'est amusant.***

Reisen und Verkehr: voyages et transports

Par ❤

die Reise(n)	*le voyage*	das Ausland	*l'étranger (pays)*
sich auf eine Reise vorbereiten	*préparer un voyage*	ausländisch	*étranger*
der Ausländer(-)	*l'étranger (personne)*	eine fremde Stadt	*une ville étrangère (que l'on ne connaît pas)*

Quelle est la différence entre ***fremd*** *et* ***ausländisch*** *?*

Kontakte knüpfen	*établir des contacts*	die Rückkehr	*le retour*
unterwegs sein	*être en route*	zurückkehren	*revenir*
auf dem Rückweg sein	*être sur le chemin de retour*	anstrengend sein	*être fatigant*
verreist sein	*être en voyage*	sich verfahren, sich verlaufen	*se tromper de chemin*

Anschluß haben	*avoir une correspondance*	die Flug-gesellschaft(en)	*la compagnie aérienne*
Verspätung haben	*avoir du retard*	ausgebucht sein	*réservations complètes*
die Verbindung(en)	*la liaison*		
einen Flug buchen	*réserver un vol*		
der Stadtverkehr	*la circulation en ville*	der Taxifahrer(-)	*le chauffeur de taxi*
das Verkehrsmittel	*le moyen de transport*	die Straßenbahn(en)	*le tramway*
		die U-Bahn(en)	*le métro*
öffentliche Verkehrsmittel	*moyens de transport publics (transports en commun)*	mit der U-Bahn fahren	*prendre le métro*
		die U-Bahnstation	*la station de métro*
		die Bushaltestelle(n)	*l'arrêt de bus*
die Verkehrsampel(n)	*les feux de signalisation*	der Personen-kraftwagen(-), der PKW,	*la voiture de tourisme*
die Richtung(en)	*la direction*	der Last-kraftwagen(-), der LKW	*le camion*
die Kreuzung(en)	*le carrefour*		
die Strecke(n)	*le parcours, la distance*		

Traduis ***transports en commun.***

3e

die Kurve(n)	*le tournant*	der Fahrer(-)	*le conducteur*
der Fußgänger(-)	*le piéton*	der Fahrgast(¨e)	*le passager*
die Fußgängerzone(n)	*la zone piétonne*	der Führerschein(e)	*le permis de conduire*
die Hauptstraße(n)	*la rue principale*		
die Einbahnstraße(n)	*la rue à sens unique*	das Steuer(-)	*le volant*
		der Schaden(¨)	*le dommage, le dégât*
der Schutzmann (die Schutzleute)	*l'agent de police*		
		den Wagen reparieren lassen	*faire réparer la voiture*
den Verkehr regeln	*régler la circulation*		
der Polizist(en)	*le policier*	Auto fahren	*conduire*
der Schaffner(-)	*le contrôleur*	der Unfall(¨e)	*l'accident*
die Fahrkarten kontrollieren	*contrôler les billets*	die Gefahr(en)	*le danger*
		gefährlich	*dangereux*
der Bus (Busse)	*le bus, le car*	verletzt sein	*être blessé*
der Busfahrer(-)	*le conducteur de car*	zusammenstoßen	*entrer en collision*
		das Auto parken	*garer la voiture*
das Taxi(s)	*le taxi*	der Parkplatz(¨e)	*le parking*

Donne le pluriel de ***der Bus.***

Ne pas confondre

das Steuer	*le volant*	die Steuern	*les impôts*
die Einfahrt	*l'entrée des voitures*	die Ausfahrt	*la sortie des voitures*
der Eingang	*l'entrée des piétons*	der Ausgang	*la sortie des piétons*
der Eintritt	*l'entrée, l'admission*	Eintritt frei	*entrée libre*

Traduis ***der Eingang et der Ausgang.***

Dialogue et expressions

Fährt der Zug direkt nach Frankfurt?	*Est-ce que le train va directement à Francfort ?*
Nein, Sie müssen zweimal umsteigen.	*Non, il vous faut changer deux fois.*
Gibt es einen Zuschlag?	*Y-a-t-il un supplément ?*
Gibt es eine Ermässigung für Studenten?	*Y a-t-il une réduction pour les étudiants ?*
Es gibt keine direkte Verbindung zwischen Paris und Eschwege.	*Il n'existe pas de liaison directe entre Paris et Eschwege.*
Der Zug hat Verspätung.	*Le train a du retard.*
Wo verbringst du die Sommerferien?	*Où passes-tu tes vacances d'été ?*
Am Meer, an der Atlantikküste.	*Au bord de la mer, sur la côte Atlantique.*
Ich fahre nach Griechenland.	*Je vais en Grèce.*
Wie lange bleibst du in Griechenland?	*Combien de temps restes-tu en Grèce ?*
14 Tage.	*15 jours.*
Zwei Wochen	*Deux semaines.*
Wir fahren mit einem Ferienclub.	*Nous partons avec un club de vacances.*
Ich zelte lieber.	*Je préfère faire du camping.*
Wo warst du in den Ferien?	*Où étais-tu pendant les vacances ?*
Ich war auf Korsika.	*J'étais en Corse.*
Ich war in der Schweiz.	*J'étais en Suisse.*
Ich habe Madrid besichtigt.	*J'ai visité Madrid.*
Ich habe einen Sprachkurs in England gemacht.	*J'ai fait un séjour linguistique en Angleterre.*
Ich habe gebadet, gesegelt.	*Je me suis baigné, j'ai fait de la voile.*
Wir wohnten in einer Jugendherberge.	*Nous habitions dans une auberge de jeunesse.*
Wir sind Ski gelaufen.	*Nous avons fait du ski.*
Ich war in den Alpen, wir sind gewandert.	*J'étais dans les Alpes, nous avons fait des randonnées.*

Traum und Phantasie: rêves et imagination

Par ❤

der Traum(¨e)	*le rêve*	die Hexe(n)	*la sorcière*
träumen	*rêver*	böse	*méchant*
die Phantasie	*l'imagination*	nett	*gentil*
das Märchen(-)	*le conte*	hilfsbereit	*serviable*
die Sage(n)	*la légende*	die Räuber(-)	*les brigands*
erzählen	*raconter*	der Wald(¨er)	*la forêt*
der Held(en)	*le héros*	das Schloss(¨er)	*le château*
die Heldin(nen)	*l'héroïne*	der Drache(n)	*le dragon*
der König(e)	*le roi*	heiraten	*se marier*
die Königin(nen)	*la reine*	glücklich sein	*être heureux*
der Prinz(en)	*le prince*	kämpfen	*se battre*
die Prinzessin(nen)	*la princesse*	töten	*tuer*

Cite des mots composés avec ***Kunst.***

die Kunst(¨e)	*l'art*	der Autor(en)	*l'auteur*
der Künstler(-)	*l'artiste (homme)*	die Autorin(nen)	*l'auteur (femme)*
die Künstlerin(nen)	*l'artiste (femme)*	das Theaterstück(e)	*la pièce de théâtre*
das Kunstwerk(e)	*l'œuvre d'art*	das Gedicht(e)	*le poème*
das Werk(e)	*l'œuvre*	der Schauspieler(-)	*le comédien*
der Roman(e)	*le roman*	die Schauspielerin(nen)	*la comédienne*
der Dichter(-)	*le poète, l'écrivain*		
der Schriftsteller(-)	*l'écrivain*	die Bühne(n)	*la scène*
die Schriftstellerin(nen)	*l'écrivain (femme)*		
der Saal (Säle)	*la salle*	ausdrücken	*exprimer*
das Publikum	*le public*	eine Meinung äußern	*exprimer une opinion*
die Vorstellung(en)	*la représentation*		
eine Rolle spielen	*jouer un rôle*	die Einführung(en)	*l'introduction*
in der ersten Reihe sitzen	*être assis au premier rang*	die Handlung(en)	*l'action*
		der Schluss(¨e)	*la conclusion*
beschreiben	*décrire*	das Thema (die Themen)	*le sujet*
darstellen	*représenter (de manière picturale)*		

3e

Par ❤

Cite des mots qui se rapportent à la peinture.

der Maler(-)	*le peintre*	das Gemälde(-)	*le tableau*
die Malerin(nen)	*la femme peintre*	die Malerei	*la peinture*
malen	*peindre*	die Ausstellung(en)	*l'exposition*
die Sammlung(en)	*la collection*	eine Sammlung bewundern	*admirer une collection*
eine Ausstellung besuchen	*visiter une exposition*	malerisch	*pittoresque*

Par ❤

Traduis ***jouer du piano.***

das Lied(er)	*le chant*	der Schlager(-)	*l'air à la mode*
der Komponist(en)	*le musicien, compositeur*	das Instrument(e)	*l'instrument*
		Klavier spielen	*jouer du piano*
komponieren	*composer*	Saxo spielen	*jouer du saxophone*
das Konzert(e)	*le concert*		
ins Konzert gehen	*aller au concert*	Gitarre spielen	*jouer de la guitare*
musikalisch sein	*être musicien*		
das Orchester(-)	*l'orchestre*	die Melodie kennen	*connaître la mélodie*
der Dirigent(en)	*le chef d'orchestre*		

Dialogue et expressions

Es war einmal...	*Il était une fois...*

„... und wenn sie nicht gestorben sind, so leben sie heute noch"
est une formule de conclusion des contes allemands.

Es handelt sich um...	*Il s'agit de...*
Goethe ist der berühmteste deutsche Dichter.	*Goethe est le plus célèbre poète allemand.*
Es gibt eine gute Stimmung.	*Il y a une bonne atmosphère, ambiance.*

Ne pas cofondre

künstlerisch *artistique* — künstlich *artificiel*

Adjectifs et adverbes

Adjectifs

Par ❤

ähnlich (+ dat.)	*semblable (à)*	vermutlich	*présumé*
arbeitslos	*au chômage*	vernünftig	*raisonnable*
bekannt (+ dat.)	*connu (de)*	verschieden	*différent*
bereit (zu + dat.)	*prêt (à)*	verzweifelt	*désespéré*
egal	*égal*	willkommen	*bienvenu pour quelqu'un*
ehrlich	*honnête*	wütend	*en colère*
eigen	*propre, à soi, personnel*	zufrieden (mit + dat.)	*satisfait (de)*
einverstanden	*d'accord*	notwendig	*nécessaire*
ernst	*sérieux*	pünktlich	*ponctuel, à l'heure*
frei	*libre*	schlank	*mince*
fremd	*étranger*	schwierig	*difficile*
gemütlich	*où on se sent à son aise*	spannend	*passionnant*
großartig	*grandiose*	städtisch	*municipal*
gut erzogen	*bien élevé*	täglich	*quotidien*
hässlich	*laid*	tot	*mort*
herzlich	*cordial*	tüchtig	*capable*
ideal	*idéal*	ungeduldig	*impatient*
klug	*intelligent*	ungerecht	*injuste*
komisch	*bizarre*	unzufrieden	*insatisfait*
lächerlich	*ridicule*	verheiratet	*marié*
merkwürdig	*remarquable*	verletzt	*blessé*

ärgerlich (über + acc.)	*contrarié (de)*	munter	*éveillé, gai, plein d'entrain*
fähig (zu + dat.)	*capable (de)*	öffentlich	*public*
frei (von + dat.)	*dispensé (de)*	peinlich	*pénible*

Que signifie ***arbeitslos** ?*

Traduis ***honnête, bizarre, quotidien.***

3e

geheim	*secret*	rasch	*rapide*
gering	*minuscule*	regelmäßig	*régulier*
gewiß (+ gén.)	*sûr (de)*	sauer	*aigre*
grob	*grossier*	scharf	*fort (épices), pointu*
heftig	*violent*		
kostbar	*précieux*	schief	*de travers*
kräftig	*fort, robuste*	schriftlich	*par écrit*
kürzlich	*récemment*	seltsam	*bizarre*
liebenswürdig	*aimable, digne d'être aimé*	sonderbar	*étrange*
		völlig	*entier, complet*
niedrig	*bas*	wirklich	*réel*

Dialogue et expressions

Sie ist ihrer Mutter ähnlich.	*Elle ressemble à sa mère.*
Sie sehen sich sehr ähnlich.	*Ils sont tellement semblables. Ils se ressemblent tellement.*
Er ist zu jeder Arbeit bereit.	*Il est prêt à faire n'importe quel travail.*
Das ist mir fremd.	*C'est nouveau pour moi.*
Das ist mir bekannt.	*Je le sais (je suis au courant).*
Der Vater ist mit seinem Beruf sehr beschäftigt.	*Le père est très occupé par sa profession.*
Bist du mit deinen Kindern zufrieden?	*Es-tu satisfait de tes enfants ?*
Zu meinen eigenen Kindern bin ich sehr streng.	*Je suis très sévère vis-à-vis de mes propres enfants.*
Die Wohnung ist gemütlich.	*On se sent bien dans cet appartement.*
Er nimmt es ernst.	*Il le prend au sérieux.*
Es ist ernst gemeint.	*Je le pense sérieusement.*
Das ist mir egal, das ist mir gleich.	*Ça m'est égal.*
Bist du damit einverstanden?	*Es-tu d'accord avec cela ?*
Der Ring ist 500 DM wert.	*La bague vaut 500 DM.*
Der Ring ist wertvoll.	*La bague est précieuse.*
Er ist nicht preiswert.	*Elle n'est pas bon marché.*
Herzliche Grüße an...	*Mes amitiés à...*
Du musst tüchtig arbeiten.	*Il faut que tu travailles beaucoup et avec application.*
tüchtig essen	*manger comme quatre*
schlau	*rusé*

Traduis ***es-tu d'accord avec cela.***

3e

Ne pas confondre

klug	*intelligent, avisé (intelligence pratique)*	intelligent	*intelligent (au sens plus intellectuel)*
der Tod	*la mort*	Er ist tot.	*Il est mort.*
der Tote	*le mort*	Er ist gestorben.	*Il est mort. (action de mourir)*
tot	*mort (adjectif)*		

Adverbes de manière

Par ❤

außerdem	*en outre*	selbstverständlich	*naturellement*
etwa	*à peu près*	sonst	*sinon*
höchstens	*tout au plus*	tatsächlich	*effectivement*
jedoch	*cependant*	umsonst	*gratuitement*
kaum	*à peine*	wirklich	*réellement*
mindestens	*tout au moins*	zwar	*certes*
allmählich	*peu à peu*	allerdings	*effectivement*

Que signifie ***sonst***, ***wirklich*** *?*

Adverbes de temps

Par ❤

danach	*ensuite*	sobald	*aussitôt*
inzwischen	*entre-temps*	spätestens	*au plus tard*
jedesmal	*chaque fois*	vorher	*auparavant*
mehrmals	*plusieurs fois*	heutzutage	*de nos jours*
meistens	*la plupart du temps*	längst	*depuis longtemps*
		zuletzt	*finalement*
schließlich	*finalement*	zunächst	*ensuite*

Traduis par un adverbe ***depuis longtemps***.

Adverbes de lieu

Par ❤

nirgends	*nulle part*

Dialogue et expressions

- **Exprimer une certitude**

Da bin ich ganz sicher.	*J'en suis tout à fait sûr.*
Da weiß ich ganz genau.	*Je le sais très exactement.*
Ich bin überzeugt, dass…	*Je suis convaincu, que…*
Das ist doch klar!	*C'est clair !*
Bestimmt! Gewiss!	*Certainement !*

- **Formuler une hypothèse**

vielleicht	*peut-être*
Es ist möglich.	*C'est possible.*
Es kann sein.	
Es mag sein.	
wahrscheinlich	*vraisemblablement*
Ich glaube, dass…	*Je pense que…*
Ich meine, dass…	
Ich denke, dass…	
Ich habe den Eindruck, dass…	*J'ai l'impression que…*

- **Répondre par l'affirmative**

Aber selbstverständlich!	*Mais bien sûr !*
Ja natürlich! Ja Klar!	*Bien sûr que oui !*
freilich, bestimmt	*certainement*
genau	*exactement*
Du hast recht.	*Tu as raison.*

- **Contredire quelqu'un**

Aber, nein	*Mais non*
Natürlich nicht!	*Bien sûr que non !*
Bestimmt nicht!	*Sûrement pas !*

Annexes

QCM
Exercices
Corrigés
Mémo
Bloc-notes
Index
Petit Larousse

ANNEXES

QCM

Questionnaire à choix multiples

6^e

■ 1. Quelle est la bonne traduction de *qui* ?
❑ **a.** Wo
❑ **b.** Wer
❑ **c.** Was

■ 2. Quelle est la bonne traduction de *quand* ?
❑ **a.** Warum
❑ **b.** Wann
❑ **c.** Wie

■ 3. *Je veux aller en France cet été.*
❑ **a.** Im Sommer ich will nach Frankreich fahren.
❑ **b.** Ich will fahren im Sommer nach Frankreich.
❑ **c.** Ich will im Sommer nach Frankreich fahren.

■ 4. *Il reste à la maison, car il est malade.*
❑ **a.** Er bleibt zu Hause, denn er ist krank.
❑ **b.** Er bleibt zu Hause, denn ist er krank.
❑ **c.** Er bleibt zu Hause, weil er ist krank.

■ 5. *Je crois qu'il se lève à 8 heures.*
❑ **a.** Ich glaube, dass er um 8 Uhr aufsteht.
❑ **b.** Ich glaube, dass er steht um 8 Uhr auf.
❑ **c.** Ich glaube, dass er um 8 Uhr steht auf.

■ 6. *savoir jouer au tennis*
❑ **a.** können spielen Tennis
❑ **b.** spielen Tennis können
❑ **c.** Tennis spielen können

■ 7. *Je reviens à la maison à 8 heures.*
❑ **a.** Ich komme zurück um 8 Uhr nach Hause.
❑ **b.** Ich komme um 8 Uhr nach Hause zurück.
❑ **c.** Um 8 Uhr ich komme nach Hause zurück.

■ 8. *Donne-moi les lunettes s'il te plaît !*
❑ **a.** Gebt mir bitte die Brille!
❑ **b.** Geben Sie mir bitte die Brille!
❑ **c.** Gib mir bitte die Brille!

■ 9. Quelle est la conjugaison correcte ?
❑ **a.** Du esst
❑ **b.** Wir nehmen
❑ **c.** Er nehmt

■ 10. Quelle est la conjugaison correcte ?
❑ **a.** Du will
❑ **b.** Ich wolle
❑ **c.** Er muss

■ 11. Quelle est la préposition correcte ?
❑ **a.** Er ist nicht zu Hause.
❑ **b.** Ich bleibe zu Stefan.
❑ **c.** Wir gehen zu Hause.

■ 12. Quelle est la préposition correcte ?
❑ **a.** Ich wohne nach Frankfurt.
❑ **b.** Ich fahre in Deutschland.
❑ **c.** Ich komme aus Italien.

■ 13. Quelle est la préposition correcte ?
❑ **a.** Ich gehe zu Schwimmbad.
❑ **b.** Ich gehe nach Kino.
❑ **c.** Ich gehe auf den Markt.

■ 14. Quelle est la phrase où le genre des mots est correct ?
❑ **a.** Ich kaufe der Zeitung.
❑ **b.** Ich kaufe das Buch.
❑ **c.** Ich kaufe der Heft.

■ 15. Quelle est la phrase où la déclinaison est correcte ?
❑ **a.** Ich treffe der Lehrer.
❑ **b.** Ich grüße die Lehrerin.
❑ **c.** Siehst du dem Hund?

■ 16. Le genre et la déclinaison sont-ils corrects ?
❑ **a.** Der Wagen gehört meinen Vater.
❑ **b.** Das Buch gehört meine Mutter.
❑ **c.** Die Tasche gehört meinem Bruder.

■ 17. *Comment allez-vous ?*
❑ **a.** Hallo!
❑ **b.** Wie geht es Ihnen?
❑ **c.** Wie geht es dir?

■ 18. *Est-ce que je peux parler à Ursula ?*
❑ **a.** Ist Ursula zu Hause?
❑ **b.** Kann ich Ursula sehen?
❑ **c.** Kann ich Ursula sprechen?

■ 19. *Peux-tu répéter s'il te plaît ?*
❑ **a.** Kannst du bitte wiederholen?
❑ **b.** Wie bitte?
❑ **c.** Stimmt das bitte?

■ 20. *Excusez-moi !*
❑ **a.** Entschuldigung!
❑ **b.** Achtung!
❑ **c.** Paß auf!

■ 21. *Je voudrais un morceau de gâteau.*
❑ **a.** Ich muss ein Stück Kuchen.
❑ **b.** Ich kann ein Stück Kuchen.
❑ **c.** Ich möchte ein Stück Kuchen.

■ 22. *un peu*
❑ **a.** ein bisschen
❑ **b.** nicht viel
❑ **c.** sehr gut

■ 23. *J'aime jouer au football.*
❑ **a.** Ich mag Fußball.
❑ **b.** Ich spiele gern Fußball.
❑ **c.** Ich spiele oft Fußball.

■ 24. *Je suis désolé.*
❑ **a.** Das geht nicht.
❑ **b.** Das ist leider unmöglich.
❑ **c.** Es tut mir leid.

■ 25. *Sais-tu danser ?*
❑ **a.** Musst du tanzen?
❑ **b.** Darfst du tanzen?
❑ **c.** Kannst du tanzen?

■ 26. *Est-ce que je peux ouvrir la fenêtre ?*
❑ **a.** Darf ich das Fenster aufmachen?
❑ **b.** Darf ich das Fenster zumachen?
❑ **c.** Kann ich das Fenster zumachen?

■ 27. *J'ai faim.*
❑ **a.** Ich habe Hunger.
❑ **b.** Ich habe Durst.
❑ **c.** Ich habe Kopfschmerzen.

■ 28. *Savez-vous où est la poste ?*
❑ **a.** Weißt du, wo die Post ist?
❑ **b.** Wissen Sie, wo ist die Post?
❑ **c.** Wissen Sie, wo die Post ist?

■ 29. *Non, je ne sais pas.*
❑ **a.** Nein, ich will nicht.
❑ **b.** Nein, ich weiß nicht.
❑ **c.** Nein, ich muss nicht.

■ 30. *Cela me plaît.*
❑ **a.** Ich habe keine Lust.
❑ **b.** Ich mag das nicht.
❑ **c.** Das gefällt mir.

■ 31. *Quand vas-tu au cinéma ?*
❑ **a.** Warum gehst du ins Kino?
❑ **b.** Um wie viel Uhr gehst du ins Kino?
❑ **c.** Wann gehst du ins Kino?

■ 32. *Peux-tu venir ?*
❑ **a.** Willst du mitkommen?
❑ **b.** Kannst du mitkommen?
❑ **c.** Kannst du laufen?

■ 33. ***vouloir partir en train en Allemagne***
❑ **a.** mit dem Zug nach Deutschland fahren wollen
❑ **b.** mit dem Zug nach Deutschland wollen fahren
❑ **c.** wollen mit dem Zug nach Deutschland fahren

A

5e

■ **1. L'interrogatif est-il correct ?**
❑ **a.** Wohin gehst du?
❑ **b.** Wo kommst du?
❑ **c.** Wohin bist du?

■ **2. L'interrogatif est-il correct ?**
❑ **a.** Woher verbringst du deine Ferien?
❑ **b.** Wohin liegt Hamburg?
❑ **c.** Wo sitzt du?

■ **3. Quelle est la forme grammaticale correcte de l'infinitif ?**
❑ **a.** Er scheint glücklich sein.
❑ **b.** Ich will Rad fahren.
❑ **c.** Er kann gut zu schwimmen.

■ **4. Quelle est la forme grammaticale correcte de l'infinitif ?**
❑ **a.** Ich lasse das Auto zu reparieren.
❑ **b.** Ich hoffe das Spiel gewinnen.
❑ **c.** Sie hat Lust, ins Konzert zu gehen.

■ **5. Quel est le verbe au prétérit ?**
❑ **a.** konnte
❑ **b.** möchte
❑ **c.** wäre

■ **6. Quel est le verbe au présent du subjonctif II ?**
❑ **a.** war
❑ **b.** hätte
❑ **c.** mochte

■ **7. Quelle est la forme du prétérit correcte ?**
❑ **a.** Ich arbeitete
❑ **b.** Er saht
❑ **c.** Ich fuhre

■ **8. Quelle est la forme correcte du participe passé ?**
❑ **a.** Hast du getranken?
❑ **b.** Ich habe gegessen.
❑ **c.** Wir sind ins Kino gegehen.

■ **9. Quelle est la forme correcte du participe passé ?**
❑ **a.** Ich habe meine Zeit verloren.
❑ **b.** Wir haben Handball gespielen.
❑ **c.** Er hat mich geanrufen.

■ **10. La forme de *werden* (futur) est-elle correcte ?**
❑ **a.** Wir werden kommen.
❑ **b.** Er werdet das Auto kaufen.
❑ **c.** Du wirdst sicher gewinnen.

■ **11. Quel est le pluriel correct ?**
❑ **a.** Häuse
❑ **b.** Freunde
❑ **c.** Städten

■ **12. Quel est le pluriel correct ?**
❑ **a.** Baume
❑ **b.** Tisch
❑ **c.** Männer

■ **13. Quel est le pluriel correct ?**
❑ **a.** Lehrer
❑ **b.** Familie
❑ **c.** Bruder

■ **14. Quel est le pluriel correct ?**
❑ **a.** Zimmer
❑ **b.** Auto
❑ **c.** Bucher

■ **15. Quelle est la marque de l'adjectif correcte ?**
❑ **a.** der blauer Mantel
❑ **b.** die schwarze Schuhe
❑ **c.** die weiße Hose

■ **16. Quelle est la marque de l'adjectif correcte ?**
❑ **a.** die blonde Haar
❑ **b.** eine lange Nase
❑ **c.** ein kleinen Mund

■ **17. Quelle est la forme correcte du comparatif ?**
❑ **a.** Ich bin alter als er.
❑ **b.** Du bist größer wie dein Bruder.
❑ **c.** Er fährt schneller als ich.

■ **18. Quelle est la forme correcte du comparatif ?**
❑ **a.** Wir arbeiten nicht so viel als sie.
❑ **b.** Ich spiele lieber Fußball.
❑ **c.** Sie ist so nett als du.

■ **19. Quelle est la forme correcte du prétérit ?**
❑ **a.** Sie kamt
❑ **b.** Ich ginge
❑ **c.** Wir kauften

■ **20. Quelle est la forme correcte du participe passé ?**
❑ **a.** Wir sind nach Hause gekommen.
❑ **b.** Wir haben nach Hause gekommen.
❑ **c.** Wir sind nach Hause gehen.

■ **21. Quelle est la forme correcte du participe passé ?**
❑ **a.** Du hast Glück gehabt.
❑ **b.** Hast du den Computer gekaufen?
❑ **c.** Ich habe ihm gehelfen.

■ **22. *Pouvez-vous appeler plus tard ?***
❑ **a.** Wollen Sie später anrufen?
❑ **b.** Müssen Sie später anrufen?
❑ **c.** Können Sie später anrufen?

■ **23. *Je voudrais un verre d'eau.***
❑ **a.** Ich hätte gern ein Glas Milch.
❑ **b.** Können Sie mir ein Glas Milch bringen.
❑ **c.** Ich möchte ein Glas Wasser.

■ **24. *Comment dit-on en allemand ?***
❑ **a.** Wie sagt man auf Deutsch?
❑ **b.** Ich finde das Wort nicht.
❑ **c.** Ich weiß nicht, wie man das sagt.

■ **25. *Je voudrais dire quelque chose.***
❑ **a.** Ich möchte etwas fragen.
❑ **b.** Ich möchte etwas sagen.
❑ **c.** Ich möchte etwas erzählen.

■ **26. *Quand es-tu né ?***
❑ **a.** Wann hast du Geburtstag?
❑ **b.** Woher kommst du?
❑ **c.** Wann bist du geboren?

■ **27. *Je suis Français.***
❑ **a.** Ich bin Französin.
❑ **b.** Ich bin Französisch.
❑ **c.** Ich bin Franzose.

■ **28. *Pouvez-vous parler plus lentement ?***
❑ **a.** Können Sie schneller sprechen?
❑ **b.** Können Sie das erklären?
❑ **c.** Können Sie langsamer sprechen?

■ **29. *Je voudrais t'inviter.***
❑ **a.** Ich möchte dich einladen.
❑ **b.** Ich möchte dich anrufen.
❑ **c.** Ich möchte dich treffen.

■ **30. *ce soir***
❑ **a.** gestern Abend
❑ **b.** heute Abend
❑ **c.** morgen Abend

■ **31. *C'est formidable !***
❑ **a.** Das ist mir recht.
❑ **b.** Das ist toll!
❑ **c.** Wie schön!

■ **32. *Tant pis !***
❑ **a.** Wie langweilig!
❑ **b.** Schon gut!
❑ **c.** Wie Schade!

■ **33. *C'est beau !***
❑ **a.** Wie schön!
❑ **b.** Wie hübsch!
❑ **c.** Wie süß!

4^e

■ 1. Dans quelle phrase le mot de subordination et la structure sont-ils corrects ?
❑ **a.** Jedesmal, wenn er nach Deutschland fährt, freut er sich.
❑ **b.** Jedesmal, wenn er nach Deutschland fährt, er freut sich.
❑ **c.** Jedesmal, als er nach Deutschland fährt, er freut sich.

■ 2. Dans quelle phrase le mot de subordination et la structure sont-ils corrects ?
❑ **a.** Als sie zum Zahnarzt geht, hat sie immer Angst.
❑ **b.** Wenn sie zum Zahnarzt geht, hat sie immer Angst.
❑ **c.** Sie hat immer Angst, wenn sie geht zum Zahnarzt.

■ 3. Dans quelle phrase le relatif est-il correct ?
❑ **a.** Der Wagen, das er gekauft hat, ist teuer.
❑ **b.** Der Film, der wir gesehen haben, war spannend.
❑ **c.** Das letzte Buch, das ich gelesen habe, war toll.

■ 4. Dans quelle phrase le relatif est-il correct ?
❑ **a.** Ein Land, die ich sehr besichtigen möchte, ist Griechenland.
❑ **b.** Die Musik, die ich am liebsten höre, ist die klassische Musik.
❑ **c.** Die Sprachen, der sie gelernt hat, sind Deutsch und Spanisch.

■ 5. Dans quelle phrase le relatif est-il incorrect ?
❑ **a.** Die Stadt, in der ich am liebsten leben möchte, ist London.
❑ **b.** Die Familie, bei die wir gewohnt haben, war nett.
❑ **c.** Der Junge, mit dem sie spielt, ist ihr Bruder.

■ 6. Quel est l'infinitif complément correctement construit ?
❑ **a.** Du brauchst nicht sofort zu antworten.
❑ **b.** Wir wollen dich abzuholen.
❑ **c.** Wann denkst du ankommen?

■ 7. Quel est l'infinitif complément correctement construit ?
❑ **a.** Es ist ihr gelungen, eine interessante Arbeit finden.
❑ **b.** Ich habe keine Lust kommen.
❑ **c.** Wann gehst du einkaufen?

■ 8. Quelle est la construction syntaxique incorrecte ?
❑ **a.** Ich kaufe die Zeitung, um die Annoncen zu lesen.
❑ **b.** Um die Annoncen zu lesen, ich kaufe die Zeitung.
❑ **c.** Um die Annoncen zu lesen, kaufe ich die Zeitung.

■ 9. Quelle est la construction syntaxique correcte ?
❑ **a.** Anstatt zu gehen ins Restaurant, möchte ich lieber ins Kino gehen.
❑ **b.** Ich möchte lieber gehen ins Kino, anstatt zu gehen ins Restaurant.
❑ **c.** Ich möchte lieber ins Kino gehen, anstatt ins Restaurant zu gehen.

■ 10. Quelle est la construction syntaxique correcte ?
❑ **a.** Sie sind plötzlich weggegangen, ohne ein Wort zu sagen.
❑ **b.** Sie sind plötzlich weggegangen, ohne zu sagen ein Wort.
❑ **c.** Sie sind plötzlich weggegangen, ohne ein Wort sagen.

■ 11. Dans quelle phrase l'auxiliaire est-il incorrect ?
❑ **a.** Wir sind zu schnell gelaufen.
❑ **b.** Du bist zu früh aufgestanden.
❑ **c.** Wann hast du in die Schule gegangen?

■ 12. Dans quelle phrase l'auxiliaire est-il incorrect ?
❑ **a.** Ich bin ihm gestern begegnet.
❑ **b.** Wir sind uns zufällig getroffen.
❑ **c.** Hast du den neuen Wagen gefahren?

■ 13. Dans quelle phrase l'auxiliaire est-il correct ?
❑ **a.** Ich bin eine Strafe bekommen.
❑ **b.** Wir haben uns beeilt.
❑ **c.** Ich habe durch die ganze Welt gereist.

■ 14. Quelle est la forme du superlatif correcte ?
❑ **a.** Welche Sänger hörst du am lieber?
❑ **b.** Das Auto fährt am schneller.
❑ **c.** Die meisten Leute kaufen einen Computer.

■ 15. Quelle est la forme du superlatif correcte ?
❑ **a.** Das ist der höher Turm.
❑ **b.** Berlin ist die größere Stadt Deutschlands.
❑ **c.** München ist die nächste Stadt.

■ 16. Quelle est la forme du superlatif correcte ?
❑ **a.** Das ist meine ältest Tochter.
❑ **b.** Es war der langweiligste Tag.
❑ **c.** Im Februar ist es am kaltesten.

■ 17. *Je suis heureux.*
❑ **a.** Ich bin froh.
❑ **b.** Das finde ich interessant.
❑ **c.** Ich freue mich.

■ 18. *Je suis surpris.*
❑ **a.** Da bin ich enttäuscht.
❑ **b.** Ich habe Angst.
❑ **c.** Da bin ich überrascht.

■ 19. *Je me sens mal.*
❑ **a.** Mir ist kalt.
❑ **b.** Mir ist schlecht.
❑ **c.** Mir ist warm.

■ 20. *Je préfère jouer au tennis.*
❑ **a.** Ich möchte lieber Tennis spielen.
❑ **b.** Tennis ist mein Lieblingssport.
❑ **c.** Ich mag Tennis überhaupt nicht.

■ 21. *J'ai envie d'aller en Italie.*
❑ **a.** Ich möchte nach Italien fahren.
❑ **b.** Ich habe vor, nach Italien zu fahren.
❑ **c.** Ich habe Lust, nach Italien zu fahren.

■ 22. *Est-ce que ça a marché ?*
❑ **a.** Hast du Glück gehabt?
❑ **b.** Hast du es geschafft?
❑ **c.** Hat es geklappt?

■ 23. *C'est interdit.*
❑ **a.** Das ist verboten.
❑ **b.** Das ist nicht erlaubt.
❑ **c.** Das tut man nicht.

■ 24. *C'est possible.*
❑ **a.** Das ist sicher.
❑ **b.** Es kann sein.
❑ **c.** Das ist möglich.

■ 25. *Ne te fais pas de soucis.*
❑ **a.** Machen Sie sich keine Sorgen.
❑ **b.** Tu das lieber nicht!
❑ **c.** Mach dir keine Sorgen.

■ 26. *Je propose d'aller à la piscine.*
❑ **a.** Man kann ins Schwimmbad gehen.
❑ **b.** Ich möchte ins Schwimmbad gehen.
❑ **c.** Ich schlage vor, wir gehen ins Schwimmbad.

■ 27. *Qu'est-ce que je dois faire ?*
❑ **a.** Was darf ich machen?
❑ **b.** Was soll ich tun?
❑ **c.** Was kann ich machen?

■ 28. *Je ne sais plus.*
❑ **a.** Ich weiß nichts.
❑ **b.** Ich weiß noch nicht.
❑ **c.** Ich weiß nicht mehr.

3e

■ **1. Quelle est la concordance des temps correcte ?**
❑ **a.** Er kaufte sich einen Computer, nachdem er eine Arbeit gefunden hat.
❑ **b.** Er kaufte sich einen Computer, nachdem er eine Arbeit gefunden hatte.
❑ **c.** Er kauft sich einen Computer, nachdem er eine Arbeit fand.

■ **2. Quelle est la concordance des temps correcte ?**
❑ **a.** Bevor zu schlafen, liest er ein Buch.
❑ **b.** Bevor er schläft, hat er ein Buch gelesen.
❑ **c.** Bevor er schläft, liest er ein Buch.

■ **3. Comment traduit-on *pendant que* ?**
❑ **a.** bevor
❑ **b.** nachdem
❑ **c.** seitdem
❑ **d.** während

■ **4. Comment traduit-on *afin que* ?**
❑ **a.** damit
❑ **b.** um...zu
❑ **c.** obgleich

■ **5. Quelle est la phrase où le mot de subordination est incorrect ?**
❑ **a.** Ich weiß nicht, wenn der Zug ankommt.
❑ **b.** Wenn du Zeit hast, kannst du mir faxen.
❑ **c.** Wann gehst du zu Peter?

■ **6. Dans quelle phrase la place du verbe conjugué est-elle incorrecte ?**
❑ **a.** Ich kann nicht arbeiten, denn ich habe Kopfschmerzen.
❑ **b.** Sie nimmt eine Dusche, dann sie frühstückt.
❑ **c.** Entweder fahre ich nach Berlin oder du kommst nach Paris.

■ **7. Que signifie *zurück* ?**
❑ **a.** avec
❑ **b.** à nouveau
❑ **c.** retour au point d'origine
❑ **d.** notion de continuité

■ **8. Que signifie *mit* ?**
❑ **a.** notion d'éloignement
❑ **b.** avec
❑ **c.** notion de continuité

■ **9. Quelle est la préposition suivie du datif ?**
❑ **a.** durch
❑ **b.** um
❑ **c.** bei

■ **10. Quelle est la préposition incorrecte ?**
❑ **a.** denken auf
❑ **b.** glauben an
❑ **c.** sich kümmern um

■ **11. Quel est le verbe qui n'est pas au subjonctif II ?**
❑ **a.** hatte
❑ **b.** sähe
❑ **c.** kaufte
❑ **d.** ginge

■ **12. Quel est le verbe qui n'est pas au subjonctif I ?**
❑ **a.** sei
❑ **b.** konne
❑ **c.** habest
❑ **d.** möge

■ **13. Quelle est la tournure passive correcte ?**
❑ **a.** Das Buch wird von einem Amerikaner schreiben.
❑ **b.** Der Film wurde in Deutschland drehen.
❑ **c.** Amerika wurde von Kolumbus entdeckt.

■ **14. Quelle est la marque correcte ?**
❑ **a.** der Kranke
❑ **b.** ein Kranke
❑ **c.** eine Reisender
❑ **d.** der Bekannter

■ **15. *Est-ce que le repas vous a plu ?***
❑ **a.** Haben Sie schon gewählt?
❑ **b.** Haben Sie schon bestellt?
❑ **c.** Hat es Ihnen geschmeckt?

■ **16. *Oui, c'était très bon.***
❑ **a.** Ja, es war lecker.
❑ **b.** Ja, es war ausgezeichnet.
❑ **c.** Ja, es hat sehr gut geschmeckt.

■ **17. *Nous voudrions payer.***
❑ **a.** Wir wollen essen.
❑ **b.** Wir möchten zählen.
❑ **c.** Wir möchten zahlen.

■ **18. *Je suis d'accord.***
❑ **a.** Ich bin dafür.
❑ **b.** Ich bin einverstanden.
❑ **c.** Ich bin dagegen.

■ **19. *C'est vrai.***
❑ **a.** Das stimmt.
❑ **b.** Es scheint wahr.
❑ **c.** Das war richtig.

■ **20. *Comment te sens-tu ?***
❑ **a.** Wie geht es dir?
❑ **b.** Wie fühlst du dich?
❑ **c.** Wie verstehst du das?

■ **21. *Je vais mieux.***
❑ **a.** Ich fühle mich wohl.
❑ **b.** Ich bin wieder fit.
❑ **c.** Es geht mir besser.

■ **22. *C'est à ton tour !***
❑ **a.** Erzähl mal!
❑ **b.** Sag doch etwas!
❑ **c.** Du bist dran!

■ **23. *Pardon !***
❑ **a.** Tut mir leid!
❑ **b.** Verzeihung!
❑ **c.** Schade!

■ **24. *Cela ne fait rien.***
❑ **a.** Macht nichts.
❑ **b.** Nicht so schlimm.
❑ **c.** Das ist egal.

■ **25. *Amuse-toi bien !***
❑ **a.** Gute Besserung!
❑ **b.** Alles Gute zum Geburtstag!
❑ **c.** Viel Spaß!

■ **26. *Merci, toi aussi.***
❑ **a.** Herzlichen Dank.
❑ **b.** Danke vielmals.
❑ **c.** Danke ebenfalls.

■ **27. *Je regrette.***
❑ **a.** Hoffentlich ist nichts passiert.
❑ **b.** Es tut mir leid.
❑ **c.** Das finde ich wirklich schade.

■ **28. *Je suis convaincu.***
❑ **a.** Ich bin sicher.
❑ **b.** Ich weiß ganz genau.
❑ **c.** Ich bin überzeugt.

■ **29. *Qu'en penses-tu ?***
❑ **a.** Was glaubst du?
❑ **b.** Wie findest du das?
❑ **c.** Was hältst du davon?

■ **30. *Je ne suis pas de ton avis.***
❑ **a.** Ich bin nicht deiner Meinung.
❑ **b.** Ich bin anderer Meinung.
❑ **c.** Ich bin dergleichen Meinung.

■ **31. *Tu as raison.***
❑ **a.** Ich bin ganz deiner Meinung.
❑ **b.** Freilich.
❑ **c.** Genau.
❑ **d.** Du hast recht.

■ **32. *Peut-être***
❑ **a.** Deshalb
❑ **b.** Vielleicht
❑ **c.** Also
❑ **d.** Hoffentlich

EXERCICES

Niveau 1

1re langue : l'année de la 6e
2e langue : l'année de la 4e

1 **Lisez attentivement le texte suivant, puis répondez aux questions.**

DIE GESCHICHTE VON DEN ROSINENBRÖTCHEN

Der Vater sagt zum Kind: „Bitte, lauf doch schnell zur Post und kauf mir 30 Briefmarken". Und die Mutter sagt: „Auf dem Rückweg kannst du beim Bäcker 3 Rosinenbrötchen holen. Aber iss sie nicht !"

Das Kind geht mit dem Geld fort. Es ist nicht weit bis zur Post. Aber die anderen Kinder spielen auf der Straße, und das Kind schaut ihnen zu und spielt ein bißchen mit. Dann geht es zur Post. Es kauft 3 Briefmarken. Dann holt es beim Bäcker 30 Rosinenbrötchen, 2 große Tüten voll. Sie sind sehr schwer. Als das Kind nach Hause kommt, lacht der Vater und ruft: „Jetzt muss ich Rosinenbrötchen auf meine Briefe kleben!" Und die Mutter lacht auch und kocht schnell Kaffee, und sie essen Rosinenbrötchen bis sie Bauchweh haben.

(Ursula Wölfel, *28 Lachgeschichten,* Hoch-Verlag, Düsseldorf, 1969.)

A Classez les groupes soulignés, selon leurs cas.

Nominatif : ....
....
Accusatif : ....
....
Datif : ....
....

Cours p. 17
Corrigés p. 217

B Classez les pronoms personnels selon leur fonction.

Sujet : ....
Complément à l'accusatif : ....
Complément au datif : ....

Cours p. 16
Corrigés p. 217

C Expliquez en français le comportement de l'enfant.

....
....
....
....
....
....

Corrigés p. 217

A

2 Vous avez le choix entre trois formes d'un déterminant : choisissez la bonne et complétez chaque phrase.

1. Ich brauche .... Füller. (ein? einen? einem?)
2. Sie bringt .... Mutter Blumen. (der? dem? die?)
3. Ich kaufe .... Platten. (meinen Sohn? meinem Sohn? meines Sohnes?)
4. Wir lesen .... Zeitung. (die? das? der?)
5. Holst du .... Freund am Bahnhof ab? (deinen? deine? deinem?)
6. Wir danken .... für das schöne Geschenk. (unsere Freunde? unser Freunde? unseren Freunden?)
7. Nimmst du .... Regenschirm? (das? den? die?)
8. Kannst du .... Schwester helfen? (deiner? deinen? deinem?)
9. Ich gebe .... ein Buch. (meinem Bruder? meines Bruders? meinen Bruder?)

Cours p. 12 à 15
Corrigés p. 217

3 Lisez attentivement ce texte et répondez aux questions.

DIE GESCHICHTE VOM GRÜNEN FAHRRAD

Ein Mädchen will sein Fahrrad anstreichen. Es nimmt grüne Farbe. Grün gefällt dem Mädchen so gut. Aber der Bruder sagt: „So ein grünes Fahrrad habe ich noch nie gesehen. Du musst es rot anstreichen, dann wird es schön." Rot gefällt dem Mädchen auch gut. Also holt es rote Farbe und streicht das Fahrrad rot. Aber ein anderes Mädchen sagt: „Rote Fahrräder haben doch alle! Warum streichst du es nicht blau an?" Das Mädchen überlegt sich das und dann streicht es sein Fahrrad blau. Aber der Nachbarsjunge sagt: „Blau, das ist doch so dunkel. Gelb ist viel lustiger!" Und das Mädchen findet gelb auch lustiger und holt gelbe Farbe. Aber eine Frau aus dem Haus sagt: „Das ist ein scheußliches Gelb! Nimm himmelblaue Farbe, das finde ich schön." Aber da kommt der große Bruder wieder. Er ruft: „Du wolltest es doch rot anstreichen! Himmelblau, das ist eine blöde Farbe. Rot musst du nehmen, rot!" Da hat das Mädchen gelacht und wieder den grünen Farbtopf geholt und das Fahrrad grün angestrichen. Und es war ihm ganz egal, was die anderen gesagt haben.

(Ursula Wölfel, *28 Lachgeschichten*, Hoch-Verlag, Düsseldorf, 1969.)

A

A Combien de personnages interviennent dans le texte ? Citez-les.

....
....
....
....

Corrigés p. 217

B Relevez dans le texte les mots (conjonctions de coordination, adverbes, etc.) qui permettent à une phrase ou à une proposition de se rattacher logiquement à la phrase précédente.

....

....

....

....

....

....

Cours p. 30 à 32
Corrigés p. 217

C **Mettez les phrases du résumé dans l'ordre en leur attribuant un numéro.**

(......) ***a.*** Une autre jeune fille lui propose de la peindre en bleu, c'est moins banal.
(......) ***b.*** Son frère lui dit que le rouge, c'est plus joli.
(......) ***c.*** La jeune fille peint sa bicyclette en vert.
(......) ***d.*** Le fils du voisin trouve que le jaune est plus gai.
(......) ***e.*** La jeune fille aime la couleur rouge.
(......) ***f.*** Le frère, qui revient, ne veut pas démordre du rouge.
(......) ***g.*** Après réflexion, elle peint la bicyclette en bleu.
(......) ***h.*** Finalement, elle repeint la bicyclette en vert.
(......) ***i.*** Mais une dame lui dit que le jaune est affreux, bleu ciel c'est joli.

Corrigés p. 217

4

Trouvez le pronom personnel qui manque.

1. Das Eis ist nicht gut, ich esse .... nicht.
2. Der Pullover ist zu teuer, ich kaufe .... nicht.
3. Ich treffe eine Freundin, ich hatte .... seit langem nicht gesehen.
4. Sie waren krank? Geht es .... besser?
5. Der Kaffee ist zu heiß, ich kann .... nicht trinken.
6. Die Kinder möchten Schokolade essen, ich gebe .... eine Tafel Schokolade.
7. Bist du heute allein? Ich gehe mit .... ins Kino.
8. Gehört der Wagen deinem Vater? Ja, er gehört ....
9. Gehört der Fotoapparat deiner Schwester? Ja, er gehört ....
10. Kommst du mit? Ja, ... komme mit.
11. Ich kann den schweren Koffer nicht allein tragen. Kannst du .... helfen?
12. Meine Katze hat Hunger, ich bringe .... eine Tasse Milch.
13. Ich schreibe meiner Freundin, ich will .... für das Geschenk danken.
14. Meine Großmutter ist krank, ich will .... besuchen.
15. Die Verkäuferin fragt ...., ob ich den Mantel nehme.

Cours p. 16
Corrigés p. 217

5

Après avoir lu le texte, dites à qui appartiennent les objets. Faites des phrases sur ce modèle :
Das Haus gehört Stefan, das ist sein Haus.

Stefan ist Fotograf; er wohnt in einem kleinen Haus nicht weit von Düsseldorf und arbeitet im Stadtzentrum. Jeden Tag fährt er mit der Straßenbahn zur Arbeit. Stefan treibt keinen Sport und interessiert sich für Geschichte. Er liest gern und sieht gern fern. Er sammelt alte Möbel.
Maria ist 32. Sie ist Krankenschwester und hat eine Wohnung in Hamburg. Sie arbeitet in einem Krankenhaus, 15 Kilometer von Hamburg entfernt. Sie fährt jeden Tag mit dem Wagen ins Krankenhaus. Ihr Hobby ist Malerei. Sie interessiert sich für Musik. Sie spielt gern Tennis.

1. Die alten Möbel ....
2. Der Wagen ....
3. Die Platten ....
4. Der Tennisschläger ....
5. Die Geschichtsbücher ....
6. Die Pinsel ....
7. Der Fotoapparat ....
8. Die Fahrkarte ....
9. Der Fernsehapparat ....

Cours p. 14
Corrigés p. 217

6

Complétez par le mot interrogatif qui convient.

1. W .... heißt du? W .... alt bist du?
2. W .... hast du Geburtstag?
3. W .... wohnst du? W .... kommst du?
4. W .... fährst du im Sommer?
5. W .... willst du jetzt schon gehen?
6. W .... einen Pullover möchtest du kaufen?
7. W .... lange bleibst du zu Hause? W .... spät ist es?
W .... antwortet auf meine Frage?
8. W .... gehört das Buch? W .... Uhr ist es?

Cours p. 1
Corrigés p. 217

A

7

Formez des mots composés.

1. der Fuß ; der Ball
2. der Kaffee ; die Tasse
3. der Käse ; das Brot
4. die Hand ; der Schuh
5. der Brief ; die Freundin
6. die Reise ; das Büro
7. der Apfel ; der Baum
8. die Orange ; der Saft

Cours p. 13
Corrigés p. 217

8

Joignez par des traits les nombres donnés en suivant l'ordre. Vous obtiendrez un animal.

eins – zwölf – vierzehn – sechzehn – vierzehn – zwanzig – siebzehn – vier – fünfundzwanzig – dreißig – vierundvierzig – achtzehn – fünf – fünfzehn – fünfzig – sechsundsechzig – dreizehn – zwölf

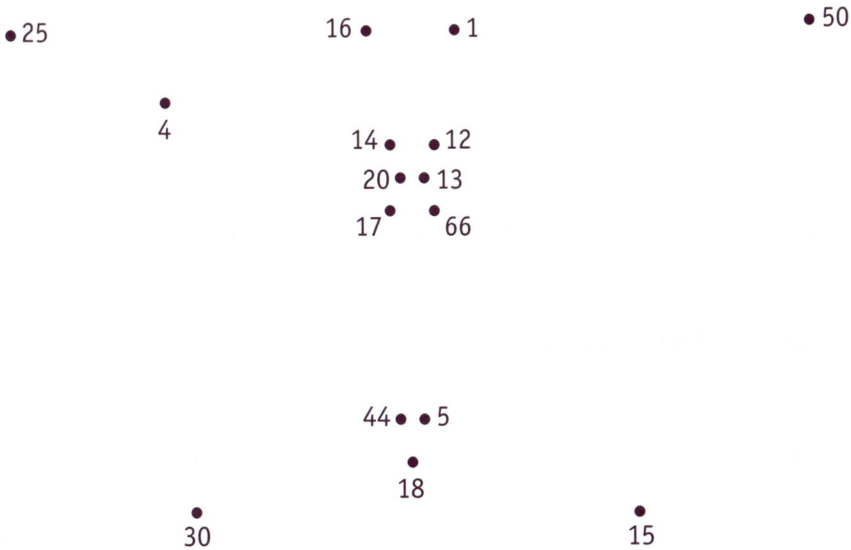

Cours p. 30
Corrigés p. 217

9

Lisez le menu et écrivez, en chiffres et en lettres, ce que chaque client devra payer en fonction de sa commande.

1. Ich habe einen Hamburger mit Pommes Frites bestellt.
2. Ich möchte Fisch, Pommes Frites und eine Limo.
3. Ich habe ein Schnitzel und ein Paar Würstchen gewählt.
4. Ich habe ein Omelett und ein Stück Torte bestellt.

Speisekarte	
Würstchen	4,50 DM
Hamburger	7,50 DM
Schnitzel	13,00 DM
Fischfilet	12,50 DM
Omelett	6,30 DM
Pommes frites	4,20 DM
Obsttorte	5,50 DM
Limonade	3,00 DM

1. .... DM ....
.... Mark ....

2. .... DM ....
.... Mark ....

3. .... DM ....
.... Mark ....

4. .... DM ....
.... Mark ....

Cours p. 30
Corrigés p. 217

A

10 Écrivez l'heure donnée par chaque horloge, en commençant par : *Es ist...*

1.  ....

2.  ....

3.  ....

4. 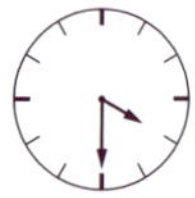 ....

5.  ....

6.  ....

Cours p. 11 et 25
Corrigés p. 217

11 Commentez votre emploi du temps ; chaque phrase commencera par l'expression de l'heure.

1. 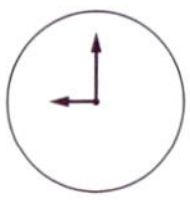 mit der Arbeit anfangen ....
....

2.  essen gehen ....
....

3.  Freunde treffen ....
....

4.  spazieren gehen ....
....

5.  fernsehen ....
....

6.  Musik hören ....
....

Cours p. 11 et 25
Corrigés p. 217

12 Pour compléter les phrases, conjuguez les verbes entre parenthèses au présent de l'indicatif.

Jürgen (schlafen) .... bis um 7 Uhr. Dann (aufstehen) .... er .... und (gehen) .... in die Küche. Er (essen) .... ein Stück Brot und (trinken) .... Kakao. Dann (nehmen) .... er eine Dusche und (sich anziehen) .... Die Schule (anfangen) .... um 8 Uhr .... Er (laufen) ...., sonst (werden) .... er zu spät

Cours p. 5 à 11
Corrigés p. 217

A

kommen. Er (fahren) .... mit der Straßenbahn zur Schule. In der Straßenbahn (lesen) .... er eine Lektion. Vor der Schule (treffen) .... er seine Schulkameraden. Jeder (tragen) .... eine Schulmappe mit vielen Büchern und Heften. In der Pause (spielen) .... Jürgen auf dem Hof oder er (sprechen) .... mit seinen Freunden. Er (lernen) .... gern Mathematik und Biologie, aber er (wissen) .... noch nicht, was er später studieren will.

Cours p. 5 à 11
Corrigés p. 217

13

Complétez chaque phrase avec l'une des prépositions suivantes.

aus *bei* *mit* *nach* *seit* *von* *zu*
durch *für* *gegen* *ohne* *in* *um*

1. Der Sohn kauft die Zeitung .... seinen Vater.
2. Der Junge wirft den Ball .... die Wand.
3. .... dich können wir das Spiel nicht gewinnen.
4. Die Autos dürfen nicht so schnell .... die Stadt fahren.
5. Eine Kette hängt .... ihren Hals.
6. Jeden Mittwochnachmittag gehe ich .... meinen Großeltern.
7. Ich lerne .... einem Jahr Deutsch.
8. Fährst du .... dem Zug nach Deutschland?
9. Dieser Arbeiter kommt .... der Türkei.
10. Er will .... Deutschland arbeiten.
11. Sie haben .... der Post gearbeitet.
12. Sie schreibt am Ende des Briefes „Lass bald .... dir hören".
13. .... dem Regen scheint die Sonne.

Cours p. 9 à 11
Corrigés p. 217

14

Choisissez le complément de lieu qui convient.

1. Um 4 Uhr bin ich immer ....
zu Hause — nach Hause — ins Haus
2. Morgen fahre ich...
in Deutschland — zu Deutschland — nach Deutschland
3. Wir verbringen die Ferien ....
ans Meer — am Meer — zum Meer
4. Am Sonntag bleibe ich ....
zu meinen Eltern — von meinen Eltern — bei meinen Eltern
5. Heute gehe ich...
zu meinem Freund — bei meinem Freund — nach meinem Freund
6. Wann gehst du ....
nach Hause — zu Hause — im Haus
7. An jedem Wochenende fahren wir...
auf dem Land — aufs Land — zum Lande

Cours p. 9 à 11
Corrigés p. 217

15

Formulez la question qui correspond à la réponse donnée. Vous emploierez le verbe *dürfen* et les expressions suivantes :

fernsehen ; Fußball spielen ; das Magazin haben ; ins Kino gehen.

1....	**2.** ....
– Nein, es ist Zeit ins Bett zu gehen.	– Vielleicht, wenn der Film gut ist.
3....	**4.** ....
– Nein, es tut mir leid, ich brauche es.	– Ja, wenn du mit den Hausaufgaben fertig bist.

Cours p. 7 et 8
Corrigés p. 217

16

Construisez des phrases négatives ou affirmatives en associant chacun des éléments donnés dans ces trois colonnes :

1. Hunde		Milch trinken
2. Menschen	können	fliegen
3. Babys	können nicht	Auto fahren
4. Vögel	können kein	Knochen fressen
(les oiseaux)		*(manger des os)*

....
....
....
....
....
....
....
....
....
....

Cours p. 4 et 5
Corrigés p. 217

17

Écrivez les phrases suivantes en allemand :

1. Veux-tu apprendre l'allemand ?

....

2. Aimes-tu le gâteau ?

....

3. Il est malade, il doit rester à la maison.

....

4. Qu'est-ce que je dois faire ? est-ce que je dois t'aider ?

....

5. Il ne peut pas venir aujourd'hui.

....

6. Sais-tu faire la cuisine ?

....

7. Est-ce que je peux fermer la fenêtre ?

....

8. Sais-tu où il habite ?

....

Cours p. 7 et 8
Corrigés p. 218

18

Cochez la bonne réponse.

1. Tu demandes à un camarade comment il va.
☐ Guten Tag. ☐ Wie geht's? ☐ Wer bist du?
2. Tu lui demandes s'il a faim.
☐ Hast du Hunger? ☐ Möchtest du etwas trinken? ☐ Hast du Durst?
3. Tu veux dire que tu as onze ans.
☐ Er ist elf Jahre alt. ☐ Bist du auch elf Jahre alt? ☐ Ich bin elf Jahre alt.
4. Tu demandes à un camarade quel âge il a.
☐ Wo wohnst du ? ☐ Wie viel Uhr ist es? ☐ Wie alt bist du ?
5. Tu veux présenter ton ami Stefan à tes parents.
☐ Mein Name ist Stefan ☐ Ich heiße Stefan. ☐ Das ist mein Freund Stefan.
6. Tu veux t'excuser.
☐ Danke schön! ☐ Bitte schön! ☐ Entschuldigung!
7. Tu veux dire que le temps est beau aujourd'hui.
☐ Heute ist das Wetter schön. ☐ Heute ist es kalt. ☐ Heute regnet es.

Cours p. 20 à 23
Corrigés p. 218

19

Complétez le dialogue entre une vendeuse et une cliente, en vous aidant des phrases données.

Haben Sie sonst noch einen Wunsch? *Hier sind zehn Mark.*
Ist das alles? *Was möchten Sie?*

1. *Verfäuferin :*..
Kundin : Ich möchte ein Pfund Tomaten, bitte.
2. *Verkäuferin :*..
Kundin : Ja, ich brauche noch 250 Gramm Butter.
3. *Verkäuferin :*..
Kundin : Ja, wie viel macht das?
Verkäuferin : Das kostet 9 Mark 50.
4. *Kundin :*..
Verkäuferin : Danke schön und auf Wiedersehen.

Cours p. 22 et 23
Corrigés p. 218

A

20

Complétez avec la négation *nicht* ou la négation *kein*.

1. Das ist .... Opel, das ist ein Volkswagen.
2. Ich trage .... gern Jeans.
3. Ich möchte .... Limonade trinken, ich bin .... durstig.

4. Ich habe .... Zeit, um Sport zu treiben.
5. Ich glaube, dass ich morgen .... kommen kann.
6. Leider habe ich .... Geld mehr.
7. Warum hast du .... angerufen?
8. Wir gehen .... oft ins Kino.
9. Du brauchst .... Fahrrad, du kannst zu Fuß gehen.
10. Hast du heute .... Schule?
11. Isst du die Suppe ....?
12. Sie ist krank, sie geht .... in die Schule.
13. Ich spiele .... gern Volleyball.
14. Er hat .... Glück gehabt, er hat wieder verloren.

Cours p. 4 et 5
Corrigés p. 218

21

Lisez cette adaptation d'un célèbre conte des frères Grimm, *die Bremer Stadtmusikanten*, dont les paragraphes ont été mélangés, puis répondez aux questions.

1. Schließlich trafen der Esel, der Hund und die Katze einen Hahn. Der Hahn hatte Angst, und schrie, weil die Hausfrau Gäste hatte und den Hahn in der Suppe essen wollte. Der Esel, der Hund und die Katze sagten zu dem Hahn: „Komm mit uns nach Bremen, du hast eine schöne Stimme, wir können zusammen musizieren."

2. Unterwegs traf er einen traurigen Hund. Der Hund sagte : „Mein Herr will mich totschlagen, weil ich nicht mehr auf die Jagd gehen kann." Der Esel antwortete: „Geh mit mir nach Bremen. Dort können wir Stadtmusikanten werden. Ich spiele die Laute und du schlägst die Pauken."

3. Die vier Tiere gingen weiter, aber der Weg war lang und es wurde dunkel. Sie wurden müde und wollten schlafen. Sie sahen einen Baum, der Esel und der Hund legten sich unter den Baum. Die Katze kletterte auf den Baum, der Hahn flog bis in die Spitze. Plötzlich sah der Hahn ein Licht. Der Esel meinte: „Dort steht sicher ein Haus, wir werden hingehen und sehen, ob wir im Haus schlafen können."

4. Die Räuber bekamen Angst, sie glaubten, sie sahen ein Gespenst. Sie verließen das Haus so schnell wie möglich. Die vier Tiere traten in das Haus ein, setzten sich an den Tisch, aßen und tranken. Nach dem Essen wollten sie schlafen. Der Esel legte sich auf den Mist, der Hund legte sich hinter die Tür, die Katze legte sich neben den Herd und der Hahn setzte sich auf einen Balken. Die Tiere machten das Licht aus.

A

5. Es war einmal ein Mann. Er hatte einen Esel. Der Mann wollte das Tier loswerden, weil es die Säcke nicht mehr zur Mühle tragen konnte. Es war zu alt geworden. Der Esel dachte: „Ich muss fortlaufen!", und er machte sich auf den Weg nach Bremen. Er wollte dort Stadtmusikant werden.

6. Dann gingen sie weiter und trafen eine alte Katze. Die Katze war müde und alt geworden. Die Hausfrau wollte sie ertränken, weil sie keine Mäuse

mehr fangen konnte. Der Esel und der Hund sagten: „Geh mit uns nach Bremen. Wir wollen dort Stadtmusikanten werden. Du verstehst dich gut auf die Nachtmusik!"

7. Die vier Tiere dachten: „Das wäre was für uns." Aber sie wussten nicht, wie sie die Räuber aus dem Haus jagen konnten. Plötzlich hatte der Esel eine Idee. Er stellte sich mit den Vorderfüßen auf das Fenster, dann sagte er zu dem Hund: „Spring und stell dich auf meinen Rücken!" Er sagte zu der Katze: „Hänge dich an den Kopf des Hundes!" Dann sagte der Esel zu dem Hahn: „Setz dich auf den Kopf der Katze!" Als sie fertig waren, machten die vier Tiere ihre Musik, der Esel schrie „IAH", der Hund bellte „WAU", die Katze miaute „MIAU" und der Hahn krähte „KIEKERIKIE".

8. Der Räuber lief zu seinem Hauptmann zurück und sagte: „Im Haus ist eine Hexe!" Die Räuber wollten nicht mehr ins Haus. Sie weinten, weil sie ihren Schatz, das Gold, das Silber, die Perlen, verloren hatten. Die Tiere blieben im Haus und <u>wenn sie nicht gestorben sind, so leben sie noch heute</u>.

9. <u>Nach ein paar Minuten</u> standen sie vor einem Räuberhaus. Der Esel schaute durch das Fenster hinein. Die Tiere fragten den Esel: „Was siehst du?" Der Esel antwortete: „Ich sehe einen gedeckten Tisch mit schönem Essen und Trinken, Räuber sitzen am Tisch, trinken Wein, essen einen Braten und singen."

10. <u>Weil das Haus dunkel und ruhig war</u>, dachten die Räuber, dass niemand da war. Sie schickten einen Mann ins Haus. Aber die Katze sprang ihm ins Gesicht und kratzte ihn. Der Hund biss ihn ins Bein, der Esel gab ihm einen Schlag mit dem Hinterfuß. Der Hahn rief vom Balken „KIEKERIKIE"!

....

A **Retrouvez le bon ordre des paragraphes à l'aide des phrases et des expressions soulignées.**

....

B **Répondez aux questions suivantes :**

a. Quels sont les quatre animaux qui apparaissent dans le conte ?

....

b. Donner les raisons pour lesquelles chacun de leurs maîtres veut s'en débarasser.

....
....
....
....
....

c. Que font les animaux pour chasser les voleurs de la maison ?

....
....

A

Corrigés p. 218

Niveau 2

1re langue : l'année de la 5e
2e langue : l'année de la 4e

1

Lisez attentivement le texte suivant.

DIE WELT DER GROßEN STÄDTE

In der Großstadt leben und arbeiten Hunderttausende von Menschen.

Nicht jede Familie kann ein Haus für sich haben. Deshalb wohnen viele in Häusern mit vielen Wohnungen. Manche Leute wohnen sogar auf Kähnen. Eine der größten Städte der Welt ist London, die Hauptstadt von England. Die Londoner sind große Blumenfreunde. Überall vor den Häusern stehen Blumen und es gibt schöne Parks zum Spazierengehen. In England fahren die Autos auf der linken Straßenseite.

Rom ist eine der schönsten Städte der Welt. Es ist die Hauptstadt von Italien und eine sehr alte Stadt. Die Spanische Treppe vor der Kirche Trinität ist sehr berühmt. Im April ist es besonders schön, denn dann ist sie voller blühender Blumen.

Moskau ist die Hauptstadt von Russland. Dort ist es im Winter sehr kalt. Auf dem Roten Platz mitten in Moskau steht eines der berühmtesten Bauwerke Russlands, die Kathedrale des Heiligen Basilius. Wenn man die buntbemalten Kuppeln betrachtet, muss man an Zwiebeln und Ananas denken.

(d'après Piero Ventura, *Die Welt der großen Städte*, édition Herder, 1970.)

Vocabulaire :

der Kahn = la barque ; die Hauptstadt = la capitale ; blühend = en fleurs ; berühmt = célèbre ; das Bauwerk = l'édifice ; die Kathedrale des Heiligen Basilius = la cathédrale Saint-Basile ; buntbemalt = peint de toutes les couleurs ; die Kuppel = la coupole ; die Zwiebel = l'oignon.

A Parmi les mots soulignés dans le texte, retrouvez les conjonctions qui permettent à une phrase ou à une proposition de se rattacher logiquement à la phrase ou la proposition précédente.

....

....

Cours p. 1 et 2
Corrigés p. 218

B Relevez les adjectifs qui apparaissent dans le texte et classez-les selon leur fonction.

Épithète simple : ....

....

....

Attribut : ....

....

....

Superlatif : ....
....
....

Cours p. 46 et 49
Corrigés p. 218

2

Complétez les questions en fonction des réponses données.

1. „............ bleibst du? — Ich bleibe 2 Wochen."
2. „............ kommst du? — Ich komme aus München."
3. „............ fährst du? — Ich fahre nach Paris."
4. „............ möchtest du trinken? — Ich möchte einen Apfelsaft trinken."
5. „............ Schüler sind in deiner Klasse? — In meiner Klasse sind 30 Schüler."
6. „............ kostet die Platte? — Die Platte kostet 30 DM."
7. „............ beginnt die Schule? — Die Schule beginnt um 8 Uhr."
8. „............ war Goethe? — Goethe war ein berühmter deutscher Dichter."
9. „............ ist deine Lieblingsfarbe? — Meine Lieblingsfarbe ist blau."
10. „............ Wagen hat dein Vater? — Mein Vater hat einen Opel."
11. „............ ist deine Mutter von Beruf? — Meine Mutter ist Krankenschwester."
12. „............ willst du später werden? — Später möchte ich Ingenieur werden."

Cours p. 33
Corrigés p. 218

3

Construisez des phrases avec les éléments donnés. Vous utiliserez le comparatif de supériorité (... -er als).

1. ein Motorrad — ein Moped — schnell fahren
....
2. ich ins Kino — in die Schule — gern gehen
....
3. Deutschland — die Schweiz — groß sein
....
4. Bonbons — Medikamente — gut schmecken
....
5. Februar — August — kalt sein
....
6. Juli — Januar — warm sein
....
7. ein Sessel — ein Stuhl — bequem sein
....

Cours p. 49
Corrigés p. 218

A

4 Lisez attentivement le texte suivant.

DIE WELT DER GROẞEN STÄDTE

Wenn man von Russland nach Osten reist, kommt man schließlich nach Japan. Dieser Buddha Tempel steht in der Stadt Kyoto. Man sieht ab und zu einen buddhistischen Mönch, doch die meisten Leute, die hier spazierengehen, sind Leute aus Kyoto oder Touristen.

Weil Hong Kong von Menschen überfüllt ist und es für alle nicht genug Häuser gibt, richten sich viele ein Boot als Wohnung ein.

Da in Großstädten so viele Menschen leben, gibt es dort auch besonders viele Fahrzeuge. Eisenbahnen, Schiffe und Flugzeuge bringen ständig Leute in die Stadt hinein und heraus. Damit die Straßen nicht dauernd verstopft sind, hat man in vielen Städten U-Bahnen gebaut.

Autos und Lastwagen, Busse und Taxis, Fahrräder und Motorräder verstopfen die Innenstadt von London. Am schlimmsten ist es auf einem Platz, der Piccadilly Circus heißt. Hier kreuzen sich 6 der belebtesten Straßen Londons. Dort kann man viele der berühmten Londoner Busse sehen, die knallrot und doppelstöckig sind. In New York gibt es U-Bahnen, die kilometerweit unterirdisch fahren.

Los Angeles ist eine riesige Stadt in Amerika, in der es keine U-Bahn gibt. Jeder, der hier wohnt, braucht ein Auto. Wegen der vielen Autos hat die Stadt das berühmteste Schnellstraßennetz der Welt gebaut. Diese kilometerlangen Stadtautobahnen führen auf Brücken über die Straßen hinweg oder durch Unterführungen unter ihnen hindurch, so dass die Autofahrer rasch die Stadt durchqueren können, ohne an einer Ampel anhalten zu müssen.

(d'après Piero Ventura, *die Welt der großen Städte*, Éditions Herder.)

Vocabulaire :
der Mönch = le moine ; die Leute = les gens ; überfüllt = bondé ; einrichten = aménager ; das Boot = le bateau ; verstopfen = boucher ; sich kreuzen = se croiser ; doppelstöckig = à deux étages ; unterirdisch = souterrain ; die Unterführung = le tunnel ; durchqueren = traverser ; anhalten = s'arrêter.

A Retrouvez les pronoms relatifs et classez-les selon leur fonction.

1. Sujet : ....

2. Complément au datif : ....

Cours p. 17
Corrigés p. 218

B Classez les conjonctions de subordination soulignées selon qu'elles expriment :

1. une cause : ....

2. une condition : ....

3. un but : ....

4. une conséquence : ....

Cours p. 33
Corrigés p. 218

C Relevez les mots qui concernent le voyage et la circulation et retrouvez leur singulier quand il s'agit de noms.

....
....
....
....
....
....
....
....

D Trouvez le nom des habitants à partir du nom du pays ou de la ville.

Exemple : Er kommt aus London ; er ist Londoner.

1. Er kommt aus England ; er ist ....
2. Er kommt aus Italien ; er ist ....
3. Er kommt aus Spanien ; er ist ....
4. Er kommt aus Japan ; er ist ....
5. Er kommt aus Amerika ; er ist ....
6. Er kommt aus Österreich ; er ist ....
7. Er kommt aus der Schweiz ; er ist ....
8. Er kommt aus Deutschland ; er ist ....
9. Er kommt aus Frankreich ; er ist ....

E Décomposez les mots suivants :

Blumenfreunde: ....
Straßenseite: ....
Schnellstraßennetz: ....
Stadtautobahn: ....

Cours p. 13
Corrigés p. 218

5

Reliez d'abord chaque phrase de la colonne de gauche avec celle qui la complète dans la colonne de droite. Réécrivez ensuite pour créer des phrases coordonnées avec *weil*. (Attention à l'ordre des mots !)

1. Er geht zur Post	er hat sich ein Bein gebrochen
2. Der Autofahrer hat einen Unfall gehabt	ihr Sohn ist noch nicht nach Hause zurückgekommen
3. Er beeilt sich	er hat nicht aufgepasst
4. Er zieht seinen Mantel aus	er will eine Briefmarke kaufen
5. Er kann nicht aufstehen	sie hat seit gestern nichts gegessen
6. Er ist glücklich	es ist ihm zu warm
7. Sie bestellt ein ganzes Menü	er hat das Spiel gewonnen
8. Die Mutter hat Angst	der Zug fährt in ein paar Minuten ab

A

....

....

....

....

....

....

....

....

Cours p. 2
Corrigés p. 218

6

Remettez les mots à leur place pour obtenir un résumé des vacances.

1. in Italien | meine Ferien | ich verbrachte

....

2. meinen Eltern | dort | war | ich | und meinem kleinen Bruder | mit

....

3. war | toll | es | dort

....

4. das | so schön | war | Wetter

....

5. schwimmen | Tag | wir | jeden | gingen

....

6. war | lustig | es | sehr

....

Cours p. 2
Corrigés p. 219

7

Mettez les phrases au prétérit en plaçant en tête le complément de temps.
Vous relatez ainsi votre journée.

1. zuerst ; aufstehen : ....

2. dann ; frühstücken : ....

3. um 10 Uhr ; in die Stadt gehen : ....

4. zu Mittag ; in einer Pizzeria essen : ....

5. danach ; mit dem Bus nach Hause fahren : ....

6. am Nachmittag ; Musik hören : ....

7. später ; einen Freund besuchen : ....

8. am Abend ; ein Bad nehmen : ....

9. um 20 Uhr ; sich einen Krimi ansehen : ....

10. schließlich ; ins Bett gehen : ....

Cours p. 37
Corrigés p. 219

A

8

Indiquez par une flèche la place du verbe encadré dans la phrase.

1. willst — du mir jetzt das Buch geben?
2. gelesen hat — nach dem Essen der Vater seine Zeitung.
3. wird — ich glaube, dass er das Spiel gewinnen.
4. werden — wir im Sommer nach Spanien fahren?
5. wollen — ich frage mich, ob sie das Haus kaufen.
6. bestanden hat — weißt du, ob er die Prüfung?
7. werden — nach der Schule wir ins Schwimmbad gehen.
8. gekauft hat — weißt du, wo er die Platte?

Cours p. 2, 33 et 36
Corrigés p. 219

9

Mettez les verbes soulignés au prétérit pour transposer ce texte au passé.

EIN MIßVERSTÄNDNIS

Herr Dupont reist .... einmal nach Österreich. Mit dem Auto fährt .... er durch das ganze Land. Er besucht .... viele Städte und Dörfer, und dann fährt .... er in die Berge.

Das Wetter ist .... schön, die Sonne scheint ...., die Luft ist .... warm. Herr Dupont hält .... auf einem Parkplatz, er will .... im Wald spazieren gehen.

Es wird .... immer wärmer, der Himmel wird .... ganz schwarz Auf einmal hört .... er den Donner: es kommt .... ein Gewitter !

Herr Dupont läuft .... schnell durch den Wald und kommt .... zu einem Gasthaus. Jetzt regnet .... es! Herr Dupont geht .... in das Gasthaus. Er setzt .... sich an einen Tisch in der Ecke, er will .... beim Wirt etwas bestellen.

Er kann .... aber kein Deutsch und der Wirt versteht .... kein Wort Französisch.

Aber Herr Dupont hat .... Hunger! Was tun? Plötzlich hat .... er eine Idee! Er nimmt .... einen Bleistift und zeichnet .... einen Pilz auf ein Blatt Papier. Der Wirt nimmt .... das Blatt, betrachtet .... die Zeichnung, nickt .... mit dem Kopf und geht .... in die Küche.

Herr Dupont freut .... sich auf das Essen und besonders auf die Pilze. Aber er freut .... sich zu früh denn der Wirt bringt .... keinen Teller mit Pilzen sondern einen Regenschirm.

(*Kleine Geschichten 6e-5e*, C.R.D.P. de Strasbourg, C.N.D.P., 1979.)

Vocabulaire :

das Mißverständnis = la méprise ; das Dorf = le village ; das Gewitter = l'orage ; das Gasthaus = l'auberge ; der Wirt = l'aubergiste ; der Pilz = le champignon ; zeichnen = dessiner ; nicken = acquiescer.

Cours p. 37
Corrigés p. 219

A

10 Avez-vous compris le texte de l'exercice précédent ? Quelles sont les bonnes affirmations ?

1. Herr Dupont geht in das Gasthaus, weil er Durst hat.
2. Herr Dupont geht in das Gasthaus, weil es regnet.
3. Herr Dupont geht in das Gasthaus, weil er friert.
4. Herr Dupont geht in das Gasthaus, weil er Angst vor dem Donner hat.

5. Herr Dupont hat Deutsch in der Schule gelernt.
6. Herr Dupont spricht ein wenig Deutsch.
7. Herr Dupont findet die deutsche Sprache schwer.
8. Herr Dupont spricht nur Französisch.

9. Herr Dupont zeichnet einen Pilz, weil er sich langweilt.
10. Herr Dupont zeichnet einen Pilz, weil er einen Regenschirm braucht.
11. Herr Dupont zeichnet einen Pilz, weil er Pilze schön findet.
12. Herr Dupont zeichnet einen Pilz, weil er Pilze essen möchte.

Corrigés p. 219

11 Choisissez le bon auxiliaire pour conjuguer les verbes.

1. Wir .... ein Bier bestellt.	haben	sind
2. Er .... sich einen Film angesehen.	hat	ist
3. Am letzten Sonntag .... er zu Hause geblieben.	hat	ist
4. Er .... sich den ganzen Tag ausgeruht.	hat	ist
5. Wen .... du eingeladen?	hast	bist
6. Wir .... leider zu spät gekommen.	haben	sind
7. Für die Sommerferien .... er nach New York geflogen.	hat	ist
8. Heute .... er einen Brief bekommen.	hat	ist
9. Ich .... mein Buch vergessen	habe	bin
10. Wann .... du ihn wiedergesehen?	hast	bist
11. Er .... jeden Tag spazieren gegangen.	hat	ist
12. Was .... geschehen?	hat	ist
13. Ich .... viel gereist.	habe	bin
14. Er .... seinem Freund auf der Straße begegnet.	hat	ist
15. Er .... zu schnell gelaufen.	hat	ist
16. Wann .... die Schule angefangen?	hat	ist
17. .... du nach Deutschland gefahren?	hast	bist

Cours p. 11 et 39
Corrigés p. 219

A

12 Voici deux personnages et leurs activités possibles. Construisez des phrases pour raconter au parfait la journée de chacun.

1. <u>die Großmutter</u>

Frühstück machen	sie zum Mittagessen einladen
einkaufen	das Essen kochen

einen Brief schreiben	mit der Freundin ins Konzert gehen
eine Freundin anrufen	spät nach Hause zurückkommen

....
....
....
....
....
....
....
....

2. Peter

um 7 Uhr aufstehen	um 8 Uhr mit dem Bus in die Stadt fahren
im Bad sein	um 13 Uhr nach Hause zurückfahren
duschen	Hausaufgaben machen
sich anziehen	um 17 Uhr Tennis spielen
um 7 Uhr 30 frühstücken	den Abend zu Hause verbringen

....
....
....
....
....
....
....
....

Cours p. 39
Corrigés p. 219

13

Inscrivez dans le cadre correspondant le numéro de la traduction qui convient.

A

1. faire de la bicyclette
2. l'automobiliste
3. l'ascenseur
4. le trajet

[ ] Autofahrer		fahren		Fahrt [ ]
[ ] Rad fahren				Fahrstuhl [ ]

B

1. imperméable
2. pluvieux
3. parapluie
4. pluie

[ ] Regenschirm		regnen		regnerisch [ ]
[ ] Regen				Regenmantel [ ]

A

C

1. jeu de cartes
2. joueur
3. match
4. aire de jeu

Spiel	Spieler
spielen	
Spielplatz	Kartenspiel

Corrigés p. 219

14

Traduisez en français les mots allemands en vous aidant du mot de base.

1. sehen : ....;
wiedersehen : ....; fernsehen : ....;
(krank) aussehen : ....; sich einen Film ansehen : ....

2. gehen : ....;
weggehen : ....; ausgehen : ....;
vorbeigehen : ....; vergehen : ....

3. reisen : ....;
die Reise : ....; der Reisende : ....;
die Reisetasche : ....; verreist sein : ....

4. der Freund : ....;
die Freundin : ...., die Brieffreundin : ....;
die Freundschaft : ....; freundlich sein : ....

5. kaufen : ....;
verkaufen : ....; der Verkäufer : ....;
die Verkäuferin : ....; einkaufen gehen : ....

6. wohnen : ....;
die Wohnung : ....; der Einwohner : ....;
der Wohnwagen : ....; der Wohnblock : ....

7. kommen : ....;
mitkommen : ....; zurückkommen : ....;
ankommen : ....; die Ankunft : ....

Cours p. 18 et 51
Corrigés p. 219

15

Complétez les dialogues

A **en exprimant de manières différentes le fait d'aimer quelque chose.**

— Ich habe ein neues Kleid gekauft. Gefällt es dir?
— ....
....
....
Kann ich es anprobieren?
— Ja, natürlich.

A

B en exprimant de manières différentes le fait de ne pas aimer quelque chose.

— Möchtest du ein Eis?
— ....
....
....
— Dann nehmen wir ein Stück Kuchen.

Cours p. 56
Corrigés p. 219

16

Complétez le dialogue en exprimant de différentes manières votre accord ou votre refus.

1. — Wollen wir heute ins Theater gehen?
— *(refus)* ....
....
....
2. — O, wie schade ! Geht es denn am Freitag?
— *(accord)* ....
....
....
3. — *(demande du lieu de rendez-vous)* ....
....
— Vor dem Rathaus.
4. — *(demande de l'heure du rendez-vous)*.......................................
....
— Kurz vor acht.
— Ich freue mich.

Corrigés p. 219

17

Exprimez en allemand les demandes d'information.

1. Comment demandes-tu au téléphone à parler à ton ami Peter ?
....
2. Comment te répondrait-on que malheureusement il n'est pas là ?
....
3. Comment te demanderait-on d'attendre un moment ?
....
4. Comment te demanderait-on de rappeler plus tard ?
....
5. Tu veux savoir ce que signifie un mot, comment demandes-tu ?
....
6. Tu veux qu'un camarade répète ce qu'il vient de dire.
....

5. Futur : ....
....
....

Cours p. 69
Corrigés p. 220

6. Impératif : ....
....
....

Cours p. 3
Corrigés p. 220

B **Relevez les conjonctions de subordination et classez-les selon qu'elles expriment :**

la cause : ....
le temps : ....

Cours p. 2 et 65
Corrigés p. 220

C **Exprimez autrement les mots et expressions soulignés :**

1. Die anderen Tiere <u>fürchteten</u> sich vor ihm.

....

2. In diesem <u>Augenblick</u>.

....

3. <u>Mir geht es so schlecht</u>.

....

4. Der Tiger war sehr <u>einsam</u>.

....

Corrigés p. 220

D **Complétez le résumé du texte par le pronom relatif qui convient.**

1. Der Tiger, ... dem Papagei helfen will, ist sehr freundlich.
2. Der Papagei, ... der Tiger auf seinem Rücken getragen hat, war glücklich.
3. Der Tiger, vor .... alle Tiere Angst haben, ist hilfsbereit.
4. Der Papagei, ... der Tiger helfen wollte, war unglücklich.

Cours p. 65
Corrigés p. 220

2

Transformez chaque groupe de deux phrases indépendantes pour obtenir une proposition principale et une subordonnée relative.

1. Ich habe eine Freundin. Sie ist Engländerin.

....

2. Wir haben einen Onkel. Er wohnt in Amerika.

....

3. Ich habe eine Kusine. Sie war in China.

....

4. Sie haben einen Hund. Er heißt Bello.

....

A

5. Meine Großeltern besitzen ein Haus. Es befindet sich auf dem Land.

....

6. Sie haben eine Tochter. Sie hat lange in Göttingen studiert.

....

7. Siehst du die Dame? Ich soll ihr eine Zeitung bringen.

....

8. Dort sitzen die Gäste. Ich soll ihnen Orangensaft bringen.

....

9. Kennst du die Frau? Ich habe mit ihr gesprochen.

....

10. Da kommt die Straßenbahn. Sie fährt zum Bahnhof.

....

11. Der Film war spannend. Ich habe ihn gestern gesehen.

....

Cours p. 65
Corrigés p. 220

3

Ajoutez aux adjectifs épithètes les terminaisons qui conviennent.

Ich packe meinen Koffer: ich nehme dick........... Pullover, warm........... Hosen, einen lang................ Rock, eine weiß................ Bluse, ein gelb................ Hemd, ein rot.............. Kleid, einen grün.............. Schlafanzug, gut........... Schuhe.
Ich kaufe braun............... Handschuhe und einen grau................ Regenmantel.
Das blau........... Hemd passt zu dem rot........... Pullover.
Die Farbe der klein........... Tasche gefällt mir.
Die Größe der schwarz........... Schuhe ist die richtige.

Cours p. 46
Corrigés p. 220

4

Mettez l'adjectif entre parenthèses au superlatif (attention à la terminaison).

1. Er mag die (schnell) .... Autos.
2. Sie kauft immer den (gut) .... Wein.
3. Das Geschäft an der Ecke ist das (teuer) .... Geschäft der Stadt.
4. Er besteigt den (hoch) .... Berg der österreichischen Alpen.
5. Sie besucht das (berühmt) .... Gymnasium der Stadt.
6. Er hat den (bekannt) .... Roman des Jahres geschrieben.
7. Der Vater will mit seinem (jung) .... Sohn sprechen.
8. Wir besichtigen die (alt) .... Kirche der Gegend.

Cours p. 48 et 73
Corrigés p. 220

5 En suivant le modèle, faites des phrases comparatives.

lesen ; Klavier spielen → Er (sie) liest gern, aber er (sie) spielt lieber Klavier.

1. schlafen ; malen ....
2. Musik hören ; fernsehen..
3. Briefe schreiben ; Rad fahren ....
4. Aufgaben machen ; turnen ....
5. zeichnen ; schwimmen ....
6. singen ; Fußball spielen..

Cours p. 48 et 71
Corrigés p. 220

6 Lisez attentivement ce texte.

FREIBURG

Freiburg ist eine wunderschöne Stadt im Südwesten Deutschlands, im sogenannten Dreiländereck. Freiburg hat ca. 180 000 Einwohner.

Die Stadt wird immer größer, denn sehr viele Leute wollen in Freiburg wohnen. Ich kenne z.B. einige Leute, die als Studenten nach Freiburg kamen und dort nach dem Abschluß des Studiums geblieben sind. Das liegt sicher am Klima – Freiburg ist die wärmste Stadt Deutschlands – und natürlich an der schönen Umgebung: dem Schwarzwald mit Bergen bis zu 1 500 Meter Höhe. Man kann Ausflüge machen, wandern, Rad fahren, schwimmen (es gibt viele Seen). Freiburg hat eine schöne Altstadt mit vielen historischen Gebäuden und Denkmälern: eine gotische Kathedrale (das Münster), die Alte Universität, zwei Stadttore (das Schwabentor und das Martinstor), ein Rathaus usw.

Es gibt keine Metro in Freiburg, dafür eine Straßenbahn, Busse und leider immer zuviele Autos. Außerdem fahren Tausende von Menschen Fahrrad. Es werden immer mehr Parkplätze für Fahrräder angelegt. Autoparkplätze werden in Fahrradparkplätze umgewandelt. Immer mehr Fahrradwege werden eingerichtet, am schönsten sind die neben der Dreisam. Das ist der Fluss, der durch Freiburg fließt. Man kann ihn kilometerweit entlangfahren und die größten Touren machen. Am Wochenende kommen sehr viele Franzosen aus dem Elsaß nach Freiburg, um dort einzukaufen. Im Gegenzug fahren viele Deutsche ins Elsaß. Es ist so nah, in 40 Minuten ist man in Colmar und in 6 Stunden in Paris.

Vocabulaire :

Dreiländereck = région des trois frontières, voisinage de trois régions qui se ressemblent, les environs de Freiburg, l'Alsace et la Suisse toute proche ; der Schwarzwald = la Forêt-Noire ; die Tour, der Ausflug = l'excursion ; wandern = faire de la randonnée ; das Gebäude = le bâtiment ; das Denkmal = le monument ; die Stadttore = les portes de la ville ; die Straßenbahn = le tramway ; der Parkplatz = le parking ; die Dreisam = nom du fleuve qui traverse la ville ; der Fluss = la rivière ; im Gegenzug = en sens inverse.

A Relevez dans le deuxième paragraphe du texte les groupes verbaux conjugués au passif.

....
....
....

Corrigés p. 220

B Que signifient les abréviations que nous trouvons dans le texte ? Donne leur traduction.

ca. : ....
z.B. : ....
usw. : ....

Corrigés p. 220

C Quelles sont les raisons avancées dans ce texte qui expliquent l'attrait de la ville de Freiburg ? Relevez les mots-clés en allemand.

....
....
....
....

Corrigés p. 220

D Décomposez les mots suivants :

Autoparkplätze : ....
Fahrradparkplätze : ....
Fahrradwege : ....

Cours p. 75
Corrigés p. 220

7

Lisez attentivement ce texte.

UNVORSTELLBAR!

Hätte man den Müll der Stadt Freiburg seit 1972 mitten im Herzen der Stadt aufgeschüttet, so wäre die gesamte Fläche zwischen der Kaiser-Joseph-Straße, der Salzstraße, dem Schlossberg und Leopoldring auf 70 Meter Höhe mit Müll vollgepackt. Lediglich der Münsterturm würde noch um 46 Meter aus dem Abfallberg herausragen.

(Brochure de l'Institut Goethe, Munich.)

Vocabulaire :

der Müll, die Abfälle = les ordures ; aufschütten = déverser ; die gesamte Fläche = la totalité de la surface ; vollpacken = remplir ; der Münsterturm = la tour de la cathédrale (der Turm = la tour) ; herausragen = s'élever au-dessus de.

A Relevez dans le texte les formes verbales au subjonctif II. Dites quelle est la valeur de ce mode ici.

....

.... Cours p. 41
Corrigés p. 220

B Questions de compréhension

Quelle serait la hauteur de cette « montagne de déchets » ? ....

Quelle est la hauteur de la cathédrale ? .... Corrigés p. 220

8 **Après avoir lu les indications pour cuisiner un « Strammer Max », vous expliquerez la recette. Pour cela, il vous faudra transposer le texte au passif ; vous vous aiderez des formes verbales données.**

4 Scheiben Brot	4 kleine Essiggurken
3 Scheiben Schinken	4 Tomaten
etwas Butter	3-4 Esslöffel Speiseöl
4 Eier	etwas Petersilie.

Jede Scheibe Brot mit Butter bestreichen.
Den Schinken in Streifen schneiden und die Brote damit belegen.
In der Pfanne das Speiseöl heiß machen.
Die Eier aufschlagen.
Die fertigen Spiegeleier auf das Brot legen.
Die Tomaten in Stücke schneiden.
Mit der Petersilie, den Gurken und den Tomaten den Tellerrand verzieren.

Formes verbales :
bestreichen, bestrichen = enduire
schneiden, geschnitten = couper
belegen, belegt = recouvrir
aufschlagen, aufsgeschlagen = casser
verzieren, verziert = décorer

....

....

....

....

....

....

....

.... Corrigés p. 220

9

Complétez par les terminaisons qui conviennent.

Gut..... Tag!
Gut..... Nacht!
Gut..... Morgen!
Gut..... Abend!
Gut..... Appetit!
Gut..... Fahrt!
Froh..... Fest!
Schön..... Reise!
Schön..... Wochenende!
Schön..... Urlaub!
Froh..... Ostern!
Fröhlich..... Weihnachten!

Cours p. 46
Corrigés p. 221

10

Complétez la carte que vous envoyez à une amie allemande pour la remercier de sa lettre. Ajoutez les terminaisons qui conviennent.

Paris, ...13. Juli

Stefanie Müller
Luisenstraße 14
80333 München
Deutschland

Lieb........... Stefanie,
Über deinen nett........... Brief habe ich mich sehr gefreut. Das war eine schön........... Überraschung! Ich habe deinen Brief meiner klein........... Schwester gezeigt.
Ich bleibe hier noch drei lang........... Wochen, dann fahre ich in die Bretagne mit all........... meinen Vettern und Kusinen.
Herzlich........... Grüße

deine Caroline

Cours p. 46
Corrigés p. 221

11

Dites d'où viennent les voitures qui portent les lettres distinctives suivantes :

A : ....
B : ....
CH : ....
D : ....
DK : ....
E : ....
F : ....
GB : ....
GR : ....
I : ....
NL : ....
S : ....

Corrigés p. 221

12

Complétez de manière à indiquer le temps.

1. .... Winter laufen wir Ski, ... Sommer spielen wir Tennis.
2. .... August verbringen viele Franzosen ihre Ferien am Meer.
3. .... 1961 wurde die Berliner Mauer gebaut.
4. .... Morgen nimmt er ein reichliches Frühstück zu sich.
5. .... 5 Uhr muss er da sein.
6. .... Mittwochnachmittag treibt er Sport.

7. .... drei Wochen war ich in Italien.
8. .... ein paar Tagen fahren wir nach England.
9. Ich lerne .... vier Jahren Deutsch.
10. Ich bin .... 8. August geboren.
11. Nächst .... Jahr lerne ich Latein.
12. Nächst .... Woche kommt mein Vetter aus Hamburg.
13. Nächst .... Monat fahren wir nach Berlin.
14. Wo hast du vorig .... Jahr deine Ferien verbracht?
15. .... Wochenende spielt er Fußball mit seinen Freunden.

Cours p. 24, 64 et 95
Corrigés p. 221

13

Mettez les mots entre parenthèses au pluriel.

In der Stadt sind viele (das Geschäft) .... : in den (die Bäckerei) .... kaufen wir Brot, in den (die Konditorei) .... kaufen wir Kuchen. (Die Apotheke) .... verkaufen (das Medikament) .... Bei der Post können wir (die Briefmarke) .... kaufen oder (das Telegramm) .... schicken.

Am Samstagnachmittag gehen viele (die Familie) .... in (der Supermarkt) .... (Der Verkäufer) .... und (die Verkäuferin) .... müssen geduldig sein, weil sie mehrere (der Kunde) .... bedienen.

Auf der Straße fahren (das Auto) ...., (das Fahrrad) ...., (der Bus) .... und (die Straßenbahn) .... Wenn es regnet, müssen (der Fahrer) .... gut aufpassen, sonst gibt es (der Unfall) ....

Leider finden wir in den Städten nicht viele (der Baum) ...., und (die Fabrik) .... verschmutzen die Luft.

Wenn man ausgehen will, gibt es (das Kino) .... und (das Theater) ....

Cours p. 42
Corrigés p. 221

14

À l'aide du mot de base, traduisez en français les mots allemands.

1. sprechen : .... ;
die Sprache : .... ; das Gespräch : .... ;
die Fremdsprache :.................... ; aussprechen ....
2. sparen : .... ;
sparsam sein : .... ; die Sparkasse : .... ;
das Sparbuch : .... ; die Ersparnisse : ....

Cours p. 51 et 78
Corrigés p. 221

A

15

Inscrivez dans les cadres correspondants le numéro des traductions qui conviennent.

A

1. aller chercher
2. se reposer
3. doubler
4. répéter

☐ abholen				überholen ☐
		holen		
☐ wiederholen				sich erholen ☐

B

1. ouvrir
2. fermer
3. allumer
4. éteindre

☐ anmachen				ausmachen ☐
		machen		
☐ zumachen				aufmachen ☐

Corrigés p. 221

16

Pour former des noms féminins, ajoutez le suffixe -heit, -keit ou -schaft.

1. Schön..............
2. Traurig..............
3. Sauber..............
4. Wahr..............
5. Gesund..............
6. Kind..............
7. Schwierig..............
8. Wissen..............
9. Freund..............
10. Frei..............
11. Vergangen..............
12. Land..............

Cours p. 75
Corrigés p. 221

17

Transformez les phrases à l'aide d'un synonyme choisi dans la liste proposée.

Synonymes :

telefonieren	anfangen	treffen	verbieten
teuer sein	aufmachen	aufpassen	schließen
frieren	geschehen	sich entschuldigen	fehlen

1. Er begegnet einem Freund. ....
2. Man darf hier nicht parken. ....
3. Mir ist kalt. ....
4. Was ist passiert? ....
5. Ich bitte um Verzeihung. ....
6. Es kostet viel Geld. ....
7. Wann willst du anrufen? ....
8. Ein Schüler ist nicht da. ....
9. Gib Acht! ....
10. Der Film beginnt um 13 Uhr. ....
11. Ich möchte das Geschenk öffnen. ....
12. Das Geschäft macht um 6 Uhr zu. ....

Corrigés p. 221

18

Attribuez son pays à chaque ville. Est-ce la capitale ou une simple ville ? Répondez en suivant le modèle.

Athen ist die Hauptstadt Griechenlands.
Lübeck ist eine Stadt der Bundesrepublik.

Spanien	Italien	die Schweiz
Österreich	England	Frankreich
die Bundesrepublik	die Vereinigten Staaten	Russland

1. München ....
2. Hamburg ....
3. Basel ....
4. Wien ....
5. Salzburg ....
6. Zürich ....
7. Madrid ....
8. London ....
9. Nizza ....
10. Moskau ....
11. Washington ....
12. Rom ....

Cours p. 82
Corrigés p. 221

19

Transformez chaque groupe de deux expressions en une seule phrase : vous introduisez une proposition infinitive commençant par *um ... zu, anstatt ... zu* ou bien *ohne ... zu*.

1. die Stadt nicht verlassen — Abschied von seinen Freunden nehmen
....
....

2. einen Regenschirm nehmen — keinen Regenmantel anziehen
....
....

3. nach Köln fahren — am Karneval teilnehmen
....
....

4. viel arbeiten müssen — die Prüfung bestehen
....
....

5. nicht über die Straße gehen — auf die Verkehrsampel aufpassen
....
....

Cours p. 67 et 68
Corrigés p. 221

20

Complétez ces phrases en utilisant le verbe entre parenthèses comme infinitif complément.

1. Sie hat keine Ferien gehabt und scheint müde .... (sein).
2. Ich hoffe nächstes Jahr einen Computer kaufen .... (können).
3. Meine Eltern haben sich sehr gefreut, dich .... (kennen lernen).
4. Du darfst hier nicht .... (rauchen).
5. Jeden Samstag geht er .... (schwimmen).
6. Du mußt den Koffer schnell .... (packen), wenn du den Zug nicht .... (versäumen) willst.
7. Sie will anders .... (aussehen), sie lässt sich das Haar .... (schneiden).
8. Er glaubt, heute Post .... (bekommen).
9. Du sollst dich nicht .... (aufregen).
10. Ich möchte dich zum Mittagessen .... (einladen).
11. Er kann noch nicht gut Klavier .... (spielen), daher versucht er jeden Tag .... (üben).
12. Du brauchst dich nicht .... (entschuldigen).
13. Ich habe Lust, ins Kino .... (gehen).
14. Ist er dir gelungen, deinen Freund .... (treffen)?
15. Ludwig II. ließ sich drei schöne Schlösser .... (bauen).
16. Wie lange müssen wir im Auto sitzen .... (bleiben)?

Cours p. 36
Corrigés p. 221

21

Lisez attentivement cette première partie du conte de Grimm, *Frau Holle*, dont l'ordre a été modifié.

1. <u>Das Mädchen ging zu dem Brunnen zurück</u> und sprang in den Brunnen. Als es erwachte, war es auf einer schönen Wiese, wo die Sonne schien und viele tausend Blumen standen. Das schöne Mädchen kam zu einem Backofen, der war voller Brot. Das Brot rief: „Ach zieh mich' raus, zieh mich' raus, sonst verbrenn' ich, ich bin schon längst ausgebacken!" Das Mädchen holte das Brot mit dem Brotschieber heraus.

2. <u>Nach einiger Zeit wurde das Mädchen traurig</u>, es hatte Heimweh. Es sagte zu Frau Holle: „Ich kann nicht länger bleiben, ich muss wieder zu meiner Familie." Frau Holle sagte: „Es gefällt mir, dass du wieder nach Hause gehen möchtest. Weil du mir so treu gedient hast, so will ich dich selbst heraufbringen." Sie nahm das Mädchen bei der Hand und führte es vor ein großes Tor. Das Tor wurde aufgemacht und als das Mädchen darunter stand, fiel ein Goldregen. Das Gold blieb an ihm hängen, das Mädchen war mit Gold bedeckt. „Das sollst du haben, weil du so fleißig gewesen bist" sagte Frau Holle und sie gab ihm die Spule wieder, die in den Brunnen gefallen war. Das Mädchen war wieder oben auf der Welt und weil es mit Gold bedeckt war, wurde es von der Mutter und von der Schwester gut aufgenommen.

3. Es war einmal eine Witwe. Sie hatte zwei Töchter. Die eine war schön und fleißig, die andere hässlich und faul. Die Witwe hatte aber die hässliche und faule viel lieber, weil sie ihre wahre Tochter war. Die andere musste die ganze Arbeit tun. Das arme Mädchen musste sich an einen Brunnen setzen und sie musste so viel spinnen, dass ihre Finger blutig wurden.

4. Es ging weiter und kam zu einem Baum, der hing voll Äpfel und rief: „Ach schüttel mich, schüttel mich, meine Äpfel sind reif!" Da schüttelte das Mädchen den Baum, bis kein Apfel mehr oben war und als es alle Äpfel in einem Haufen zusammengelegt hatte, ging es weiter.

5. Eines Tages wurde die Spule ganz blutig, das Mädchen wollte sie waschen, aber die Spule fiel in den Brunnen. Das Mädchen weinte, lief zur Stiefmutter und erzählte, was geschah. Die Stiefmutter wurde zornig und sprach: „Hast du die Spule hinunterfallen lassen, so hol sie auch wieder herauf!"

6. Schließlich kam es zu einem kleinen Haus, heraus guckte eine alte Frau. Weil sie große Zähne hatte, hatte das Mädchen Angst und wollte fortlaufen. Die alte Frau fragte: „Warum hast du Angst, liebes Kind? Bleib bei mir! Wenn du die Arbeit ordentlich machst, so soll dir's gut gehen. Du musst aufpassen, dass du mein Bett gut machst; du sollst es fleißig aufschütteln, so dass die Federn fliegen. Dann schneit es in der Welt. Ich bin die Frau Holle." Das Mädchen war einverstanden und machte, was Frau Holle wollte. Es schüttelte das Bett auf, so dass die Federn wie Schneeflocken umherflogen.

Vocabulaire :
der Brunnen = le puits ; die Witwe = la veuve ; der Backofen = le four à pain ; spinnen = filer la laine ; die Spule = la quenouille ; schütteln = secouer.

A Retrouvez l'ordre des paragraphes en vous aidant des expressions soulignées et des mots de liaison.

....

B Répondez aux questions suivantes :

a. Quelles sont les trois épreuves auxquelles doit se soumettre la jeune fille travailleuse ?

....

....

b. Comment la deuxième sœur réagit-elle ?

....

....

Corrigés p. 221

22

Mettez les verbes indiqués entre parenthèses au prétérit.

Die Mutter (wollen) .... die andere faule und hässliche Tochter zu Frau Holle schicken, damit sie auch reich würde. Die faule Tochter (setzen) .... sich an den Brunnen, (stechen) .... sich in die Finger, dann (werfen) .... sie die Spule in den Brunnen und (springen) .... selber hinein.
Sie (kommen) .... wie die andere auf die schöne Wiese und (gehen) .... auf demselben Weg weiter. Als sie zum Backofen (kommen) ...., (schreien) .... das Brot wieder: „Ach zieh mich 'raus, zieh mich 'raus, sonst verbrenn' ich, ich bin schon längst ausgebacken!"
Die Faule aber (antworten) ....: „Ich habe keine Lust, mich schmutzig zu machen!" Bald (kommen) .... sie zu dem Apfelbaum, der (rufen) ....: „Ach schüttel mich, schüttel mich, meine Äpfel sind reif!" Sie (antworten) .... aber: „Ach nein, ein Apfel könnte mir auf den Kopf fallen!"
Als sie vor dem Haus von Frau Holle (ankommen) ...., (haben) .... sie keine Angst, weil sie von ihren großen Zähnen schon gehört (haben) .... Am ersten Tag (sein) .... sie fleißig, weil sie an das Gold (denken) ...., das Frau Holle ihr schenken würde. Am zweiten Tag (anfangen) .... sie schon .... zu faulenzen. Am dritten (wollen) .... sie gar nicht aufstehen. Sie (machen) .... Frau Holle das Bett nicht und (schütteln) .... es nicht, so dass die Federn aufflögen. Frau Holle (wollen) .... das Mädchen loswerden. Sie (führen) .... die Faule zu dem Tor. Als sie darunter (stehen) ...., (werden) .... ein großer Kessel voll Pech ausgeschüttet. „Das ist zur Belohnung deiner Dienste" (sagen) .... Frau Holle.
Da (kommen) .... die Faule nach Hause, aber sie (sein) .... ganz mit Pech bedeckt. Das Pech (bleiben) .... fest an ihr hängen und (wollen) ...., solange sie (leben) ...., nicht abgehen.

Cours p. 37
Corrigés p. 221

Vocabulaire :
einen Kessel voll Pech ausschütten = verser un chaudron rempli de poix (au sens figuré, *Pech haben* signifie « ne pas avoir de chance »).

A

Niveau 4

*1re langue : l'année de la 3e*

1

Associez les annonces de logements et les locataires éventuels.

1. großes Haus mit Garten, in der Nähe von einer Schule und einem Einkaufszentrum.

2. 4 Zimmer Wohnung, 2 Bäder, vollautomatische Küche, Wohnfläche 150 m^2.

3. ein Zimmer Wohnung im Zentrum, in der Nähe von der U-Bahn.

4. Zimmer in Gemeinschaftswohnung, Parterre, nur berufstätige Dame.

5. ein Zimmer Wohnung am Waldrand mit Balkon, im siebten Stock, mit allem Komfort.

a. Brigitte sucht eine Wohnung direkt in der Stadt, sie möchte am Abend ausgehen und besitzt keinen Wagen.
b. Fräulein Oppert hat eine neue Stelle im Krankenhaus gefunden, die will nicht allein wohnen und lebt gern mit Leuten zusammen. Leider ist sie herzkrank und darf keine Treppe steigen.
c. Uschi arbeitet als Sekretärin in der Stadt aber am Wochenende macht sie gern Jogging, sie möchte trainieren.
d. Herr und Frau Fischer und ihre beiden Kinder suchen eine moderne große Wohnung. Frau Fischer ist berufstätig und hat wenig Zeit, um in der Küche zu stehen. Die Eltern wollen auch ihr eigenes Badezimmer haben.
e. Familie Neumann hat zwei junge Kinder und sucht ein Haus auf dem Land, damit die Kinder draußen spielen können ; sie wollen auch nicht weit von der Stadt entfernt sein.

Corrigés p. 222

2

Associez les chercheurs ou inventeurs à leur découverte. Exprimez en toutes lettres leurs dates de naissance et de mort.

A

1. war Autokonstrukteur. Nach seinen Plänen wurde 1973 der erste „Volkswagen" gebaut, der später als „Käfer" Automobilgeschichte schrieb.
2. war Ingenieur und Flugpionier. Er erforschte den Vogelflug, konstruierte Gleitflugzeuge und unternahm damit ab 1891 Flüge von bis zu 300 m Länge.
3. war Bakteriologe. U.a. entdeckte er den Tuberkelbazillus und entwickelte wirksame Methoden zur Behandlung der Tuberkulose.

4. gilt als Erfinder des Automobils. 1885 konstruierte er den ersten vierrädrigen Motorwagen.
5. erfand den Buchdruck mit beweglichen, auswechselbaren Lettern. Berühmt wurden U.a. die sog. „Gutenbergbibeln".
6. bauten 1885 einen Benzinmotor in ein zweirädriges Fahrgestell ein das erste Motorrad.
7. war Astronom und Entdecker der Gesetze der Planetenbewegung.
8. war Physiker. 1895 entdeckte er die Wirkung der „X-Strahlen" und revolutionierte damit u.a. die medizinische Diagnostik.

Johannes Gutenberg (zw. 1397/1400-1468) ....

....

Johannes Kepler (1571-1630)..

....

Gottlieb Daimler (1834-1900)..

....

und **Wilhelm Maybach** (1846-1929)..

....

Prof. Robert Koch (1843-1910) ....

....

Carl Benz (1844-1929) ....

....

Prof W. Conrad Röntgen (1845-1923) ....

....

Otto Lilienthal (1848-1896) ....

....

Ferdinand Porsche (1875-1951)...

....

Corrigés p. 222

3 **Dites en allemand ce qu'ils ont découvert ou inventé en utilisant les structures données et le parfait du passif.**

1. den ersten „Volkswagen" bauen

....

2. die ersten Flüge bis zu 300 m Länge unternehmen

....

3. wirksame Methoden zur Behandlung der Tuberkulose entwickeln

....

4. den ersten vierrädrigen Motorwagen konstruieren

....

A

5. den Buchdruck mit beweglichen Lettern erfinden

....

6. das erste Motorrad bauen

....

7. die Gesetze der Planetenbewegung entdecken

....

8. die Wirkung der „X-Strahlen" entdecken

....

Cours p. 115
Corrigés p. 222

4

Transformez les phrases suivantes en utilisant la forme passive.

1. In Deutschland trinkt man viel Bier.
In Deutschland .... viel Bier ....
2. Der Bürgermeister empfängt die Gäste.
Die Gäste .... Bürgermeister ....
3. Mein Vater repariert den Wagen.
Der Wagen .... Vater ....
4. Viele Touristen besuchen die Stadt.
Die Stadt .... Touristen ....
5. Ein reicher Mann kauft das Haus.
Das Haus .... reichen Mann ....
6. Ein berühmter Schriftsteller schrieb den Roman.
Der Roman .... berühmten Schriftsteller ....
7. Die Römer gründeten die Stadt.
Die Stadt .... Römern ....
8. Die Polizei nahm den Dieb fest.
Der Dieb .... Polizei ....
9. Der Briefträger brachte ein kleines Paket.
Ein kleines Paket .... Briefträger ....
10. Beethoven komponierte die *Sinfonie Heroika*.
Die *Sinfonie Heroika* .... Beethoven ....
11. Gutenberg erfand die Buchdruckerkunst.
Die Buchdruckerkunst .... Gutenberg ....
12. Kolombus entdeckte Amerika.
Amerika .... Kolombus ....

Cours p. 114 à 116
Corrigés p. 222

A

5

Lisez attentivement ce texte.

Dieses Schloss ist sehr alt, die ältesten Teile sind schon um 1100 erbaut worden. Damals war es eine stark befestigte Burg, die lange als uneinnehmbar galt. Später wurde sie zu einem Schloss umgebaut. Heute befindet sich ein Museum im Schloss von Wernigerode. Schon vor 1 000 Jahren wurden im Harz Eisen und Silber gefunden. Wie die Bergleute arbeiteten, kann man an den Werkzeugen und Maschinen in der Ausstellung sehen. Nach der Besichtigung gibt es ein „Bergmannessen unter der Erde". Dazu werden Bergmannslieder gesungen.

(Brochure distribuée par l'Institut Goethe, Munich.)

A Soulignez dans le texte les prépositions, adverbes ou locutions qui donnent une indication de temps.

Cours p. 138 et 160
Corrigés p. 222

B Relevez dans le texte les formes passives et classez-les.

Présent : ....
Prétérit : ....
Parfait : ....

Cours p. 115 et 116
Corrigés p. 222

C Essayez de comprendre, d'après le contexte et sa composition, l'adjectif *uneinnehmbar*. Encadrez, parmi les traductions proposées, celle qui convient :

inaccessible imprenable inhabituelle

Corrigés p. 222

D Formez le contraire des adjectifs ou adverbes suivants avec le préfixe *un-*. Traduisez-les.

möglich	....	....
geduldig	....	....
gerecht	....	....
zufrieden	....	....
bekannt	....	....
angenehm	....	....
bequem	....	....
glücklich	....	....
vorsichtig	....	....

Cours p. 96
Corrigés p. 222

6 Complétez les phrases suivantes à l'aide de l'une des prépositions fournies et des mots entre parenthèses (attention aux cas à employer !).

Une même préposition peut servir plusieurs fois.

an auf aus für in mit nach
um von vor zu

1. Er nimmt .... (der Schüleraustausch) teil.
2. Sie passt .... (die Kinder) auf.
3. Er hat .... (meine Frage) nicht geantwortet.
4. Ich warte ungeduldig .... (der Brief) meiner Freundin.
5. Er fragt mich .... (mein Name).
6. Ich denke .... (die Zukunft).
7. Ich bitte .... (Entschuldigung).

8. Sie danken mir .... (mein Brief).
9. Wir haben uns .... (die Einladung) sehr gefreut.
10. In diesem Roman geht es .... (der Krieg).
11. Der rote Pullover passt .... (der weiße Rock).
12. Interessierst du dich .... (Musik)?
13. Die Eltern kümmern sich .... (ihre Kinder).
14. Man soll sich .... (der Verkehr) gewöhnen.
15. Erinnerst du dich noch .... (der Film)?
16. Hast du .... (dieser Schauspieler) gehört?
17. Ich träume .... (eine lange Reise).

Cours p. 117 à 123
Corrigés p. 222

7

À partir de chaque proposition indépendante et expression entre parenthèses, construisez des phrases avec *bevor* ou *nachdem* selon le modèle.

Der Kranke hat Angst + (operiert werden) → Der Kranke hat Angst, bevor er operiert wird.

1. Wir müssen Karten holen + (ins Theater gehen)
....
2. Er will nach Hause gehen + (ein Gewitter ausbrechen)
....
3. Sie wollen ausruhen + (den ganzen Tag gearbeitet haben)
....
4. Du darfst spielen + (die Schularbeit gemacht haben)
....
5. Er musste lange suchen + (eine Arbeit finden)
....
6. Sie musste lange üben + (gut Klavier spielen können)
....
7. Er hatte kein Geld mehr + (den Wagen gekauft haben)
....
8. Er wurde Deutschlehrer + (zwei Jahre in Deutschland verbringen)
....
9. Ich musste lange studieren + (Arzt werden)
....
10. Sie ging ins Badezimmer + (aufgestanden sein)
....

Cours p. 99
Corrigés p. 222

A

8

Complétez les phrases par *wenn* ou *als*.

1. .... das Wetter schön ist, arbeitet er im Garten.
2. .... es regnete, gingen wir ins Kino.
3. .... der Krieg ausbrach, war sie 18.

4. .... sie zu spät aufsteht, hat sie keine Zeit zu frühstücken.
5. .... ich zu viel Tee trinke, kann ich nicht einschlafen.
6. .... er am Bahnhof ankam, wartete sein Vetter auf ihn.
7. .... er auf seine Uhr schaute, war es schon spät.
8. Jedesmal .... sie Geld brauchte, ging sie zur Sparkasse.

Cours p. 65
Corrigés p. 222

9

Konrad Adenauer (1876-1967)

Politiker
geb. in Köln (1876)
gest. in Rhöndorf (1967)
Christdemokrat
erster deutscher Bundeskanzler (1949-1963)
hat den deutsch-französischen Freundschaftsvertrag unterschrieben (1963).

A On vous demande qui était Konrad Adenauer ; dites que vous croyez qu'il était un homme politique et exprimez cette supposition de plusieurs manières.

....
....
....
....
....

Cours p. 73 et 160
Corrigés p. 222

B On vous demande quand il a signé le traité d'amitié franco-allemande. Dites que vous ne le savez pas et exprimez-vous de différentes manières.

....
....
....

Cours p. 57
Corrigés p. 222

10

Franz Kafka (1883-1924)

Schriftsteller
geb. in Prag (1883)
gest. bei Wien (1924)
hat viele Romane geschrieben.

A On vous demande qui était Franz Kafka. Dites de différentes manières qu'il était écrivain.

....
....
....

Corrigés p. 222

B On vous dit qu'il a écrit un roman qui a pour titre *le Procès* ; vous approuvez.

....
....
....

Cours p. 160
Corrigés p. 222

11

Marlene Dietrich (1901-1992)

Schauspielerin
geb. in Berlin (1901)
gest. in Paris (1992)
hat am Theater in Berlin und im Film gearbeitet (z.B. Der Blaue Engel) und in vielen amerikanischen Filmen gespielt.

A Vous voulez dire que vous savez très exactement que Marlene Dietrich était une actrice ; exprimez-vous de différentes manières.

....
....
....

Cours p. 160
Corrigés p. 222

B Dites que vous regrettez de ne pas avoir vu le film *l'Ange bleu*. Exprimez-vous de différentes manières.

....
....
....
....

Cours p. 56
Corrigés p. 222

C On vous propose d'aller voir le film. Quelles sont parmi les phrases suivantes celles qui expriment votre accord ? Cochez-les d'une croix.

- ☐ Ich bin einverstanden.
- ☐ Ich bin anderer Meinung.
- ☐ Ich habe nichts dagegen.
- ☐ Ich habe keine Lust dazu.
- ☐ Du hast recht.
- ☐ Ja, gerne.
- ☐ Gute Idee.
- ☐ Nein, das geht leider nicht.

Cours p. 160
Corrigés p. 222

12

Deux Américains visitent la France et veulent faire des photos pour les montrer ensuite à leurs amis.

Sie sagten, sie würden gern ein Bild von mir machen, um den Freunden zu Hause zu zeigen, wie Franzosen aussehen. Sie sagten auch, dass die Häuser hier in Frankreich ganz anders seien, als bei ihnen zu Hause. Alles in Frankreich sei so interessant, und sie hätten schon viele Bilder gemacht.
Ich wollte ins Haus gehen. Die beiden Männer fragten mich sofort, ob sie nicht mitgehen könnten. Sie hätten noch nie ein französisches Haus von innen gesehen.

Ich fragte, ob sie eine Tasse Kaffee trinken wollten. Schließlich sagte einer der Männer, dass sie lieber nichts trinken würden.
Sie fragten, ob ich verheiratet sei, ob ich Kinder hätte.
Sie sagten auch, dass sie die Fotos mit einem Brief schicken würden.

A Relevez dans ce texte les formes verbales au subjonctif et classez-les.

Subjonctif I : ....

....

Subjonctif II : ....

....

Cours p. 41 et 106 à 113
Corrigés p. 223

B Pourquoi dans ce texte a-t-on employé le subjonctif I ou II ?

....

....

....

Cours p. 106 à 113
Corrigés p. 223

13

Lisez l'interview de la star.

Reporter. — Jürgen, du bist jetzt 25 und seit sieben Jahren ein Star im Musikbusiness. Möchtest du nicht mal etwas völlig anderes machen? Zum Beispiel einen Film drehen?
Jürgen. — Wenn ich neben Kim Basinger spielen könnte, oder wenn Mel Gibson mit mir spielen würde, könnte ich nicht nein sagen. Seit ich Platten mache, habe ich viele Filmangebote bekommen, aber ich habe einfach nicht den Wunsch, ein Schauspieler zu sein. Ich würde es nur aus Spaß machen. Ich mache einfach gerne Musik, schreibe, gebe Auftritte und nehme Platten auf.
Reporter. — Mit fünfzehn hast du angefangen, Gitarre zu spielen und Songs zu schreiben. Gab es dafür einen besonderen Anlass?
Jürgen. — Als ich 15, 16 war, hätte mich mein Vater, glaube ich, gerne in seinen Fußstapfen gesehen, ich hätte seinen Laden übernehmen können. Aber ich wollte meine eigene Musik schreiben.

A Relevez les formes verbales au subjonctif II :

....

....

....

Cours p. 41 et 106 à 110
Corrigés p. 223

B Qu'exprime le subjonctif II dans ce texte ?

....

....

....

....

....

Cours p. 108 à 110
Corrigés p. 223

14

Inscrivez dans les cases correspondantes le numéro des traductions qui conviennent.

A

1. travail au noir
2. bureau de placement
3. travailleur
4. emploi

- [ ] Arbeitsstelle
- [ ] Arbeitsamt
- arbeiten
- arbeitsam [ ]
- Schwarzarbeit [ ]

B

1. par hasard
2. venir à l'esprit
3. déchets, ordures
4. accident

- [ ] einfallen
- [ ] Abfall
- fallen
- zufällig [ ]
- Unfall [ ]

C

1. artistique
2. artificiel
3. œuvre d'art
4. artiste

- [ ] Kunstwerk
- [ ] künstlerisch
- Kunst
- Künstler [ ]
- künstlich [ ]

D

1. peinture
2. tableau
3. peintre
4. pittoresque

- [ ] Maler
- [ ] Gemälde
- malen
- malerisch [ ]
- Malerei [ ]

Corrigés p. 223

15

Retrouvez les verbes dont les noms suivants sont dérivés.

1. die Freude ....
2. die Hoffnung ....
3. der Gedanke ....
4. die Rechnung ....
5. die Sprache ....
6. der Anruf ....
7. die Erlaubnis ....
8. das Spiel ....
9. die Erklärung ....
10. die Reise ....
11. der Flug ....
12. die Abfahrt ....
13. der Traum ....
14. die Ankunft ....
15. die Furcht ....
16. das Geschenk ....
17. die Fahrt ....
18. der Fluss ....
19. der Geschmack ....
20. das Verbot ....
21. die Hilfe ....

Cours p. 75 à 77
Corrigés p. 223

16

Retrouvez à partir de l'adjectif le nom dont il est dérivé.

1. ängstlich, ...
2. neidisch, ...
3. eifersüchtig, ...
4. zufällig, ...
5. glücklich, ...
6. überrascht, ...
7. enttäuscht, ...
8. schuldig, ...
9. zornig, ...
10. neugierig, ...

Cours p. 75
Corrigés p. 223

17

Le radical *teil* entre dans la composition de beaucoup de noms, d'adjectifs ou de verbes. Cherchez la traduction des mots suivants :

1. teilen : ....
2. verteilen : ....
3. teilnehmen : ....
4. der Teilnehmer : ....
5. das Gegenteil : ....
6. das Abteil : ....
7. der Vorteil :..........................
8. der Nachteil : ....
9. vorteilhaft : ....
10. mitteilen : ....

Corrigés p. 223

18

Quel suffixe : *-lich*, *-ig* ou *-isch* ? Utilisez celui qui convient pour former des adjectifs ou des adverbes.

1. lust....
2. häss....
3. herz....
4. kom....
5. freund....
6. lächer....
7. gemüt....
8. ärger....
9. gefähr....
10. pein....
11. schuld....
12. durst....
13. geduld....
14. schwier....
15. langweil....
16. pünkt....
17. vernünft.....
18. regelmäß....
19. schmutz....
20. vorsicht....
21. höf....
22. fröh....
23. schreck....
24. neugier....
25. prakt....
26. mög....
27. altmod....
28. französ....

Cours p. 96
Corrigés p. 223

19

Complétez chaque phrase avec l'un des verbes suivants :

ziehen *sich anziehen* *sich ausziehen*
umziehen *anziehen* *erziehen*

1. Während des Karnevals .... viele Menschen durch die Straßen der Stadt.
2. Die Eltern versuchen ihre Kinder gut zu ....
3. Paris .... viele Touristen ....
4. Er hat in einer anderen Stadt eine Arbeit gefunden, jetzt muss er ....
5. Früh am Morgen .... er einen Pullover und eine Hose ....
6. Bevor er ins Bett geht .... er ....

Cours p. 126
Corrigés p. 223

A

20 Même consigne que l'exercice précédent.

steigen *einsteigen* *aussteigen* *umsteigen*

1. Am Bahnhof ruft der Bahnhofsvorsteher: „............................. bitte, Türen schließen!"
2. Der Reisende fragt am Schalter: „Kann ich direkt nach Köln fahren oder muss ich ....?"
3. Wenn wir noch Zeit haben, wollen wir auf den Turm ....
4. Ich will zum Rathaus mit der Straßenbahn fahren, ich frage den Schaffner: „Wo soll ich ....?"

Cours p. 126
Corrigés p. 223

21 Classez ces mots en deux ensembles, l'un autour de la notion de circulation *(der Verkehr)*, l'autre de la construction *(der Bau)*.

Das Haus, der PKW, die Straßenbahn, der LKW, das Schloss, das Hochhaus, die Küche, das Wohnzimmer, das Stadtviertel, die Bushaltestelle, das Motorrad, das Fahrrad, das Moped, der Fahrplan, der Fahrschein, der Führerschein, das Verkehrsmittel, das Gebäude, das Denkmal, die Gasse, der Weg, die Kreuzung, die Brücke, der Unfall.

Der Verkehr	der Bau
....	....
....	....
....	....
....	....
....	....
....	....
....	....
....	....
....	....

Cours p. 82 et 155
Corrigés p. 223

22 Lisez attentivement ce texte.

TIPS ZUR MÜLLVERMEIDUNG

Glas. — Greifen Sie zu Glasflaschen!

Metalle. — Bevorzugen Sie Glas vor Metallverpackungen, da Sie Glas zu Altglascontainern bringen können.

Werfen Sie kaputte Geräte nicht gleich auf den Müll. Prüfen Sie zuerst, ob sich eine Reparatur lohnt!

Kunststoffe. — Vermeiden Sie die Benutzung von Plastiktüten: Nehmen Sie statt dessen Ihre eigene Tasche zum Einkaufen mit! Verwenden Sie Plastiktaschen mehrmals!

Versuchen Sie Plastikwaren im Haushalt durch Glas, Holz, Porzellan oder Metallgegenstände zu ersetzen.

(Brochure distribuée par l'Institut Goethe, Munich.)

Vocabulaire :
bevorzugen = préférer ; die Verpackung = l'emballage ; das Gerät = l'ustensile ; prüfen = vérifier ; sich lohnen = valoir la peine ; benutzen, verwenden = utiliser ; ersetzen = remplacer.

A Soulignez dans le texte les formes verbales à l'impératif puis transposez le texte à la deuxième personne du singulier de l'impératif.

....
....
....
....
....
....
....
....
....
....
....
....
....
....
....
....
....
....
....
....
....
....

Cours p. 3
Corrigés p. 223

B Décomposez les mots suivants :

Glasflaschen : ....
Metallverpackungen : ....
Altglascontainer : ....
Plastiktüten : ....
Metallgegenstände : ....

Corrigés p. 223

23

Retrouvez les mots cachés (tous ces mots concernent le domaine scolaire).

1. F U R B E ....
2. T S I T R H T F C O R ....
3. E G H R U Z N E I ....
4. P G U Ü R F N ....
5. H R N U I T E R T C ....
6. F L R E H E ....

Cours p. 61
Corrigés p. 223

24

Classez les annonces suivantes selon l'objet de leur recherche.
Portez le numéro des annonces dans le tableau suivant.

Ils cherchent	Nos	Ils recherchent	Nos
des correspondants des amis pour les loisirs à vendre des timbres à échanger des autocollants		à donner des cours à acheter des disques ou des CD des membres pour un club des bandes dessinées	

1. Mir macht Physik u. Mathe Spaß: Löse Aufgaben, Referate... bis 13. Klasse.

2. Viele Kartons mit Briefmarken habe ich geerbt!!! Kauft mir doch einige ab! Prima für Anfänger. 500 verschiedene Briefmarken West-Deutschland + West-Berlin nur DM 10. – Scheck oder Cash (Schein).

3. Ich, 21, suche Freunde (innen) zwecks Freizeitgestaltung. Meine Hobbies : Tanzen, Lesen, Schwimmen usw.

4. Suche Comics und Romane aller Art. Bin durch einen Motorradunfall schwerbehindert. Schickt mir bitte alles was ihr findet per Post unfrei zu. Ich würde mich sehr darüber freuen.

5. Hallo Jungs zwischen 17 und...!? Wer sucht eine Brieffreundin? Ich (17 J.) höre gerne Musik, sammle u. schreibe (Liebes-) Gedichte und treibe gern Sport. Schreibt mir bitte bald?!

6. Ich. 18, suche Brieffreunde aus aller Welt. Ob Du jetzt in Übersee oder in meiner Nachbarschaft wohnst, schreib mir! Ich freue mich schon auf Deine Post.

7. THE DOORS einziger Fanclub mit Mitgliedermagazin, von den DOORS selbst autorisiert, sucht neue Mitglieder.

8. Suche alles von H. Grönemeyer u den Jeremy Days.

9. Sammle alle möglichen Aufkleber. Sie sollten in gutem Zustand sein und wenn möglich kostenlos.

Corrigés p. 224

25

En face de chaque proverbe ou expression dans lesquels entrent des animaux, écrivez la lettre de l'expression française qui lui correspond. Aidez-vous du dictionnaire.

1. Die Fliege. Zwei Fliegen mit einer Klappe schlagen. ______
2. Der Hahn. Hahn im Korb sein. ______
3. Die Katze und die Maus. Katze und Maus mit jemandem spielen. ______
4. Das Schwein. Schwein haben. ______
5. Der Wolf. Mit den Wölfen heulen. ______

a. Être comme un coq en pâte.
b. Faire d'une pierre deux coups.
c. Hurler avec les loups.
d. Avoir de la chance.
e. Jouer au chat et à la souris.

Corrigés p. 224

26

Cherchez dans le dictionnaire les différents sens de *Schein, scheinen* et traduisez les phrases suivantes :

1. Hast du den Führerschein gemacht?

....

2. Haben Sie einen 20 DM Schein?

....

3. Der Schein trügt.

....

4. Beethoven hat die Mondscheinsonate komponiert.

....

5. Er scheint krank zu sein.

....

6. Die Sonne scheint, wir machen einen Spaziergang.

....

Corrigés p. 224

27

Cherchez dans le dictionnaire la traduction du mot *glace* et traduisez.

1. Veux-tu manger une glace ?

....

2. Je cherche une glace, je voudrais me peigner.

....

3. Ils ont joué au football dans la maison et ont cassé une glace (vitre).

....

Corrigés p. 224

28

Cherchez dans le dictionnaire les traductions de *patron* et traduisez les phrases suivantes :

1. Le patron du restaurant est un ami.

....

2. L'apprenti voudrait devenir un jour patron boulanger.

....

3. Le patron de l'entreprise veut parler avec ses ouvriers.

....

4. Saint Georges est le patron de l'Angleterre.

....

Corrigés p. 224

29 **Traduisez les mots suivants :**

1. Baumstamm: ....
2. Stammbaum: ....
3. Ringfinger: ....
4. Fingerring: ....
5. Meersalz: ....
6. Salzmeer: ....
7. Milchkuh: ....
8. Kuhmilch: ....
9. Rotwein: ....
10. weinrot: ....

Corrigés p. 224

30 **Lisez ce conte de Grimm, *König Drosselbart*, pour tester vos capacités de compréhension.**

Ein König hatte eine Tochter, die war sehr schön aber so stolz und übermütig, dass ihr kein Mann gut genug war. Einmal veranstaltete der König ein großes Fest und lud dazu heiratslustige Männer ein. Erst kamen die Könige, dann die Herzöge, die Fürsten, Grafen und Freiherrn, zuletzt die Edelleute. Aber die Königstochter hatte an jedem etwas auszusetzen. Der eine war zu dick, der andere zu lang, der dritte zu kurz, der vierte zu blass, der fünfte zu rot... Besonders aber machte sie sich lustig über einen König, dessen Kinn ein wenig krumm gewachsen war. Sie rief: „Der hat ein Kinn wie die Drossel einen Schnabel." Deshalb bekam er den Namen Drosselbart.
Der alte König aber wurde zornig, als er sah, dass seine Tochter nichts tat, als über die Leute zu spotten. Er schwor: sie sollte den ersten Bettler zum Manne nehmen, der vor seine Tür käme!
Ein paar Tage später kam ein Spielmann und sang unter dem Fenster des Schlosses, um ein Almosen zu verdienen. Als der König ihn hörte, sagte er zu seinen Dienern: „Lasst ihn heraufkommen!" Da trat der Spielmann in seinen schmutzigen Kleidern ein. Der König sprach: „Dein Gesang hat mir so gut gefallen, dass ich dir meine Tochter zur Frau geben will."
Die Königstochter erschrak, der Pfarrer wurde geholt und das Mädchen musste sich gleich mit dem Spielmann trauen lassen. Nach der Trauung führte der Bettler die Königstochter an der Hand hinaus und sie musste mit ihm zu Fuß laufen.
Als sie in einen großen Wald kamen, fragte die Königstochter:
„Wem gehört der schöne Wald?
— Der gehört dem König Drosselbart; hättest du ihn genommen, so wäre er dein!

— Ach hätte ich den König Drosselbart genommen! seufzte die arme Frau." Dann kamen sie über eine Wiese, da fragte sie wieder: „Wem gehört diese schöne grüne Wiese?
— Die gehört dem König Drosselbart, hättest du ihn genommen, so wäre sie dein!
— Ach hätte ich den König Drosselbart genommen! wiederholte die Frau." Dann kamen sie durch eine große Stadt und da fragte sie:
„Wem gehört diese schöne große Stadt?
— Sie gehört dem König Drosselbart, hättest du ihn genommen, so wäre sie dein!
— Ach hätte ich den König Drosselbart genommen! weinte die Frau."
Endlich kamen sie an ein ganz kleines Häuschen.
„Ach Gott, was ist das für ein Haus! rief die Königstochter.
— Das ist unser Haus, antwortete der Bettler.
— Wo sind die Diener? fragte die Frau.
— Es gibt keine Diener! sagte der Bettler. Mach sofort das Feuer an, stell Wasser darauf und koch mein Essen!"
Die Königstochter aber konnte weder das Feuer anmachen noch kochen. Nach ein paar Tagen sagte der Bettler zu seiner Frau: „Du musst arbeiten und Geld verdienen. Du wirst Körbe flechten oder spinnen." Die arme Frau versuchte, Körbe zu flechten oder zu spinnen, aber sie konnte es nicht. „Du taugst zu keiner Arbeit, schrie der Bettler. Du wirst dich auf den Markt setzen und Geschirr verkaufen!" Sie setzte sich mit dem Geschirr an eine Ecke des Marktes und verkaufte es. Da kam plötzlich ein Soldat und ritt in die Töpfe hinein, so dass alles in tausend Scherben zersprang!
Die Königstochter fing an zu weinen, lief nach Hause und erzählte ihrem Mann von ihrem Unglück. Der Bettler schlug vor, dass sie Küchenmagd werden solle. Ein Schloss in der Nähe brauchte eine. Die Königstochter wurde Küchenmagd und steckte in ihre Taschen, was vom Essen übrigblieb, damit ernährten sie sich. Eines Tages sollte die Hochzeit des Königssohnes gefeiert werden. Der Königssohn trat herein, er war in Samt und Seide gekleidet und hatte goldene Ketten um den Hals. Als er die Küchenmagd in der Tür stehen sah, ergriff er sie bei der Hand und wollte mit ihr tanzen. Aber sie erschrak, denn sie erkannte den Konig Drosselbart.
„Fürchte dich nicht! Ich und der Spielmann sind eins. Dir zuliebe habe ich mich so verstellt und der Soldat, der die Töpfe zerbrochen hat, war ich auch. Das alles ist geschehen, dich für deinen stolzen Charakter und deinen Hochmut zu strafen. Tröste dich, die bösen Tage sind vorüber, jetzt wollen wir unsere Hochzeit feiern!"

Vocabulaire :
übermütig = orgueilleuse, arrogante ; der Herzog = le duc ; der Fürst = le prince ; der Graf = le comte ; der Freiherr = le baron ; der Edelmann (die

Edelleute) = le gentilhomme ; aussetzen = critiquer ; sich über jemanden lustig machen = se moquer de quelqu'un ; das Kinn = le menton ; die Drossel = la grive ; der Schnabel = le bec ; der Bettler = le mendiant ; der Spielmann = le musicien ; der Gesang = le chant ; der Pfarrer = le pasteur ; die Trauung = le mariage ; die Diener = le serviteur ; Körbe flechten = tresser des paniers ; spinnen = filer ; Geschirr auf dem Markt verkaufen = vendre de la vaisselle sur le marché ; in tausend Scherben zerspringen = voler en milliers d'éclats ; die Küchenmagd = la fille de cuisine ; sich ernähren = se nourrir ; strafen = punir ; der Hochmut = l'arrogance ; Hochzeit feiern = célébrer le mariage.

Donnez maintenant les bonnes affirmations.

1. Die Königstochter will nicht heiraten,
☐ *a.* weil sie hässlich ist
☐ *b.* weil sie jeden Mann kritisiert
☐ *c.* weil sie arm ist
☐ *d.* weil ihr Vater gegen ihre Hochzeit ist

2. die Königstochter heiratet einen Bettler,
☐ *a.* weil der König böse wurde
☐ *b.* weil sie den Bettler liebt
☐ *c.* weil der Gesang des Bettlers ihr gefallen hat
☐ *d.* weil sie nicht mehr auf dem Schloss leben will

3. die Königstochter arbeitet,
☐ *a.* weil ihr Mann Geld braucht
☐ *b.* weil sie sich langweilt
☐ *c.* weil die Arbeit ihr Spaß macht
☐ *d.* weil sie fleißig ist

4. sie kann
☐ *a.* Körbe flechten und spinnen
☐ *b.* kochen
☐ *c.* Obst auf dem Markt verkaufen
☐ *d.* als Küchenmagd arbeiten

5. König Drosselbart hat sich als Bettler verkleidet,
☐ *a.* weil Karneval ist
☐ *b.* weil er arm ist
☐ *c.* weil er eine Überraschung machen will
☐ *d.* weil er die Königstochter für ihren stolzen Charakter strafen will.

Corrigés p. 224

Corrigés

Niveau 1

1re langue : l'année de la 6e
2e langue : l'année de la 4e

1 [A] *Nominatif :* die Mutter ; das Kind ; die anderen Kinder ; der Vater. *Accusatif :* 3 Rosinenbrötchen ; 3 Briefmarken ; 2 große Tüten ; auf meine Briefe ; Kaffee ; Bauchweh. *Datif :* zum Kind ; zur Post ; mit dem Geld ; auf der Straße ; beim Bäcker. [B] *Sujet :* du ; es (geht es) ; es (es kauft) ; es (holt es) ; sie (sie sind) ; ich (muss ich) ; sie (essen) ; sie (bis sie Bauchweh haben. *Complément à l'accusatif :* sie (iss sie nicht). *Complément au datif :* mir ; ihnen. [C] Il achète 30 pains aux raisins au lieu de 3 et 3 timbres au lieu de 30 parce que, en chemin, il a joué et oublié ce qu'on lui avait demandé.

2 **1.** einen Füller. **2.** der Mutter Blumen. **3.** meinem Sohn Platten. **4.** die Zeitung. **5.** deinen Freund. **6.** unseren Freunden. **7.** den Regenschirm. **8.** deiner Schwester. **9.** meinem Bruder.

3 [A] Cinq personnages interviennent : une jeune fille (ein Mädchen), son frère (der Bruder), une autre jeune fille (ein anderes Mädchen), le fils du voisin (der Nachbarsjunge), une dame (eine Frau). [B] aber (der Bruder sagt...) ; dann (wird es schön) ; also (holt es...) ; und (streicht...) ; aber (eine anderes Mädchen...) ; und dann (streicht es...) ; aber (der Nachbarsjunge...) ; und (das Mädchen findet...) ; und (holt gelbe Farbe) ; aber (eine Frau...) ; aber da (kommt der große Bruder...) ; da (hat das Mädchen...) ; und wieder (den grünen Farbtopf...) ; und (das Fahrrad...) ; und (es war ihm egal...). [C] 1 : c ; 2 : b ; 3 : e ; 4 : a ; 5 : g ; 6 : d ; 7 : i ; 8 : f ; 9 : h.

4 **1.** Es. **2.** ihn. **3.** sie. **4.** Ihnen. **5.** ihn. **6.** ihnen. **7.** dir. **8.** ihm. **9.** ihr. **10.** ich. **11.** mir. **12.** ihr. **13.** ihr. **14.** sie. **15.** mich.

5 **1.** Die alten Möbel gehören Stefan. Es sind seine Möbel. **2.** Der Wagen gehört Maria. Es ist ihr Wagen. **3.** Die Platten gehören Maria. Es sind ihre Platten. **4.** Der Tennisschläger gehört Maria. Es ist ihr Tennisschläger. **5.** Die Geschichtsbücher gehören Stefan. Es sind seine Geschichtsbücher. **6.** Die Pinsel gehören Maria. Es sind ihre Pinsel. **7.** Der Fotoapparat gehört Stefan. Es ist sein Fotoapparat. **8.** Die Fahrkarte gehört Stefan. Es ist seine Fahrkarte. **9.** Der Fernsehapparat gehört Stefan, das ist sein Fernsehapparat.

6 **1.** wie ; wie. **2.** wann. **3.** wo ; woher. **4.** wohin. **5.** warum. **6.** was für. **7.** wie ; wie ; wer. **8.** wem ; wie viel.

7 **1.** der Fußball. **2.** die Kaffeetasse. **3.** das Käsebrot. **4.** der Handschuh. **5.** Die Brieffreundin. **6.** das Reisebüro. **7.** der Apfelbaum. **8.** der Orangensaft.

8 Si on joint les nombres, on obtient un papillon (ein Schmetterling).

9 **1.** 11 DM 70 (elf Mark siebzig). **2.** 19 DM 70 (neunzehn Mark siebzig). **3.** 17 DM 50 (siebzehn Mark fünfzig). **4.** 11 DM 80 (elf Mark achtzig).

10 **1.** Es ist vier Uhr. **2.** Es ist zehn nach vier. **3.** Es ist Viertel nach vier. **4.** Es ist halb fünf. **5.** Es ist zwanzig vor fünf. **6.** Es ist Viertel vor fünf.

11 **1.** Um neun Uhr fange ich mit der Arbeit an. **2.** Um ein Uhr gehe ich essen. (Um dreizehn Uhr gehe ich essen.) **3.** Um drei Uhr treffe ich Freunde. (Um fünfzehn Uhr treffe ich Freunde.) **4.** Um vier Uhr gehe ich spazieren. (Um sechzehn Uhr gehe ich spazieren.) **5.** Um sieben Uhr sehe ich fern. (Um neunzehn Uhr sehe ich fern.) **6.** Um acht Uhr höre ich Musik. (Um zwanzig Uhr höre ich Musik.)

12 Schläft ; steht er auf, geht ; isst, trinkt ; nimmt, zieht sich an ; fängt um 8 Uhr an ; läuft, wird ; fährt ; liest ; trifft ; trägt ; spielt, spricht ; lernt, weiß.

13 **1.** für seinen Vater. **2.** gegen die Wand. **3.** ohne dich. **4.** durch die Stadt. **5.** um ihren Hals. **6.** zu meinen Großeltern. **7.** seit einem Jahr. **8.** mit dem Zug. **9.** aus der Türkei. **10.** in Deutschland. **11.** bei der Post. **12.** von Dir. **13.** nach dem Regen.

14 **1.** zu Hause ; **2.** nach Deutschland ; **3.** am Meer ; **4.** bei meinen Eltern ; **5.** zu meinem Freund ; **6.** nach Hause ; **7.** aufs Land.

15 **1.** Darf ich fernsehen? **2.** Darf ich ins Kino gehen? **3.** Darf ich das Magazin haben? **4.** Darf ich Fußball spielen?

16 **1.** Hunde können Milch trinken, können nicht fliegen, können kein Auto fahren, können Knochen fressen. **2.** Menschen können Milch trinken, können

A

nicht fliegen, können Auto fahren, können Knochen fressen. **3.** Babys können Milch trinken, können nicht fliegen, können kein Auto fahren, können keine Knochen fressen. **4.** Vögel können keine Milch trinken, können fliegen, können kein Auto fahren, können keine Knochen fressen.

17 **1.** Willst du Deutsch lernen? **2.** Magst du den Kuchen? **3.** Er ist krank, er muss zu Hause bleiben. **4.** Was soll ich tun? Soll ich dir helfen? **5.** Er kann heute nicht kommen. **6.** Kannst du kochen? **7.** Darf ich das Fenster zumachen? **8.** Weißt du, wo er wohnt?

18 **1.** Wie geht's? **2.** Hast du Hunger? **3.** Ich bin elf Jahre alt. **4.** Wie alt bist du? **5.** Das ist mein Freund Stefan. **6.** Entschuldigung! **7.** Heute ist das Wetter schön.

19 **1.** Was möchten Sie? **2.** — Haben Sie sonst noch einen Wunsch? **3.** — Ist das alles? **4.** — Hier sind zehn Mark.

20 **1.** kein Opel. **2.** nicht gern. **3.** keine Limonade, nicht durstig. **4.** keine Zeit. **5.** nicht kommen kann. **6.** kein Geld. **7.** nicht angerufen. **8.** nicht oft. **9.** kein Fahrrad. **10.** keine Schule. **11.** Isst du die Suppe nicht? **12.** sie geht nicht. **13.** ich spiele nicht. **14.** kein Glück.

21 [A] Ordre des paragraphes : 5, 2, 6, 1, 3, 9, 7, 4, 10, 8. [B] **a.** l'âne *(der Esel)* ; le chien *(der Hund)* ; le chat *(die Katze)* ; le coq *(der Hahn)*. **b.** L'âne ne peut plus porter les sacs au moulin. Le chien ne peut plus chasser. Le chat ne peut plus attraper les souris. On doit faire cuire le coq pour les invités. **c.** Les animaux montent les uns sur les autres et poussent chacun leur cri.

Niveau 2

1re langue : l'année de la 5e
2e langue : l'année de la 4e

1 [A] *Deshalb, und, denn* sont des conjonctions. Attention : *manche* (plus d'un) est un adverbe désignant la quantité ; *überall* (partout) est un adverbe de lieu ainsi que *dort* (là-bas). [B] *Épithète simple :* großen (Städte) ; vielen (Wohnungen) ; große (Blumenfreunde) ; schöne (Parks) ; linken (Straßenseite) ; alte (Stadt) ; Spanische (Treppe) ; voller blühender (Blumen) ; Roten (Platz) ; buntbemalten (Kuppeln) [coupoles peintes de toutes les couleurs]. *Attribut :* (sehr) berühmt ; (ist es besonders) schön ; (sehr) kalt. *Superlatif :* eine der größten Städte der Welt ; eine der schönsten Städte der Welt ; eines der berühmtesten Bauwerke.

2 **1.** Wie lange. **2.** Woher. **3.** Wohin. **4.** Was. **5.** Wie viele. **6.** Was (Wie viel). **7.** Um wie viel Uhr. **8.** Wer. **9.** Welches. **10.** Was für einen Wagen. **11.** Was ist deine Mutter. **12.** Was.

3 **1.** Ein Motorrad fährt schneller als ein Moped. **2.** Ich gehe lieber ins Kino als in die Schule. **3.** Deutschland ist größer als die Schweiz. **4.** Bonbons schmecken besser als Medikamente. **5.** Februar ist kälter als August. **6.** Juli ist wärmer als Januar. **7.** Ein Sessel ist bequemer als ein Stuhl.

4 [A] **1.** *Pronoms relatifs sujets :* die (hier spazieren gehen) ; der (Piccadilly Circus heißt) ; die (knallrot und doppelstöckig sind) ; die (kilometerweit unterirdisch fahren) ; jeder, der (hier wohnt). **2.** *Complément au datif :* in der (es keine U-Bahn gibt). [B] **1.** *Cause :* weil (Hong Kong...) ; da (in Großstädten.). **2.** *Condition :* wenn (man von Russland nach Osten reist). **3.** *But :* damit (die Straßen...). **4.** *Conséquence :* so dass (die Autofahrer...). [C] reisen ; spazieren gehen ; Touristen (der Tourist) ; das Boot ; Fahrzeuge (das Fahrzeug) ; Eisenbahnen (die Eisenbahn) ; Schiffe (das Schiff) ; Flugzeuge (das Flugzeug) ; Straßen (die Straße) ; U-Bahnen (die U-Bahn) ; Autos (das Auto) ; Lastwagen (der Lastwagen) ; Busse (der Bus) ; Taxis (das Taxi) ; Fahrräder (das Fahrrad) ; Motorräder (das Motorrad) ; verstopfen ; Platz (der Platz) ; sich kreuzen ; unterirdisch fahren ; Schnellstraßennetz (das Schnellstraßennetz) ; Stadtautobahnen (die Stadtautobahn) ; führen ; Brücken (die Brücke) ; Unterführungen (die Unterführung) ; Autofahrer (der Autofahrer) ; rasch ; durchqueren ; an einer Ampel anhalten. [D] **1.** Engländer. **2.** Italiener. **3.** Spanier. **4.** Japaner. **5.** Amerikaner. **6.** Österreicher. **7.** Schweizer. **8.** Deutscher. **9.** Franzose. [E] Blumen + Freunde (amis des fleurs) ; Straßen + Seite (le côté de la rue) ; schnell + Straßen + Netz (un réseau de routes rapides) ; Stadt + Autobahn (autoroute de ville).

5 **1.** Er geht zur Post, weil er eine Briefmarke kaufen will. **2.** Er beeilt sich, weil der Zug in ein paar Minuten abfährt. **3.** Er zieht seinen Mantel aus, weil es ihm zu warm ist. **4.** Der Autofahrer hat einen Unfall gehabt, weil er nicht aufgepasst hat. **5.** Er kann nicht aufstehen, weil er sich ein Bein gebrochen hat. **6.** Er ist glücklich, weil er das Spiel gewonnen hat. **7.** Sie bestellt ein ganzes Menü, weil sie seit gestern nichts gegessen hat. **8.** Die Mutter hat Angst, weil ihr Sohn noch nicht nach Hause zurückgekommen ist.

6 **1.** Ich verbrachte meine Ferien in Italien. **2.** Ich war dort mit meinen Eltern und meinem kleinen Bruder. **3.** Es war toll dort. **4.** Das Wetter war so schön. **5.** Jeden Tag gingen wir schwimmen. **6.** Es war sehr lustig.

7 **1.** Zuerst stand ich auf. **2.** Dann frühstückte ich. **3.** Um 10 Uhr ging ich in die Stadt. **4.** Zu Mittag aß ich in einer Pizzeria. **5.** Danach fuhr ich nach Hause mit dem Bus. **6.** Am Nachmittag hörte ich Musik. **7.** Später besuchte ich einen Freund. **8.** Am Abend nahm ich ein Bad. **9.** Um 20 Uhr sah ich mir einen Krimi an. **10.** Schließlich ging ich ins Bett.

8 **1.** Willst du mir jetzt das Buch geben? **2.** Nach dem Essen hat der Vater seine Zeitung gelesen. **3.** Ich glaube, dass er das Spiel gewinnen wird. **4.** Werden wir im Sommer nach Spanien fahren? **5.** Ich frage mich, ob sie das Haus kaufen wollen. **6.** Weißt du, ob er die Prüfung bestanden hat? **7.** Nach der Schule werden wir ins Schwimmbad gehen. **8.** Weißt du, wo er die Platte gekauft hat?

9 reiste ; fuhr ; besuchte ; fuhr ; war ; schien ; war ; hielt ; wollte ; wurde ; wurde ; hörte ; kam ; lief ; kam ; regnete ; ging ; setzte ; wollte ; konnte ; verstand ; hatte ; hatte ; nahm ; zeichnete ; nahm ; betrachtete ; nickte ; ging ; freute ; freute ; brachte.

10 2 ; 8 ; 12.

11 **1.** haben ; **2.** hat ; **3.** ist ; **4.** hat ; **5.** hast ; **6.** sind ; **7.** ist . **8.** hat. **9.** habe. **10.** hast. **11.** ist. **12.** ist. **13.** bin. **14.** ist. **15.** ist. **16.** hat. **17.** Bist.

12 **1.** Die Großmutter hat das Frühstück gemacht... hat eingekauft... hat einen Brief geschrieben... hat eine Freundin angerufen... hat sie zum Mittagessen eingeladen... hat das Essen gekocht... ist mit der Freundin ins Konzert gegangen... ist spät nach Hause zurückgekommen. **2.** Peter ist um 7 Uhr aufgestanden... ist im Bad gewesen... hat geduscht... hat sich angezogen... hat um 7 Uhr 30 gefrühstückt... ist um 8 Uhr mit dem Bus in die Stadt gefahren... ist um 13 Uhr nach Hause zurückgefahren... hat seine Hausaufgaben gemacht... hat um 17 Uhr Tennis gespielt... hat den Abend zu Hause verbracht.

13 [A] Autofahrer (2) ; Fahrt (4) ; Rad fahren (1) ; Fahrstuhl (3). [B] Regenschirm (3) ; regnerisch (2) ; Regen (4) ; Regenmantel (1). [C] Spiel (3) ; Spieler (2) ; Spielplatz (4) ; Kartenspiel (1).

14 **1.** *sehen* : voir ; *wiedersehen* : revoir ; *fernsehen* : regarder la télévision ; *(krank) aussehen* : avoir l'air (malade) ; *sich einen Film ansehen* : regarder un film. **2.** *gehen* : aller ; *weggehen* : s'en aller ; *ausgehen* : sortir, faire une sortie ; *vorbeigehen* : passer (devant quelque chose) ; *vergehen* : passer (le temps passe). **3.** *reisen* : voyager ; *die Reise* : le voyage ; *der Reisende* : le voyageur ; *die Reisetasche* : le sac de voyage ; *verreist sein* : être en voyage. **4.** *der Freund* : l'ami ; *die Freundin* : l'amie ; *die Brieffreundin* : la correspondante ; *die Freundschaft* : l'amitié ; *freundlich sein* : être aimable. **5.** *kaufen* : acheter ; *verkaufen* : vendre ; *der Verkäufer* : le vendeur ; *die Verkäuferin* : la vendeuse ; *einkaufen gehen* : faire des courses. **6.** *wohnen* : habiter ; *die Wohnung* : l'habitation, le logement ; *der Einwohner* : l'habitant ; *der Wohnwagen* : la caravane ; *der Wohnblock* : le bloc d'habitation, l'immeuble. **7.** *kommen* : venir ; *mitkommen* : accompagner ; *zurückkommen* : revenir ; *ankommen* : arriver ; *die Ankunft* : l'arrivée.

15 [A] — Ja, das Kleid gefällt mir/Ich finde es schön/Ich mag das Kleid. [B] — Nein, ich möchte kein Eis./ Nein, ich mag kein Eis./ Nein, ich esse nicht gern Eis.

16 **1.** — Nein, ich will heute nicht ins Theater gehen./ Ich habe keine Lust, ins Theater zu gehen./ Nein, ich kann heute nicht ins Theater gehen. **2.** — Ja, es geht am Freitag./ Ja, ich kann am Freitag ins Theater gehen./ Ja, ich bin einverstanden. Ja gern. **3.** — Wo treffen wir uns? **4.** — Wann? (Um wie viel Uhr?)

17 **1.** Kann ich bitte Peter sprechen? **2.** Es tut mir leid, aber er ist nicht da. **3.** Einen Moment bitte (warten Sie einen Moment bitte). **4.** Können Sie später wieder anrufen? **5.** Was bedeutet das Wort? **6.** Kannst du bitte wiederholen? **7.** Ich verstehe nicht. **8.** Wie komme ich bitte zum Bahnhof ? 9. Wo verbringst du deine Ferien?

18 **1.** langsam. **2.** reich. **3.** hell. **4.** leicht. **5.** teuer. **6.** schwach. **7.** schmutzig. **8.** kalt. **9.** traurig. **10.** besetzt. **11.** schlecht. **12.** alt.

Niveau 3

1re langue : l'année de la 4e
2e langue : l'année de la 3e

1 [A] **1.** *Présent :* ist (was ist denn...) ; kann (ich kann nicht...) ; geht (mir geht es...) ; haben (Angst vor mir haben) ; hinbringst ; bist (dass du freundlich bist) ; kann (so böse kann er gar nicht sein). **2.** *Prétérit :* war (der Tiger war) ; fürchteten (die anderen Tiere fürchteten sich) ; liefen (und liefen weg) ; sahen (jedesmal, wenn sie ihn sahen) ; war (aber er war nicht böse, er war sehr freundlich) ; feierten (eines Tages feierten die Tiere) ; war (er war sehr traurig) ; kam (in diesem Augenblick kam) ; fragte (der Tiger) ; antwortete (der Papagei) ; erklärte (der Tiger) ; meinte (der Papagei) ; sprang (er dem Tiger) ; eintraf (als der Tiger) ; sagte (jemand) ; fürchtete sich (keiner mehr vor ihm). **3.** *Parfait :* gebrochen habe (weil ich den Flügel...) ; hat... hergetragen (er hat den Papagei auf dem Rücken...). **4.** *Plus-que-parfait :* hatte den Tiger... eingeladen. **5.** *Futur :* werden... sehen (dann werden sie schon sehen). **6.** *Impératif :* seht (seht doch). [B] *La cause :* weil (ich den Flügel gebrochen habe) ; weil (die Tiere Angst vor mir haben). *Le temps :* wenn (jedesmal, wenn sie ihn sahen) ; als (als der Tiger schließlich bei dem Fest eintraf). [C] **1.** Die anderen Tiere hatten Angst vor ihm. **2.** In diesem Moment. **3.** Ich fühle mich nicht wohl. **4.** Der Tiger war sehr allein. [D] **1.** Der Tiger, der dem Papagei helfen will, ist sehr freundlich. **2.** Der Papagei, den der Tiger auf seinem Rücken getragen hat, war glücklich. **3.** Der Tiger, vor dem alle Tiere Angst haben, ist hilfsbereit. **4.** Der Papagei, dem der Tiger helfen wollte, war unglücklich.

2 **1.** Ich habe eine Freundin, die Engländerin ist. **2.** Wir haben einen Onkel, der in Amerika wohnt. **3.** Ich habe eine Kusine, die in China war. **4.** Sie haben einen Hund, der Bello heißt. **5.** Meine Großeltern besitzen ein Haus, das sich auf dem Land befindet. **6.** Sie haben eine Tochter, die lange in Göttingen studiert hat. **7.** Siehst du die Dame, der ich eine Zeitung bringen soll. **8.** Dort sitzen die Gäste, denen ich Orangensaft bringen soll. **9.** Kennst du die Frau, mit der ich gesprochen habe ? **10.** Da kommt die Straßenbahn, die zum Bahnhof fährt. **11.** Der Film, den ich gestern gesehen habe, war spannend.

3 dicke Pullover, warme Hosen, einen langen Rock, eine weiße Bluse, ein gelbes Hemd ; ein rotes Kleid, einen grünen Schlafanzug, gute Schuhe : braune Handschuhe, einen grauen Regenmantel ; das blaue Hemd, roten Pullover ; der kleinen Tasche ; der schwarzen Schuhe.

4 **1.** schnellsten. **2.** besten. **3.** teuerste. **4.** höchsten. **5.** berühmteste. **6.** bekanntesten. **7.** jüngsten. **8.** älteste.

5 **1.** Er schläft gern, aber er malt lieber. **2.** Er hört gern Musik aber er sieht lieber fern. **3.** Er schreibt gern Briefe, aber er fährt lieber Rad. **4.** Er macht gern seine Aufgaben, aber er turnt lieber. **5.** Er zeichnet gern, aber er schwimmt lieber. **6.** Er singt gern, aber er spielt lieber Fußball.

6 [A] Werden angelegt (es werden immer mehr Parkplätze für Fahrräder angelegt) ; werden umgewandelt (Autoparkplätze werden in Fahrradparkplätze umgewandelt) ; werden eingerichtet (immer mehr Fahrradwege werden eingerichtet). [B] ca. (circa) : à peu près, équivalent de ungefähr ; z.B. (zum Beispiel) : par exemple ; usw. (und so weiter) : etc., et cetera. [C] das Klima (Freiburg ist die wärmste Stadt Deutschlands) ; die schöne Umgebung (der Schwarzwald) ; die schöne Altstadt, die Universitätsstadt ; die Nähe Frankreichs, der Schweiz ; man kann viel Sport treiben, schöne Ausflüge machen. [D] Auto + Parkplätze ; Fahrrad + Parkplätze ; Fahrrad + Wege.

7 [A] Hätte... aufgeschüttet ; wäre... vollgepackt ; würde... herausragen. Le subjonctif II est employé dans le texte pour décrire une situation irréelle (si on avait déversé toutes les ordures de la ville de Fribourg dans le centre ville depuis 1972, on aurait une montagne qui recouvrirait telle superficie...). [B] La hauteur de cette montagne serait de 70 mètres. La cathédrale a une hauteur de 116 mètres puisqu'elle dépasserait la montagne de 46 mètres.

8 Jede Scheibe Brot wird mit Butter bestrichen. Der Schinken wird in Streifen geschnitten, und die Brote werden damit belegt. In der Pfanne wird das Speiseöl heiß gemacht. Die Eier werden aufgeschlagen und die fertigen Spiegeleier werden auf das Brot gelegt. Die Tomaten werden in Stücke geschnitten. Mit der Petersilie, den Gurken und den Tomaten wird der Tellerrand verziert (*Vocabulaire :* die Scheibe = la tranche ; der Schinken = le jambon ; die Pfanne = la poêle ; die Spiegeleier = les œufs sur le plat ; die Petersilie = le persil ; die Gurke = le cornichon.)

9 Guten Tag ; Gute Nacht ; Guten Morgen ; Guten Abend ; Guten Appetit ; Gute Fahrt ; Frohes Fest ; Schöne Reise ; Schönes Wochenende ; Schönen Urlaub ; Frohe Ostern ; Fröhliche Weihnachten.

10 Paris, den 13. Juli. Liebe Stefanie, Über deinen netten Brief habe ich mich sehr gefreut. Das war eine schöne Überraschung! Ich habe deinen Brief meiner kleinen Schwester gezeigt. Ich bleibe hier noch drei lange Wochen, dann fahre ich in die Bretagne mit allen meinen Vettern und Kusinen. Herzliche Grüße.

11 A : aus Österreich ; B : aus Belgien ; CH : aus der Schweiz ; D : aus Deutschland ; DK : aus Dänemark ; E : aus Spanien ; F : aus Frankreich ; GB : aus Großbritannien ; GR : aus Griechenland ; I : aus Italien ; NL : aus den Niederlanden ; S : aus Schweden.

12 **1.** Im Winter, im Sommer. **2.** im August. **3.** 1961 (im Jahre 1961). **4.** am Morgen. **5.** um 5 Uhr. **6.** am Mittwochnachmittag. **7.** vor drei Wochen. **8.** in ein paar Tagen. **9.** seit vier Jahren. **10.** am 8. August. **11.** nächstes Jahr. **12.** nächste Woche. **13.** nächsten Monat. **14.** voriges Jahr. **15.** am Wochenende.

13 Geschäfte ; Bäckereien ; Konditoreien ; die Apotheken ; Medikamente ; Briefmarken ; Telegramme ; Familien ; die Supermärkte ; die Verkäufer ; die Verkäuferinnen ; Kunden ; die Autos ; die Fahrräder ; die Busse ; die Straßenbahnen ; die Fahrer ; Unfälle ; Bäume ; die Fabriken ; Kinos ; Theater.

14 **1.** *sprechen* : parler ; *die Sprache* : la langue ; *das Gespräch* : la conversation ; *die Fremdsprache* : la langue étrangère ; *aussprechen* : prononcer.
2. *sparen* : économiser ; *sparsam sein* : être économe ; *die Sparkasse* : la caisse d'épargne ; *das Sparbuch* : le livret d'épargne ; *die Ersparnisse* : les économies.

15 [A] Abholen (1) ; überholen (3) ; wiederholen (4) ; sich erholen (2). [B] anmachen (3) ; ausmachen (4) ; zumachen (2) ; aufmachen (1).

16 **1.** Schönheit. **2.** Traurigkeit. **3.** Sauberkeit. **4.** Wahrheit. **5.** Gesundheit. **6.** Kindheit. **7.** Schwierigkeit. **8.** Wissenschaft. **9.** Freundschaft. **10.** Freiheit. **11.** Vergangenheit. **12.** Landschaft.

17 **1.** Er trifft einen Freund. **2.** Es ist verboten, hier zu parken. **3.** Ich friere. **4.** Was ist geschehen? **5.** Ich entschuldige mich. **6.** Es ist teuer. **7.** Wann willst du telefonieren? **8.** Ein Schüler fehlt. **9.** Pass auf! **10.** Der Film fängt um 13 Uhr an. **11.** Ich möchte das Geschenk aufmachen. **12.** Das Geschäft schließt um 6 Uhr.

18 **1.** München ist eine Stadt der Bundesrepublik. **2.** Hamburg ist eine Stadt der Bundesrepublik. **3.** Basel ist eine Stadt der Schweiz. **4.** Wien ist die Hauptstadt Österreichs. **5.** Salzburg ist eine Stadt Österreichs. **6.** Zürich ist eine Stadt der Schweiz. **7.** Madrid ist die Hauptstadt Spaniens. **8.** London ist die Hauptstadt Englands. **9.** Nizza ist eine Stadt Frankreichs. **10.** Moskau ist die Hauptstadt Russlands. **11.** Washington ist die Hauptstadt der Vereinigten Staaten. **12.** Rom ist die Hauptstadt Italiens.

19 **1.** Er verlässt die Stadt nicht, ohne von seinen Freunden Abschied zu nehmen. **2.** Er nimmt einen Regenschirm, anstatt einen Regenmantel anzuziehen. **3.** Er fährt nach Köln, um am Karneval teilzunehmen. **4.** Er muss viel arbeiten, um die Prüfung zu bestehen. **5.** Er geht nicht über die Straße, ohne auf die Verkehrsampel aufzupassen.

20 **1.** Müde zu sein. **2.** kaufen zu können. **3.** kennenzulernen. **4.** nicht rauchen. **5.** geht er schwimmen. **6.** schnell packen, nicht versäumen willst. **7.** anders aussehen, das Haar schneiden. **8.** Post zu bekommen. **9.** nicht aufregen. **10.** zum Mittagessen einladen. **11.** Klavier spielen, Tag zu üben. **12.** nicht zu entschuldigen. **13.** ins Kino zu gehen. **14.** deinen Freund zu treffen. **15.** Schlösser bauen. **16.** im Auto sitzen bleiben.

21 [A] Ordre des paragraphes : 3, 5, 1, 4, 6, 2. [B] **a.** Elle doit sortir le pain du four, secouer un pommier et mettre les pommes en tas, secouer les édredons de Madame Holle de manière à ce que les plumes s'envolent. **b.** La deuxième fille ne veut pas se salir avec le four, elle ne veut pas recevoir une pomme sur la tête, elle est paresseuse.

22 wollte ; setzte ; stach ; warf ; sprang ; kam ; ging ; kam ; schrie ; antwortete ; kam ; rief ; antwortete ; ankam ; hatte ; hatte ; war ; dachte ; fing sie schon an ; wollte ; machte ; schüttelte ; wollte ; führte ; stand ; wurde ; sagte ; kam ; war ; blieb ; wollte ; lebte.

Niveau 4

1re langue : l'année de la 3e

1 1. e. 2. d. 3. a. 4. b. 5. c.

2 1. Ferdinand Porsche, (achtzehnhundertfünfundsiebzig geboren, neunzehnhunderteinundfünfzig gestorben). 2. Otto Lilienthal, (achtzehnhundertachtundvierzig geboren, achtzehnhundertsechsundneunzig gestorben). 3. Prof. Robert Koch (achtzehnhundertdreiundvierzig geboren, neunzehnhundertzehn gestorben). 4. Carl Benz (achtzehnhundertvierundvierzig geboren, neunzehnhundertneunundzwanzig gestorben). 5. Johannes Gutenberg (dreizehnhundertsiebenundneunzig oder vierzehnhundert geboren, vierzehnhundertachtundsechzig gestorben). 6. Gottlieb Daimler und Wilhelm Maybach (achtzehnhundertvierunddreißig geboren, neunzehnhundert gestorben ; achtzehnhundertsechsundvierzig geboren, neunzehnhundertneunundzwanzig gestorben). 7. Johannes Kepler (fünfzehnhunderteinundsiebzig geboren, sechzehnhundertdreißig gestorben). 8. Prof. W. Conrad Röntgen (achtzehnhundertfünfundvierzig geboren, neunzehnhundertdreiundzwanzig gestorben).

3 1. Der erste „Volkswagen" ist von Ferdinand Porsche gebaut worden. 2. Die ersten Flüge bis zu 300 m Länge sind von Otto Lilienthal unternommen worden. 3. Wirksame Methoden zur Behandlung der Tuberkulose sind von Robert Koch entwickelt worden. 4. Der erste vierrädrige Motorwagen ist von Carl Benz konstruiert worden. 5. Der Buchdruck mit beweglichen Lettern ist von Johannes Gutenberg erfunden worden. 6. Das erste Motorrad ist von Gottlieb Daimler und Wilhelm Maybach gebaut worden. 7. Die Gesetze der Planetenbewegung sind von Johannes Kepler entdeckt worden. 8. Die Wirkung der X-Strahlen ist von Conrad Röntgen entdeckt worden.

4 1. In Deutschland wird viel Bier getrunken. 2. Die Gäste werden vom Bürgermeister empfangen. 3. Der Wagen wird von meinem Vater repariert. 4. Die Stadt wird von vielen Touristen besucht. 5. Das Haus wird von einem reichen Mann gekauft. 6. Der Roman wurde von einem berühmten Schriftsteller geschrieben. 7. Die Stadt wurde von den Römern gegründet. 8. Der Dieb wurde von der Polizei festgenommen. 9. Ein kleines Paket wurde vom Briefträger gebracht. 10. Die *Sinfonie Heroika* wurde von Beethoven komponiert. 11. Die Buchdruckerkunst wurde von Gutenberg erfunden. 12. Amerika wurde von Kolombus entdeckt.

5 [A] Um 1 100 (aux environs de 1 100) ; damals (à cette époque) ; lange (pendant longtemps) ; später (plus tard) ; heute (aujourd'hui) ; schon vor 1 000 Jahren (déjà il y a 1 000 ans) ; nach (après). [B] Présent : werden... gesungen ; Prétérit : wurde... umgebaut ; wurden... gefunden ; Parfait : sind... erbaut worden. [C] uneinnehmbar = imprenable. [D] Par exemple : möglich, unmöglich *(impossible)* ; geduldig, ungeduldig *(impatient)* ; gerecht, ungerecht *(injuste)* ; zufrieden, unzufrieden *(insatisfait)* ; bekannt, unbekannt *(inconnu)* ; angenehm, unangenehm *(désagréable)* ; bequem, unbequem *(inconfortable)* ; glücklich, unglücklich *(malheureux)* ; vorsichtig, unvorsichtig *(imprudent)*.

6 1. an dem Schüleraustausch. 2. auf die Kinder. 3. auf meine Frage. 4. auf den Brief. 5. nach meinem Namen. 6. an die Zukunft. 7. um Entschuldigung. 8. für meinen Brief. 9. auf die Einladung. 10. um den Krieg. 11. zum weißen Rock. 12. für Musik. 13. um ihre Kinder. 14. an den Verkehr. 15. an den Film. 16. von diesem Schauspieler. 17. von einer langen Reise.

7 1. Wir müssen Karten holen, bevor wir ins Theater gehen. 2. Er will nach Hause gehen, bevor ein Gewitter ausbricht. 3. Sie wollen ausruhen, nachdem sie den ganzen Tag gearbeitet haben. 4. Du darfst spielen, nachdem du die Schularbeit gemacht hast. 5. Er musste lange suchen, bevor er eine Arbeit fand. 6. Sie musste langue üben, bevor sie gut Klavier spielen konnte. 7. Er hatte kein Geld mehr, nachdem er den Wagen gekauft hatte. 8. Er wurde Deutschlehrer, nachdem er zwei Jahre in Deutschland verbracht hatte. 9. Ich musste lange studieren, bevor ich Arzt wurde. 10. Sie ging ins Badezimmer, nachdem sie aufgestanden war.

8 1. Wenn. 2. wenn. 3. als. 4. wenn. 5. wenn. 6. als. 7. als. 8. wenn.

9 [A] Ich glaube, dass Konrad Adenauer Politiker war. Ich denke, dass Konrad Adenauer Politiker war. Vielleicht war er Politiker. Es ist möglich, dass er Politiker war. Es könnte sein, dass er Politiker war. [B] Ich weiß nicht. Keine Ahnung.

10 [A] Ich denke, dass er Schriftsteller war. Meiner Meinung nach war er Schriftsteller. Ich meine, dass er Schriftsteller war. [B] Das stimmt, er hat den Roman „Der Prozeß" geschrieben. Das ist richtig. Das ist wahr. Sie haben recht.

11 [A] Ich weiß ganz genau, dass Marlene Dietrich

Schauspielerin war. Ich bin sicher, dass sie Schauspielerin war. Ich bin davon überzeugt, dass sie Schauspielerin war. [B] Ich hätte gern den Film „Der Blaue Engel„ gesehen. Leider habe ich den Film „Der Blaue Engel" nicht gesehen. Ich bedaure, den Film „Der Blaue Engel" nicht gesehen zu haben. Es tut mir leid, aber ich habe den Film „Der Blaue Engel" nicht gesehen. [C] Ich bin einverstanden. Ich habe nichts dagegen. Ja, gern.

12 [A] *Subjonctif I :* seien (ganz anders seien) ; sei (alles in Frankreich sei) ; sei (ob ich verheiratet sei). *Subjonctif II :* würden machen ; hätten gemacht ; mitgehen könnten ; hätten gesehen ; trinken wollten ; trinken würden ; hätte (ob ich Kinder hätte) ; schicken würden. [B] On a employé le subjonctif I ou II parce qu'on rapporte les paroles de quelqu'un ; cet emploi correspond au style indirect.

13 [A] Des formes verbales au subjonctif II : möchtest ; spielen könnte ; spielen würde ; könnte sagen ; würde machen ; hätte gesehen ; hätte übernehmen können. [B] *Möchtest* exprime le souhait, *Spielen könnte, spielen würde, würde machen* expriment la condition irréalisée ou irréalisable. C'est seulement à la condition que des artistes célèbres comme Kim Basinger et Mel Gibson jouent avec lui qu'il aurait aimé faire du cinéma. *Hätte gesehen, hätte übernehmen können* expriment un souhait irréalisable. Son père aurait bien aimé qu'il suive ses traces et qu'il reprenne son activité, mais il voulait être indépendant, écrire seul sa propre musique sans aide familiale.

14 [A] Arbeitsstelle (4) ; arbeitsam (3) ; Arbeitsamt (2) ; Schwarzarbeit (1) ; [B] einfallen (2) ; zufällig (1) ; Abfall (3) ; Unfall (4) ; [C] Kunstwerk (3) ; Künstler (4) ; künstlerisch (1) ; künstlich (2) ; [D] Maler (3) ; malerisch (4) ; Gemälde (2) ; Malerei (1).

15 **1.** sich freuen. **2.** hoffen. **3.** denken. **4.** rechnen. **5.** sprechen. **6.** anrufen **7.** erlauben. **8.** spielen. **9.** erklären. **10.** reisen. **11.** fliegen. **12.** abfahren. **13.** träumen. **14.** ankommen. **15.** sich fürchten. **16.** schenken. **17.** fahren. **18.** fließen. **19.** schmecken. **20.** verbieten **21.** helfen.

16 **1.** Die Angst. **2.** der Neid. **3.** die Eifersucht. **4.** der Zufall. **5.** das Glück. **6.** die Überraschung. **7.** die Enttäuschung. **8.** die Schuld. **9.** der Zorn. **10.** die Neugierde.

17 **1.** *teilen :* partager. **2.** *verteilen :* distribuer. **3.** *teilnehmen :* participer. **4.** *der Teilnehmer :* le participant. **5.** *das Gegenteil :* le contraire. **6.** *das Abteil :* le compartiment. **7.** *der Vorteil :* l'avantage. **8.** *der Nachteil :* l'inconvénient. **9.** *vorteilhaft :* avantageux. **10.** *mitteilen :* communiquer.

18 **1.** lustig. **2.** hässlich. **3.** herzlich. **4.** komisch. **5.** freundlich. **6.** lächerlich. **7.** gemütlich. **8.** ärgerlich. **9.** gefährlich. **10.** peinlich. **11.** schuldig. **12.** durstig. **13.** geduldig. **14.** schwierig. **15.** langweilig. **16.** pünktlich. **17.** vernünftig. **18.** regelmäßig. **19.** schmutzig. **20.** vorsichtig. **21.** höflich. **22.** fröh lich. **23.** schrecklich. **24.** neugierig. **25.** praktisch. **26.** möglich. **27.** altmodisch. **28.** französisch.

19 **1.** Während des Karnevals ziehen. **2.** ihre Kinder gut zu erziehen. **3.** Paris zieht viele Touristen an. **4.** jetzt muss er umziehen. **5.** Früh am Morgen zieht er einen Pullover und eine Hose an. **6.** zieht er sich aus.

20 **1.** Einsteigen bitte. **2.** oder muss ich umsteigen. **3.** den Turm steigen. **4.** Wo soll ich aussteigen?

21 *Der Verkehr :* der PKW ; die Straßenbahn ; der LKW ; die Bushaltestelle ; das Motorrad ; das Fahrrad ; das Moped ; der Fahrplan ; der Fahrschein ; der Führerschein ; das Verkehrsmittel ; die Gasse ; der Weg ; die Kreuzung ; die Brücke ; der Unfall.
Der Bau : das Haus ; das Schloss ; das Hochhaus ; die Küche ; das Wohnzimmer ; das Stadtviertel ; das Gebäude ; das Denkmal.

22 [A] *Formes verbales à l'impératif :* Greifen Sie ; Bevorzugen Sie ; Werfen Sie ; Prüfen Sie ; Versuchen Sie ; Vermeiden Sie ; Nehmen Sie ; Verwenden Sie ; Versuchen Sie. *Transposition du texte à la deuxième personne :* Glas. — Greif zu Glasflaschen! Metalle. — Bevorzuge Glas vor Metallverpackungen, da du Glas zu Altglascontainern bringen kannst. Wirf kaputte Geräte nicht gleich auf den Müll. Prüf zuerst, ob sich eine Reparatur lohnt! Kunststoffe. Vermeide die Benutzung von Plastiktüten : Nimm statt dessen deine eigene Tasche zum Einkaufen mit! Verwende Plastiktaschen mehrmals! Versuche Plastikwaren im Haushalt durch Glas, Holz, Porzellan oder Metallgegenstände zu ersetzen. [B] Glas + Flaschen ; Metall + Verpackungen ; alt + Glas + Container ; Plastik + Tüten ; Metall + Gegenstände.

A

23 **1.** Beruf. **2.** Fortschritt. **3.** Erziehung. **4.** Prüfung. **5.** Unterricht. **6.** Fehler.

24 Des correspondants : 5-6 ; des amis pour les loisirs : 3 ; à vendre des timbres : 2 ; à échanger des autocollants : 9 ; à donner des cours : 1 ; à acheter des disques ou des CD : 8 ; des membres pour un club : 7 ; des bandes dessinées : 4.

25 **1.** : b. **2.** : a. **3.** : e. **4.** : d. **5.** : c.

26 **1.** As-tu le permis de conduire ? **2.** Avez-vous un billet de 20 Mark ? **3.** Les apparences sont trompeuses. **4.** Beethoven a composé la sonate *Au clair de lune*. **5.** Il semble être malade. **6.** Il fait soleil, faisons une promenade.

27 **1.** Willst du ein Eis essen? **2.** Ich suche einen Spiegel, ich möchte mich kämmen. **3.** Sie haben im Haus Fußball gespielt und eine Scheibe zerbrochen.

28 **1.** Der Wirt ist ein Freund. **2.** Der Lehrling möchte eines Tages Bäckermeister werden. **3.** Der Leiter (Direktor) des Unternehmens will mit seinen Arbeitern sprechen. **4.** Der Heilige Georg ist der Schutzheilige Englands.

29 **1.** Baumstamm, tronc d'arbre. **2.** Stammbaum, arbre généalogique. **3.** Ringfinger, annulaire (doigt qui porte l'anneau). **4.** Fingerring (alliance, bague). **5.** Meersalz (sel de mer). **6.** Salzmeer (mer salée). **7.** Milchkuh (vache laitière). **8.** Kuhmilch (lait de vache). **9.** Rotwein (vin rouge). **10.** weinrot (rouge couleur de vin).

30 **1.** b. **2.** a. **3.** a. **4.** d. **5.** d.

QCM

6e ■ 1.b / 2.b / 3.c / 4.a / 5.a / 6.c / 7.b / 8.c / 9.b / 10.c / 11.a / 12.c / 13.c / 14.b / 15.b / 16.c / 17.b / 18.c / 19.a / 20.a / 21.c / 22.a / 23.b / 24.c / 25.c / 26.a / 27.a / 28.c / 29.b / 30.c / 31.c / 32.b / 33. a.

5e ■ 1.a / 2.c / 3.b / 4.c / 5.a / 6.b / 7.a / 8.b / 9.a / 10.a / 11.b / 12.c / 13.a /14.a / 15.c / 16.b / 17.c / 18.b / 19.c / 20.a / 21.a / 22.c / 23.c / 24.a. / 25.b / 26.c / 27.c / 28.c / 29.a / 30.b / 31.b / 32.b / 33.a.

4e ■ 1.a / 2.b / 3.c / 4.b / 5.b / 6.a / 7.c / 8.b / 9.c / 10.a / 11.c / 12.b / 13.b / 14.c / 15.c / 16.b / 17.a / 18.c / 19.b / 20.a / 21.c / 22.c / 23.a / 24.c / 25.c / 26.c / 27.b / 28.c.

3e ■ 1.b / 2.c / 3.d / 4.a / 5.a / 6.b / 7.c / 8.b / 9.c / 10.a / 11.a / 12.b / 13.c / 14.a / 15.c / 16.c / 17.c / 18.b / 19.a / 20.b / 21.c / 22.c / 23.b / 24.a / 25.c / 26.c / 27.b / 28.c / 29.c / 30.a / 31.d / 32.b.

A

MÉMO

Liste de verbes

Verbes forts et des verbes faibles irréguliers

- Les verbes précédés d'un astérisque (*) se conjuguent au parfait avec l'auxiliaire *être* ;
- le verbe **fahren** se conjugue avec l'auxiliaire *avoir* quand il est construit avec un complément d'objet direct (au sens de *conduire*) ;
- les verbes **schwimmen, springen, laufen, reiten** se conjuguent avec l'auxiliaire *être* s'ils sont accompagnés d'un complément qui indique une direction et avec l'auxiliaire *avoir* si on insiste sur la durée ;
- au sens de *passer*, **ziehen** se conjugue avec l'auxiliaire *être*, au sens de *tirer* il se conjugue avec l'auxiliaire *avoir*.

Les verbes simples sont classés par ordre alphabétique ; chaque verbe simple est suivi de ses dérivés éventuels.

INFINITIF	PRÉSENT	PRÉTÉRIT	PARTICIPE PASSÉ	
B				
backen	bäckt	backte (buk)	gebacken	*cuire (gâteau)*
befehlen	befiehlt	befahl	befohlen	*ordonner*
beginnen		begann	begonnen	*commencer*
beißen		biss	gebissen	*mordre*
bieten		bot	geboten	*offrir*
anbieten		bot an	angeboten	*offrir*
verbieten		verbot	verboten	*interdire*
binden		band	gebunden	*lier*
verbinden		verband	verbunden	*relier*
bitten		bat	gebeten	*demander, prier*
blasen	bläst	blies	geblasen	*souffler*
ausblasen	bläst aus	blies aus	ausgeblasen	*éteindre (feu)*
***bleiben**		blieb	geblieben	*rester*
***stehenbleiben**		blieb stehen	stehengeblieben	*s'arrêter (de marcher)*
braten	brät	briet	gebraten	*rôtir*
brechen	bricht	brach	gebrochen	*casser, briser*
unterbrechen	unterbricht	unterbrach	unterbrochen	*interrompre*
zerbrechen	zerbricht	zerbrach	zerbrochen	*briser*
brennen		brannte	gebrannt	*brûler*
bringen		brachte	gebracht	*apporter*
mitbringen		brachte mit	mitgebracht	*apporter*
verbringen		verbrachte	verbracht	*passer (des vacances)*
D				
denken		dachte	gedacht	penser
E				
empfehlen	empfiehlt	empfahl	empfohlen	*recommander*
***erschrecken**	erschrickt	erschrak	erschrocken	*s'effrayer, avoir peur*
essen	isst	aß	gegessen	*manger*
fressen	frisst	fraß	gefressen	*dévorer*

A

F				
***fahren**	fährt	fuhr	gefahren	*aller (autrement qu'à pied)*
***abfahren**	fährt ab	fuhr ab	abgefahren	*partir, démarrer*
erfahren	erfährt	erfuhr	erfahren	*apprendre (nouvelle)*
***fortfahren**	fährt fort	fuhr fort	fortgefahren	*partir (véhicule) continuer*
***Rad fahren**	fährt Rad	fuhr Rad	Rad gefahren	*faire de la bicyclette*
***wegfahren**	fährt weg	fuhr weg	weggefahren	*partir (véhicule) s'éloigner*
***fallen**	fällt	fiel	gefallen	*tomber*
***auffallen**	fällt auf	fiel auf	aufgefallen	*se faire remarquer, frapper*
gefallen	gefällt	gefiel	gefallen	*plaire*
einfallen	fällt ein	fiel ein	eingefallen	*venir à l'esprit*
fangen	fängt	fing	gefangen	*attraper*
anfangen	fängt an	fing an	angefangen	*commencer*
empfangen	empfängt	empfing	empfangen	*recevoir*
finden		fand	gefunden	*trouver*
erfinden		erfand	erfunden	*inventer*
sich befinden		befand	befunden	*se trouver*
stattfinden		fand statt	stattgefunden	*avoir lieu*
***fliegen**		flog	geflogen	*voler*
***fließen**		floss	geflossen	*couler*
frieren		fror	gefroren	*avoir froid, geler*
G				
geben	gibt	gab	gegeben	*donner*
Acht geben	gibt Acht	gab Acht	Acht gegeben	*faire attention*
aufgeben	gibt auf	gab auf	aufgegeben	*renoncer*
ausgeben	gibt aus	gab aus	ausgegeben	*dépenser, distribuer*
umgeben	umgibt	umgab	umgeben	*entourer*
***gehen**		ging	gegangen	*aller (à pied)*
***aufgehen**		ging auf	aufgegangen	*se lever (soleil)*
***ausgehen**		ging aus	ausgegangen	*sortir (soirée)*
***hingehen**		ging hin	hingegangen	*aller, se rendre*
***mitgehen**		ging mit	mitgegangen	*accompagner*
***spazieren gehen**		ging spazieren	spazieren gegangen	*aller se promener*
***untergehen**		ging unter	untergegangen	*se coucher (soleil)*
***vorbeigehen**		ging vorbei	vorbeigegangen	*passer (devant quelque chose)*
***weggehen**		ging weg	weggegangen	*s'en aller*
***gelingen**		gelang	gelungen	*parvenir à, réussir*
***geschehen**	geschieht	geschah	geschehen	*arriver, se passer*
gewinnen		gewann	gewonnen	*gagner (au jeu)*
gleichen		glich	geglichen	*ressembler*
vergleichen		verglich	verglichen	*comparer*
greifen		griff	gegriffen	*saisir*
angreifen		griff an	angegriffen	*attaquer*
ergreifen		ergriff	ergriffen	*saisir (occasion)*
zugreifen		griff zu	zugegriffen	*se servir (à table)*

H				
halten	hält	hielt	gehalten	*s'arrêter (voiture), tenir*
anhalten	hält an	hielt an	angehalten	*arrêter, durer*
aushalten	hält aus	hielt aus	ausgehalten	*supporter, endurer*
enthalten	enthält	enthielt	enthalten	*contenir*
unterhalten	unterhält	unterhielt	unterhalten	*entretenir*
hängen		hing	gehangen	*être accroché*
abhängen		hing ab	abgehangen	*dépendre*
heben		hob	gehoben	*lever*
aufheben		hob auf	aufgehoben	*ramasser, suspendre*
heißen		hieß	geheißen	*s'appeler*
helfen	hilft	half	geholfen	*aider*
K				
kennen		kannte	gekannt	*connaître*
erkennen		erkannte	erkannt	*reconnaître*
klingen		klang	geklungen	*sonner*
***kommen**		kam	gekommen	*venir*
***ankommen**		kam an	angekommen	*arriver*
bekommen		bekam	bekommen	*recevoir*
***herkommen**		kam her	hergekommen	*approcher, provenir*
***mitkommen**		kam mit	mitgekommen	*accompagner*
***zurückkommen**		kam zurück	zurückgekommen	*revenir*
***kriechen**		kroch	gekrochen	*ramper*
L				
laden	lädt	lud	geladen	*charger*
einladen	lädt ein	lud ein	eingeladen	*inviter*
***laufen**	läuft	lief	gelaufen	*courir*
lassen	lässt	ließ	gelassen	*laisser faire + inf.*
entlassen	entlässt	entließ	entlassen	*congédier*
verlassen	verlässt	verließ	verlassen	*quitter*
leiden		litt	gelitten	*souffrir*
leihen		lieh	geliehen	*prêter, emprunter*
entleihen		entlieh	entliehen	*emprunter*
lesen	liest	las	gelesen	*lire*
vorlesen	liest vor	las vor	vorgelesen	*lire à haute voix*
liegen		lag	gelegen	*être allongé*
lügen		log	gelogen	*mentir*
M				
messen	mißt	maß	gemessen	*mesurer*
N				
nehmen	nimmt	nahm	genommen	*prendre*
abnehmen	nimmt ab	nahm ab	abgenommen	*diminuer, mincir*
annehmen	nimmt an	nahm an	angenommen	*accepter*
aufnehmen	nimmt auf	nahm auf	aufgenommen	*enregistrer, accueillir*
mitnehmen	nimmt mit	nahm mit	mitgenommen	*emporter*
teilnehmen	nimmt teil	nahm teil	teilgenommen	*participer*
unternehmen	unternimmt	unternahm	unternommen	*entreprendre*
nennen		nannte	genannt	*nommer*

P				
pfeifen		pfiff	gepfiffen	*siffler*
R				
raten	rät	riet	geraten	*conseiller, deviner*
***reißen**		riss	gerissen	*se rompre*
zerreißen		zerriss	zerrissen	*déchirer, rompre*
***reiten**		ritt	geritten	*faire du cheval*
***rennen**		rannte	gerannt	*courir*
riechen		roch	gerochen	*sentir*
rufen		rief	gerufen	*appeler*
anrufen		rief an	angerufen	*téléphoner*
S				
scheinen		schien	geschienen	*briller, sembler*
***erscheinen**		erschien	erschienen	*apparaître*
schelten	schilt	schalt	gescholten	*gronder*
schieben		schob	geschoben	*pousser*
schießen		schoss	geschossen	*tirer*
schlafen	schläft	schlief	geschlafen	*dormir*
***einschlafen**	schläft ein	schlief ein	eingeschlafen	*s'endormir*
schlagen	schlägt	schlug	geschlagen	*frapper, battre*
aufschlagen	schlägt auf	schlug auf	aufgeschlagen	*ouvrir (livre)*
vorschlagen	schlägt vor	schlug vor	vorgeschlagen	*proposer*
schließen		schloss	geschlossen	*fermer, conclure*
abschließen		schloss ab	abgeschlossen	*fermer (à clef), terminer*
beschließen		beschloss	beschlossen	*décider, temminer*
sich entschließen		entschloss	entschlossen	*se décider*
schneiden		schnitt	geschnitten	*couper*
schreiben		schrieb	geschrieben	*écrire*
abschreiben		schrieb ab	abgeschrieben	*copier*
beschreiben		beschrieb	beschrieben	*décrire*
unterschreiben		unterschrieb	unterschrieben	*signer*
schreien		schrie	geschrieen	*crier*
***schreiten**		schritt	geschritten	*marcher*
schweigen		schwieg	geschwiegen	*se taire*
***schwimmen**		schwamm	geschwommen	*nager*
schwören		schwor	geschworen	*jurer*
sehen	sieht	sah	gesehen	*voir*
sich etwas ansehen	sieht an	sah an	angesehen	*regarder*
aussehen	sieht aus	sah aus	ausgesehen	*avoir l'air*
einsehen	sieht ein	sah ein	eingesehen	*examiner*
fernsehen	sieht fern	sah fern	ferngesehen	*regarder la télévision*
nachsehen	sieht nach	sah nach	nachgesehen	*examiner, vérifier*
wiedersehen	sieht wieder	sah wieder	wiedergesehen	*revoir*
***sein**		war	gewesen	*être*
senden		sandte	gesandt	*envoyer*
singen		sang	gesungen	*chanter*
***sinken**		sank	gesunken	*s'abaisser, s'enfoncer*

sitzen		saß	gesessen	*être assis*
besitzen		besaß	besessen	*posséder*
sprechen	spricht	sprach	gesprochen	*parler*
besprechen	bespricht	besprach	besprochen	*discuter*
versprechen	verspricht	versprach	versprochen	*promettre*
***springen**		sprang	gesprungen	*sauter*
stehen		stand	gestanden	*être debout*
***aufstehen**		stand auf	aufgestanden	*se lever*
verstehen		verstand	verstanden	*comprendre*
stehlen	stiehlt	stahl	gestohlen	*voler, dérober*
***steigen**		stieg	gestiegen	*monter*
***einsteigen**		stieg ein	eingestiegen	*monter*
***aussteigen**		stieg aus	ausgestiegen	*descendre*
***umsteigen**		stieg um	umgestiegen	*changer*
***sterben**	stirbt	starb	gestorben	*mourir*
***streichen**		strich	gestrichen	*peindre, barrer, étendre*
streiten		stritt	gestritten	*se disputer*
T				
tragen	trägt	trug	getragen	*porter*
treffen	trifft	traf	getroffen	*rencontrer*
***treten**	tritt	trat	getreten	*marcher*
betreten	betritt	betrat	betreten	*entrer*
***eintreten**	tritt ein	trat ein	eingetreten	*entrer*
vertreten	vertritt	vertrat	vertreten	*représenter, remplacer*
treiben		trieb	getrieben	*pousser, inciter*
übertreiben		übertrieb	übertrieben	*exagérer*
trinken		trank	getrunken	*boire*
tun		tat	getan	*faire*
V				
vergessen	vergisst	vergaß	vergessen	*oublier*
verlieren		verlor	verloren	*perdre*
***verschwinden**		verschwand	verschwunden	*disparaître*
verzeihen		verzieh	verziehen	*pardonner*
W				
waschen	wäscht	wusch	gewaschen	*laver*
***wachsen**	wächst	wuchs	gewachsen	*pousser, croître*
wenden		wandte	gewandt	*tourner*
***werden**	wird	wurde	geworden	*devenir*
werfen	wirft	warf	geworfen	*jeter*
wiegen		wog	gewogen	*peser*
wissen	weiß	wusste	gewusst	*savoir*
Z				
***ziehen**		zog	gezogen	*passer, tirer*
anziehen		zog an	angezogen	*enfiler (vêtement)*
ausziehen		zog aus	ausgezogen	*retirer (vêtement)*
***umziehen**		zog um	umgezogen	*déménager*
zwingen		zwang	gezwungen	*forcer*

Les filières au collège

Cycle d'orientation

troisième

3e générale	Brevet + Orientation

Cycle central

quatrième

4e générale :
- Tronc commun + 1 langue vivante + technologie
- Tronc commun + 2 langues vivantes
- Tronc commun + 2 langues vivantes + latin ou grec

cinquième

- Tronc commun + 1 langue vivante
- Tronc commun + 1 langue vivante + latin ou grec

Cycle d'adaptation

sixième

- Tronc commun + 1 langue vivante au choix

Les filières après le collège

→ **Formation en alternance**
Centre de formation des apprentis

→ **Seconde générale ou technologique**
Lycée d'enseignement général
Lycée technologique
Lycée agricole
Lycée ou école spécialisés

→ **Seconde professionnelle**
Lycée d'enseignement professionnel

Seconde générale

Tronc commun + SVT

- + Arts → **Bac L**
- + Langues vivantes ou Latin → **Bac L**
- + Sciences Économiques et Sociales → **Bac ES**
- + Physique Chimie → **Bac S**

Bac général

Seconde technologique

Tronc commun + TSA

+ Enseignement de spécialité

- Bac général → **Bac S**
- Bac technologique → **Bac STI**, **Bac SMS**, **Bac STL**

Voir signification des sigles page 233.

A

La formation par l'apprentissage

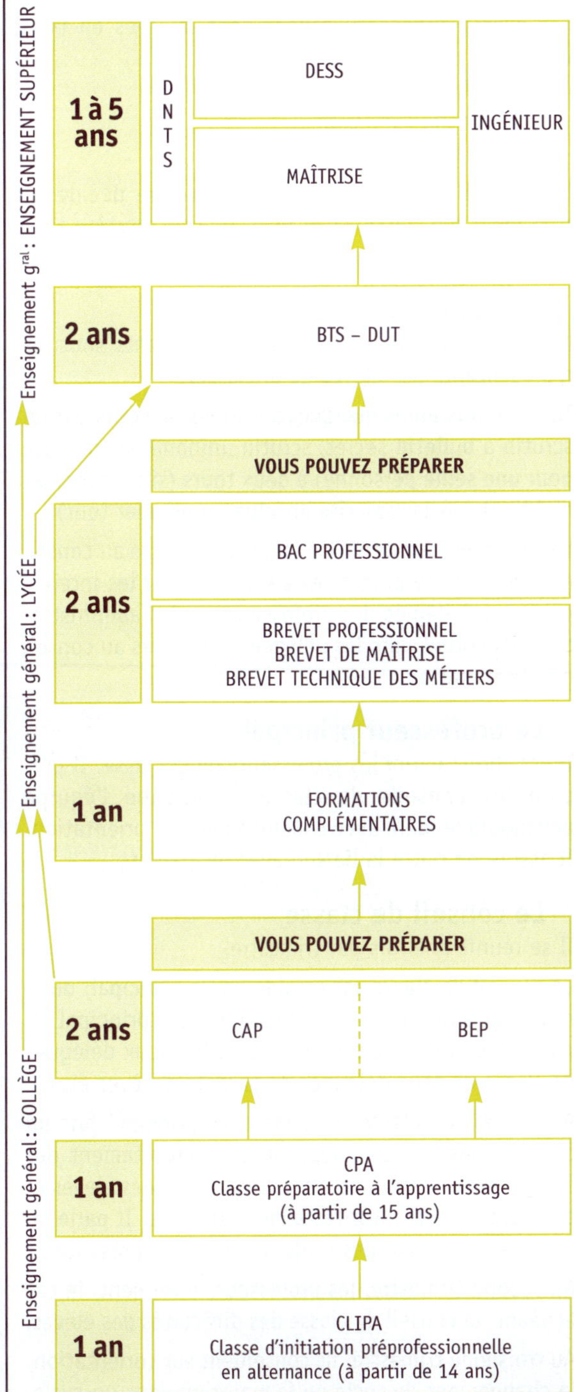

Réussir son orientation

Les centres de documentation

Le choix d'un métier est une étape très importante. Pour tout savoir sur l'orientation, renseignez-vous auprès :

- des établissements scolaires, des professeurs principaux ;
- des Centres d'Information et d'Orientation (CIO) ;
- des lieux d'information sur l'insertion professionnelle des jeunes (Permanences d'Accueil, d'Information et d'Orientation (PAIO), missions locales) ;
- des correspondants du Crédit Formation ;
- des Maisons de l'Information sur la Formation (MIF) ;
- des Centres (Points ou Bureaux) d'Information et de Documentation de la Jeunesse (CIDJ, PIJ, BIJ) ;
- de l'Agence Nationale Pour l'Emploi (ANPE) ;
- des préfectures ;
- des services Emploi des mairies ;
- des chambres de commerce et d'industrie, des chambres des métiers, des chambres d'agriculture ;
- des groupements, des organisations et des syndicats professionnels ;
- des Centres de Formation d'Apprentis (CFA), qui peuvent prendre des inscriptions préalables et vous aider à rechercher une entreprise d'accueil, votre inscription ne devenant définitive qu'à la signature du contrat d'apprentissage avec l'entreprise.

Le Minitel

Au sommaire du serveur, vous pouvez trouver :

- des informations générales sur l'apprentissage (le contrat d'apprentissage, la formation en CFA, les classes préparatoires à l'apprentissage...) ;
- un annuaire des CFA (classement par métier et par zone géographique) ;
- les places disponibles dans les CFA (service accessible à la rentrée, de septembre à décembre) ;
- des offres de contrats d'apprentissage.

L'équipe éducative

Administration

Le principal est le chef d'établissement. Représentant de l'État, il suit les instructions officielles du ministre et du recteur. Président du conseil d'administration de l'établissement, il est chargé d'en faire exécuter les décisions. Il est responsable de la gestion de l'établissement. Il représente le collège auprès de l'Inspection Académique et des collectivités locales, en particulier le Conseil Général.

Le principal adjoint le seconde dans toutes les tâches pédagogiques ou administratives. Il s'occupe plus particulièrement des relations entre le collège, les élèves, et leur famille.

Le gestionnaire gère recettes et dépenses sous l'autorité du principal. Le personnel de service et d'entretien, le gardien sont sous ses ordres.

Les secrétaires travaillent avec le principal et l'intendant.

CDI

Au CDI, *le documentaliste* aide les élèves dans leur recherche, en liaison avec les professeurs.

Vie scolaire

Le conseiller principal d'éducation ou *CPE* dirige une équipe de surveillants. Il gère les problèmes de discipline, d'absence et de retard. Il est à l'écoute des élèves.

Les surveillants assurent les heures d'étude ou de permanence, les surveillances des récréations et des repas, des entrées et des sorties.

Le conseiller d'orientation psychologue guide les élèves et les familles dans l'orientation, informe sur les métiers et leurs débouchés.

Équipe médico-sociale

(travaillant sur un secteur géographique)

Le médecin et l'infirmier assurent les visites médicales obligatoires, la prévention concernant les problèmes de santé et d'hygiène.

Une assistante sociale est à l'écoute des difficultés scolaires ou des problèmes familiaux, elle peut donner des conseils et des adresses utiles.

La vie dans la classe

Les quatre années au collège sont divisées en trois cycles :
- cycle initial ou d'observation (6e),
- cycle central (5e, 4e),
- cycle final ou d'orientation (3e).

Le conseil de classe du dernier trimestre décide du passage d'une classe à l'autre et, en concertation avec les parents, de l'orientation après la 3e.

Les délégués de classe

Les deux délégués et leurs deux suppléants sont les représentants des élèves de la classe.

Ils sont élus après quelques semaines de cours par un scrutin à bulletin secret, scrutin uninominal (on vote pour une seule personne) à deux tours (si un candidat n'obtient pas la majorité absolue au premier tour).

Les délégués assistent une fois par trimestre au conseil de classe. Porte-parole des élèves, ce sont les interlocuteurs privilégiés des professeurs et de l'administration. Ils votent pour les délégués des élèves au conseil d'administration.

Le professeur principal

Il est choisi parmi les professeurs de la classe. Il prépare les conseils de classe, coordonne l'équipe pédagogique, gère avec chaque élève son orientation. Il assure en outre la liaison avec les parents.

Le conseil de classe

Il se réunit une fois par trimestre.

Le conseil de classe est présidé par le principal, ou le principal adjoint, assisté du professeur principal. Il réunit les professeurs de la classe, les deux délégués de classe et deux délégués de parents d'élèves élus.

Au conseil de classe, le professeur principal fait un bilan trimestriel du travail et du comportement des élèves. Ainsi, il informe les représentants des élèves et des parents, les autorités administratives. Il parle au nom de l'ensemble des professeurs qu'il représente.

Au second trimestre, les professeurs informent, le cas échéant, le conseil de classe des difficultés des élèves.

Au troisième trimestre, ils conseillent sur l'orientation, le changement de cycle ou le maintien dans un cycle.

Les sigles les plus courants

CA Conseil d'Administration
C'est une assemblée qui réglemente la vie du collège, répartit les moyens d'enseignement par discipline, vote le projet d'établissement préparé par l'ensemble de l'équipe éducative et les comptes de l'établissement. Elle est composée de personnes élues ou qui y siègent de droit.

CDI Centre de Documentation et d'Information
C'est la bibliothèque du collège : un documentaliste aide les élèves à sélectionner les ouvrages à consulter sur place ou à emprunter et permet d'accéder à Internet.

CIO Centre d'Information et d'Orientation
Il existe un CIO pour plusieurs collèges. Les élèves et les parents peuvent y rencontrer le conseiller d'orientation, consulter des brochures concernant les métiers et leurs débouchés.

CPE Conseiller Principal d'Éducation

FSE Foyer Socio Éducatif
Géré par des élèves, des professeurs et des parents, le foyer assure une animation culturelle sur la base du volontariat.

UNSS Union Nationale des Sports Scolaires
Dans chaque collège, cette association, animée par les professeurs d'Éducation Physique et Sportive, organise les activités facultatives des clubs sportifs le mercredi après-midi.

Des options à partir de la seconde

SVT	Sciences de la Vie et de la Terre
TSA	Techniques des Systèmes Automatisés

Les différents bacs

L	Littéraire
ES	Économique et Social
S	Scientifique
STI	Sciences et Technologies Industrielles
STL	Sciences et Technologies de Laboratoire
STT	Sciences et Technologies Tertiaires
SMS	Sciences Médico-Sociales
STPA	Sciences et Technologies du Produit Agro-alimentaire
STAE	Sciences de l'Agronomie et de l'Environnement

Les services du CDI

Un service de prêt
Ouvrages de fiction, bandes dessinées, ouvrages documentaires, presse sont à disposition. En période d'examen ou pour l'été, il est possible d'emprunter des livres scolaires, moyennant une faible caution. Dictionnaires, encyclopédies, atlas ne sortent pas du CDI, mais se consultent sur place.

Une initiation
– Dans des « boîtes dossiers », professeurs ou élèves réunissent parfois une documentation d'actualité souvent renouvelée.
– A côté des fichiers « matières » et « auteurs », manuels ou informatisés, un fichier spécial est réservé à l'orientation et aux métiers.
– Le documentaliste aide les élèves à maîtriser les outils documentaires.

Un lieu d'animation
– Des expositions montrent les réalisations des élèves.
– Le CDI organise des rencontres thématiques, comme la « semaine de la presse ».
– Un panneau d'information donne le programme des animations culturelles de la ville.
– Le CDI présente des nouveautés littéraires.

Les services gratuits

Le conseiller d'orientation offre :
– des conseils d'orientation ;
– des tests (de lecture, de compétence et de goûts) permettant de déterminer le profil de l'enfant.
Le documentaliste propose les services du CDI (Centre de Documentation et d'Information) : fichiers de consultation des métiers et orientation, examens, concours.
Le médecin scolaire peut prendre en charge :
– les problèmes personnels de l'enfant qui peut se présenter sans autorisation parentale ;
– la visite médicale ou le conseil médical ;
– la visite de santé pour le dossier d'orientation, l'obtention d'un certificat de santé ;
– certaines vaccinations et des dépistages.
L'assistance sociale peut conseiller en cas de problèmes financiers ou familiaux.
Tout le personnel est tenu au secret professionnel. Aucune information n'est diffusée aux professeurs sans l'autorisation des familles.

La bibliothèque du collégien germaniste

6e-5e

Max et Moritz, Wilhelm BUSCH

Max et Moritz sont deux enfants qui s'amusent à jouer des tours dont certains peuvent se terminer de façon tragique.

Les Aventures de Till l'Espiègle

Elles ont déjà fait l'objet de beaucoup de publications et même de films.

Les Aventures du Baron de Münchhausen, Gottfried August BÜRGER

Les histoires fantastiques du « baron menteur » se déroulent au XVIIIe siècle, d'Allemagne en Russie. Ce personnage extravagant participe à la guerre contre les Turcs.

Emil et les détectives, Erich KÄSTNER

Emil est un jeune garçon, élevé par sa mère qui lui confie une partie de ses économies, afin qu'il se rende en train à Berlin où l'attend sa grand mère. Pendant le voyage, un voleur lui prend son argent. Arrivé à Berlin, il est pris en charge par une bande d'enfants, qui lui promettent de l'aider à retrouver le voleur.

Casse Noisette et le Roi des souris, E.T.A. HOFFMANN

Une petite fille, Marie, croit assister, dans la nuit de Noël, à une bataille que livre le roi des souris contre un Casse Noisette. Marie soigne le Casse Noisette, blessé dans la bataille, et l'amitié qu'elle lui porte le délivre du sort jeté par le roi des Souris. Il se transforme en prince charmant et conduit Marie dans son royaume où tout n'est que forêts de bonbons, de pain d'épices...

La Légende du charmeur de rats

Un étranger promit, contre une récompense, de libérer une cité de ses rats. Le bourgmestre accepta et l'étranger en jouant de sa flûte attira, dans la Weser, les rongeurs qui s'y noyèrent. Mais le bourgmestre ne voulut pas donner la récompense, l'étranger revint et de la même façon attira les enfants avec lui au-delà des montagnes.

Les Contes de Grimm

Chacun connaît les contes recueillis par les frères Grimm et que l'on retrouve pour certains chez Perrault comme Blanche Neige (*Schneewittchen*), le Petit Chaperon Rouge (*Rotkäppchen*), Cendrillon (*Aschenputtel*), mais d'autres contes sont plus spécifiques à l'Allemagne comme les Musiciens de Brème (*die Bremer Stadtmusikanten*), Madame Holle (*Frau Holle*), Hänsel et Gretel, le Pêcheur et sa femme (*der Fischer und seine Frau*), le Roi bec de lièvre (*König Drosselbart*) le Roi Crapaud (*der Froschkönig*), Jean le Chanceux (*Hans im Glück*).

4e-3e

Le Tailleur d'Ulm, Bertolt BRECHT

Ce petit livre, dans la collection *Folio Junior Bilingue* est aussi un recueil de textes d'auteurs allemands célèbres comme Eduard Mörike, Goethe, Theodor Storm, Rainer Maria Rilke, Franz Kafka...

Simplicissimus, GRIMMELSHAUSEN

Ce roman picaresque écrit au XVIIe siècle est paru en traduction dans la collection des Classiques Hachette *Lectures pour le collège*.

Einstein: ist alles relativ?

C'est un des titres d'une collection parue chez Nathan, *Version originale, lire l'allemand*. Le texte est écrit en allemand sur des thèmes motivants pour les jeunes.

Momo, Michael ENDE

Momo est un des titres paru dans la collection Didier *Freuden des Lesens*. Momo réussira à redonner aux hommes le goût de la fantaisie, du rêve...

Bitterschokolade, Mirjam PRESSLER

Histoire d'une adolescente qui souffre de complexes dus à son poids et qui à la suite d'une rencontre amoureuse parvient à s'accepter telle qu'elle est.

Quand le bonheur arrive (Wenn das Glück kommt, muss man ihm einen Stuhl hinstellen), Mirjam PRESSLER

Roman en partie autobiographique, il révèle la vie d'une jeune fille, Halinka, qui a passé sa jeunesse après la guerre dans un foyer en Allemagne.

Je t'écris de Berlin (Die Flaschenpost), Klaus KORDON

Ce livre raconte à l'époque du Mur de Berlin une rencontre entre deux adolescents qui vivent d'un côté et de l'autre du Mur.

Acheter des livres allemands ou bilingues :

der Buchladen, 3 rue Burq, 75018 Paris, Tél. 01 42 55 42 13

Infobuch, 23 rue des Blancs-Manteaux, 75004 Paris, Tél. 01 48 04 04 47

Calligrammes, 8 rue de la Collégiale, 75005 Paris, Tél. 01 43 36 85 07

Attica, 64 rue de la Folie-Méricourt, 75011 Paris, Tél. 01 48 06 17 00

Marissal Bücher, 42 rue Rambuteau, 75139 Paris, Tél. 01 42 74 37 47

Nouveau Quartier Latin, 78 bd Saint-Michel, 75280 Paris Cedex 06, Tél. 01 43 26 42 70

A

La vidéothèque du collégien germaniste

Nosferatu, MURNAU (film muet, N/B, 1921)
C'est l'histoire d'un vampire qui évolue sous l'apparence du comte Dracula dans son château de Transylvanie.

Metropolis, Fritz LANG, (film muet de science fiction, N/B, 1926)
En 2026, un savant fou invente une femme robot qui incite les ouvrières d'une cité souterraine à se révolter. Le monde est divisé entre les « seigneurs » qui vivent dans de hautes maisons et les ouvriers qui travaillent dans un monde souterrain.

M le maudit, Fritz LANG (N/B, 1931)
C'est toute une ville qui se charge de démasquer un meurtrier qui s'attaque à de jeunes enfants. On l'empêchera de se faire justice elle-même.

L'Ange bleu, Josef von STERNBERG (N/B, 1930)
Ce film a rendu célèbre Marlène Dietrich, qui y joue aux côtés d'Emil Jannings et de Hans Albers. Un professeur vieux garçon tombe amoureux de Lola, chanteuse de cabaret et femme fatale.

Münchhausen, BAKY (1935)
C'est Hans Albers qui interprète le personnage du baron qui fréquente les tsars, obtient de Cagliostro le don de jeunesse éternelle, visite les harems, se promène en montgolfière.
Il existe des films plus récents sur ce thème, une version de 1943 est restée célèbre.

Le Joueur d'échec, G. OSWALD et H. REINECKER (1960)
A Vienne, en 1938, le Dr Werner von Basil est arrêté par les nazis. Lors de sa détention, il réussit à voler un livre d'entraînement au jeu d'échec. Cette activité intellectuelle lui permettra de résister aux interrogatoires.

Kaspar Hauser, Werner Herzog (1974)
Le film relate l'arrivée mystérieuse en 1828 d'un jeune homme à Nuremberg, qui ne possédait pas le langage et ne pouvait expliquer ses origines.

Le Tambour, Volker Schlöndorff (1979)
Le héros, Oskar Matzerath, refuse à l'âge de trois ans de grandir. Ce n'est que lorsque les Allemands seront obligés de quitter Danzig que sa résolution changera...

Stern ohne Himmel, Ottokar RUNZE (1980)
A la fin de la Seconde Guerre mondiale 4 élèves découvrent dans une maison bombardée un petit garçon juif ; son sort va dépendre des 4 enfants.

L'histoire sans fin, Wolfgang Petersen (1984)
Bastian trouve un livre qui le transporte dans un monde merveilleux, pays des rêves, des espoirs.

Journaux, magazines, médias

Les quotidiens

Bild (4,5 millions d'exemplaires vendus chaque jour)
Frankfurter Allegemeine, die Welt,
Süddeutsche Zeitung, Frankfurter Rundschau.

Les hebdomadaires

Parmi les hebdomadaires les plus vendus, citons :
die Zeit, die Woche.

Les revues, magazines

der Spiegel est vendu à plus d'un million d'exemplaires par numéro.
Focus est également un magazine d'information important.
Parmi les revues grand public nous citerons *Stern* et *Bunte.*

Revues et journaux favorisant l'apprentissage de la langue allemande

Le journal *Vocable* allemand
Revue de presse internationale bimensuelle qui comporte les traductions des mots jugés difficiles dans les articles ; le niveau de langue s'adresse à des apprenants avancés ou à des adultes.
Adresse de l'abonnement :
4 rue de Cerisoles, 75008 Paris, Tél. 01 47 20 75 65

Les revues Pierre Bordas
Elles concernent des élèves débutants ou avancés et proposent 4 niveaux de difficultés linguistiques. Les plus jeunes pourront s'abonner à *Fertig... los* ou *Kinder*; ceux qui sont en troisième ou quatrième année d'apprentissage peuvent aborder *Freunde* ou *Zusammen.* Ces revues sont très attrayantes, car elles contiennent des bandes dessinées, des articles courts sur des sujets motivants et de nombreux jeux linguistiques. 8 numéros paraissent par an.
Pour s'abonner :
Pierre Bordas et Fils, 7 rue Princesse 75006 Paris, Tél. : 01 43 25 04 51

Télévision

Les deux grandes chaînes de télévision allemande :
ARD erstes deutsches Programm, première chaîne de télévision ;
ZDF Zweites Programm, deuxième chaîne.
ARTE, chaîne diffusée dans les deux pays.

Radio

La *Deutsche Welle* diffuse un programme quotidien en langue française consacré à l'Allemagne.

Allemagne : fiche d'identité

Superficie : 375 000 km^2
Population : 80 millions d'habitants
Capitale : Berlin (depuis 1991)
Régime politique : démocratie parlementaire
Elle est divisée en 16 *Länder* (États)
Membre de l'Union européenne.

Les institutions

La République Fédérale d'Allemagne est un État fédéral régi par une démocratie parlementaire, dont les fondements constitutionnels reposent sur la Loi fondamentale (*das Grundgesetz*), instituée en 1949.

L'impératif de réunification énoncé par la Loi fondamentale est devenu réalité en 1990 avec l'adhésion de la RDA à la République Fédérale.

Le pouvoir législatif : le *Bundestag* (Chambre des Députés) et le *Bundesrat* (Conseil Fédéral représentant les Länder).

Le pouvoir exécutif est assumé par la *Bundesregierung* (Gouvernement Fédéral) avec le *Bundeskanzler* (Chancelier Fédéral) et le *Bundespräsident* (Président Fédéral).

Le pouvoir judiciaire est assuré par la Cour Constitutionnelle Fédérale.

Les principaux partis politiques

- *CDU* : Union démocrate d'Allemagne
- *SPD* : Parti social démocrate d'Allemagne
- *FDP* : Parti libéral démocrate
- *CSU* : Union chrétienne démocrate (en Bavière)
- *PDS* : Parti du socialisme démocratique (issu du SED, ancien parti de la RDA)
- *die Grünen* : Les verts

L'hymne national

L'hymne national est la troisième strophe du « Chant des Allemands » (*Das Lied der Deutschen*), écrit par August Heinrich Hoffmann von Fallersleben en 1841, chanté sur une musique de Joseph Haydn.

La monnaie

L'unité monétaire est le Mark divisé en 100 Pfennig.
Les pièces : 1, 2, 5, 10, 50 Pfennig et 1, 2, 5 DM.
Les billets : 5, 10, 20, 50, 100, 20, 50, 1 000 DM.

À partir de janvier 1999, le Mark sera peu à peu remplacé par l'Euro dont le cours se situe autour de 2 DM.

Les prénoms et leurs équivalents

Prénoms de garçons

Alexander	Alexandre
Andreas	André
Arnold	Arnaud
Bernd, Bernhard	Bernard
Christian, Karsten	Christian
Claudius	Claude
Clemens, Klemens	Clément
Dieter	Didier
Franz	François
Frank	Franck
Friedrich	Frédéric
Georg, Jürgen	Georges
Hans, Jens	Jean
Heinrich, Heinz	Henri
Karl	Charles
Klaus, Nikolaus	Nicolas
Ludwig, Lutz	Louis
Marcus	Marc
Michael	Michel
Oliver	Olivier
Peter	Pierre
Sebastian	Sebastien
Stefan	Stéphan
Wilhelm	Guillaume

Prénoms de filles

Anna, Anke, Antje	Anne
Aurelia	Aurélie
Cäcilia	Cécile
Camilla	Camille
Carola	Carole
Claudia	Claude
Corinna	Corine
Daniela	Danièle
Diana	Diane
Dorothea	Dorothée
Eva	Eve
Franziska	Françoise
Friederike	Frédérique
Genoveva	Geneviève
Isabella	Isabelle
Johanna	Jeanne
Julia	Julie
Katharina	Catherine
Lucia	Lucie
Martina	Martine
Monika	Monique
Paula	Paule
Sonja	Sonia
Virginia	Virginie
Veronika	Véronique

Fêtes et jours fériés en Allemagne

1er janvier: Nouvel An (*Neujahr*).

Pâques (*Ostern*):
Le Vendredi Saint (*Karfreitag*), le Dimanche de Pâques (*Ostersonntag*) et le lundi de Pâques (*Ostermontag*). C'est le lièvre qui apporte les œufs cachés dans le jardin.

1er mai: Fête du Travail (*Tag der Arbeit*).

Ascension: (*Christi Himmelfahrt*).

Pentecôte: (*Pfingsten*)
Dimanche de la Pentecôte (*Pfingstsonntag*) et lundi de Pentecôte: (*Pfingstmontag*).

3 octobre: Fête de l'unité allemande (*Tag der Deutschen Einheit*).

6 décembre: Saint Nicolas (*Sankt Nikolaus*)
On fête la venue de Saint Nicolas, personnage historique, qui distribue des récompenses aux jeunes enfants qui ont bien travaillé. A côté du vieil homme, on trouve le Père Fouettard (*Knecht Ruprecht*) de la tradition germanique, qui punit ceux qui se sont mal comportés.

25 et 26 décembre: Noël (*Weihnachten*)
Les fêtes de Noël en Allemagne commencent avec le premier dimanche de l'Avent et s'achèvent le deuxième jour de Noël. Le chant de Noël le plus célèbre est sans doute « Douce nuit, sainte nuit », *Stille Nacht, Heilige Nacht*, écrit par J. Mohr et composé par F. Gruber en 1818.

Autres fêtes régionales ne faisant pas toujours l'objet de jours fériés:
- **6 janvier:** Épiphanie (*Heilige Drei Könige*).
- **Fête Dieu:** (*Fronleichnam*).
- **1er août:** Fête nationale suisse.
- **15 août:** Assomption (*Maria Himmelfahrt*).
- **26 octobre:** Fête nationale autrichienne.
- **31 octobre:** Fête de la réforme (*Reformationstag*).
- **1er novembre:** Toussaint (*Allerheilige*).

Le carnaval

Il est fêté en Rhénanie (Düsseldorf, Cologne et Mayence), en Bavière, dans le Bade Würtemberg. La saison du carnaval commence le 11 novembre à 11 heures 11 pour se terminer le mercredi des Cendres (*Aschermittwoch*).

Le carnaval représente la plus grande fête d'origine païenne. Le point culminant est le lundi des roses (*Rosenmontag*), jour du défilé officiel à travers les villes.

Recette de la Forêt Noire

- 2/3 de tasse de farine avec levure incorporée,
- 2 cuillerées à soupe de cacao en poudre,
- 4 œufs,
- 125 g de chocolat noir,
- cerises à l'eau de vie.
- 1/2 tasse de sucre,
- 1/2 de tasse de kirsch,
- 425 g de cerises en conserve dénoyautées,
- 1, 5 tasse de crème fouettée,

Préchauffez le four (180°). Graissez 2 moules superposables garni de papier sulfurisé. Tamisez la farine et le cacao. Mixez les blancs d'œufs en neige ferme, incorporez peu à peu le sucre, ajoutez alors les jaunes d'œufs puis la farine et le cacao.

Versez la pâte dans les moules préparés. Enfournez 15 minutes. Démoulez et laissez refroidir. Découpez chaque gâteau transversalement et renversez chaque moitié de façon à ce que le dessous devienne le dessus.

Badigeonnez le dessus de chaque partie avec du kirsch. Étalez la crème fouettée sur un gâteau, garnissez de cerises confites. Empilez l'autre partie du gâteau et nappez le gâteau de crème fouettée.

Avec un économe, faites des copeaux de chocolat et disposez-les autour du gâteau. Puis décorez la Forêt Noire de cerises à l'eau de vie ou confites.

Quelques spécialités régionales

Saucisses (*Wurst*)
Münchner Weißwürste: saucisses blanches de Munich.
Frankfurter Würstchen: saucisses de Francfort cuites à l'eau.
Thüringer Rotbratwurst: saucisse rouge à griller de Thuringe.
Elles peuvent s'accompagner de choucroute (*Sauerkraut*).

Dessert (*Nachtisch*)
Nürnberger Lebkuchen: pain d'épice de Nuremberg.
Lübecker Marzipan: massepain de Lubeck (pâte d'amande enrobée de chocolat).
Berliner: beignet fourré à la confiture.
Aachener Printen: gâteaux d'Aix la Chapelle (biscuits au chocolat qui représentent des figurines).
Apfelstrudel: gâteau roulé fourré aux pommes, raisins, gingembre.

Boissons (*Getränke*)
Dortmunder Bier: la bière de Dortmund.
Berliner Weiße: bière mélangée à un jus de fruit.

Les échanges linguistiques

L'Office Franco-allemand pour la jeunesse (OFAJ) a été fondé après le traité de coopération franco-allemande. Il distribue gratuitement une brochure intitulée « Comment participer aux échanges franco-allemands » ; cette brochure contient de nombreuses adresses. Il peut conseiller pour les échanges linguistiques concernant des élèves âgés de moins de 18 ans.
Adresse : 51, rue de l'Amiral Mouchez, 75013 Paris
Tél. : 01 40 78 18 18, Fax : 01 40 78 18 88
Internet : http ://www.ofaj.org

Le DAAD (*Deutscher Akademischer Austauschdienst*) propose des cours dans les universités ou des séjours, stages en Allemagne pour les étudiants.
Adresse : 9, rue Maspero, 75116 Paris
Tél. : 01 53 92 26 90, Fax : 01 53 92 26 99

L'Institut Goethe propose des séjours linguistiques en Allemagne et pendant l'année des cours d'allemand pour adultes et pour les scolaires et les étudiants.
Adresse : 17, avenue d'Iéna, 75116 Paris
Tél. : 01 44 43 92 30, Internet : http ://www.goethe.de
Vous pouvez aussi vous renseigner auprès des Instituts Goethe de Nancy, Lyon, Colmar, Lille, Bordeaux, Strasbourg et Toulouse.

L'Office National Allemand du Tourisme met à disposition une brochure intitulée « Vacances linguistiques Allemagne » pour jeunes et adultes ; y sont répertoriés les organismes français ou allemands proposant des formules de cours.
Adresse : 9, bd de la Madeleine, 75001 Paris
Tél. : 01 40 20 01 88, Fax : 01 40 20 17 00
Minitel : 3615 Allemagnetour
Internet : http ://www.germany-tourism.de

Les auberges de jeunesse allemandes organisent des séjours avec de nombreuses activités sportives et culturelles. Il est nécessaire de se faire établir une carte de membre des auberges de jeunesse.
Fédération française des auberges de jeunesse
10, rue Notre-Dame-de-Lorette, 75009 Paris
Tél. : 01 42 85 55 40, Fax : 01 42 80 25 92
Deutsche Jugendherberge
Bismarckstraße 8, D-32756 Detmold
Tél. : 5231/740 10, Fax : 5231/74 01 49

Renseignements pratiques

pour voyager en Allemagne

Voyager en train

Pour aller en Allemagne :
le **Thalys** (train international à grande vitesse).
Cette ligne relie Cologne à Paris en 4 heures avec 7 départs quotidiens.

Pour voyager en Allemagne :
La **Deutsche Bahn** est la plus grande entreprise de transport en Allemagne.
On peut aller du nord au sud et d'est en ouest par le train à grande vitesse ICE-Inter City Express.
Adresse : Deutsche Bahn France, 7, av. de l'Opéra, 75001 Paris

IC Inter City	train de grandes lignes
IR Inter Regio	train de grandes lignes
EC Euro City	train de grandes lignes en Allemagne et à l'international

Voyager en avion

Il existe de nombreuses liaisons quotidiennes de la France vers les grandes villes allemandes : Berlin, Brême, Cologne, Bonn, Dortmund, Dresde, Düsseldorf, Francfort, Hambourg, Hanovre, Leipzig, Munich, Münster, Osnabrück, Nuremberg, Paderborn et Stuttgart.

La **Lufthansa** est la compagnie aérienne allemande.
Adresse : 34, avenue de l'Opéra, 75001 Paris.
La Lufthansa, comme Air France et Eurowings, offre des tarifs jeunes pour les moins de 25 ans.

Comment téléphoner ?

De France vers l'Allemagne :
L'indicatif est le 00 49 suivis des chiffres de la localité et de l'abonné sans le 0.
Les premiers chiffres avant la barre correspondent à la ville.

D'Allemagne vers la France :
L'indicatif Allemagne/France est le 00 33 suivis des chiffres de la localité et de l'abonné sans le 0.
Quand on répond au téléphone en Allemagne, on donne immédiatement son nom.

En Allemagne :
Les cartes téléphoniques à 12 DM ou à 50 DM sont en vente dans les bureaux de poste ouverts de 8h à 18h du lundi au vendredi et le samedi jusqu'à 12h.

A

Des circuits touristiques

Sites et monuments

Le patrimoine international de l'UNESCO a retenu 19 sites en Allemagne particulièrement représentatifs de la culture européenne. En voici une sélection :

La cathédrale d'Aix-la-Chapelle (*Aachen*)
On peut aujourd'hui encore visiter la chapelle construite par Charlemagne et admirer son trône de pierre. Le trésor de la cathédrale est remarquable.

La vieille ville de Bamberg
Située au nord de la Bavière, elle offre plus de 2000 monuments dont une cathédrale avec à l'intérieur la statue équestre du Cavalier de Bamberg, exemple unique de sculpture profane dans un espace sacré.

Les châteaux rococo de Brühl
Les châteaux d'Augustusburg et de Falkenlust ont été construits au XVIIIe siècle par le prince électeur du Saint-Empire Clemens August.

Le Bauhaus à Dessau et à Weimar
Cette célèbre école d'architecture fondée par Walter Gropius à Dessau en 1919, a profondément influencé toute l'architecture et le design du XXe siècle.

Goslar
Ville des empereurs du Saint Empire Romain Germanique, elle est située en bordure du massif du Harz, à proximité des mines d'argent de Rammelsberg. Cette cité a vu l'installation des premiers empereurs qui purent battre monnaie.

La ville de Lübeck
Située au bord de la Baltique, la ville de Lübeck est une ancienne ville hanséatique, qui présente un bel ensemble de constructions en briques dont les fameux greniers à sel.

Le château de Sans-Souci à Potsdam
Le Roi de Prusse Frédéric II fit construire au XVIIIe siècle ce château dans lequel il reçut Voltaire.

La ville romaine de Trèves (*Trier*)
La Porta Nigra, la cathédrale, la cour aulique du palais, les thermes de l'empereur, l'amphithéâtre, le pont romain, l'église Notre-Dame et la colonne d'Igel témoignent de la présence des romains dans cette région.

La résidence baroque de Würzburg
Résidence du prince-évêque, elle fut construite de 1720 à 1744 d'après les plans de B. Neumann. L'escalier avec la célèbre fresque de Tiepolo est impressionnant.

Le parcours romantique du Rhin

Entre **Mayence** et **Coblence**, la vallée du Rhin est très encaissée, bordée de forêts et de vignobles, couronnée de châteaux forts (*die Burgen*).

Se déplacer
Les touristes peuvent remonter ou descendre le Rhin à bord des paquebots de la compagnie « Köln Düsseldorfer », faire étape dans de petites villes pittoresques, célèbres pour leurs colombages et leurs vins.

Se loger
L'auberge de jeunesse de Bacharach est située dans le château fort de **Burg Stahleck** et permet de découvrir un panorama grandiose sur la vallée du Rhin.

Visiter
Rüdesheim et son très beau musée sur l'histoire des instruments de musique ; **Bacharach**, cité chantée par Victor Hugo et Apollinaire ; **Cologne** et son musée romain germanique ; près de Mayence, la **Tour des rats** qui surgit au milieu du fleuve.

Les musées

Berlin
Le musée Pergame sur « l'île des musées », qui renferme des vestiges monumentaux de l'Antiquité ; le musée égyptien à **Charlottenburg** qui présente entre autres la célèbre tête de Nefertiti ; les musées regroupés à **Dahlem** et leurs riches collections de tableaux ; le musée ethnographique ; **le musée Brücke**, au sud de Berlin, pour les amateurs d'art moderne en peinture.

Munich
La maison Lenbach : Kandinsky et le mouvement du « Cavalier bleu » ; **l'Ancienne et la Nouvelle Pinakothèque** pour les collections de peinture allemande, depuis le Moyen Âge jusqu'au XIXe siècle ; le **Deutsches Museum** : l'évolution de la technique et des transports. La firme **BMW** dispose, dans sa tour, d'un musée très attractif pour les jeunes avec beaucoup de manipulations sur écrans pour s'informer sur l'histoire de cette célèbre usine automobile.

Stuttgart
Les constructeurs automobiles **Mercedes** et **Porsche** ont réalisé des musées sur l'histoire des voitures.

On pourrait encore citer **le musée Gutenberg** à **Mayence**, la fabrique de porcelaines de **Meissen** et les maisons où Goethe et Schiller sont morts à **Weimar**.

BLOC-NOTES PERSONNEL

A

INDEX
Grammatical

Éléments de culture générale au collège

La civilisation allemande à travers le Petit Larousse

A

ADENAUER (Konrad), *Cologne 1876 - Rhöndorf 1967,* homme politique allemand. Chancelier de la République fédérale d'Allemagne de 1949 à 1963, président de l'Union chrétienne-démocrate (CDU), il présida au redressement économique de l'Allemagne. Il fut un des partisans les plus actifs de la création de la Communauté économique européenne et accéléra en 1962 - 1963 le rapprochement franco-allemand.

ALLEMAGNE n.f., en all. **Deutschland,** État fédéral d'Europe centrale ; 357 000 km² ; 81 700 000 hab. *(Allemands).* **CAP.** *Berlin.* **LANGUE** : *allemand.* **MONNAIE** : *Deutsche Mark* ou *mark.* Le pays est formé de 16 Länder (États) : Bade-Wurtemberg, Bavière, Berlin, Brandebourg, Brême, Hambourg, Hesse, Mecklembourg-Poméranie-Occidentale, Rhénanie-du-Nord-Westphalie, Rhénanie-Palatinat, Sarre, Saxe, Basse-Saxe, Saxe-Anhalt, Schleswig-Holstein, Thuringe.

INSTITUTIONS

Nom officiel : République fédérale d'Allemagne. Loi fondamentale de 1949. Les 16 Länder ont chacun une Assemblée. Le président de la République (chef de l'État) est élu pour 5 ans par l'Assemblée fédérale (Bundestag et certains représentants des Länder). Le chancelier dirige le gouvernement fédéral (élu par le Bundestag sur proposition du chef de l'État). Le Parlement bicaméral est composé du Bundestag, élu pour 4 ans au suffrage universel direct, et du Bundesrat, désigné par les gouvernements des Länder.

GÉOGRAPHIE

L'Allemagne est de loin la première puissance économique de l'Europe, dont elle constitue aussi l'État le plus peuplé, après la Russie. L'histoire, plus que le milieu naturel (la superficie est restreinte : moins des deux tiers de celle de la France), explique cette primauté et, en particulier, la précocité et l'ampleur du développement commercial et industriel (celui-ci facilité toutefois par l'abondance de la houille de la Ruhr). Le caractère relativement récent de l'unité allemande (seconde moitié du XIXᵉ s.) est aussi responsable, malgré le poids acquis par Berlin, de la présence de grandes villes (Hambourg, Munich, Francfort, Cologne, Stuttgart, Brême, Hanovre, Leipzig, Dresde) jouant toutes un rôle important dans la vie économique, sociale et culturelle du pays. Plus de 85 % des Allemands vivent d'ailleurs en ville. La population est dense (proche de 230 hab. au km², plus du double de la densité française), particulièrement dans les régions rhénanes. Elle a néanmoins diminué récemment, en raison d'un taux de natalité très bas, devenu inférieur à un taux de mortalité influencé par un vieillissement déjà sensible.
Environ le tiers des actifs sont employés dans un secteur industriel, à vocation fortement exportatrice, concentré dans ses structures, mais diversifié dans ses productions. En tête viennent les constructions mécaniques (dont l'automobile) et électriques et la chimie, loin devant des branches traditionnelles, souvent en difficulté (comme l'extraction houillère, la sidérurgie ou le textile). L'agriculture n'occupe plus guère que 4 % des actifs, mais satisfait (au moins) la majeure partie des besoins nationaux en céréales, produits laitiers, sucre, pomme de terre, viande, fruits et légumes. Les services emploient donc la majeure partie de la population active, part témoignant du niveau du développement de l'économie. Environ 30 % de la production (produits industriels essentiellement) sont exportés (dont plus de la moitié vers les partenaires de l'Union européenne). Ce taux, exceptionnellement élevé compte tenu de l'importance du marché intérieur, permet de compenser le traditionnel déficit de la balance des services (investissements à l'étranger, solde négatif du tourisme).
L'intégration des Länder de l'ancienne RDA est coûteuse (modernisation des infrastructures et équipements notamment). Elle y a introduit, au moins momentanément, un taux élevé de chômage. Mais elle n'a pas annulé l'excédent commercial, ni altéré la valeur du mark. À la limite de l'Europe occidentale (et de l'Union européenne) et de l'ancienne Europe socialiste, l'Allemagne souffre toutefois, comme les autres pays développés, de la concurrence des nouveaux pays industriels. La délocalisation d'usines s'est accélérée et le chômage a augmenté.

HISTOIRE

Les origines. Iᵉʳ millénaire av. J.-C. : les Germains s'installent entre Rhin et Vistule, refoulant les Celtes en Gaule. Ils sont repoussés vers l'est par les Romains, qui établissent une frontière fortifiée (limes) entre Coblence et Ratisbonne. **Vᵉ - VIᵉ s. :** lors des Grandes Invasions, les Barbares germaniques fondent des royaumes parmi lesquels celui des Francs s'impose aux autres. **800 :** fondation de l'Empire carolingien. **843 :** le traité de Verdun partage l'Empire en trois royaumes : à l'est, la *Francia orientalis* de Louis le Germanique constituera la Germanie. **919 :** Henri Iᵉʳ l'Oiseleur, duc de Saxe, est élu roi de Germanie.

Le Saint Empire. 962 : le Saxon Otton Iᵉʳ le Grand, roi de Germanie et d'Italie, fonde le Saint Empire romain germanique. **1024 - 1138 :** la dynastie franconienne se heurte à la papauté : c'est la querelle des Investitures (1076 - 1122), marquée par l'humiliation d'Henri IV à Canossa (1077). **1138 - 1250 :** la dynastie souabe (Hohenstaufen), avec Frédéric Iᵉʳ Barberousse (1152 - 1190) et Frédéric II (1220 - 1250), engage la lutte du Sacerdoce et de l'Empire. **1250 - 1273 :** le Grand Interrègne, période d'anarchie, favorise l'émancipation des principautés. **1273 - 1291 :** Rodolphe Iᵉʳ de Habsbourg est à la tête de l'Empire, avec le titre de roi des Romains. **1356 :** Charles IV de Luxembourg promulgue la Bulle d'or, véritable Constitution du Saint Empire. **XVIᵉ s. :** l'Empire, à son apogée avec Maximilien Iᵉʳ (1493 - 1519) et Charles Quint (1519 - 1556), voit son unité religieuse brisée par la Réforme protestante. **1618 - 1648 :** la guerre de Trente Ans ravage le pays. **1648 :** les traités de Westphalie confirment la division religieuse et politique (350 États) du pays et la faiblesse du pouvoir impérial. **XVIIIᵉ s. :** le royaume de Prusse, dirigé par les Hohenzollern (à partir de 1701), domine l'Allemagne et devient une grande puissance sous Frédéric II. **1806 :** Napoléon écrase la Prusse à Iéna et remplace le Saint Empire par une Confédération du Rhin excluant l'Autriche et la Prusse.

L'unité allemande. 1815 : au congrès de Vienne, la Confédération du Rhin est remplacée par une Confédération germanique (39 États autonomes) englobant Prusse et Autriche. **1834 :** union douanière entre les États allemands *(Zollverein).* **1848 - 1850 :** échec des mouvements nationaux et libéraux. L'Autriche et la Prusse luttent pour constituer à leur profit une « Grande » ou une « Petite » Allemagne. **1862 - 1871 :** Bismarck réalise l'unité allemande, après avoir éliminé l'Autriche (Sadowa, 1866) et vaincu la France (1870 - 1871). **1871 :** l'« Empire allemand » est proclamé à Versailles (le roi de Prusse devient *Kaiser*). **1871 - 1890 :** Bismarck met en œuvre la politique du *Kulturkampf.* L'expansion industrielle, remarquable, va de pair avec la formation d'un puissant parti socialiste. **1890 - 1914 :** Guillaume II, qui a obtenu la démission de Bismarck, ajoute à sa politique coloniale des prétentions pangermanistes. **1914 - 1918 :** la Première Guerre mondiale s'achève par la défaite de l'Allemagne (traité de Versailles, 28 juin 1919).

De Weimar au IIIᵉ Reich. 1919 : la première Constitution démocratique est promulguée. Le social-démocrate F. Ebert est élu président de la République. La république de Weimar (17 États ou Länder) réprime le mouvement spartakiste (1919). L'humiliation causée par le traité de Versailles, l'occupation de la Ruhr par la France (1923 - 1925) et la crise économique favorisent la montée du nazisme. **1925 :** Hindenburg remplace Ebert. **1933 - 1934 :** Hitler, chancelier et « Führer », inaugure le IIIᵉ Reich, un État dictatorial et centralisé. **1936 :** remilitarisation de la Rhénanie. **1938 - 1939 :** l'Allemagne annexe l'Autriche *(Anschluss)* et une partie de la Tchécoslovaquie, puis attaque la Pologne. **1939 - 1945 :** Seconde Guerre mondiale. L'Allemagne envahit et occupe la France et la plupart des pays européens, mais échoue face à la résistance de la Grande-Bretagne et de l'URSS, alliées aux États-Unis. Elle capitule le 8 mai 1945.

De l'occupation à la partition. 1945 - 1946 : vaincue, l'Allemagne est occupée par les armées alliées des États-Unis, de la France, de la Grande-Bretagne et de l'URSS, et sa frontière avec la Pologne est limitée à l'est par la ligne Oder-Neisse. **1948 :** les États-Unis, la France et la Grande-Bretagne décident la création d'un État fédéral dans leurs zones d'occupation. L'URSS bloque les accès de Berlin-Ouest (jusqu'en mai 1949). **1949 :** la partition de fait est consacrée par la création de la République fédérale d'Allemagne ou RFA (23 mai) et, dans la zone d'occupation soviétique, de la République démocratique allemande ou RDA (7 oct.). Ces deux États précisent cependant dans leurs Constitutions que l'Allemagne est une république indivisible et que le peuple allemand devra parachever son unité.

La République fédérale d'Allemagne. 1949 : à l'issue des élections remportées par la CDU (Union chrétienne démocrate), K. Adenauer devient chancelier. Bénéficiant de l'aide américaine (plan Marshall), l'Allemagne amorce un redressement économique rapide. Elle accueille des millions de réfugiés allemands expulsés de Hongrie, de Pologne et de Tchécoslovaquie. **1951 :** révision du statut d'occupation. La RFA entre dans la CECA. **1955 :** elle devient membre de l'OTAN. **1956 :** création de la Bundeswehr. **1958 :** la RFA entre dans la CEE. **1963 :** traité d'amitié et de coopération franco-allemand. **1963 - 1966 :** sous le chancelier L. Erhard (chrétien-démocrate), le « miracle économique » allemand se poursuit. **1966 - 1969 :** le chancelier K. Kiesinger, chrétien-démocrate, forme un gouvernement de « grande coalition » CDU-SPD (Parti social-démocrate). **1969 - 1974 :** le chancelier W. Brandt, social-démocrate, forme un gouvernement de « petite coalition » avec le Parti libéral. Il axe sa politique sur l'ouverture à l'Est *(Ostpolitik).* Après avoir conclu un traité avec l'URSS et reconnu la ligne Oder-Neisse comme frontière germano-polonaise (1970), la RFA signe avec la RDA le traité interallemand de reconnaissance mutuelle (1972). **1974 - 1982 :** le chancelier H. Schmidt, social-démocrate, maintient la coalition avec les libéraux. **1982 - 1987 :** le chancelier H. Kohl, chrétien-démocrate, forme un gouvernement de coalition avec le Parti libéral. Les Verts font leur entrée au Bundestag en 1983. **1987 :** la coalition CDU-Parti libéral remporte les élections et Kohl demeure chancelier. **1989 :** la RFA est confrontée aux problèmes posés par un afflux massif de réfugiés est-allemands et par les changements intervenus en RDA.

La République démocratique allemande. Organisée économiquement et politiquement sur le modèle soviétique, la RDA est dirigée par le Parti socialiste unifié (SED). **1949 :** Wilhelm Pieck devient président de la République et Otto Grotewohl chef du gouvernement. **1950 :** Walter Ulbricht est élu premier secrétaire du SED. La RDA adhère au Comecon. **1953 :** des émeutes ouvrières éclatent. **1955 :** la RDA adhère au pacte de Varsovie. **1960 :** mort de W. Pieck. La fonction de président de la République est remplacée par un organe collectif, le Conseil d'État, dont W. Ulbricht devient président. **1961 :** afin d'enrayer la forte émigration des Allemands de l'Est vers la RFA, un mur est construit séparant Berlin-Est et Berlin-Ouest. **1963 :** le système de planification économique est assoupli. **1964 :** Willi Stoph succède à Grotewohl comme chef du gouvernement. **1972 :** le traité interallemand de reconnaissance mutuelle est signé, ouvrant la voie à la reconnaissance de la RDA par les pays occidentaux. **1973 :** mort de W. Ulbricht. W. Stoph lui succède à la tête de l'État. **1974 :** une nouvelle Constitution supprime toute référence à la réunification de l'Allemagne. **1976 :** E. Honecker (devenu premier secrétaire du SED en 1971) succède à W. Stoph, qui redevient chef du gouvernement. **1989 :** un exode massif de citoyens est-allemands vers la RFA et d'importantes manifestations réclamant la démocratisation du régime provoquent à partir d'octobre la démission des principaux dirigeants (dont Honecker et Stoph), l'ouverture du mur de Berlin et de la frontière interallemande, l'abandon de toute référence au rôle dirigeant du SED. **1990 :** lors des premières élections libres (mars), l'Alliance pour l'Allemagne, dont la CDU est la formation majoritaire, remporte une large victoire. Son leader, Lothar de Maizière, forme un gouvernement de coalition.

L'Allemagne réunifiée. 1990 : l'union économique et monétaire entre la RFA et la RDA intervient en juillet. Le traité de Moscou (sept.) entre les deux États allemands, les États-Unis, la France, la Grande-Bretagne et l'URSS fixe les frontières de l'Allemagne unie, dont il restaure l'entière souveraineté. Les Länder (Brandebourg, Mecklembourg-Poméranie-Occidentale, Saxe, Saxe-Anhalt et Thuringe) sont reconstitués en Allemagne de l'Est (juill.) et, avec le Land de Berlin, adhèrent

ALLEMAGNE

MER DU NORD
MER BALTIQUE
DANEMARK
SUÈDE
PAYS-BAS
BELGIQUE
LUXEMBOURG
FRANCE
SUISSE
LIECHTENSTEIN
AUTRICHE
RÉPUBLIQUE TCHÈQUE
POLOGNE
SCHLESWIG-HOLSTEIN
MECKLEMBOURG-POMÉRANIE-OCC.
HAMBOURG
BRÊME
BASSE-SAXE
SAXE-ANHALT
BRANDEBOURG
BERLIN
RHÉNANIE-DU-NORD-WESTPHALIE
HESSE
THURINGE
SAXE
RHÉNANIE-PALATINAT
SARRE
BADE-WURTEMBERG
BAVIÈRE
Îles de la Frise sept.
Îles de la Frise orient.
Baie de Kiel
Rømø
Sylt
Odense
Haderslev
Åbenrå
Sønderborg
Svendborg
Roskilde
Naestved
Lolland
Nykøbing
Bornholm
Flensburg
Schleswig
Husum
Kiel
Oldenburg
Heide
Rendsburg
Neumünster
Itzehoe
Lübeck
Wismar
Warnemünde
Rostock
Stralsund
Sassnitz
Rügen
Greifswald
Świnoujście
Anklam
Malchin
Neubrandenburg
Szczecin
Cuxhaven
Elmshorn
Stade
Hamburg
Hambourg
Schwerin
Wilhelmshaven
Bremerhaven
Emden
Groningue
Leeuwarden
Leer
Oldenburg
Brême
Lüneburg
Ludwigslust
Neustrelitz
Prenzlau
Schwedt
Elbe
Oder
Uelzen
Wittenberge
Neuruppin
Eberswalde
Emmen
Ems
Diepholz
Nienburg
Lingen
Zwolle
Celle
Wolfsburg
Hanovre
Stendal
Rathenow
Potsdam
Berlin
Brandenburg
Francfort-sur-l'Oder
Apeldoorn
Enschede
Rheine
Minden
Osnabrück
Hildesheim
Brunswick
Salzgitter
Magdebourg
Luckenwalde
Arnhem
Coesfeld
Münster
Bielefeld
Gütersloh
Weser
Leine
Harz
Halberstadt
Bernburg
Wittenberg
Dessau
Cottbus
Spree
Rhin
Recklinghausen
Hamm
Lippe
Gelsenkirchen
Paderborn
Oberhausen
Dortmund
Duisburg
Essen
Bochum
Krefeld
Hagen
Wuppertal
Ruhr
Göttingen
Münden
Nordhausen
Saale
Mulde
Halle
Leipzig
Torgau
Hoyerswerda
Elsterwerda
Riesa
Meissen
Bautzen
Görlitz
Dresde
Mönchengladbach
Düsseldorf
Kassel
Korbach
Mühlhausen
Weissenfels
Naumburg
Fulda
Gotha
Erfurt
Weimar
Zeitz
Eisenach
Iéna
Gera
Chemnitz
Aix-la-Chapelle
Cologne
Bonn
Bad-Godesberg
Siegen
Marburg a. d. Lahn
Werra
Thüringer Wald
Zwickau
Erzgebirge
Liberec
Giessen
Suhl
Limburg
Plauen
Coblence
Coburg
Hof
Ohře
Karlovy Vary
Kladno
Prague
Eifel
Moselle
Bitburg
Wiesbaden
Francfort
Offenbach
Aschaffenburg
Schweinfurt
Bayreuth
Cheb
Main
Bamberg
Weiden-i. d. Obpf.
Mayence
Bad Kreuznach
Darmstadt
Würzburg
Trèves
Hunsrück
Worms
Erlangen
Plzeň
Jura Franconien
Böhmerwald
Ludwigshafen
Mannheim
Fürth
Amberg
Kaiserslautern
Heidelberg
Nuremberg
Ansbach
Cham
Sarrelouis
Sarrebruck
Spire
Crailsheim
Rachel 1452
České Budějovice
Pirmasens
Metz
Haardt
Heilbronn
Ratisbonne
Karlsruhe
Pforzheim
Rastatt
Ludwigsburg
Ingolstadt
Danube
Nancy
Stuttgart
Esslingen
Baden-Baden
Donauwörth
Passau
Heidenheim
Strasbourg
Tübingen
Landshut
Offenburg
Reutlingen
Jura Souabe
Isar
Ulm
Linz
Augsbourg
Dachau
Inn
Épinal
Vosges
Forêt-Noire
Fribourg-en-Brisgau
Biberach
Munich
Wels
Steyr
Colmar
Sigmaringen
Tüttlingen
Memmingen
Starnberg
Enns
Ravensburg
Kempten
Rosenheim
Salzbourg
Mulhouse
Belfort
Lörrach
Constance
Friedrichshafen
Oberammergau
Berchtesgaden
Lindau
Kufstein
Dachstein 2996
Bâle
Winterthur
Lac de Constance
Garmisch-Partenkirchen
Hochkönig 2938
Zurich
St-Gall
Bienne
Innsbruck
10°
15°
55°
50°
0 50 km
200 500 1000 m
aéroport
autoroute
route
voie ferrée
plus de 1 000 000 h.
de 500 000 à 1 000 000 h.
de 100 000 à 500 000 h.
moins de 100 000 h.
autre localité ou site
Brême : capitale de Land

A

à la RFA. L'unification de l'Allemagne est proclamée le 3 octobre. Les premières élections de l'Allemagne unie (déc.) sont remportées par la coalition CDU-Parti libéral dirigée par Kohl. **1992 :** des extrémistes de droite commettent des violences à l'encontre des immigrés et des demandeurs d'asile. **1993 :** révision constitutionnelle limitant le droit d'asile. **1994 :** les élections législatives confirment au pouvoir la coalition CDU-Parti libéral dirigée par H. Kohl, reconduit pour la quatrième fois à la tête du gouvernement.

Arte, chaîne de télévision culturelle européenne. Opérationnelle depuis 1992, elle est issue du rapprochement de la société française *La Sept* (société d'édition de programmes de télévision, créée en 1986) et de la société allemande *Arte Deutschland TV GmbH.* Reçue par câble en Allemagne, elle est diffusée en France à la fois par câble et par voie hertzienne.

AUSCHWITZ, en polon. **Oświęcim,** v. de Pologne, près de Katowice ; 45 100 hab. Camp de concentration ouvert en 1940. À proximité, les Allemands créèrent le plus grand des camps d'extermination (Auschwitz-Birkenau). Entre 1940 et 1945, un million de déportés juifs y périrent. Musée de la Déportation.

AUTRICHE n.f., en all. **Österreich,** État fédéral d'Europe centrale ; 84 000 km² ; 8 000 000 hab. *(Autrichiens).* CAP. *Vienne.* LANGUE : *allemand.* MONNAIE : *Schilling.*

INSTITUTIONS

Constitution de 1920. République fédérale (9 Länder, dont chacun a sa propre assemblée). Le président de la République est élu pour 6 ans. Le chancelier, chef de la majorité parlementaire, dirige le gouvernement fédéral. Le Parlement est composé du Conseil national *(Nationalrat),* élu pour 4 ans, et du Conseil fédéral *(Bundesrat),* désigné par les 9 assemblées.

GÉOGRAPHIE

Le pays est formé de neuf provinces, ou Länder (Basse-Autriche, Haute-Autriche, Burgenland, Carinthie, Salzbourg, Styrie, Tyrol, Vienne et Vorarlberg). Sa majeure partie s'étend sur les Alpes, qui culminent dans les Hohe Tauern (3 796 m au Grossglockner), souvent englacées et découpées par de profondes vallées (Inn, Salzach, Enns, Mur, Drave), ouvrant des bassins où se concentre la vie humaine (Klagenfurt). Les plaines et les collines ne se développent qu'au nord (vallée du Danube) et à l'est (Burgenland). Le climat est influencé par l'altitude et l'exposition.

L'élevage (bovins) domine sur les versants des vallées alpines. La grande culture (blé et betterave à sucre) intéresse surtout les plaines. L'industrie, de tradition ancienne, a été favorisée surtout par les aménagements hydroélectriques. Assez diversifiée (sidérurgie, métallurgie de transformation, textile, chimie), elle se localise principalement dans les grandes villes : Linz, Graz et surtout Vienne. Le tourisme, très actif, ranime des régions montagneuses autrefois isolées (Vorarlberg et Tyrol), contribuant à combler le déficit des échanges commerciaux, effectués pour environ 40 % avec l'Allemagne voisine.

HISTOIRE

Les origines. Centre de la civilisation de Hallstatt au Ier millénaire av. J.-C., l'Autriche est occupée par les Romains, dont les camps militaires forment le noyau des villes (Vienne, Linz, etc.). **796 apr. J.-C. :** Charlemagne vainc les Barbares, qui ont envahi la région entre le IIIe et le VIIe s., et il fonde en 803 la marche de l'Est (Österreich depuis 996). **1156 :** elle devient un duché héréditaire aux mains des Babenberg, qui l'augmentent de la Styrie et d'une partie de la Carniole. **1253 - 1278 :** le duché est rattaché à la Bohême puis conquis par Rodolphe Ier de Habsbourg, empereur en 1273.

L'Autriche des Habsbourg. Les Habsbourg, maîtres du pays, sont aussi les possesseurs de la couronne impériale après 1438. **1493 - 1519 :** Maximilien Ier fonde la grandeur de la maison d'Autriche : par son mariage avec Marie de Bourgogne (1477), il gagne les Pays-Bas et la Franche-Comté ; il fait épouser à son fils l'héritière d'Espagne et à ses petits-enfants ceux du roi de Bohême et de Hongrie. **1521 :** Ferdinand Ier de Habsbourg reçoit de Charles Quint (empereur depuis 1519) les domaines autrichiens. **1526 :** il devient roi de Bohême et de Hongrie. **XVIe-XVIIe s. :** l'Autriche est le rempart de l'Europe contre la progression ottomane (sièges de Vienne, 1529 puis 1683 ; traité de Karlowitz [1699], où l'Autriche obtient la Transylvanie). Foyer de la Réforme catholique pendant la guerre de Trente Ans, elle échoue à éviter l'émiettement politique et religieux de l'Allemagne (traités de Westphalie, 1648). **XVIIIe s. :** il est marqué par le règne éclairé de Marie-Thérèse (1740 - 1780) et par celui, centralisateur, de Joseph II (1780 - 1790) ; ainsi que par les guerres : contre la France (en 1714, l'Autriche y gagne les Pays-Bas et une partie de l'Italie) ; de la Succession d'Autriche (elle perd la Silésie) ; et de Sept Ans. Au premier partage de la Pologne (1772), elle obtient la Galicie. **1804 :** François II, battu deux fois par Bonaparte (1797 - 1800), réunit ses États sous le nom d'empire d'Autriche (il conserve jusqu'en 1806 le titre d'empereur romain germanique). **1814 - 1815 :** au congrès de Vienne, les territoires conquis par Napoléon Ier sont rendus à l'Autriche, qui domine l'Italie du Nord, préside la Confédération germanique et apparaît comme l'arbitre de l'Europe par l'entremise de Metternich. **1859 :** l'Autriche perd la Lombardie devant les Franco-Piémontais. **1866 :** elle est vaincue par la Prusse à Sadowa et perd la Vénétie. **1867 :** François-Joseph Ier accepte le compromis austro-hongrois qui, mettant le royaume de Hongrie et l'empire d'Autriche sur un pied d'égalité, donne naissance à la monarchie austro-hongroise. Les tensions nationalistes persistent. **1879 - 1882 :** l'Autriche signe avec l'Allemagne et l'Italie la Triple-Alliance. **1908 :** elle annexe la Bosnie-Herzégovine. **1914 :** l'assassinat de l'archiduc François-Ferdinand, héritier du trône, à Sarajevo (28 juin), déclenche la Première Guerre mondiale. **1916 :** Charles Ier succède à François-Joseph. **1918 :** la défaite provoque l'éclatement de la monarchie austro-hongroise.

La République autrichienne. 1919 - 1920 : les traités de Saint-Germain-en-Laye et de Trianon reconnaissent l'existence des États nationaux nés de la double monarchie. **1920 :** la république d'Autriche est proclamée et se dote d'une constitution fédérative (9 Länder). En dépit de la politique des chanceliers chrétiens-sociaux Seipel, Dollfuss et Schuschnigg, l'Autriche est rattachée à l'Allemagne nazie à la suite de l'Anschluss (1938) et fait partie du IIIe Reich jusqu'en 1945. **1945 - 1955 :** l'Autriche, redevenue république fédérale, est divisée en quatre zones d'occupation. **1955 :** le traité de paix en fait un État neutre. Depuis 1945 alternent au pouvoir, séparément ou formant une coalition, le Parti populiste (catholique), avec le chancelier L. Figl (1945 - 1953), et le Parti socialiste, avec le président K. Renner (1945 - 1950) et le chancelier B. Kreisky (1970 - 1983). En 1986, Kurt Waldheim est élu président de la République ; le socialiste Vranitzky devient chancelier. **1992 :** le populiste Thomas Klestil est élu à la présidence de la République. **1995 :** l'Autriche adhère à l'Union européenne. **1997 :** le social-démocrate Viktor Klima devient chancelier.

BACH, nom d'une famille de musiciens allemands. — **Johann Sebastian** ou **Jean-Sébastien B.,** *Eisenach 1685 - Leipzig 1750,* compositeur allemand. Organiste, il dirigea l'orchestre du prince Leopold d'Anhalt à Köthen (1717) et devint, en 1723, maître de chapelle à l'école Saint-Thomas de Leipzig, où il demeura jusqu'à sa mort. Ses œuvres de musique religieuse, vocale ou instrumentale valent par la science de l'architecture, l'audace du langage harmonique, la richesse de l'inspiration et la spiritualité qui s'en dégagent : cantates, passions, *Messe en si mineur, Magnificat en ré majeur ;* préludes, fugues, chorals pour orgue, *le Clavier bien tempéré,* partitas ; **Concertos brandebourgeois,* suites pour orchestre, concertos pour clavecin et orchestre, concertos pour violon et orchestre, suites pour violoncelle seul, sonates pour flûte et clavier, pour violon et clavier ; *Offrande musicale ; l'Art de la fugue.* — **Wilhelm Friedemann B.,** *Weimar 1710 - Berlin 1784,* compositeur allemand. Organiste et maître de chapelle, fils aîné de Jean-Sébastien, il fut un pionnier de la « forme sonate » et l'un des compositeurs les plus inventifs de son époque avec ses *Fantaisies* pour clavier. — **Carl Philipp Emanuel B.,** *Weimar 1714 - Hambourg 1788,* compositeur allemand. Deuxième fils de Jean-Sébastien, claveciniste, musicien du roi de Prusse Frédéric II, directeur de la musique à Hambourg (1768 - 1788), il fut l'un des premiers à écrire des sonates à deux thèmes. — **Johann Christian B.,** *Leipzig 1735 - Londres 1782,* compositeur alle-

mand. Sixième fils de Jean-Sébastien, nommé en 1760 organiste à la cathédrale de Milan, il devint en 1762 compositeur attitré du King's Theatre de Londres. Ses œuvres instrumentales, d'une esthétique galante, annoncent Mozart et l'école viennoise.

BAEDEKER (Karl), *Essen 1801 - Coblence 1859,* libraire et écrivain allemand. Il créa une célèbre collection de guides de voyage.

BAVIÈRE, en all. **Bayern,** Land d'Allemagne ; 70 553 km^2 ; 11 220 735 hab. *(Bavarois)* ; cap. *Munich* ; v. princ. *Augsbourg, Nuremberg, Ratisbonne, Bayreuth.* Il comprend la Bavière proprement dite (avant-pays alpin au sud du Danube) et le nord du bassin de Souabe et de Franconie.

HISTOIRE

Au début du Xe s., la Bavière est l'un des plus importants duchés de l'Empire germanique. **1070-1180 :** elle est gouvernée par la dynastie des Guelfes, spoliée du duché en 1180 par les Wittelsbach, qui dominent la Bavière jusqu'en 1918. **1467 - 1508 :** le duc Albert IV le Sage unifie ses États, qui deviennent un bastion de la Réforme catholique. **1623 :** Maximilien Ier obtient le titre d'Électeur. **1806 :** allié de Napoléon Ier, Maximilien Ier Joseph obtient le titre de roi. **1825 - 1886 :** Louis Ier (1825 - 1848) et Louis II (1864 - 1886) sont de grands bâtisseurs. **1866 :** alliée de l'Autriche, la Bavière est battue par la Prusse. **1871 :** elle est incorporée dans l'Empire allemand. **1918 - 1919 :** elle devient un Land de la république de Weimar. **1923 :** le putsch organisé par Hitler à Munich échoue. **1949 :** l'État libre de Bavière forme un Land de la RFA.

BEETHOVEN (Ludwig **van**), *Bonn 1770 - Vienne 1827,* compositeur allemand. Enfant prodige (il donne son premier concert à huit ans), adepte des idées révolutionnaires françaises, admirateur de l'épopée de Bonaparte, il fut hostile à l'hégémonie napoléonienne. Frappé de surdité dès 1802, il s'affirma cependant comme compositeur et héritier de Mozart et du classicisme viennois (*Fidelio,* 1814). Il fut le précurseur du romantisme allemand avec ses 17 quatuors à cordes, ses 32 sonates pour piano *(Pathétique, Au clair de lune, Appassionata, Hammerklavier),* ses concertos pour piano et ses 9 symphonies (la 3e dite « Héroïque », 1804 ; la 6e dite « Pastorale », 1808 ; la 9e avec chœurs, 1824).

BERLIN, cap. de l'Allemagne, et cap. du *Land de Berlin,* sur la Spree ; 3 475 392 hab. *(Berlinois).* Centre administratif, industriel (constructions mécaniques et électriques, édition) et commercial. — Monuments des XVIIIe-XXe s. Nombreux et importants musées, dont ceux de l'île de la Spree (musée de Pergame, etc.) et ceux du faubourg de Dahlem (galerie de peinture...). — La fortune de Berlin date de son choix comme capitale du Brandebourg (1415). Capitale du royaume de Prusse, elle devient celle de l'Empire allemand (1871) puis celle des IIe et IIIe Reich. Conquise par les troupes soviétiques en 1945, elle est divisée en quatre secteurs d'occupation administrés par les Alliés - États-Unis, France, Grande-Bretagne, URSS (statut quadripartite). Les trois secteurs d'occupation occidentaux sont unifiés en 1948, et l'URSS riposte en entreprenant le blocus de Berlin (jusqu'en 1949). Tandis que le secteur d'occupation soviétique, Berlin-Est, est proclamé capitale de la RDA en 1949, Berlin-Ouest devient une dépendance de fait de la RFA. De 1961 à 1989, le *mur de *Berlin* sépare les zones occidentale et orientale de la ville. En 1990, Berlin redevient la capitale de l'Allemagne. Les dernières troupes alliées quittent la ville en 1994.

BERNE, en all. **Bern,** cap. de la Suisse, ch.-l. du *canton de Berne,* sur l'Aar ; 136 338 hab. *(Bernois)* [env. 300 000 hab. dans l'agglomération]. Université. Siège de bureaux internationaux (Union postale universelle). — Monuments anciens et musées. — Ville impériale en 1218, elle entra, avec son canton, dans la Confédération suisse en 1353. Elle devint la capitale fédérale en 1848.

Bertelsmann, groupe allemand fondé en 1835. C'est l'un des plus grands groupes mondiaux d'édition et de communication.

Bild Zeitung, quotidien populaire allemand, créé en 1952 par A. Springer, et, par son tirage, le plus important quotidien d'Allemagne.

BROCKEN n.m., point culminant du Harz (Allemagne) ; 1 142 m. Lieu de la réunion légendaire des sorcières pendant la nuit de Walpurgis (30 avr.-1er mai).

Bundesbank, officiellement **Deutsche Bundesbank,** dite **Buba,** banque fédérale de la République fédérale d'Allemagne. Créée en 1957 et dotée d'une large autonomie, elle est à la base du système monétaire et bancaire allemand.

Bundesrat, l'une des assemblées législatives de la Confédération de l'Allemagne du Nord (1867 - 1870), puis de l'Empire allemand (1871 - 1918), et, depuis 1949, de la République fédérale d'Allemagne.

Bundeswehr, nom donné en 1956 aux forces armées de l'Allemagne fédérale et, depuis 1990, à l'armée allemande.

DAIMLER (Gottlieb), *Schorndorf, Wurtemberg, 1834 - Cannstatt, aujourd'hui Stuttgart-Bad Cannstatt, 1900,* ingénieur allemand. Avec son compatriote W. Maybach, il réalisa, à partir de 1883, les premiers moteurs à essence légers à haute vitesse de rotation, ouvrant ainsi la voie à leur emploi sur les véhicules automobiles. Les deux associés fondèrent en 1890 une firme de construction automobile qui fusionna en 1926 avec celle créée par C. Benz en 1883.

DANUBE n.m., en all. **die Donau,** fl. d'Europe, né en Allemagne, dans la Forêt-Noire et qui se termine par un vaste delta (extrémité orientale de la Roumanie) sur la mer Noire ; 2 850 km ; bassin de plus de 800 000 km^2. C'est le deuxième fleuve d'Europe (après la Volga) pour sa longueur et la superficie de son bassin. Il traverse ou longe l'Allemagne, l'Autriche, la Slovaquie, la Hongrie, la Croatie, la Yougoslavie, la Bulgarie, l'Ukraine et la Roumanie. Il passe notamment à Vienne, Budapest et Belgrade, franchit le défilé des Portes de Fer (entre les Carpates et le mont Balkan). De régime complexe, il est utilisé pour la navigation, la production d'hydroélectricité et l'irrigation.

Deutschlandlied, hymne national de la République fédérale d'Allemagne, d'après une strophe du chant populaire nationaliste allemand, *Deutschland über alles,* écrit en 1841.

DIESEL (Rudolf), *Paris 1858 - en mer 1913,* ingénieur allemand. Il conçut (1893) et réalisa (1897) le moteur à combustion interne auquel son nom est resté attaché.

DIETRICH (Maria Magdalena **von Losch,** dite Marlene), *Berlin 1901 - Paris 1992,* actrice américaine d'origine allemande. Incarnation de la femme fatale, mystérieuse et sophistiquée, elle s'imposa dans les films de J. von Sternberg *(l'Ange bleu,* 1930 ; *Cœurs brûlés,* id. ; *Shanghai Express,* 1932 ; *l'Impératrice rouge,* 1934).

DÜRER (Albrecht), *Nuremberg 1471 - id. 1528,* peintre et graveur allemand. Il fit un tour de compagnon par Colmar, Bâle, Strasbourg, séjourna deux fois à Venise, mais effectua l'essentiel de sa carrière à Nuremberg. Il a manifesté son génie dans la peinture à l'huile (*la Fête du rosaire,* 1506, Prague ; portraits...), dans le dessin et l'aquarelle (coll. de l'Albertina, Vienne) et dans son œuvre gravé, d'emblée célèbre en Europe (xylographies, d'un graphisme bouillonnant, encore médiéval : *l'Apocalypse* [15 planches, 1498], la *Grande Passion,* etc. ; burins, plus italianisants et reflétant l'influence des humanistes : *Némésis,* v. 1500, *le Chevalier, la Mort et le Diable, Saint Jérôme* et *la Mélancolie [*Melencolia],* 1514). Il se passionna pour les principes mathématiques et optiques de la perspective et publia plusieurs ouvrages théoriques et techniques à la fin de sa vie, dont un *Traité des proportions du corps humain.*

EINSTEIN (Albert), *Ulm 1879 - Princeton 1955,* physicien suisse, puis américain, d'origine allemande. Il établit la théorie du mouvement brownien et, appliquant la théorie des quanta à l'énergie rayonnante, aboutit au concept de photon. Il est surtout l'auteur des théories de la relativité (*relativité restreinte,* 1905 ; *relativité générale,* 1916), qui ont marqué la science moderne, dans lesquelles il révise profondément les notions physiques d'espace et de temps, et établit l'équivalence de la masse et de l'énergie ($E = mc^2$). Épris de justice et de paix, il cosigna la lettre au président Roosevelt qui, devant la menace allemande, lança les recherches sur l'arme nucléaire. Mais, après la guerre, il lutta activement contre la prolifération de cette arme, notamm. avec B. Russell (Prix Nobel 1921.).

ÉLISABETH DE WITTELSBACH, dite **Sissi,** *Munich 1837 - Genève 1898,* impératrice d'Autriche. Femme de François-Joseph Ier, elle fut assassinée par un anarchiste italien.

FASSBINDER (Rainer Werner), *Bad Wörishofen 1945 - Munich 1982,* cinéaste et metteur en scène de théâtre allemand. Il fut l'un des principaux chefs de file du renouveau du cinéma allemand : *les Larmes amères de Petra von Kant* (1972), *le Mariage de Maria Braun* (1979), *Querelle* (1982).

Faust, héros de nombreuses œuvres littéraires, musicales, plastiques et cinématographiques. Il y aurait, à l'origine de sa légende, un J. Faust, médecin et astrologue (Knittlingen, Wurtemberg, v. 1480 - Staufen v. 1540). La première version du thème parut en 1587 à Francfort-sur-le-Main : le magicien Faust vend son âme au démon Méphistophélès en échange du savoir et des biens terrestres. Marlowe (*la Tragique Histoire du docteur Faust,* v. 1590) puis Goethe (1808 - 1832) prirent Faust comme héros, inspirant par la suite le cinéaste Murnau (*Faust,* 1926). Le drame de Goethe a inspiré *la Damnation de Faust,* de H. Berlioz, créée à Paris en 1846, et l'opéra *Faust* de C. Gounod (première version, 1859), sur un livret de M. Carré et J. Barbier.

FORÊT-NOIRE n.f., en all. **Schwarzwald,** massif d'Allemagne, en face des Vosges, dont il est séparé par la plaine du Rhin ; 1 493 m au Feldberg.

Frankfurter Allgemeine Zeitung, quotidien conservateur allemand fondé en 1949.

FREUD (Sigmund), *Freiberg, aujourd'hui Příbor, Moravie, 1856 - Londres 1939,* médecin autrichien, fondateur de la psychanalyse. Spécialisé en neurologie, il se consacre notamm. à l'étude de l'hystérie et s'écarte, résolument à partir de 1896, des conceptions et méthodes de la psychologie et de la psychiatrie traditionnelles. À l'origine des troubles névrotiques se trouvent selon lui des désirs refoulés en rapport avec le complexe d'Œdipe, qui subsistent dans l'inconscient et ne peuvent faire irruption dans la conscience que de manière déguisée. C'est ainsi que, outre les symptômes névrotiques, se forment les rêves et les actes manqués (*l'Interprétation des rêves,* 1900 ; *Trois Essais sur la théorie de la sexualité,* 1905 ; *Totem et tabou,* 1912). À partir de 1920, avec la publication d'*Au-delà du principe de plaisir,* Freud oppose pulsion de vie et pulsion de mort et remplace sa première « topique » (inconscient, préconscient, conscient) par une seconde (ça, moi, surmoi). Il étend l'inspiration psychanalytique à l'étude des grands problèmes de la civilisation (*l'Avenir d'une illusion,* 1927 ; *Malaise dans la civilisation,* 1930 ; *Moïse et le monothéisme,* 1939). Freud a présidé à l'institutionnalisation de la psychanalyse, fondant en 1910 l'International Psychoanalytical Association (IPA).

GOETHE (Johann Wolfgang **von**), *Francfort-sur-le-Main 1749 - Weimar 1832,* écrivain allemand. L'un des chefs de file du « *Sturm und Drang » avec son roman *les Souffrances du jeune *Werther* et son drame *Götz von Berlichingen* (1774), il évolua, à travers son expérience de l'Italie (*Torquato Tasso,* composé en 1789), de la Révolution française et de la politique (il fut ministre du grand-duc de Weimar), de son amitié avec Schiller (*Xénies,* 1796) et de ses recherches scientifiques (*la Métamorphose des plantes,* 1790 ; *la Théorie des couleurs,* 1810), vers un art plus classique (**Wilhelm Meister ; Hermann* et *Dorothée,* 1797 ; *les Affinités électives,* 1809), qui prit une forme autobiographique (*Poésie et vérité,* 1811 - 1833) et symbolique (*Divan occidental et oriental,* 1819 ; **Faust*).

GRIMM (Melchior, baron **de**), *Ratisbonne 1723 - Gotha 1807,* critique allemand d'expression française. Il succéda à l'abbé Raynal comme rédacteur de la **Correspondance littéraire.*

Guillaume Tell, héros légendaire helvétique (XIVe s.). Guillaume Tell ayant refusé de saluer le chapeau de Gessler, bailli des Habsbourg, celui-ci le fit arrêter et, le sachant très habile arbalétrier, le condamna à traverser d'une flèche une pomme placée sur la tête de son jeune fils. Guillaume Tell sortit victorieux de l'épreuve. Il fut cependant emprisonné, s'échappa et tua Gessler. — Son histoire a inspiré un drame à Schiller (1804), dont Rossini a tiré un opéra en 4 actes (1829).

GUTENBERG (Johannes **Gensfleisch,** dit), *Mayence entre 1397 et 1400 - id. 1468,* imprimeur allemand. Vers 1440, il mit au point à Strasbourg le procédé de composition en caractères mobiles fondus en alliage d'imprimerie, ou typographie. Établi à Mayence, il s'associa en 1450 avec J. Fust et fut le maître d'œuvre de la Bible dite « à quarante-deux lignes », publiée en 1455.

HAMBOURG, en all. **Hamburg,** v. d'Allemagne, dont elle constitue un Land, sur l'Elbe ; 1 702 887 hab. *(Hambourgeois).* Hambourg est le principal débouché maritime de l'Allemagne et demeure l'un des plus grands ports européens. Liée à l'activité portuaire, la fonction industrielle est très développée : métallurgie, chimie, agroalimentaire. – Musées, dont la Kunsthalle (riche galerie de peinture). – Dotée d'une charte et de privilèges de navigation (1189), Hambourg participa à la Hanse, pour s'imposer grâce à elle sur les marchés étrangers, et supplanta Lübeck au XVIe s. Elle fut occupée (1806), puis annexée (1810) par Napoléon Ier. Entrée, comme ville libre et souveraine, dans la Confédération germanique (1815), incorporée à l'Empire allemand (1871), elle obtint le statut de port franc (1881). Elle fut bombardée par les Alliés en 1943.

HITLER (Adolf), *Braunau, Haute-Autriche, 1889 - Berlin 1945,* homme politique allemand. Issu d'une famille de la petite bourgeoisie autrichienne, combattant pendant la Première Guerre mondiale dans l'armée bavaroise, il devient en 1921 le chef du Parti ouvrier allemand national-socialiste (NSDAP). Il crée les sections d'assaut (SA) en 1921 puis tente à Munich, en 1923, un putsch, qui échoue. Détenu, il rédige *Mein Kampf,* où est exposée la doctrine ultranationaliste et antisémite du nazisme. À partir de 1925, il renforce son parti en créant les SS et de nombreuses organisations d'encadrement. Développant une propagande efficace dans une Allemagne humiliée par la défaite de 1918 et le traité de Versailles, et fortement atteinte par la crise de 1929, il accède en 1933 au poste de chancelier. Les communistes mis hors la loi à la suite de l'incendie du Reichstag (févr.), Hitler se fait attribuer les pleins pouvoirs par la chambre (mars). Inquiet du pouvoir que prennent les SA, il en fait éliminer les chefs lors de la « Nuit des longs couteaux » (30 juin 1934). Président à la mort d'Hindenburg (août), puis « Führer », il se trouve à la tête d'un État dictatorial soutenu par une police redoutable (Gestapo) et fondé sur le parti unique, l'élimination des opposants et le racisme. Sa politique d'expansion en Rhénanie (1936), en Autriche (1938), en Tchécoslovaquie (1938) et en Pologne (1939) provoque la Seconde Guerre mondiale (1939), au cours de laquelle est entreprise l'extermination des juifs. Vaincu, Hitler se suicide le 30 avril 1945.

Holocauste (l'), génocide des Juifs d'Europe perpétré par les nazis et leurs auxiliaires de 1939 à 1945, dans les territoires occupés par le Reich hitlérien. On dit plus couramment *Shoah.*

KARAJAN (Herbert **von**), *Salzbourg 1908 - id. 1989,* chef d'orchestre autrichien. Fondateur du Festival de Pâques de Salzbourg (1967), il fut chef à vie de l'Orchestre philharmonique de Berlin (1954 - 1989). Rigueur et attachement à la tradition marquent ses enregistrements.

KOHL (Helmut), *Ludwigshafen 1930,* homme politique allemand. Président de la CDU depuis 1973, il est chancelier de la République fédérale depuis 1982. Il a joué un rôle majeur dans l'unification des deux États allemands.

LANG (Fritz), *Vienne 1890 - Hollywood 1976,* cinéaste autrichien naturalisé américain. En Allemagne, puis aux États-Unis, il proposa sa vision morale dans une œuvre d'abord expressionniste puis de plus en plus dépouillée : *le Docteur Mabuse,* 1922 ; *les Nibelungen,* 1924 ; *Metropolis,* 1927 ; *M le Maudit,* 1931 ; *Furie,* 1936.

LEIBNIZ (Gottfried Wilhelm), *Leipzig 1646 - Hanovre 1716,* philosophe et savant allemand. Employé comme juriste, diplomate, historiographe (à la cour de Hanovre notamm.), il fut en relation avec toute l'Europe savante. Sommet de l'intellectualisme rationaliste, son système répond à l'ambition de surmonter les clivages religieux et philosophiques de la chrétienté. L'armature de la pensée de Leibniz est logique et mathématique (il inventa, en 1676, le calcul infinitésimal et créa une symbolique universelle et efficace [notations de la différentielle et de l'intégrale], qui s'est imposée). Sa physique dynamique rompt avec le mécanisme cartésien. Sa métaphysique rend raison de toutes choses avec un optimisme raisonné : Dieu calcule et admet à l'existence la meilleure combinaison possible des monades, ou atomes spirituels dont se compose la réalité (*De arte combinatoria,* 1666 ; *Nouveaux Essais sur l'entendement humain,* 1704 ; *Essais de théodicée,* 1710 ; *Monadologie,* 1714).

Lorelei (la), personnage féminin fabuleux qui attirait par son charme et son chant les bateliers du Rhin et provoquait des naufrages.

LUTHER (Martin), *Eisleben 1483 - id. 1546,* théologien et réformateur allemand. Moine augustin très préoccupé par l'idée du salut, il s'astreint à de sévères mortifications et joue aussi un rôle diplomatique dans son ordre, qui le délègue à Rome en 1510. Docteur en théologie, il obtient, en 1513, la chaire d'Écriture sainte à l'université de Wittenberg, où, à partir de 1515, il commente les épîtres de Paul, notamm. l'épître aux Romains. En référence à la doctrine paulinienne de la justification par la foi, il s'élève contre le trafic des indulgences *(querelle des Indulgences),* puis contre le principe même de celles-ci dans ses 95 thèses (1517), considérées comme le point de départ de la Réforme. Condamné par Rome en 1520, il poursuit son œuvre ; à cette date paraissent les « trois grands écrits réformateurs » : le manifeste *À la noblesse chrétienne de la nation allemande* (sur la suprématie romaine), *la Captivité de Babylone* (sur les sacrements), *De la liberté du chrétien* (sur l'Église). Mis au ban de l'Empire après la diète de Worms, où il refuse de se rétracter (1521), caché au château de la Wartburg par son protecteur l'Électeur de Saxe, il peut revenir à Wittenberg en 1522. Marié en 1525 à Katharina von Bora, il consacre le reste de sa vie à structurer son œuvre et à la défendre ; il lutte à la fois contre le catholicisme, que soutient la puissance politique, contre les révoltes sociales (guerre des Paysans), les déviations des illuminés et des anabaptistes et contre ceux qui, tel Zwingli en Suisse, donnent à sa réforme une orientation nouvelle. Luther est aussi un écrivain : ses œuvres, et principalement sa traduction de la Bible (1521 - 1534), font de lui un des premiers grands prosateurs de l'allemand moderne.

MARX (Karl), *Trèves 1818 - Londres 1883,* philosophe, économiste et homme politique allemand. Matérialiste, athée et progressiste, il élabore son approche des faits historiques et sociaux (le « matérialisme historique ») sous une triple inspiration, philosophique (Hegel), politique (les théoriciens socialistes français) et économique (l'économie politique britannique). Faisant de la lutte des classes un principe général d'explication, et accordant au prolétariat un rôle émancipateur de l'humanité, il prend contact avec les milieux ouvriers et rédige avec F. Engels le *Manifeste du parti communiste* (1848). Expulsé d'Allemagne, puis de France, il se réfugie en Grande-Bretagne, où il jette les bases de son grand ouvrage, *le *Capital,* dégageant avec précision les ressorts de l'exploitation capitaliste (théorie de la plus-value). En 1864, il est l'un des principaux dirigeants de la Ire Internationale, à laquelle il impose pour objectif l'abolition du capitalisme. Marx n'est en rien l'auteur d'un système figé ou dogmatique ; le *marxisme* renvoie en fait à la multiplicité des interprétations de son œuvre. Il a écrit également, entre autres : *l'Idéologie allemande* (1846) ; *Misère de la philosophie* (1847) ; *les Luttes de classes en France* (1850).

MOZART (Wolfgang Amadeus), *Salzbourg 1756 - Vienne 1791,* compositeur autrichien. Un des plus grands maîtres de l'opéra, il est l'auteur de *l'Enlèvement au sérail* (1782), des *Noces de Figaro* (1786), de *Don Giovanni* (1787), de *Così fan tutte* (1790), de *la Flûte enchantée* (1791). Il a traité avec bonheur tous les genres, écrivant des symphonies (parmi lesquelles les symphonies n° 40, en *sol* mineur, et n° 41, *Jupiter*), des sonates, 27 concertos pour piano, des œuvres de musique de chambre (23 quatuors à cordes, trios, quintettes) et de la musique religieuse (*Requiem,* 1791). Maître de la mélodie, il recherche la pureté, l'élégance, et sait atteindre la grandeur par la simplicité et la grâce. Mais, derrière la clarté et la fantaisie, transparaissent l'ironie et le tremblement d'une âme inquiète.

MÜNCHHAUSEN (Karl Hieronymus, baron **von**), *Gut Bodenwerder, Hanovre, 1720 - id. 1797,* officier allemand. Ses fanfaronnades en ont fait un personnage de légende, dont les aventures ont inspiré de nombreux écrivains et cinéastes.

NIBELUNGEN, nains de la mythologie germanique, possesseurs de grandes richesses souterraines et qui ont pour roi *Nibelung.* Les guerriers du héros Siegfried, puis les Burgondes dans les poèmes héroïques médiévaux, prirent le nom de *Nibelungen* après s'être emparés de leurs trésors.

Reich, mot all. signif. *empire.* On distingue le *Ier Reich,* ou Saint Empire romain germanique (962 - 1806), le *IIe Reich* (1871 - 1918), réalisé par Bismarck, et le *IIIe Reich* (1933 - 1945), ou régime national-socialiste, instauré par Hitler.

RHIN n.m., en all. **Rhein,** en néerl. **Rijn,** fl. d'Europe, né en Suisse et qui se jette dans la mer du Nord aux Pays-Bas ; 1 320 km. Il est formé de la réunion de deux torrents alpins (le *Rhin antérieur,* né dans le massif du Saint-Gothard, et le *Rhin postérieur,* issu du massif de l'Adula). Il traverse le lac de Constance, franchit le Jura (chutes de Schaffhouse), reçoit l'Aar (r. g.) avant d'atteindre Bâle. Il s'écoule ensuite vers le nord, dans une vallée élargie, en suivant le fossé d'effondrement d'Alsace et de Bade, et reçoit l'Ill (r. g.), le Neckar (r. dr.) et le Main (r. dr.). Après Mayence, le lit se resserre à travers le Massif schisteux rhénan : c'est le « Rhin héroïque », qui se grossit de la Moselle (r. g.) et de la Lahn (r. dr.). À Bonn, le Rhin entre définitivement en plaine, reçoit la Ruhr et la Lippe (r. dr.), pénètre aux Pays-Bas, où il rejoint la mer du Nord par trois bras principaux (le Lek, prolongé par le Nieuwe Waterweg, est le plus important).
Le régime se modifie d'amont en aval : hautes eaux d'été et maigres d'hiver en amont de Bâle, débit plus étale en aval, très régulier même à partir de Cologne. Le rôle économique du fleuve est considérable. C'est la plus importante artère navigable d'Europe, desservant la Suisse, la France de l'Est, une partie de l'Allemagne (dont la Ruhr) et les Pays-Bas. Le Rhin est relié au Danube par un canal empruntant partiellement la vallée du Main. Accessible aux convois poussés de 5 000 t jusqu'à Bâle, le fleuve est jalonné de ports actifs, dont les principaux, mis à part Rotterdam, sont Duisburg, Mannheim et Ludwigshafen, Strasbourg, Bâle. Le Rhin alimente aussi des centrales hydroélectriques et fournit l'eau de refroidissement de centrales nucléaires.

ROTHSCHILD (Meyer Amschel), *Francfort-sur-le-Main 1743 - id. 1812,* banquier allemand. Il fut le fondateur d'une puissante dynastie financière de rayonnement international.

SCHUBERT (Franz), *Lichtental, aujourd'hui dans Vienne, 1797 - Vienne 1828,* compositeur autrichien. Il doit sa célébrité à plus de 600 lieder, dont l'inspiration spontanée et profonde est proche de la veine populaire *(le Roi des aulnes ; la Truite ; la Jeune Fille et la Mort ; la Belle Meunière ; le Voyage d'hiver).* Il est aussi l'auteur de dix symphonies (dont l'« Inachevée »), de pages pour piano et de musique de chambre (quatuors, quintettes).

Siemens, société allemande de constructions électriques fondée à Berlin en 1847. Elle est l'un des principaux producteurs de matériels électriques du monde.

■ MOZART, père et ses deux enfants.
Ph. Jeanbor © Archives Larbor.

A

SUISSE n.f., en all. **die Schweiz,** en ital. **Svizzera,** État fédéral d'Europe ; 41 293 km² ; 7 270 000 hab. *(Suisses).* CAP. *Berne.* V. PRINC. *Zurich, Genève, Bâle* et *Lausanne.* LANGUES : *allemand, français, italien* et *romanche.* MONNAIE : *franc suisse.* *(V. carte page 1696.)*

INSTITUTIONS

République. Constitution de 1874. État fédéral : chaque canton a une souveraineté interne et une constitution. L'Assemblée fédérale (Parlement), formée du Conseil national (élu pour 4 ans) et du Conseil des États (élu par les cantons), est l'autorité suprême et élit l'exécutif, le Conseil fédéral.

GÉOGRAPHIE

Le pays est formé de 23 cantons : Appenzell (demi-cantons : Rhodes-Extérieures et Rhodes-Intérieures), Argovie, Bâle (demi-cantons : Bâle-Ville et Bâle-Campagne), Berne, Fribourg, Genève, Glaris, Grisons, Jura, Lucerne, Neuchâtel, Saint-Gall, Schaffhouse, Schwyz, Soleure, Tessin, Thurgovie, Unterwald (demi-cantons : Obwald et Nidwald), Uri, Valais, Vaud, Zoug et Zurich.

Au cœur de l'Europe, comme en témoignent la diversité linguistique (les germanophones sont toutefois de loin les plus nombreux) et le partage, presque égal, entre catholiques et protestants, la Suisse est un pays densément peuplé, d'étendue restreinte, mais dont le rayonnement déborde largement les frontières. Le milieu naturel n'est pas toujours favorable à l'homme, et la population, fortement urbanisée, se concentre dans le Plateau, ou Moyen-Pays, entre le Jura et surtout les Alpes (qui occupent 60 % du territoire).

L'actuelle prospérité se rattache à la tradition commerciale et à la neutralité politique, propices à une activité financière réputée. L'industrie, liée à la présence de capitaux et à la qualité de la main-d'œuvre, est dominée par la métallurgie de transformation, la chimie, l'agroalimentaire (qui valorise notamm. la production laitière résultant du développement de l'élevage bovin). La balance commerciale est équilibrée, celle des services, excédentaire (en partie grâce au tourisme, principale activité de la montagne, avec l'élevage, et loin devant la fourniture d'hydroélectricité). Les réserves de change sont élevées, la monnaie est forte, le chômage encore réduit. La Suisse, siège d'organisations internationales, mais non membre de l'ONU, bordée par l'Allemagne, la France et l'Italie, mais restée en dehors de l'Union européenne, paraît demeurer à l'écart des turbulences politiques et économiques.

HISTOIRE

Les origines et la Confédération. VIIIe s. - Ier s. av. J.-C. : à l'âge du fer, les civilisations de Hallstatt et de La Tène se développent. **58 av. J.-C. :** le pays est conquis par César. **Ve s. :** l'Helvétie est envahie par les Burgondes et les Alamans, qui germanisent le Nord et le Centre. **VIIe - IXe s. :** elle est christianisée. **888 :** elle entre dans le royaume de Bourgogne. **1032 :** elle est intégrée avec celui-ci dans le Saint Empire. **XIe - XIIIe s. :** les Habsbourg acquièrent de grandes possessions dans la région. **Fin du XIIIe s. :** dans des circonstances devenues légendaires (Guillaume *Tell), les cantons défendent leurs libertés. **1291 :** les trois cantons forestiers (Uri, Schwyz, Unterwald) se lient en un pacte perpétuel ; c'est l'acte de naissance de la Confédération suisse. **1315 :** les cantons infligent au duc d'Autriche Léopold Ier la défaite de Morgarten. **1353 :** la Confédération comprend huit cantons après l'adhésion de Lucerne (1332), Zurich (1351), Glaris, Zoug (1352) et Berne (1353). Après les victoires de Sempach (1386) et de Näfels (1388), elle fait reconnaître son indépendance par les Habsbourg. **1476 :** la Confédération, soutenue par Louis XI, bat Charles le Téméraire à Grandson et à Morat. **1499 :** Maximilien Ier signe la paix de Bâle avec les Confédérés ; le Saint Empire n'exerce plus qu'une suzeraineté nominale. Des dissensions réapparaissent entre les cantons. **1513 :** la Confédération compte treize cantons après l'adhésion de Soleure et Fribourg (1481), Bâle et Schaffhouse (1501) puis Appenzell (1513). **1516 :** après leur défaite à Marignan, les Suisses signent avec la France une paix perpétuelle. **1519 :** la Réforme est introduite à Zurich par Zwingli. **1531 :** les catholiques battent les protestants à Kappel. Un équilibre s'établit entre les cantons : sept sont catholiques, quatre réformés et deux mixtes. **1536 :** Calvin fait de Genève la « Rome du protestantisme ». **1648 :** les traités de Westphalie reconnaissent *de jure* l'indépendance de la Confédération.

L'époque contemporaine. 1798 : le Directoire impose une République helvétique, qui devient vite ingouvernable. **1803 :** l'Acte de médiation, reconstituant l'organisation confédérale, est ratifié par Bonaparte. **1813 :** il est abrogé. **1815 :** vingt-deux cantons (dont le Valais, Neuchâtel et Genève) signent un nouveau pacte confédéral. À l'issue du congrès de Vienne, la neutralité de la Suisse est reconnue. **1845 - 1847 :** sept cantons catholiques forment une ligue (le *Sonderbund*), qui est réprimée militairement. **1848 :** une nouvelle constitution instaure un État fédératif, doté d'un gouvernement central siégeant à Berne. **1874 :** le droit de référendum est introduit. **1891 :** celui d'initiative populaire l'est également. **1914 - 1918, 1939 - 1945 :** la neutralité et la vocation humanitaire de la Suisse sont respectées. **1979 :** un nouveau canton de langue française, le Jura, est créé. **1992 :** par référendum, les Suisses se prononcent pour l'adhésion de leur pays au FMI et à la Banque mondiale (mai) et contre la ratification du traité qui prévoyait leur intégration dans l'EEE (déc.). Le gouvernement dépose une demande d'adhésion à la CEE (mai).

VIENNE, en all. **Wien,** cap. de l'Autriche, sur le Danube ; 1 533 176 hab. *(Viennois).* Université. Centre administratif, culturel et commercial. – Cathédrale reconstruite aux XIVe-XVIe s. ; nombreux édifices baroques, dus notamment à J. B. Fischer von Erlach et à Hildebrandt ; œuvres de O. Wagner et de J. Hoffmann. Nombreux musées, dont le *Kunsthistorisches Museum, l'*Albertina et, dans les deux palais du Belvédère, le musée du Baroque et la galerie d'Art autrichien des XIXe-XXe s. (œuvres de Klimt, Kokoschka et autres artistes de l'école de Vienne). – Forteresse romaine à la frontière de la Pannonie, la ville se développa au Moyen Âge grâce aux Babenberg, puis aux Habsbourg, qui l'acquirent en 1276. Résidence des empereurs du Saint Empire (partiellement après 1438, définitivement à partir de 1611), elle fut assiégée par les Turcs (1529, 1683). De nombreux traités y furent signés, notamm. celui de 1738 qui mit fin à la guerre de la Succession de Pologne. Vienne fut au XIXe s. l'un des principaux foyers culturels de l'Europe. Après l'effondrement de l'Empire austro-hongrois (1918), elle devint la capitale de la République autrichienne.

Volkswagen, société allemande de construction automobile, fondée en 1937 à Wolfsburg pour la production d'une voiture populaire. Elle figure parmi les principaux producteurs européens.

WALKYRIES ou **VALKYRIES,** divinités féminines de la mythologie nord-germanique. Messagères de Wotan (Odin) et hôtesses du Walhalla, elles y conduisent les héros morts au combat.

WOTAN ou **ODIN,** grand dieu du panthéon nord-germanique, dieu de la Guerre et du Savoir.

PROVERBES ET EXPRESSIONS

Aller guten Dinge sind drei.
Jamais deux sans trois.

Auf dem Pulverfaß sitzen.
Être assis sur un baril de poudre.

Auf eigenen Füßen stehen.
Voler de ses propres ailes.

Auf Regen folgt Sonnenschein.
Après la pluie, le beau temps.

Aus den Augen, aus dem Sinn.
Loin des yeux, loin du cœur.

Das Herz auf dem rechten Fleck haben.
Avoir du cœur.

Das Leben durch die rosige Brille sehen.
Voir la vie en rose.

Das Pulver nicht erfunden haben.
Ne pas avoir inventé la poudre.

Die Beine unter die Arme nehmen.
Prendre ses jambes à son cou.

Die Maske fallen lassen.
Jeter/mettre bas le masque.

Durch die Blume sprechen.
Parler à mots couverts.

Eile allein tut es nicht.
Rien ne sert de courir, il faut partir à point.

Einen Frosch im Hals haben.
Avoir un chat dans la gorge.

Eine weiße Weste haben.
Être blanc comme neige.

Ein langes Gesicht ziehen.
Faire grise mine.

Ende gut, alles gut.
Tout est bien qui finit bien.

Es ist nicht alles Gold, was glänzt.
Tout ce qui brille n'est pas or.

Feuer und Flamme sein.
Être tout feu tout flamme.

Gleich und gleich gesellt sich gern.
Qui se ressemble s'assemble.

Grüne Weihnachten, weiße Ostern.
Noël au balcon, Pâques aux tisons.

Gut Ding will Weile haben.
Paris ne s'est pas fait en un jour.

Himmel und Hölle in Bewegung setzen.
Remuer ciel et terre.

Im siebenten Himmel.
Être au septième ciel.

In den Wind reden.
Prêcher dans le désert.

In der Kürze liegt die Würze.
Les plaisanteries les plus courtes sont toujours les meilleures.

Ins Fettnäpfchen treten.
Mettre les pieds dans le plat.

Jeder ist seines Glückes Schmied.
Chacun est l'artisan de sa fortune.

Je eher, desto besser.
Le plus tôt sera le mieux.

Die Würmer aus der Nase ziehen.
Tirer les vers du nez.

Keinen Finger/nicht den kleinen Finger rühren.
Ne pas lever le petit doigt.

Lampenfieber haben.
Avoir le trac.

Liebe auf den ersten Blick.
Le coup de foudre.

Liebe macht blind.
L'amour rend aveugle.

Morgen ist auch noch ein Tag.
Demain il fera jour.

Morgenstunde hat Gold im Munde.
Le monde appartient à ceux qui se lèvent tôt.

Nur Haut und Knochen sein.
N'avoir que la peau sur les os.

Pudelnaß sein.
Être trempé jusqu'aux os.

Reden ist Silber, Schweigen ist Gold.
La parole est d'argent, le silence est d'or.

Sein Versprechen muß man halten.
Chose promise, chose due.

Sich die Haare raufen.
S'arracher les cheveux.

Sich in die Höhle des Löwen begeben.
Se jeter dans la gueule du loup.

Übung macht den Meister.
C'est en forgeant qu'on devient forgeron.

Von Luft und Liebe leben.
Vivre d'amour et d'eau fraîche.

Wer die Wahl hat, hat die Qual.
On n'a que l'embarras du choix.

Wer langsam fährt, kommt auch zum Ziel.
Petit à petit, l'oiseau fait son nid.

Wer will, der kann.
Vouloir, c'est pouvoir.

Wer zuletzt lacht, lacht am besten.
Rira bien qui rira le dernier.

Wie Espenlaub zittern.
Trembler comme une feuille.

Wie Gott in Frankreich leben.
Vivre comme un coq en pâte.

Zeit ist Geld.
Le temps, c'est de l'argent.

Imprimé en France par I.M.E. - 25110 Baume-les-Dames
Dépôt légal 1re édition : Juillet 1998 - Dépôt légal : Mars 2002 - N° imprimeur : 15616
N° projet : 10078427-(I)-(3)-(CSB 80°)